investment | 金融投资理财

AF809738

PAPER FORTUNES

MODERN WALL STREET:
WHERE IT'S BEEN AND
WHERE IT'S GOING

纸金

华尔街从哪里来，到哪里去

［美］罗伊·史密斯◎著
张伟◎译

中信出版社
北京

图书在版编目（CIP）数据

纸金／（美）史密斯著；张伟译．—北京：中信出版社，2012.1
书名原文：Paper Fortunes: Modern Wall Street: Where It's Been and Where It's Going
ISBN 978-7-5086-3048-9

I. 纸… II. ①史… ②张… III. 金融市场－经济发展－美国 IV. F837.125

中国版本图书馆 CIP 数据核字（2011）第 196951 号

纸金
ZHIJIN

著　者：[美] 罗伊 · 史密斯
译　者：张　伟
策划推广：中信出版社（China CITIC Press）
出版发行：中信出版集团股份有限公司（北京市朝阳区惠新东街甲4号富盛大厦2座　邮编　100029）
（CITIC Publishing Group）
承 印 者：北京画中画印刷有限公司
开　本：787mm × 1092mm　1/16　印　张：24.25　字　数：420千字
版　次：2012年1月第1版　印　次：2012年1月第1次印刷
京权图字：01–2010–3488
书　号：ISBN 978-7-5086-3048-9/F · 2469
定　价：59.00 元

网　站：http://www.publish.citic.com　服务热线：010–84849555
投稿邮箱：author@citicpub.com　服务传真：010–84849000

PAPER FORTUNES

目录

刹那间落日熔金

尽管一切都是旧的，但我们总需要强说新词。在出版物充斥的年代，未必开卷有益，财经类书籍尤其如此。大量未经经济学起码培训的写手，以其恣意想象和生花妙笔，加上对史实野传的任意肢解，一本本畅销书就此问世。但本书不同，作者罗伊·史密斯的专业造诣、实践经验、细节刻画、娴熟的文字以及长焦的历史视角，使人们在一种动荡不安的感受中，阅读着华尔街同样动荡不安的进程。读完之后，不仅没有安定地找到答案，反而更为困惑和忧虑。

雷曼兄弟如果获救，会怎么样？迄今为止，人们对次贷危机中，大机构的随风而去仍记忆犹新。历史或将重演，但却难以假设。假设没有次贷危机，雷曼兄弟会安然生存下去吗？假设雷曼兄弟获得及时救助，次贷危机可以避免吗？我们只知道危机中金融机构有倒下，也有诞生，对危机的救助所带来的危害，甚至也有可能大于危机本身。次贷危机爆发前，金融体系的膨胀，金融创新的眼花缭乱，金融从业人员的君临天下，金融杠杆的岌岌可危都是显而易见的。甚至有人喜言，在美国，如果你不是体育或者娱乐明星，却能获得同等的知名度和财富，那么你恐怕就只能去金融机构了。事后看来，雷曼兄弟之死和次贷危机的发作，都不是令人惊讶的事。令人惊讶的，反而是这样的事情：为什么事前我们都能坚定地视而不见？

谁还记得那些辉煌的名字？本书翔实地介绍了华尔街重要的大玩家，那些显赫的机构，机构中显赫的名字，以及这些机构和名字显赫的兼并和变迁。这些城头变幻的大王旗，都已入于渔樵闲话。那些曾经优秀的机构、杰出的金融家，以及重要的金融案例各有精彩，但其失败恐怕要么因为贪婪，要么因为自负。金融家们似乎总是大致行走在法律之内，道德之外，去争取他们此身根本用不到的、数不清的金钱。对他们，我们不用仰视也不必蔑视，但也许我们需要有某种漠视的智慧。

摇摆舞风行的金色年代？这样的问题有点突兀，但在阅读本书之后，突兀感或者会更浓厚。20世纪60年代华尔街的大发展、70年代的尼克松冲击、石油冲击和沃克尔冲击、80年代的金融国际化浪潮，以及随后的技术进步、金融创新等。在华尔街和日本的影子背后，总让人猜忌谁在那些历史阴影的背后浮现。

什么在席卷全球？在这一点上我们大致有把握，金融在席卷全球，因为我们不思考地认为，金融是现代经济的核心。因为那么多寒窗苦读的学子，仍在蜂拥地挤入金融行业。在美国，人们一直在争论：是谁创造了美国梦？是以得克萨斯的牛仔们组成的钢铁石油的“主街”？还是一头教堂，另一头流水的犹太族群和MBA族群的“华尔街”？也许到了我们不应敬畏和神化金融的转折点了，金融体系很重要，它可能是帮手也可能是帮凶，但决定经济命脉的，仍然是爱迪生们，决意扭曲经济命脉的，仍然是政府官员们。被金融全球化？这更像是任何人无法决定的厄尔尼诺。

金融危机中核销了什么？金融危机总是伴随着倒闭、清算、核销、失业和萧条。危机中庞大的金融资产被不断注销。那些被注销的究竟是什么？仅仅是纸面财富吗？可能不是，金融家们被迫核销了虚妄的、本就不该拥有的财富，政府核销了纳税人的血汗以及就业岗位。但是，百年来危机的不断上演，清晰地提醒我们，毫无节制的贪婪和自以为是的智慧从未被金融危机核销过，它顽强地根植在人们的内心深处。

本书显然是针对华尔街和次贷危机而写的，我们关注的是谁将是下一个危机发源地，我打赌是欧洲，欧债危机和欧洲政治家的短视，同样深不可测。欧洲银行业将迎来流动性危机，然后是倒闭浪潮。欧元区将迎来的是最糟糕的希腊退出，还是最强硬的德国退出的解体风险。拉丁欧洲将“左倾”化而北欧将“右倾”化，欧债危机隐约席卷而来。尽管喜剧总是受到欢迎，但遗憾的是，我们正站在衰退的起点，即将到来的不是迎接光明，而是走入黑暗。

华尔街仍将永生？作者罗伊·史密斯在书的末尾指出，有一件事我们可以肯定，就是无论有什么样的监管变化出现，全球资本市场行业——也就是我们现在所知道的华尔街——都会作出调整适应，继续存在下去。作者也许过于自信了，华尔街有其诞生，就注定了有其死亡。但有一点他可能是对的，“雷曼兄弟”也许曾经有过票号或所罗门之类的别名，“华尔街”百年前也许在伦敦，数个世纪前也许在热那亚或者佛罗伦萨。在这个意义上理解，也许华尔街是永生的。

中国永远是例外的谜吗？中国经济金融的增长被视做一个巨大的谜语，说不清看不清，但是它管用。中国能永远是例外的幸运儿吗？也许我们没有这样断言的勇气，但肯定有这种善意的祈祷。一刹那者为一念，二十念为一瞬，二十瞬为一弹指，刹那间落日熔金。和日月长河相比，金融危机只是偶尔溅起的浪花，我们的陈述更只是与此不相关的、润泽或者蒙蔽我们自己的淡淡雾气而已。也许身体在试遍了所有的错误路径之后，我们的灵魂能最终摸索出正确的方向。

钟伟

北京师范大学和厦门大学教授，博士生导师

2011年10月10日于知止斋

前言

1965年夏季，我在哈佛商学院放暑假期间，在康宁玻璃制品公司国际融资部找到一份实习工作，地方就在纽约州清静的康宁小镇。我的顶头上司是一位法国人，名叫皮埃尔·罗德尔，他的妻子也是一个法国人，叫玛德蕾妮。暑期接近尾声时，罗德尔夫妇在自家的宅子里办了个游泳派对，款待从巴黎远道而来的两位客人，她们是玛德蕾妮的朋友，或是她的亲戚。我和妻子带着两岁大的女儿，也来参加聚会，到达时却看见两个容貌姣好的法国姑娘上身都光溜溜的，正在池边晒着太阳。这在当时的纽约州康宁镇，可不是寻常应有的做派，不过，在五指湖区这块法国人家的小天地里，似乎也合乎时宜。两个姑娘的身边有两个年轻的美国男子陪伴，是她们从纽约请来的。这两个男人在聚会中谁也不认识，随意和我搭起话来。

"在这里做暑期工感觉怎么样？"一个男人说。

"还不错吧，就是静了点儿。"

"咳，你应该去华尔街，那里才是又热闹又刺激的地方。"他们俩都在我闻所未闻的两家投资银行做初级职员，说实在的，那时我对投资银行一无所知。

"像你这样的人，窝在这种地方，一定要发疯的。他们并没有什么真正的交易可做，不是吗？"

"我一直忙着为巴西一家300万美元的玻璃厂做融资。"

"那算什么交易。大不了是一家厂子。再说，你究竟能让多少家厂融到资金呢？一年里撑死了也就一两个，是吧？我们习惯了同时做五六单生意，全年大概要做20单以上。做股票，做债券，做并购，各种各样的交易，全都不同。从不会感到枯燥乏味。"

“我说，你真该看看能不能去做投资银行业务，不要将就着做一个无聊的人，只做一样事情，又住在远离城市的地方，哪儿都不去。”

闲谈这样持续了一会儿，我觉得挺有意思。一年做20宗以上的交易，听起来实在是过瘾。交易各有不同，遇到的困难和问题也都各异，一起共事的人和客户也不一样。有机会展示自己的才干。不单调乏味，不住在远离闹市的地方，所有这一切在我听来都太棒了。这正合我的胃口，而且在哈佛大学读了一年之后，我已经发现自己爱上金融了，这门功课原来于我是完全陌生的。

聚会后，我告诉妻子，我结识了两位投资银行的人，他们说的话听上去很有意思。

“我原以为你是不愿与华尔街沾什么边儿的。”她说，“你还记得，找暑期实习工时，我问你对华尔街怎么想，你说华尔街太贪婪，太想成功而咄咄逼人。连到投资银行面试，你都不想去。”

“没错儿，但那时我也许太性急了，思虑不周。现在看来比我当初所想的要有意思得多。”

“你敢说不是因为那两个光身子法国妞儿的缘故吗？”

第二天，我四处跑动，问遍了公司的头头脑脑。“康宁公司有投资银行给自己做财务顾问吗？您能否在我返校的时候作个安排，让我见一见那里的什么人呢？”

“康宁公司用高盛已有多年了。我们近几年与他们没做什么交易，不过，康宁国际公司倒有一个董事会，西德尼·温伯格——这是一个职位挺高的人，兼做董事会成员。我想，或许我们可以为你安排一下。”

他们这样做了。他们在电话中将我描述一番，说我很想得到一次面谈的机会，以便咨询有关情况。我和高盛的一位秘书交谈之后，定下了面谈日期。这个夏天快结束时，为了与西德尼·温伯格会面，我来到了高盛公司，那时它坐落在百老汇大街20号，紧挨着纽约证券交易所。一位年逾40岁的男人，温文尔雅，身材矮小但外表精明，出现在我的眼前，他带我走进办公室，聊了一会儿，然后领我在公司转了转，把我介绍给他的一些合伙人。我很开心，期待着下一次面谈，不过他们当时并未许诺什么。

一两个月之后，我正在商学院的课堂里上课，一位年轻女士突然走进来，递给老师一张便条。老师抬眼找到我，打手势叫我过去和他说话。

“院长要见你，在他家里，马上就去。”

这样的事情在哈佛商学院通常是不会有的，一定发生了什么特别紧急的事。我深信我们住的公寓楼已被炸毁，里面的人均已丧生，或有别的诸如此类的事；我赶紧动身，匆匆赶到院长的家，这是一座很显眼的乔治王朝时期风格的大房子，我此前从没来过。敲开门，我向一位男管家模样的人作了自我介绍，他便引我来到一间陈设简朴的客厅。几分钟后，走进一位身形矮小较为年长的男士，他身着笔挺整洁的三件套西装，上衣挂着一根老式的金表链，皮鞋擦得油光可鉴。我起身和他握手，身高1.9米的我，立在他身旁像座塔似的。

"我是西德尼 · 温伯格。"他说道，发出含糊的口音。

这怎么可能呢，我心想，这并不是我在纽约见过的人。

"你愿意到高盛工作吗？"

我说了一番话，大意是高盛留给我的印象多么深刻之类，但又说现在为时尚早，我还没有开始求职面试。

他问我是否贝克尔奖学金获得者，也就是说第一学年是否属于排名前2.5%的学生，我照实说，我不是。

"嗯，如果你愿意勤奋工作，我们或许可以为你提供一席之地。会有人与你电话联系的。"接着，他站起身来，再次和我握手，离开客厅又回去开会——他先前为了和我谈话暂时离开了。我出来后连忙跑到图书馆，在《名人录》里查到了西德尼 · J · 温伯格。原来，刚才与我说话的，是真正的西德尼 · 温伯格。我查到自1930年以来，他就是高盛公司高级合伙人，并且显而易见，他在公司里是一位举足轻重的人物。尽管他仅受过8年的学校教育，但与罗斯福、杜鲁门、艾森豪威尔、肯尼迪和约翰逊等几位总统都私交很深，是美国企业界一位德高望重的董事，一度在多达35家公司的董事会任职，同时也是哈佛商学院的一位监事（由此可知，那天他为何出现在院长的家了）。此外，我还得知他有两个儿子，分别叫小西德尼 · J · 温伯格和约翰 · 利文 · 温伯格。两位都在高盛公司任职，这便可以解释为什么会有最初那位神秘的西德尼 · 温伯格，也就是通常在高盛人称吉姆的那个儿子，他在康宁国际公司兼任董事。我猜想，康宁公司的人曾致电小西德尼 · J · 温伯格办公室，办公室告诉他们怎么找到吉姆，吉姆便见了我，又告诉了他的父亲。

哈佛商学院是一个广阔的天地。我们这一级大约有800名学生，第一年就分为八个组，每组约90人，所有的课程800人全在一起上，教室是像圆形露天剧场一样的地方。暑期实习之后，我们在一起讨论所见所闻，也畅谈心目中毕业后想去的地方。我们组里有一位文雅自信，爱穿正装的纽约人，名叫史蒂夫 · 芬斯特，他才华横溢，以最优等的成绩从哈佛大学本科毕业，对金融和华尔街似乎了如指掌。他暑假期间在摩根士丹利工作，毕业时却被安置在五角大楼，作为"精明小子"国防分析师中的一员服役数年，为罗伯特 · 麦克纳马拉工作，麦克纳马拉也曾是哈佛商学院的明星学生，此时是美国国防部部长。史蒂夫认为，我们组除他本人之外，有三个学生应该投身于投资银行这个行当：一是迈克尔 · 彭博，史蒂夫引导他投向所罗门兄弟公司，这是一家风格粗犷、注重交易的公司，对论资排辈和出身正统与否毫不在乎；二是雅德 · 雷斯，史蒂夫曾向摩根士丹利的数位上司褒扬推荐他；第三个就是我。史蒂夫一听说我与高盛公司的接触，便鼓励我努力在高盛谋职成功。我接到高盛邀请，回纽约又接受了几次面试，不久之后的圣诞节高盛就提供了一个工作机会。我在高盛所接触的人，都使我感到舒服自在，所以我虽一直在与其他公司接触，但认定这正是我想要的工作机会，于是就欣然接受了。这个决定为我开启了一个延续33年之久的事业，其间，我从业务助理做到业务副总裁，再到合伙人、有限合伙人，直到1999年高盛成为股份有限公司，发行上市，不再需要有限合伙人为止。事实上，我们这几个史蒂夫所劝荐的人，最终都落脚在他为我们所选的地方；他自己从美国国防部退役之后，加盟雷曼兄弟公司，也像我们一样成了合伙人，专门从事错综复杂的公司重组业务，并且因为聪明有才，在这里被人尊敬地称为“教授”。当时我们班去了华尔街的，还包括汤姆 · 詹姆斯（就职于雷蒙德詹姆斯公司）、维克 · 西蒙斯（在保诚证券）、汤姆 · 韦瑟尔（在蒙哥马利证券），这三人后来都成了所在公司的首席执行官；不过，我们全班在华尔街供职的，人数可能大大低于5%。史蒂夫 · 芬斯特日后不幸身患癌症，告别了华尔街，加入哈佛商学院的教员行列，在哈佛大学服务了几年。他还鼓励雅德 · 雷斯和我登上三尺讲台（雅德后来执教于弗吉尼亚大学），同时自己作为迈克尔 · 彭博的顾问，与他关系非常密切，并在彭博资讯公司董事会任职，直到1995年去世。

1988年，在与史蒂夫进行全面的商议之后，我作为高盛公司的一般合伙人辞去职务，接受纽约大学斯特恩商学院的教职，专任金融学教授，直到今天，我始终在这里教授投资银行学，经历了该门学科的各种变化。

这样说来，我倒是拥有一个有趣且有利的地位，可由此观察一个行业（即资本市场行业）的发展和演变——自我加入其中以来，行业变化已超出所有预期之外。它已成长为世界上最重要、最富活力、最具争议性的一个行业。这一行业，开始于20家左右的小型合伙制公司，这些公司相互间都有些关联，资本总额不足1亿美元，身处纽约而业务多半局限于美国境内；这一行业，40年来已经彻底改观，变化之大或许超过了其他任何行业，而今主要包括10个左右竞争激烈的巨无霸式全球运营的玩家，全都是公众持有的公司，总市值一度超过1万亿美元。它们的业务从纽约伸展至伦敦、法兰克福、孟买、东京和上海。如今，每年由企业、银行和政府募集的约达12万亿美元的资本，3/4源自资本市场，而该市场发行在外的债券和股权证券的估值，2007年年底已超过140万亿美元。规模如此之大的资本被各式各样的投资者拥有和交易，它们遍及世界各地，如养老基金和共同基金、银行和保险公司、私营财富管理机构、主权财富基金、慈善基金、捐赠基金、对冲基金，以及种类繁多的投机者。

尽管这一行业的发展动力充沛，持续不断，然而华尔街公司却少有历经变化和变化所致的繁荣，依然活下来的。1966年排名前20位的投资银行，现在几乎没有一家还在原先的招牌下经营；合伙制投行已不复存在，一些曾经实力雄厚的公司不是倒闭，就是被人收购，在同业兼并之中销声匿迹。另有一些声名卓著的公司，被华尔街之外的大型企业收购，拆分之后因未能发挥预期作用，又遭到抛弃。只有一家公司，经历2008年喧嚣动荡的多事之秋后，尽管先前从合伙制投行转为公众公司，现又变为银行控股公司，但仍然或多或少地保存了原有的自我，这就是：高盛公司。

1966年至今，是一个历险之旅，一路上充满了危险和机会；即便是目前，资本市场行业也像以往一样，未来仍是茫然莫测。1966年以来的旅程一直受到多种因素的挑战，譬如金融管制的放松、新技术的问世、全球化浪潮、公私监管者、检方和原告有增无减的审视和监督。资本市场行业已对风险暴露采取全然不同的崭新态度，在做市、自营交易、批发借贷和“私募股权”等方面积极进取。40多年来，传统的股票和债券承销以及财务顾问业务，在行业日常收入流中逐渐缩减，仅占到相对较小的一部分。今天的大型华尔街公司，收入一半以上来自美国境外业务活动，员工一半以上身居境外（其中多数人不会说英语）。每年都有新产品和新服务上市，旧有产品和服务迅速被遗弃，或者与互补产品和服务一起被廉价普及。

现在，业内公司要安身立命，全看公司股价表现如何，而股价又随着市场周期和各个公司的成功与挫败起起伏伏。市场出现繁荣和泡沫之后，虽然接着又出现凸显波峰和波谷的恐慌和骤跌，但繁荣和泡沫终究已成了司空见惯的现象。在其中获得成功的人，至少在公司业绩良好的时候，已领略到了收入高至惊人数字的喜悦。但是，成功有时也变幻莫测，致使整个产品线脱轨的市场转换也时有发生。管理层变动频繁，裁员又会周期性地出现。不仅一般雇员，而且管理者也日益意识到，他们的价值只等于自己所能产出的东西——正如有人所谓的“你捕杀到什么，就吃什么”；即便非常成功的职业生涯，过去常常延长到接近古稀的年龄，而今却往往40多岁就结束了。从多种角度看来，这已是一个与先前迥然不同的行业；而且，它仍在不断的演变之中，并如我们近年所亲身见证的那样，依然富有风险。

资本市场行业的变迁史是一部极不寻常的历史，其中充满了众多有趣而多彩的人物，尤其是那些领袖人物，他们在富有挑战性的艰难时期，肩负引导和保存公司的重任，拼搏着，挣扎着，作出了种种努力。为了摆脱困境，他们必须找到智慧的策略，必须找到公司上下都愿意且能够付诸实施的策略。在市场上下跌宕之中，还得将聪慧的，有才华的，忠心耿耿的人，招到公司、留在公司。还得将控制措施和行动方针部署妥当，使那些措施和部署既不伤害积极性，又可促使公司脱离困境。这些领袖中有多人所作的贡献，为各自公司未来多年的前程，奠定了坚实基础。他们的故事在很大程度上构成了本书的经纬，而总体说来，本书的目标在于为资本市场行业提供广角透视，考察该行业自20世纪60年代至今的历史变迁。

在撰写本书各章时，我从先前的同事和竞争对手，以及从事该行业的朋友处，得到了诸多帮助。其中数位，为探讨书中的错谬和缺漏，阅读了一些章节，他们是：阿瑟·泽克尔（美林证券）、查尔斯·墨菲（瑞士信贷第一波士顿）、盖瑞·罗森菲尔德（所罗门兄弟公司）、雅德·雷斯（摩根士丹利）、吉姆·温伯格（高盛）、鲍勃·弗里德曼（高盛）、彼得·萨克斯（高盛）。迪克·斯科里纳和乔·麦克拉弗兰提供了一些见解和帮助，解释以往出现的若干法律和监管变化；纽约大学斯特恩商学院的史蒂夫·布朗，在有关对冲基金的方面给予了帮助。拉里·金克林、劳尔德·布莱克费恩、迈克尔·科尔斯提供的建议都使我获益匪浅，很多行业参与者和观察家所撰写的回忆录和其他已出版文字，也对我大有帮助。对以上所有人士，在此深表谢意，同时声明，书中的一切观点和分析，完全由作者负责。

PAPER FORTUNES

第一章

金融市场出现惊世天劫

导读[1]

华尔街的心惊肉跳再次被这本书的第一章呈现到眼前时，这一波金融海啸其实还没结束，它所掀起的波澜刚开始在欧洲蔓延。也许很多人不同意这个说法，但我坚决认为是。从1933年开始的70多年，华尔街由无数个单体、集体、团体、整体代表无穷的利益开始构筑这个世界最复杂、最深奥、最聪明、最跌宕起伏的金融市场，最终由鲍尔森、伯南克、盖特纳几个人代表着身后的无穷利益，来进行残酷的重组与分割，本来就妙趣横生。

① 本书导读由资深投资银行家王世渝撰写。——编者注

2008年9月15日，苦恼不堪而又精疲力竭的理查德·福尔德，在雷曼兄弟申请破产的法律文件上，极不情愿地签下了自己的名字——这家拥有158年历史的投资银行，自1995年从美国运通公司拆离之后，一直由他掌管着。这时的雷曼兄弟是全美第四大独立的投资银行。据破产文件记载，雷曼兄弟负债高达6 130亿美元，几乎是此前美国史上最大的破产案，即2002年世通公司破产案所涉负债的3倍之多。

福尔德时年62岁，丝毫未感受到这个夏季温和宜人的天气。他原本就是在任何情况下都严肃认真的人，当贝尔斯登于2008年3月并入摩根大通的消息公布之后不久，他便一发不可收拾地投入拯救雷曼兄弟的生死拼争之中——消息公布当日，市场风传雷曼兄弟将是下一个牺牲品，雷曼兄弟股价盘中暴跌近50%，后又回升，收盘仅跌19%。福尔德曾身为一名交易员，由于作风专横，而以“大猩猩”的绰号扬名公司之内；作为专制君主式的领导者，他已习惯于发号施令，习惯于漠视一切异议和分歧。想到市场怀疑雷曼兄弟抗击风暴的能力，他就怒火中烧。于是，他激励同事们行动起来，命令每个人拿起电话，把他的话传给客户，传给交易对家，传给新闻媒体，说雷曼兄弟绝非贝尔斯登，雷曼兄弟将存在下去。1998年，当长期资本公司——一家对冲基金——突然崩盘而市场被震得慌乱不安时，福尔德正是这样力促公司股价回稳的；2002年，当世通公司垮台之后，市场满腔怒火地指责华尔街公司时，他也是这样维护公司股价的。这一手段以前都奏了效，福尔德确信这回也照样行得通。

毕竟，雷曼兄弟作为一家成就超常的公司，爱争强斗狠，善于随机应变，已借此赢得了声誉。它会眼疾手快地采取冒险行动，也能敏捷灵活地及时从险境脱身。它在抵押贷款创立和证券化业务上尤为活跃，这些业务都赢利丰厚。对于雷曼兄弟的绩优表现，人们多归功于福尔德，因此2006年，公司董事会给予他10年的股票奖励，价值达1.86亿美元。2007年10月，尽管对经济大势普遍持有消极看法，而且抵押贷款支持证券市场已经开始急剧下跌，但是，雷曼兄弟却联手房地产开发商铁狮门公司，以150亿美元收购阿奇斯通–史密斯信托——一家持有很多公寓楼投资的公司。阿奇斯通–史密斯信托有300亿美元投在房地产上，加之雷曼兄弟另有460亿美元左右的抵押贷款支持证券，这些资产随着市场形势恶化，将成为雷曼兄弟身上的沉重包袱。

福尔德于2008年年初就觉察到，虽然雷曼兄弟已在这年的较早时候募集了一些新资本，但若想不受损伤，挨过时艰，它还需要更多的资本。所以，在贝尔斯登倒闭后不久，雷曼兄弟便与沃伦·巴菲特接洽，向这位78岁的伯克希尔–哈撒韦公司首席执行官提议投资雷曼兄弟。巴菲特对此很感兴趣，开出他惯常会有的条件，也就是高息优先股加上昂贵的认股权证，福尔德认为代价太高，拒绝了。数日之后，雷曼兄弟以更好的价钱，向公众发行了40亿美元可转换债券。

2008年5月，戴维·艾因霍恩，绿光资本对冲基金的经理，也是批评雷曼兄弟和做空雷曼兄弟股票最为厉害的一个人，召集一群有影响力的投资者发表演讲，批评雷曼兄弟表现不佳，指责雷曼兄弟抵押贷款支持资产的估值过高。艾因霍恩——日后因做空雷曼兄弟而大赚其钱——对任何愿意了解雷曼兄弟问题的人，都不厌其烦地娓娓相告，于是很快又有其他做空者建立空头仓位。

2008年6月，雷曼兄弟高层一行人飞往首尔，设法要与韩国产业银行谈成一宗可观的投资，该银行时任掌舵人先前曾在雷曼兄弟担任管理职位。几天后，他们返回美国，虽未达成协议，商讨仍在进行当中。6月9日，雷曼兄弟提前宣布二季度业绩，财报显示一季度4.89亿美元的赢利已变成290万美元的亏损，同时评级介于优级和次级之间的Alt–A级抵押贷款，所担保的证券持有量上升，而有些观察者觉得这些资产的账面减记，并不足以反映真实的交易价值。业绩公告之后，福尔德对公司高层进行了一次意见调查，询问雷曼兄弟还应该做些什么。这些高层认为，管理层需要作些变动，有人似乎建议乔·格雷戈里辞职——他是福尔德的心腹朋友，长期担任公司总裁和首席运营官。格雷戈里极不情愿地站出来灭火，主动缓解局面，与艾琳·卡兰一同辞了职；卡兰曾经从事过投资银行业务，此时担任雷曼兄弟首席财务官已有一年，因而也成了一根主要的避雷针。然而，这些人事变动似乎无补于雷曼兄弟的股票表现，股价由5月初的每股40美元，跌至7月初的每股17美元。

2008年8月，韩国产业银行的人又来提出，按市价购买25%的雷曼兄弟股票，但福尔德认为价格太低，又不愿意放弃对公司的控制。韩国人也想进一步弄清雷曼兄弟所持资产支持证券的估值，但无论如何，韩国产业银行还需要获得韩国政府批准，才能作出投资，而韩国消息灵通人士似乎怀疑政府方面会予以通过。

接下来，形势变得更加危急，因为此时美国财政部部长亨利·保尔森告诉福尔德，他最好马上就找一个合并伙伴，并暗示他雷曼兄弟很可能别无他路可走了。对执著于让雷曼兄弟保持独立身份的福尔德而言，这实在是令他痛苦的消息——让雷曼兄弟作为一家独立公司而存在，是他在经历雷曼兄弟被美国运通收购之后，学会珍视的东西。据福尔德的一位同事说，福尔德曾于2007年12月大声疾呼："只要我活着，公司就不会卖掉。如果我死后公司要卖，我也会从坟墓里爬过来加以阻止。"

尽管形势告急，福尔德还是对市场广为游说，寻求战略投资者。入夏以来，他接触了美洲银行、汇丰银行、大都会人寿保险、通用电气资本、迪拜酋长。2008年7月，福尔德向时任纽约联储主席的蒂莫西·盖特纳建议：美联储允许雷曼兄弟变为一家银行控股公司，雷曼兄弟由此而接受联邦银行系统的监管（同时也受其保护）。这是一项史无前例的请求，倘若接受，将迫使美联储为雷曼兄弟的全部或部分资产承担责任。盖特纳没有多加讨论，便予以拒绝，说这并不足以解决雷曼兄弟当下的难题。也许他还未准备好在银行监管上作出如此重大的变动；也许他并不喜欢雷曼兄弟的担保品，总之是没有说明为何要拒绝这一提议，而后来高盛和摩根士丹利提出这种想法时，倒是成功通过了。

雷曼兄弟还想出了另一个计划，就是创立一个新公司，资本金由雷曼兄弟提供，雷曼兄弟将问题资产都卸下肩来，全部转移至这个新公司。然后，新公司又分拆给股东，如此一来，雷曼兄弟便留有一份干干净净的资产负债表。这一计划得到了美国证交会的批准，但大约需要费时3个月才能付诸实施。可是，现在时间已经不够了。

与此同时，雷曼兄弟还向欧洲央行设立的一种贷款设施借入巨额资金，却没有从美联储在贝尔斯登事件之后，专为投资银行预备的信贷设施融入资金，这样做的目的在于，不想在美国债权人面前显出已身陷绝境的样子。尽管如此，还是传出消息，声称雷曼兄弟正慌乱地四处寻找资本，这使得一些对冲基金和其他经纪客户从雷曼兄弟撤出资金，从而让雷曼兄弟雪上加霜，问题愈加严重。时至2008年9月初，与韩国人的谈判宣告终结，雷曼兄弟的股价又跌去45%，抹去了10年来的市场利得。

2008年9月9日，韩国人投资谈判终止之后，福尔德只好转向美洲银行和巴克莱银行，这是眼下仅有的两家还有些许兴趣成为合并伙伴的银行。同一天，雷曼兄弟的结算银行摩根大通要求雷曼兄弟再提供50亿美元的担保品，以支持对雷曼兄弟的交易线。这是除该行于5天前已要求的50亿美元之外，第二次要求增加担保品。

第二天，9月10日，雷曼兄弟召集投资者电话会议，宣布一个重大的重组计划，试图安抚投资者，同时也宣布公司预期第三季度又亏损39亿美元。重组计划涉及削减股利，出售优质投资管理子公司纽博格伯曼（此时价值估计约为70亿美元）的全部或部分资产。福尔德说，这一重组计划将“创造一份非常干净，流动性非常好的资产负债表”，又说公司“正处于摆脱过去两个季度不利局面的正确轨道上”。电话会议并未提及筹募新资本，而当有人问到公司是否需要另外增加40亿美元时，公司新任首席财务官伊安 · 劳韦特为避免进一步惊扰市场，便回答“我们并不觉得需要额外筹集那笔资本”。接下来，9月11日，雷曼兄弟信用违约掉期的市价——为5年内每千万美元雷曼兄弟债务损失所做保险的成本——飞涨至每年80万美元，而5月底还是21.9万美元。更多的机构投资者撤出资金，福尔德又去找盖特纳，告诉他雷曼兄弟现金快要用完了，将不得不从美联储设立的经纪商交易商贷款设施中，借入一笔数目庞大的款项，这样才能在下星期一维持正常营业。与此同时，保尔森放出话说，不应指望纳税人来拯救每家濒临倒闭的银行，同时又力劝美洲银行首席执行官肯 · 刘易斯，要他考虑收购雷曼兄弟。

2008年9月12日星期五，信用评级机构警告说，如果到下星期一早晨雷曼兄弟未能筹集新的权益资本，它们将调低雷曼兄弟的债务评级（这又将迫使雷曼兄弟提供更多担保品，以支持其交易头寸）；同一天，摩根大通冻结了替雷曼兄弟持有的价值170亿美元的现金和证券资产，拒绝雷曼兄弟动用自有资金。这一冻结行动在雷曼兄弟引起了混乱，正寻求撤出资金的客户便无法撤出资金，而公司各处办事机构之间的资金划拨，或偿付到期隔夜贷款的资金转账，也都受到阻碍。保尔森和盖特纳在纽约联储召集华尔街公司领导人开会，激将他们，要找到私下解决雷曼兄弟问题的办法，说这样做对于他们也是最有利的。

星期六的很多时间，都用来为雷曼兄弟的现金头寸寻找解困之道，与美洲银行和巴克莱银行展开合并谈判；两家银行都需要对雷曼兄弟的财务状况更加放心，才能在美联储不给予担保的情况下，接下雷曼兄弟的摊子。另一方面，美联储正手忙脚乱地为新增贷款认明可以接受的担保品，但并未找到符合其严格要求的足额抵押物。关于雷曼兄弟所持有的庞大商业地产组合，有人也提出这些资产估值相对较高的疑问，对此，后来有分析师表示过度估值达35%。

与此同时，一个关键的会议也在纽约联储召开。美林证券的首席执行官约翰·赛因也在场，与会者还有高盛首席执行官劳尔德·布莱克费恩和摩根士丹利首席执行官约翰·麦克等人。他们用了数小时的时间，力求撮合一桩交易，购买300亿美元左右的雷曼兄弟问题资产，但因无法确定这些资产的价值，所以政府若不给予曾为促成贝尔斯登交易而做出的那类担保，他们便无法继续交易谈判。政府并不愿意提供这样的担保，于是会谈没有取得结果便收场了。

再回到雷曼兄弟，有几场会谈在同时进行，对象分别是纽约联储、美洲银行、巴克莱银行、评级公司等各方的代表；雷曼兄弟的数位律师，为防一切无果，也正在探讨破产申请的问题。这些会议全都要求福尔德和他的高层同事出场，他们整天像蚱蜢似的，忙着从一处蹦到另一处。

到这时候，赛因确信雷曼兄弟就要被撇下，只能落入破产的结局，他还确信，如果果真如此，接下来，市场便要找到美林头上了。虽然他自信与雷曼兄弟相比，美林拥有更多的现金，整个情况也会更好，但他知道美林也是有弱点，易受损伤的。“下个星期五，可能就是我坐在这里如芒刺在背了。”据报道，赛因曾这样说过。星期六参加完纽约联储会议之后，赛因踱出去，走到楼后的人行道上，给身在北卡罗来纳州夏洛特市家中的肯·刘易斯打电话，建议美洲银行收购美林而非雷曼兄弟。“几小时后，我能赶到。”刘易斯对他说。收购美林的主意很吸引刘易斯，对于雷曼兄弟精熟但危险的债券交易业务，他的兴趣很可能仅限于以很低的价钱弄到手，并且还要有政府的担保，而关于这一点，保尔森一再说是不可能发生的事。的确，数月以前，在自身遭受一些交易损失后，刘易斯曾告诉《金融时报》：“投资银行业务的乐子，我能忍受的都经历过了。”让他大感兴趣的是，如能握有美林证券庞大的零售经纪业务和共同基金管理业务，会非常棒，同时他也心里清楚，至于让美林陷入困境的投资银行业务，他将来不妨加以限制，也不妨予以关停。

赛因给刘易斯打完电话，返回纽约联储大楼，同事告诉他，高盛的几位高层代表已建议购买美林证券9.9%的股份，并提供100亿美元的信贷额度。然后，摩根士丹利的约翰·麦克说，美林证券应该与摩根士丹利合并。虽然都有数次跟进性商谈，但赛因放心不下，觉得两家公司并不能“感同身受，理解自己的危险处境”。

然而，刘易斯还是理解形势危急，并迅速采取行动，与赛因敲定了协议。

美林证券的动作，使得雷曼兄弟只能与巴克莱银行交涉，而巴克莱银行也想得到担保，不过要求比美洲银行要温和。但是，巴克莱银行并不想要雷曼兄弟的问题资产，这是福尔德原本以为他可以分拆给股东的。据当时在场的一些人士说，保尔森和盖特纳曾说服一群银行提供一笔550亿美元的贷款，支持这一分拆交易，这似乎是阻止雷曼兄弟破产所需要的最后一步。但是，与巴克莱银行的交易，如果要行得通，美联储得在下星期一市场开盘时，为雷曼兄弟的所有交易头寸提供担保。其他华尔街公司，谁也不愿这样做，所以巴克莱银行考虑独力去做，但它又受到伦敦证券交易所规则的妨碍，不能在事先未获股东批准的情况下就提供数额如此之大的担保。美联储试图让英国政府取消那些规则，但英国政府予以拒绝，理由是：如果为了拯救一家深陷泥沼的美国公司而必须放弃规则，那也应该是美国的规则。

时至2008年9月14日下午，雷曼兄弟已无选择。巴克莱银行没有担保无法行动；美联储认为没有充足抵押物，就不能提供如此的担保；美国财政部尚未作好准备或者不愿动用自己的资金，来帮助雷曼兄弟摆脱绝境。保尔森刚刚对两家联邦政府特许的全美国性抵押融资公司进行国有化，并正开始与蹒跚而行的美国国际集团打交道，他已清楚表示，尽管他或许应该找到办法应付几周，好让雷曼兄弟得以完成与巴克莱银行的交易，但无意承担金融系统内逆向选择的道德风险，而去拯救一家受困的咎由自取的公司。保尔森相信，市场已有足够时间领会雷曼兄弟的处境，从而能相应地作好自我保护。他不准备将雷曼兄弟拉出泥坑。

一位美联储资深官员问来自美国威嘉律师事务所经办雷曼兄弟破产案的律师哈维·米勒，雷曼兄弟是否已准备好申请破产。“没有。”他说，“要准备申请破产，通常得有更加详细的计划。”雷曼兄弟持有数百亿美元的衍生品头寸，交易对家成千上万。除非这些交易得到有序纾解，或由他人接手，否则破产“将导致金融市场出现惊世天劫”。米勒如是说。似乎没有人考虑，要像维持垂危病人的生命那样，让雷曼兄弟苟延残喘一阵，以赢得足够的时间，来觅得一家合并伙伴，或做好适当的破产准备。

规模太大，便不能倒闭

美联储于2008年3月进行危机干预，协助摩根大通收购了贝尔斯登，此后，市场似乎松了一口气。美国政府在贝尔斯登一案上，确立了“规模太大，便不能倒闭”的规矩，向市场发出了一个信号：如有必要，规模大于贝尔斯登的投资银行，都将受到一视同仁的对待。换言之，那些投行的债权人可望得到一家合并伙伴或者美联储自己的担保。到2008年6月初，标准普尔500指数大约已上涨5%，华盛顿互惠银行，也就是美国最大的（但实力已遭削弱的）储蓄银行，已有能力拒绝摩根大通的合并提议，并且筹集了70亿美元的新股本，资金来自得克萨斯太平洋集团牵头的一群私募股权公司。

2008年6月晚些时候，美洲银行宣布，已完成收购麻烦缠身的抵押贷款经纪商全美金融公司，几经协商之后，收购价非常便宜，它同时表示，对自身的远期前景非常乐观。然而，夏洛特市的同城竞争对手美联银行却宣布，二季度财报减记89亿美元与抵押相关的资产之后，董事会已要求长期担任首席执行官的精力充沛的肯 · 汤普森辞职。

2008年7月，联邦存款保险公司接管一家资产340亿美元的加州储蓄贷款机构，即美国独立抵押银行，这是自20世纪80年代银行业危机以来的最大银行接管案。美林证券也于7月报告称，二季度亏损47亿美元，并出售价值约300亿美元的证券化商业贷款，交易对家是私募股权集团孤星基金，每一美元贷款售价为22美分。多数评论员认为，这一价格大大低于贷款的内在价值，但是，自2007年12月以来由约翰 · 赛因当家的美林证券急于甩掉这些贷款，摆脱正趋于疲弱的债务市场所带来的风险。随后几周里，美林证券的股价回升了。

2008年7月底，美国财政部部长保尔森寻求美国国会批准：在必要时，可以预支资金给两家房屋抵押融资巨头，即房利美和房地美。长期以来，这两家公司均因资本不足而苦苦支撑，当前市场环境又使它们所持有的资产不断贬值，但是人们也认为，两者都有美国政府心照不宣的担保，看来不费力气，就能应付到期债务。两家抵押融资公司在美国国会都有强力支持者，它们宣称两家都是诚实可信、运作良好的机构。除去美国财政部，似乎无人以为它们的麻烦也在潜滋暗长，不过，请求国会批准的资金也是为以防万一而准备。总资产多达8 900亿美元的房利美，显然无论资助它的代价有多大，都得被视为“规模太大，便不能倒闭”。对于资产稍微少点儿的房地美，情况也将同样如此。保尔森向国会提出请求的消息传来，并未引起多大轰动——因为一段时间以来，市场意识到政府或许会有所行动，帮助两家公司摆脱麻烦——于是，像多数人现在所认为的那样，2008年8月接下来在市场上是平静的一个月份。信贷市场在正常运行，人们认为经济总量虽说增长缓慢，也仍然在增长，石油价格在下跌，本 · 伯南克对市场也感到更加放心，正如他自己8月所言：“可能还会出现很多问题，但至少我能看到一条路，能让我们相对安全地走出这个困难时期。”

这段短暂的平静期于2008年9月7日骤然结束。政府突然对房利美和房地美实行国有化，使两家公司处于“托管状态”，所用的手段仿佛从以前猛然夺取两家出了问题的储贷机构一样。为何要接管这两家公司，保尔森给出的解释有点儿含糊其辞：

> 基于4周以来，我们对两家机构所作的了解——包括对它们的资本充足情况的了解，同时考虑到金融市场的现状，我得出结论认为，美国财政部如果只是向当前状态下的两家公司进行权益投资，并不符合纳税人的利益。

美国政府下力气出手干预了。政府同意向两家机构提供净值支持，购买股息率为10%的10亿美元高级优先股，附带购买79.9%普通股的认股权证，并安排两家公司自2010年起每季度向美国财政部支付一笔咨询费。政府还解除两家公司的董事职务，重新任命首席执行官，为所有债务提供担保（但不包括众多美国银行用准备金投资的优先股）。这两家股东持有的公司被接管之后，最令人震惊的是，原来它们的管理层在追求发展和赚钱机会方面，实在是太过于激进了——资本结构本来就脆弱，抵押贷款支持证券市场的形势也高度不确定，它们却从市场上购入了大量抵押贷款支持证券，而这原非它们分内应做之事。两家公司已资金枯竭，现在有了政府的明确担保，为了以积极姿态重返急需它们发挥作用的抵押融资市场，支撑正在下跌的房屋销售，它们还需要筹集更多的资金。

就在房利美和房地美被接管数天之后，雷曼兄弟存世的最后一周开始了。这一周结束之时，雷曼兄弟的股权将变得分文不值，数额相当大的长短期债务，每1美元的价值也将不足10美分。这一周结束之时，美林证券将在最后时刻获得救赎，成为他人的囊中之物。至此，美国五家规模最大的独立投资银行只剩下了两家，而这两家也仍要应付市场焦虑、不定和恐惧的飓风。

“榔头”亨利·保尔森

亨利·保尔森于2006年夏季入主美国财政部时并非心甘情愿，此前总统问他对就任部长一职有何想法时，他已婉拒了一两次。照华尔街的标准，保尔森算是比较朴素平实的人，他是基督教科学派教徒，不沾酒水，喜好研究野鸟生态，周末多待在伊利诺伊州自家的农场上，不太喜欢纽约喧闹的市景。作为高盛首席执行官，他已做到第8年，在公司里受人尊敬，他正竭尽全力地按照各位前任通过身体力行确立的称职和敬业的高标准，履行着自己的职责。他还是一位忠心不二的共和党人，尼克松政府时，曾是一员白宫顾问。小布什总统换下财政部部长约翰·斯诺时，就想要一位将被民众看做更有威信的人，此外，还喜欢这位当年绰号叫“榔头”的前达特茅斯大学橄榄球队员。小布什终于说服了保尔森放弃一切，踏上他那只正在沉没的航船，和他一道在华盛顿度过最后的两年时光。然而，保尔森也成功地获得了这样一个承诺：如果他接受这份工作，他将成为布什政府货真价实的首席经济官，并且无论他采取任何自以为是的行动，总统都得给予支持。毋庸置疑，很多新任财政部长在得到这样的承诺之后，结果只是发现自己一到任却是另一番景象，不过，布什总统倒是在保尔森作出所有不懈努力和遭遇煎熬时，都给予了支持，而且保尔森对经济领域的领导权在他的总统任内也从未受到动摇。

但是，保尔森对华盛顿官场上狡诈的政治手腕和迂回策略一窍不通，这使他就像任何对此毫无准备的人那样，就职之后便大感挫折。他从未有过任何政治或经济上的经验或训练，来让他有能力应付上任几个月内在眼前展现的一切。担任美国财政部长的人，在市场和金融方面，谁也不比他有过更好或更多的历练，但是在他任上所发生的种种事情，却是金融系统前所未有的，对金融系统的考验也超出了20世纪30年代以来的任何事件。他在《纽约时报》的一篇文章中说道：

> 没有任何玩家手册告诉我们该如何应对我们从未面临过的这场大混乱。我们针对严重的市场危机所呈现的事实，调整应对策略，始终专注于一个目标：使所有美国人每天生活都不可或缺的金融系统保持稳定。如果说2008年从头到尾我们已领悟到了什么，那就是这场金融危机是不可预知，也难以抗衡的。

保尔森精明、有胆量，相信自己，表达观点鲜明有力，他在本书后文要描述的一些混乱而多事的时期，将带来30余年的金融市场经验，其中最为重要的经验，就是需要接受现实，同时找到办法，针对市场上更为优势的力量作出调整。他说话不客气，直截了当，武断霸道；追求目标极其专注，极其认真，喜欢与一小群排外的亲信下属在一起共事（有些下属便是从高盛带过来的），对他认为与当前使命不太重要的人，可能会漠不关心。他对媒体不太在意，也不太在乎该如何表现一个华盛顿名流的魅力，他天生就不是一个善于沟通的人，但总体而言，在他接受任命的时候，大约也很难找到比他更合适的人选，来引导国家横渡接下来两年的经济和金融的湍流。此外，他似乎与学识渊博的研究大萧条经济问题的专家本·伯南克，以及其美联储和纽约联储的一帮高水平金融专业人士组成的追随者都合作得非常好。

雪崩般的抛售

然而，很不幸，2008年9月15日雷曼兄弟申请破产，向市场传递了一个错误信号。据一位分析师说："雷曼兄弟破产之前，市场上存在着一种几乎不可动摇的信念，就是认为具有系统重要性的大型金融机构，其重要债权人和交易对家不会面临完全违约的风险。这种信念自1984年以来便已树立，当时美国第七大银行伊利诺伊大陆银行破产倒闭，债券持有者都得到了全额偿付。"

保尔森和伯南克此时要应付的问题，最重要的是杠杆程度过高的投机性泡沫爆裂了。这不像20世纪90年代的科技股泡沫，那时确实也是投机性泡沫，但杠杆程度远没有这次高。这次泡沫以房屋价格上涨为基础，是一个全球性现象；同时，因为银行使用了复杂尖端的金融产品，这次泡沫又受到了涡轮增压般的影响。银行将抵押贷款捆绑起来而创设的证券被评为AAA级，因为这类证券由被抵押的房屋资产提供担保（房屋价格又在攀升之中）。由于这类证券的评级如此之高，投资者和中介机构几乎可以按整个的购买价格借入资金，它们也的确这样做了。国际银行最低资本充足率的规定（美联储曾帮助设立这一规定，并在有关文件上签字同意），倒是允许这样做，因为被担保的资产并不被看做有风险，相对于没有获得担保的资产，会要求较少的资本作为支持。然而，金融炼金术却找到了各种办法，将大量品质较差的次级抵押贷款也打包成证券，并且以低成本在短期商业票据市场，为大量这类证券存货提供融资。当这一切发生的时候，银行也增加在企业贷款和消费者贷款市场的业务活动，并提高这两类市场中风险较大的借款者的杠杆率，以便财报中出现赢利增长，迎合各自股东的口味。

当这一泡沫爆裂，存量房屋估值过高的现象变得显而易见的时候，一切又似乎在刹那间都从高处滚下坡来，而且速度越来越快。次级抵押贷款违约率上升，导致所有抵押担保证券的担保品受到质疑——在任何一种特定的抵押担保证券中，从来就不清楚究竟包含了多少次级抵押贷款——这导致所有抵押担保证券的价格下跌，从而造成要求增加保证金的局面，这又要求添加资本，而要添加资本，又要以令人痛苦的低价再出售证券，引起抵押担保证券的价格进一步下跌，这是一个不断重复的过程。

随着上述过程的发生，银行、证券公司、对冲基金都被迫减记所持有的证券，损失立即通过资本核销反映出来，这样又要求重置资本。交易对家、结算公司、评级机构全都叫嚷着要求再提供资本，而在下跌通道中，要筹募资本谈何容易。按低价募来的资本，又稀释了银行的股价，使股价进一步下跌，然后，等亏损延续到下一季度，再要筹集资本，就更加困难了。这种状况也使得银行可以向别处借出的资金变得更少，造成它们进入商业票据和其他货币市场的通道变得枯竭起来，对它们向其他机构来源筹集资金的能力提出了挑战，使它们处处告急。

股价暴跌对银行而言成了一种新型挤兑，所有与特定银行有利害关系的，都因此而怀疑是否该信任这些银行。这种恶性螺旋式下滑过程，将持续到抵押担保证券和其他风险性债务市场触底时，或银行耗尽资本而须由监管部门来解决问题时，才会宣告终止。随着自身的融资能力受损，银行也认真准备应付困难，开始不乐意向商业客户或个人客户提供融资；各类信贷市场也就干涸起来，将整个经济拖入一次急剧衰退之中。

更为糟糕的是，抵押货款证券由大约30家巨型全球性金融公司集中持有，每家公司都有大约一万亿美元以上的资产，有几百家对冲基金和其他机构投资者，这些巨型公司都坐在堆成山样的自己创设或购自银行、正在贬值的证券之上。这些规模最大的金融公司都云山雾罩，叫人难以看清，而且几乎全都直接或间接地涉足了有问题的房屋和抵押资产。风险敞口如此集中，让全世界的股市和债市——截至2007年12月，两类市场总市值高达140万亿美元——都阴霾重重，引发大型机构投资者争相寻求安全，开始纷纷清空头寸。风险敞口的规模和相互关联的情况一旦变得清晰起来，谁也不愿再持有金融业的那些金纸、银纸。

2008年夏季结束时，雪崩般的抛售开始了，到雷曼兄弟破产之后，2008年9~10月出现了最疯狂的抛售。惊涛骇浪般的抛售，一阵一阵地卷来，股市波动性上升了4倍，创下了前所未有的纪录。美国政府为干预市场，动用了来自不同团体的资源，但这些资源充其量不超过几万亿美元，另有两三万亿来自欧洲国家，实在不足以遏制既已开始便难以停息的雪崩般抛售。唯一的阻止办法，就是要让市场对世界上的那些主要金融机构，能重拾足够的信心，只有这样，钱才会向它们回流。

灾难性破产

贝尔斯登于2008年3月并入摩根大通之后，债权人如释重负地发出了一声沉重叹息，这其实也是对美联储表示感恩戴德的一声叹息，因为美联储破天荒地第一次向投资银行表明了“规模太大，便不能倒闭”的信念；美联储的行动确认了一点，即为了保护金融系统，政府将做到必须做到的一切，哪怕要扭曲现有规则，也在所不惜。考虑到雷曼兄弟体量大得多，因而较之贝尔斯登对金融系统的威胁会更大，雷曼兄弟的债权人们一定以为自己也将安然无恙。这从一个事实中可以明显看出：直到雷曼兄弟破产前夕，众多货币市场基金仍然持有雷曼兄弟的短期负债，这些基金在美国占有3.5万亿美元的流动性投资份额。

这其中，有一家基金在美国历史最为悠久，总资产达620亿美元，名叫储备初始基金，持有7.85亿美元的雷曼兄弟票据，这些票据在雷曼兄弟破产之后变成了一堆废纸，致使基金的资产净值每份降到不足1美元（这种情形业内俗称“跌破1美元”）；在货币市场基金业内，这是一个灾难性的事件，此前仅在一只小型基金身上出现过，那是14年前，因发起机构未能另行注入自有资金以维持基金市价才发生的。货币市场投资者一般不会去冒风险，让自己的本金蒙受损失；一只货币市场基金的价值，是每投入一美元，无论如何，预期总会保持在1美元之上。如果这种局面不能维持，投资者将不仅仅从已“得罪”自己的基金中抽离资金，还要从其他似乎将会出现如此情形的基金中抽离资金。到雷曼兄弟破产一周时，大约有4 000亿美元的资金逃离了货币市场基金业，美国财政部被迫“暂时”保护货币市场基金，使之不再进一步遭受此类损失。雷曼兄弟破产之后，这类投资者非常担忧，不知道市场会怎样，都不想沾染与任何公司有关的风险，便将资金投放于国债和联邦政府担保的抵押证券。货币市场基金主要投资公司商业票据和银行大额定期存单。所以，资金撤出货币市场，便使得低成本的公司信贷和银行信贷进一步枯竭，迫使商业票据发行人只能转而依靠银行备用信贷额度，这样银行又得仓皇地设法予以满足。

接下来受到影响的，是持有雷曼兄弟价值1 300亿美元债券的投资者。2008年9月初，雷曼兄弟债券大约按1美元债券价值兑95美分的价格交易，这表明债券投资者丝毫没想到雷曼兄弟将陷入破产的境地。破产之后，债券价格立即降到1美元债券价值兑40美分，而在10月份进行一场雷曼兄弟信用违约掉期合约拍卖之后，债券价格又跌到1美元债券兑10美分。除去雷曼兄弟直接的信用风险敞口之外，大约还有4 000亿美元的其他机构针对雷曼兄弟信用所做的信用违约掉期合约——凡是愿意支付保险金的机构，都可通过信用违约掉期合约获得保险保护。但是，据国际掉期交易商协会的信息，在长短期合约由投资者交割而获得可观收益之后，只有大约60亿美元的这类合约（占理论总数的1.5%）留待雷曼兄弟破产后进行结算。那么，结算完毕后的损失，相较于此前人们所担忧的源自所有350余份保险合约的损失要小得多。这些衍生品的风险敞口，显然让监管部门深感恐惧，但事实表明其中并不包含他们所认为的风险。

不过，还有其他问题。使用雷曼兄弟作为大宗经纪商的一些伦敦对冲基金，发现自己的担保品因雷曼兄弟破产而被冻结，并且其中一些担保品被雷曼兄弟合法用做借款抵押物。这必然导致费时很久才能弄清谁有权拥有何物，而在此期间，对冲基金的这些资产都将保持冻结状态，很多基金因此将动弹不得。不仅如此，对冲基金的索取权也将与其余无担保债权人的索取权混在一起，它们将为破产诉讼中所剩之物争吵不已。

所以，数家大型投资银行（与对冲基金所做的）能赚大钱的“大宗经纪商业务”就感受到了压力，对冲基金如惊马般避开较为脆弱的投资银行，将经纪业务转往更加稳固的托管机构。摩根大通兼并贝尔斯登后，便得到了贝尔斯登的一摊优质大宗经纪商业务，2008年第三季度公告此类业务上升了25%。

正如哈维·米勒的预测，雷曼兄弟的破产过程一片混乱。据雷曼兄弟付订金聘请的破产代理人阿尔瓦雷兹和马索尔所作的一份研究，这样的破产损毁了多达750亿美元的价值，倘若破产过程更加有序，债权人本可得到这些价值。更加有序（也更加正常）的破产过程，本会使很多资产得以按更高的价值售出，并且会阻止突然清仓抛售近百万份衍生品合约，从而避免造成约500亿美元的损失，其中包括许多对雷曼兄弟负有债务的合约。不过，美联储在雷曼兄弟破产之后，通过出售资产，倒是收回了所有投在雷曼兄弟的钱。

然而，理查德·福尔德投在公司股票上的钱却没能拿回多少，那些股票的价值可是一度达到10亿美元左右。或许失败带来的羞辱对公司垮台负有责任，也同样让他感到痛苦。本来，公司是成千上万的同事和朋友的栖身之地和生计来源，他们曾经仰视他、敬重他，但现在，见他身处窘迫和颜面尽失的境地，却似乎获得了莫大的慰藉。很多人都满腔愤怒，包括纽博格伯曼公司先前的合伙人，他们于2003年曾以26亿美元的价格将公司卖给雷曼兄弟，半数买价和他们此后5年的半数年度奖金，都以限制出售的雷曼兄弟股票来支付，现在全都成了废纸。在雇员和先前的经理们看来，他们之所以会失去工作，丧失在公司中的利益，理查德·福尔德正是罪魁祸首，是他让这一切统统发生了。

雷曼兄弟破产后的第一个星期日早晨，福尔德在雷曼兄弟健身房里锻炼身体。作为一个颇有竞争力的壁球手和健身迷，他相信，要保持头脑敏锐，提高身体抗压能力，锻炼是必不可少的。现在他当然觉得特别需要锻炼了，“这天他开着心脏监视器，在跑步机上跑步。有一个人在角落里进行举重锻炼，他走过去，突然把这人击晕了。”（这次寻常少有的报道来自一个为消费者新闻与商业频道和《名利场》撰稿的人，他声称，引用的是"两位资深人士的话"。)

如果这事确实发生过，那么在雷曼兄弟申请破产之后，这也只是与福尔德有关的一连串不愉快事件中的一件罢了。首先，让公司大卸八块而最终消亡的活动得由他来主持，而这是他自1967年大学毕业后一直为之服务的地方。巴克莱银行收购了雷曼兄弟的北美资产，价钱低得不能再低，欧洲和亚洲资产由野村证券买走，价钱也高不到哪里去。纽博格伯曼资产管理子公司，原本要以地板价卖给两家私募股权基金，终于没有成交，又回售给该公司的经理层人员。

其次，福尔德被美国众议院监管和政府改革委员会传唤至华盛顿，在委员们面前公开受到斥责，和不知姓名的抗议者们一起，被人摄下影像，他们手中高举的横幅上，写着"不要脸"和"贪婪无比"的字样。问到雷曼兄弟为何破产倒闭时，福尔德在证词中说："最终发生在雷曼兄弟身上的一切，都是由于缺乏信心造成的。这并非因为单单对雷曼兄弟缺乏信心，而是被称做'恐惧风暴'的大形势，席卷了整个投资银行领域和美国的金融机构。"

他接着把失败归因于"一系列破坏稳定的因素"，包括借贷成本上升、会计准则迫使银行将头寸减记至物品的一般价格、评级机构调低评级的威胁始终箭在弦上、市场又有人卖空公司股票，但是他说："对于我作出的一切决策，我愿意承担全部责任。"一连串的听证会之后不久，司法部又展开刑事调查，以确定福尔德或雷曼兄弟的其他人在先前的声明中是否犯有欺诈罪，确定他们关于公司健康运行和存续无忧，以及公司在危险的最后几月当中无须再筹集资本的说法是否符合真实情况。

华尔街公司的很多领导人恐怕也不会否认对福尔德怀有一定程度的同情，他们不能不想到，若是情形和时间稍有不同，他们也会很轻易地陷入同样境地。

雷曼兄弟申请破产

雷曼兄弟申请破产之后第一天，美联储和美国财政部在出资救助的立场上，突然来了个180度的大转弯，宣布由纽约联储向美国国内最大的保险公司美国国际集团，提供为期两年的850亿美元贷款，帮助它免于遭受破产的结局，因为该公司已深深地误入结构化金融产品的危险泥塘。美联储的一份声明说：

在当前形势下，美国国际集团倘若无序破产，会让已经相当脆弱的金融市场变得更为脆弱，致使借贷成本大幅上涨、家庭财富缩水、经济严重疲软……本次贷款将有助于美国国际集团有序出售部分业务，这样一来，对国内整体经济的冲击才能减到最低程度。

实质上，这是一个自我清偿的计划。保尔森和伯南克此前非常不愿意介入美国国际集团，为此半年内两次援引《联邦储备法》有关“异常紧急情况”的条款——该条款规定在何种情况下，可以授权美联储向银行系统外借出资金。不过，两位之所以最终被说服，是因为美国国际集团和已如惊弓之鸟的信贷市场关联度非常高。他们心中盘算的，是提供两三年的搭桥贷款，让该公司得以卖掉赚钱的保险以及其他业务，来偿还这笔贷款，纳税人拿走留给股东的80%的剩余部分。美国国际集团的市值一年前是1 780亿美元，所以他们认为，这笔贷款由保险业务提供担保将会非常安全。向美国国际集团的债权人和股东提供这样的资金救助作为交换条件，保尔森坚持要让这家曾经极受尊敬、羡慕的公司委曲求全。它必须支付比伦敦同业拆借利率高出8.5%的惩罚性利率，向政府发行代表公司79.9%的普通股认股权证。保尔森还坚持要求董事会换掉任职相对较短的首席执行官罗伯特 · 维拉姆斯塔德，转而任用爱德华 · 利迪。利迪受人尊敬，曾是好事达保险公司的头儿，也一度在高盛董事会任职，他同意为美国国际集团工作，只拿1美元的年薪。

保尔森同意给予贷款之后，第二天便发放了贷款，不言而喻，他的结论是，美国国际集团规模太大，不能倒闭，而雷曼兄弟则不是。美国国际集团尽管是非银行类保险公司，却也像一些大型银行一样跌入了相同的陷阱。规模相对较小的美国国际集团金融产品子公司，贸然将1 400亿美元砸在欧洲的抵押担保证券上，将780亿美元砸在美国的债务担保证券上，并售出大约4 500亿美元的保险给公司型信用违约掉期的买家，这些掉期合约都度过了危机，损失相对较小，又卖出750亿美元的次级抵押贷款型信用违约掉期，但这些合约在危机中均造成了很大损失。美国国际集团在市场上又是最大的次级抵押贷款型信用违约掉期的买家，这意味着它将成为此类掉期合约的最大输家。这类以伦敦为基地的结构化金融产品，在很多年里，一直到整个2007年都极其赚钱，现在却在大出血，仅第二季度就报告了250亿美元的亏损。

随着价格走低，评级机构便要求美国国际集团增加价值约600亿美元的担保品，支持信用违约掉期业务，维持AA级的公司评级。如不能拿出担保品，美国国际集团承保的信用违约掉期将急剧贬值，公司的资信状况也将陷于极其严峻的境地，给交易对家造成的担保损失，据一位分析师称，将多达1 800亿美元。该集团值钱的保险公司都分别接受监管，是集团控股公司相互独立的子公司，因此它们的资金和资源，控股公司的债权人是拿不到手的。

2008年早些时候，美国国际集团筹集了200亿美元的新资本，并聘用高盛和摩根士丹利，试图帮助自己另外筹集400亿美元，以免公司评级被降下来。私募股权公司提出了几个出资办法：弗劳尔斯公司递交的计划要求给予25%的当前市值购买美国国际集团的权利；科尔伯格–克拉维斯公司和得克萨斯太平洋集团要求美联储提供一笔搭桥贷款。首席执行官罗伯特·维拉姆斯塔德与纽约联储主席盖特纳接洽，要求提供这笔贷款。媒体报道公司状况恶化的新闻，使公司股价变成了自由落体；到2008年9月12日，星期五，已跌至每股4美元，而3月时还是每股近50美元。9月15日，标准普尔公司将美国国际集团的债券评级降至A–，穆迪公司也跟着降级；美国国际集团便断定，如果至9月17日还不能筹到新资本，履行提供担保品的义务，那么就得宣告破产。也许是因为公司的前景太过悲观了，也许是因为股价突然下跌的缘故，或者是因为有人担忧降级对作为交易对家的状况业已恶化的信贷市场产生影响，便提出了救助请求，总之伯南克和保尔森改变了主意，拿出上述贷款计划，在雷曼兄弟陷入破产深渊之时，计划草草地通过了。

被切断了筹集资本或借入资金的一切机会之后，美国国际集团董事会被告知已别无选择，于是在威逼之下，接收了这宗贷款交易。交易差不多是把美国国际集团划归国有了，但没有触动剩余的股东留存权益，不过这些权益事实上也已损失殆尽。保尔森很想通过这个行动表明，就像房利美和房地美的情形一样，倘若政府打算进行干涉，那么政府的条件会是格外严格的，所以，将公司引向困境的人是领取不到奖金的，而纳税人赔钱的风险则将小到不能再小。不过，毫无疑问，政府出资援助会让很多人直接受益，他们就是美国国际集团的交易对家（包括多家很重要的银行和券商）和债权人。

此后不到一个月，美国国际集团再次陷入困境。美联储又不得不向该公司提供380亿美元的借款，以免其融券业务出现崩盘。原来，在美联储首次救助之前，美国国际集团借出自己持有的股票，将所得现金愚蠢地或者说铤而走险地投在期限较长的抵押资产上，本以为那些资产价值被低估了，不料却发现待到股票返还，现金需要退回时，那些资产的价格已大幅下跌。因此，在最初的850亿美元贷款中，有相当的数量得用来填补这些业务上的窟窿，而并非为公司核心的信贷风险敞口提供融资。接下来，就更加尴尬了，因为美国国会的一个委员会在调查美国国际集团经理层的薪酬和津贴时，发现公司在第一笔救助款发放一周之后，花费37万美元买了一处奢华的静居所供经理人员使用。美国国际集团仍然是美联储和财政部的“烫手山芋”，它们为了让这家控股公司及其所持有的信用违约掉期头寸免于沉沦，不得不又就出资救助的条款重新商谈了两三次。美国国际集团的保险财产无法在政府救助之后在萧条的市场上卖出像样的价钱，而保险子公司的现金和其他资产仍然不能动用。政府只好苦笑着忍受；信用违约掉期组合迟早会到期，作为担保品的资本总会返回。可是，这种等待也的确让人非常不舒服。

美国国际集团得到资金救助之后，伦敦同业拆借利率猛然涨至6.5%，原先只有2%多一点儿，原因就在于银行间的借贷突然枯竭起来。

2008年9月17日，高盛和摩根士丹利公布第三季度财报（高盛与2007年同期相比下降70%，摩根士丹利只有温和的下降，两家公司均有赢利）。两家公司还宣布各自的巴塞尔一级资本充足率是11.6%和12.3%，相比较而言，同类大型银行的平均值则为8.5%。但是，此时市场却风传，尽管两家公司都享有美誉，迄今为止也已成功地抵挡了种种困难，但谁也活不下去了，因为它们都不是商业银行，在危机时刻都没有稳定的存款基础可以依靠。而且，现在政府任由雷曼兄弟破了产，如果这两家公司使用资金的渠道随着市场对其信心的慢慢流失而渐渐地干涸起来，那么也没有理由相信政府会出手拉它们一把。9月18日，这两家投行的股价分别暴跌25%和43%。摩根士丹利仿佛是为了摆脱恶犬的追咬，使了一个计策，宣布已与美联银行展开合并谈判——该行新任首席执行官名叫罗伯特·斯蒂尔，直到前不久还在财政部副部长的位置上，也在高盛长期做合伙人，与保尔森共过事。

股市大盘这时的表现却正说明人们对所有的金融股完全丧失了信心，其中银行板块受到重挫，更是让站在场外关注的政府监管者恐慌不安。随着股价下跌，各类信贷市场也随之担忧起来——担忧银行不断地核销资本，多数银行迟早会需要新资本，却又不能筹到新资本——因此开始抽回资金。旁观的政府人士以为金融股是被对冲基金和其他投机者卖空，这使得信贷市场的形势变得更加严峻了。

于是，2008年9月18日，美国证交会介入进来。这回又是一个史无前例的动作：禁止市场对799家公司的股票进行卖空操作，这些公司均涉足银行和其他金融业务。

2008年更早些时候，证交会禁止“裸卖”（为卖空而借入股票之前即行卖出的行为），并且阻止卖空19只金融股。一年以前，美国证交会经过广泛研究，废除了“提价交易规则”——这项规定要求，除非卖空者的出售价高于上笔交易成交价，否则不能卖空。证交会说，研究显示，没有证据表明这项存在已久的规定富有成效，而有些人声称，这本是对市场自由定价进行干预的一种形式。不过，取消“提价交易规则”，在有些人看来，是让卖空变得更容易了，而“裸卖”的限制却让卖空变得更难。但是，认为政府应当阻止卖空，或阻止对指定的某类股票进行卖空的想法，被很多经济学家和市场专业人士看做完全超出了政府在市场中应该扮演的角色。然而，卖空禁令似乎也没起什么作用，金融股照样遭到猛烈抛售，这项禁令或许对波动性的上升提供帮助。

9月19日，因担心整个信贷系统要崩溃，保尔森和伯南克请求美国国会批准7 000亿美元的市场稳定基金（也就是不良资产救助计划）；9月29日国会投票否决这一计划，道·琼斯工业平均指数当天应声暴跌778点。保尔森和伯南克最后竭尽全力，才让这项议案重新纳入美国国会讨论并获得通过——他们认为这是一个利害攸关、生死相搏的时刻，向美国国会议员痛述倘若议案不得通过，便会发生怎样悲惨的经济大灾难，而且美国国会的否决已经让市场更加惶恐不安了。道·琼斯工业平均指数9月开始和结束时基本上处在同一个水平，但其间每日波幅达四五百点之多却成了正常现象，甚至有几次还超出了这个波动区间。通过芝加哥期货交易所VIX指数衡量的股市波动性，9月开始时为20%，与上一年平均值相当，然后却翻了一番。

华尔街的终结

还是在2008年9月19日，高盛和摩根士丹利宣布，已向美联储申请成为银行控股公司。这一举动大大出乎人们的意料，因为两家公司长期以来引以为荣的一件事，就是独立于联邦银行系统之外，不用接受较为严格的监管约束。不过，事实上，这个动作也并不算太大。

自2008年年初以来，两家公司就有美联储派遣的银行检查员进驻其内，他们逐日向美联储高层报告两公司财务状况的各种变化。美联储告诉两家公司，它们将被视为规模太大不能倒闭，并且在可以预见的将来，在核心资本方面，必须至少符合一级资本最低报告标准。两家公司数年来也通过国内或欧洲的子公司拥有了商业银行，那些银行接受客户存款，并能够进入银行间市场。两家公司已被联储看做非银行控股公司，所以转而变成银行控股公司，也并不是什么大不了的举动，特别是如果考虑到美联储已在告诉它们，将受到的监管与现在也差不多，就更是如此了。成为银行控股公司之后，有利之处在于，将来如有必要，可以利用美联储贴现窗口。美联储要求两家公司联合行动，这样一来，便不会有一家被甩在后面，受到困惑而惊恐的市场参与者的合伙攻击，因为市场参与者可能会觉得有必要从“唯一生还者”那里抽离资金，结果便会威胁到这“唯一生还者”的安全。

消息传来，两家公司的股票马上就出现转机，止住跌势逆转向上，看样子，成为银行控股公司的举动来得正是时候。但是，除了时机合适之外，这一行动显然还具有深远的意义。虽然两家公司照样从事先前的业务，未必会急切地靠分支银行来安身立命，但很多人认为，这一变化代表着一个时代已经告终。《华尔街日报》发表一篇社论，题为“华尔街的终结”，指出五家顶级的独立投资银行，现在已“一去不返”，随之消逝的还有独立自由、监管宽松、随心所欲的市场资本主义；自从美利坚合众国诞生以来，这种市场资本主义一直因那些投行的主要投资者的才干和运气之不同，时而欣欣向荣，时而遭遇挫败。

仅在一周之内，投资银行独立自主的时代便已宣告终结。数十年来我们所认识的华尔街已不复存在。半年以前，有5家举足轻重的投资银行。现在，其中两家，雷曼兄弟和贝尔斯登已破产倒闭，美林证券正将自己卖给美洲银行，另外两家又在变成商业银行。亚当·斯密，那个了不起的严格执行市场纪律的人，正在惩罚越轨行为和极端行径，重塑美国的金融业，而美国国会却要很久才能发挥作用。

2008年9月22日，摩根士丹利宣布，将向三菱日联金融集团出售大约90亿美元的股票，代表21%的股份。这宗交易使得5天前宣布的与美联银行的合并谈判悬在半空中，看来，美联银行并没有被当做正经的备选对象。

9月24日，高盛宣布与美国最知名的投资者沃伦·巴菲特达成协议，伯克希尔-哈撒韦公司将购入50亿美元股息率为10%的优先股，附带50亿美元购买普通股的认股权证，认购价格为每股115美元（致使高盛的资本成本超过了20%）；紧随这次交易之后，高盛当日又立即以每股123美元的价格在市场上卖出了50亿美元的股票。巴菲特盖上恩准的印章，新添100亿美元的资本，“应该会很快结束信贷市场有关高盛资本状况和流动性状况的争论。”布拉德·辛慈这样说道——他是安联伯恩斯坦基金公司一位深受好评的分析师，跟踪研究证券业。

更多银行倒闭

市场还在消化沃伦·巴菲特重返华尔街的故事，琢磨华盛顿与不良资产救助计划的纠结，这时，又一家设在西雅图的大型储贷机构华盛顿互惠银行，宣布紧急寻求合并伙伴，以免被政府突然接管。华盛顿互惠银行在可调整利率抵押贷款和次级抵押贷款的发放上曾经很有冲劲，但最近好几个季度都在报告亏损。从9月15日开始，这家银行的储户试图夺路而逃，仅在10天之内，便提走了170亿美元的存款。这情形足以震惊联邦储贷机构监管局，使之采取行动，在9月25日关闭了华盛顿互惠银行，并请联邦存款保险公司于次日就该行资产安排了一次拍卖。这是美国有史以来最大的银行破产案，此后一年内，又有24家银行被监管部门突然接管，这是15年里的最大数目。

有几家银行看了看华盛顿互惠银行，都打消了并购的念头，因为需要减记的资产太多了。不过，摩根大通却愿意出手相助。就在几个月前，它曾主动提出以每股4美元的价钱收购，但碰了一鼻子灰，因为华盛顿互惠银行更倾向于私募股权公司得克萨斯太平洋集团。这一次，摩根大通于9月26日与联邦存款保险公司达成交易，收购华盛顿互惠银行价值3 100亿美元的资产和1 820亿美元的客户存款，收购总价很便宜，仅为19亿美元。华盛顿互惠银行的股权投资者一无所得——得克萨斯太平洋集团及其共同投资人，在为期5个月的投资中，丧失了70亿美元——而且，与此前2008年所有的银行救助情况不同，该行的无担保债务持有人和其他债权人都只能在破产程序中听天由命了。就联邦存款保险公司而言，这交易好比轻快地翻了个筋斗，不费什么代价。摩根大通将要减记310亿美元的华盛顿互惠银行资产，但据称，这宗交易仍将提升摩根大通的每股收益。这起收购案也创造了美国第二大分支机构——摩根大通在23个州中拥有5 400个办事处，并且财务报表上的总资产也因此增加到2万亿美元。

华盛顿互惠银行何去何从的决定下达之时，刚表示想与摩根士丹利合并的美联银行正艰难地进行着自我救赎。美联银行作为全美第四大银行控股公司，是过去20年里100余起并购交易的直接产物。它的总部同美洲银行一样，也设在夏洛特市，这是它的起家之地。2006年，美联银行收购一家储贷机构——加州奥克兰市金色西部金融公司，收购价为250亿美元。金色西部给美联银行的资产负债表添上了约1 200亿美元的住宅抵押贷款，其中很多是高风险的可调整利率抵押贷款。后来，房市开始衰退，美联银行在抵押贷款组合上几乎连续不断地面临着减记的压力。美联银行还宣布，企业客户提走了25%的存款，“低成本核心存款”下降了8%。

时至2008年9月初，美联银行意识到需要大量筹集资本，安排一个“战略伙伴”，或者与另一家公司合并，于是聘请财务顾问协助发展备选对象。在与摩根士丹利进行合并商谈的一周里，美联银行也和另外几个可能合并的公司接触，包括花旗集团，花旗集团首席执行官维克拉姆·潘迪特在商谈开始前打过好几次电话。美联银行的股价一年来已跌去80%，这时收盘报价约为每股10美元，市场开始显出担忧，怀疑该行没有政府的支持，也许达不成交易。9月29日，即摩根大通收购华盛顿互惠银行数天之后，美联银行宣布，与花旗集团和联邦存款保险公司达成一宗复杂的交易：花旗集团将以价值21.6亿美元的股票，收购美联银行7 000亿美元的银行资产和负债，但不涉及非银行业务和证券业务；联邦存款保险公司则在高达3 120亿美元的抵押相关资产和其他资产上提供损失保险，为此，花旗集团将向联邦存款保险公司额外发行约120亿美元的优先股和认股权证。花旗集团还承诺再筹募100亿美元的普通股资本支持这桩交易。听到这个消息，花旗股价应声下跌12%。股东一定以为，即使收购价如此之低，但考虑到那些问题资产，加以花旗集团新发行的股价将是数月前的1/2，收购美联银行的真正代价还是非常高的。

第二天，联邦存款保险公司宣布，将向美国国会寻求提高银行存款担保的数额，由10万美元升至25万美元，使焦虑不安的储户更加宽心；证交会和财务会计准则委员会也宣布，将进一步审查近期实行的公允会计准则，因为已有很多人抱怨，这些准则正迫使银行作出一些不必要的减记，从而不得不在艰难的市场中筹集本不需要的资本金。美国证交会已批准对银行公允会计处理做些松动，减轻银行所承受的压力，不过，这种做法却使会计纯粹派人士深恶痛绝，他们深信，这些变更会让银行的财报变得更不透明，更不可靠。

经过一周的恳求、角力、预期大难来临之后，2008年10月3日星期五，修订后的不良资产救助计划终于获得国会通过。然而，久久盼望的干预抵押贷款支持证券市场的办法还没有制定出来，并且据美国财政部一位发言人称，得再过两三个月才可能出现干预。对于一个被说成绝对重要又极为迫切的计划，要等待这么长的时间才能执行，时间也太漫长了。

就在同一个星期五，花旗集团和美联银行的合并却停顿了。新出现了一家竞买者：富国银行。它几周前曾考虑过美联银行，但中途退出了，现在又提出以每股7美元或总价154亿美元，收购整个美联银行，不用联邦存款保险公司支持。比较之下，花旗集团的协议条件便相形见绌了。不过，虽然富国银行出价更高，但收购价大约也只相当于美联银行30%的账面价值；真正促使富国银行竞购的原因，还在于税收规定有了变化。原来，在花旗集团宣布收购美联银行之后的第一天，即9月30日，美国财政部一夜之间给税收规定作了一点少有人注意到的变化。新的税收规定使得银行赢利，更能抵消先前利用所购银行的贷款核销造成的税收损失。这对富国银行而言是一个巨大好处，有位税收专家估计，富国银行将从这宗美联银行收购案中，额外获得

194亿美元的税收留存，这比整个收购交易成本还要高。美国财政部的新规定无益于花旗集团，因为花旗集团本身就受数额很大的税收损失的羁绊，差不多达到与美联银行同样的程度。

美国财政部究竟意欲何为？它先是力劝美联银行违心地把自己给卖了，它在一周的时间里拒绝帮助买家之后，又改变主意，同意联邦存款保险公司的信贷保险协议，以便花旗集团可以往前推进，然后于同一天，却又悄悄地安排了税收规定的变更，致使纳税人损失数百亿美元，让富国银行出的价，得以高于自己刚刚同意的花旗集团的交易。也许，美国财政部是想阻止本身已摇摇晃晃的花旗集团，免得它因收购美联银行而弄得力不能支，更加脆弱起来，这是一个言之成理的想法。或者，美国财政部是想拿不用政府支持的一桩交易，来替代有政府支持的花旗集团收购交易。这都不得而知，可是，倘若市场以为政府做事似乎东一榔头西一棒子，没有个准谱儿，那也是情有可原的。

市场陷入一片混乱

时至2008年10月初，股市已变得惶恐不安，标准普尔500指数在10月接下来的4周里重挫27%，然后反弹回升，终于又翻身下探，到11月底时，触及全年最低点。股市异乎寻常的波动，使各种类型的投资者，无论成熟老到的还是别样的，都愁肠百结，忧心如焚——股市波动性指标VIX指数从40，即大约过去数年平均值的两倍，陡增至80，达到历史最高点。10月10日，道·琼斯工业平均指数暴跌，然后又以同样速度暴涨，单日振幅超过1 000多点。银行和其他金融服务公司的股票在第三季度报告资产持续减记和削减股利之后，下跌的幅度超过大盘，给金融板块造成信任危机，投资者似乎在收回一切支持。

10月间，美联储大力干预商业票据市场和银行间市场，支持货币市场基金以预防如潮的基金赎回，并与外国央行商谈增加货币掉期额度。欧盟各国政府，同样也为市场跌势忧心不已，公布救市计划，承诺“不惜一切代价”（大约2万亿美元），对自身的银行系统给予支持，其中英国、德国、法国、意大利、荷兰和比利时等国都进行了重大干预。在瑞士，政府从瑞银集团购买了600亿美元有问题的抵押贷款支持资产，以免该集团在不良资产的重压之下蹒跚而行，同时强令该集团高层作出若干人事变动。

市场恐慌的后果

至此，已经很清楚，房市价格的迅速下跌，导致了抵押贷款支持证券市场进入恶性循环的下行通道，这种跌势又蔓延至其他资产支持证券，造成更多的资产减记、追加保证金，致使大家不约而同地尽快减少杠杆。雷曼兄弟破产带来了市场恐慌的后果，让市场形势更趋恶化，加速了资产价格的下跌，也加速了银行资本的枯竭，使银行信贷市场和资本市场的流动性都受到抑制，并很快处于干涸状态。仅在数周之内，抵押债务危机就延伸扩展，进而成为波及范围广泛的金融危机，金融危机又波及实体经济，把实体经济由一次温和的衰退变成糟糕的深度衰退。

一位对冲基金经理雅德 · 雷斯，这样向自己的基金投资者解释2008年9~10月的情形：

> 随着信贷市场停止正常运转，各类证券便承受巨大的抛售压力，因为银行和投资者都要求获得流动性。流动性需求有增无减，而流动性供给却有减无增，这在市场上造成了严重混乱和破坏。银行不再像过去习以为常的那样，能够轻易地，成本低廉地进行融资，它们强迫客户，也强迫自己卖出资产。抛售资产的浪潮阵阵袭来，迫使资产价格走低，其他人也竞相出售资产，免得砸在自己的手上，无可奈何。加了杠杆的投资者别无选择，只得卖掉资产。一些大宗经纪商面对划不来的融资成本，被迫让对冲基金客户减少信用交易。向其他客户提供信用的成本也大幅上升，这也具有同样的影响。对有些人来说，信用已经无法得到。因为力图获得流动性，对冲基金不仅被迫卖出做多的头寸，也被迫平掉卖空的仓位。共同基金也不得不卖出证券，为惊恐不安的投资者赎回基金份额而凑来现款。可变年金由保险公司收回，也迫使证券进一步遭到抛售。有些机构先前出售了结构化金融产品，并对这类产品做过价值保证，现在都急忙卖出给那些价值做担保的证券，否则就为时太晚了。银行和证券公司的自营交易台，都接到指令，必须大幅度减少头寸，因为不再能够使用为这些头寸提供了融资的杠杆。

对冲基金投资者于2008年9月抽离了430亿美元的资金。共同基金投资者10月份大约抽离了1 000亿美元，基金经理被迫卖出本已完全准备继续持有的股票。2008年第4季度，摩根士丹利和高盛两家公司就减少了5 270亿美元的资产，数额之高令人震惊。其他大型金融机构也同样急切地将资产变现。

保护银行

保尔森一天比一天担忧即将来临的经济衰退可能会非常严重，同时也害怕，大型银行状况持续恶化，会使储户和客户对它们丧失信心，其中不止一两家，而是好几家，它们可能不得不被联邦存款保险公司接管，因为现在几乎没有其他有能力的银行留下来，可以通过无须政府帮助的合并去拯救它们。他不知道是否存在什么方法，在刺激经济的同时也能撑得住银行。英国首相戈登 · 布朗启动了一个政府投资银行资本的计划，他认为那些资本能够放大9倍或10倍的存款，进而可以刺激信贷。保尔森认为也许这样的计划，此时比不良资产救助计划帮助更大，本来不良资产救助计划广为宣传的作用，在于用计划资金去努力稳定抵押贷款支持证券市场。

保尔森认定布朗的计划将更有帮助，于是在2008年10月13日，迅速启动一项自愿参与的“资本购买计划”。通过这项计划，美国财政部将从国会已授权其无须批准即可投资的不良资产救助计划资金3 500亿美元中，拿出1 250亿美元，投资9家大型银行控股公司的优先股，包括新近成为银行控股公司的高盛和摩根士丹利。

他决定一开始便投资这9家最大的银行，是因为不想挑出脆弱的银行，使它们太过显眼，否则它们随后可能会遭遇挤兑。所以，即使这项计划本应该是自愿参与的，他也坚持要求所有这九家银行都要接受注资：向花旗集团、摩根大通、美洲银行共注入250亿美元，向高盛和摩根士丹利共注入100亿美元，向其他银行注入了较小数额的资金。保尔森为了诱使这些银行同意注资，还对他们说：“如果说注资没有吸引力，你们应该知道，你们的监管机构在任何情况下都可以要求注资。”

这些资金都投在优先股上，股息率不算高，前5年是5%，附带的认股权证是购买15%投票权的普通股，除此之外，这些优先股投资并不限制本次融资所得资金的使用，也不限制股利的支付，不过，银行得同意，将来若要提高股利或进行普通股回购，必须获得批准，还得同意接受一些针对经理层薪酬的限制。美国财政部说，希望银行把这些钱借给消费者、工商企业，以及其他有助于经济活动复苏的资金需求者。先前各方因不良资产救助计划的目的在于对抵押贷款支持证券市场进行干预，而就此计划进行过激烈的辩论和斗争，现在这种干预被放弃了。保尔森的不良资产救助计划已经发生了变化，他说：“因为实际情况已经发生了变化。”于是，反映资产支持证券价格的ABX指数急剧下跌，跌至全年最低点。

次日，联邦存款保险公司宣布，将为所有在银行间市场发行的银行票券提供担保，时间持续至2009年结束，并且还将为通用电气资本和其他一些非银行实体所发行的商业票据提供保险。至此，美联储和其他政府机构已经拨付1.7万亿美元，用于贷款担保和提供支持性贷款，不过，股票市场，尤其是金融板块，仍然保持着下跌不止的态势。银行宣布了第三季度财报，其中多家报告继续亏损，这当然也无补于金融股的表现。

美国财政部决定向银行投资的计划启动之后，一个月内有42家地区性银行表示有兴趣参与政府的资本购买计划。2008年11月11日，美国运通公司宣布，已经获准成为银行控股公司。批复之所以这么快，是因为鉴于市场出现了紧急状况，美联储已取消30日等待期的审批惯例。美国运通公司的信用卡违约率一年来已翻了一番，10月是自1993年以来首次出现卡公司未能销售信用卡应收款所担保债券的月份。

2008年11月16日，花旗集团宣布连续第四个季度亏损（累计亏损额已达200亿美元）之后，首席执行官维克拉姆·潘迪特说，花旗集团打算在下个年度裁撤5.2万个工作岗位，这是一个月前所定目标的两倍。他还证实说，花旗集团将继续变卖非核心业务单元和其他资产，但他仍将致力于保持花旗的全能银行战略。此时，有些分析师认为花旗集团最难熬的日子已经过去了，所有的分析师又预测花旗集团四季度业绩仍会报告亏损，但亏损额不超过10亿美元。尽管如此，花旗集团的股价还是触及了一年来的新低，每股8.89美元。4天后，沙特王子阿尔瓦德说将投资约3.5亿美元，把花旗股票的持有量从4%增加到5%，但花旗股票还是跌到了每股4.71美元。股价不断下跌，促使人们担忧储户会从花旗集团抽出资金，由此进一步破坏花旗集团的稳定。或者也可以说，股价不断下跌，表明人们有这样的担忧：政府要么会像先前对待房利美和美国国际集团一样，突然接管花旗集团，要么会通过另一笔高度稀释股权的注资来支持花旗集团不倒，而这两种可能都对股东不利。11月21日，花旗集团股票创下每股3.05美元的新低，总市值已不足200亿美元。两年前，花旗集团的总市值可是在2 400亿美元以上，它是全球市值最大的金融服务企业。

2008年11月24日，美国财政部、美联储和联邦存款保险公司联合宣布：三家机构将使用不良资产救助计划资金200亿美元，再次注资花旗集团；联邦保险公司将担保3 060亿美元具体的房地产抵押贷款和证券，担保期为10年，此类损失的最初290亿美元（以及其余10%的部分）由花旗集团自行吸收，联邦保险公司因担保而获得270亿美元的优先股，股息率为8%，并附有购买（以达到优先股股数15%为限的）普通股的认股权证，认购价为每股10.61美元（过去20个交易日收盘价的平均值）。花旗集团还同意将季度股利限定为每股0.01美元。花旗股票随后回升至6.5~7.5美元之间。

美国财政部似乎得到了自己想要的东西。它相信，已向市场发出了明确信号，不允许这家银行倒闭或者被接管，因此市场可以放下心来，该忙什么就忙什么去。美国财政部还避免了对花旗进行通常意义上的国有化，既没有像对待房利美那样，置花旗集团于托管之下，也没有如同处理美国国际集团一般，继续获得多数投票股权，强迫花旗变动高层人事。但是，美国财政部确实做了重大投资，在一个多月的时间里，总共投入520亿美元现金和2 700亿美元担保，救助这样一家总市值为400~500亿美元的公司（这是首次投资的数字，第二次投资时，总市值又减少了1/2），换取的是没有投票权的股票，综合股息率为6.5%，认股权证的行权价是高于投资当日收盘价近200%的高溢价，认购总股数不足流动股的10%。别人无论是谁，做成这样的交易，恐怕总会要求得到更多像巴菲特那样的条件，比如至少要提供60%的投票权，看来纳税人在这桩交易上并不是很合算。还有一个事实就更不用说了：纳税人投资一家深陷财务困境的银行，却并不要求管理层或董事会作出任何变动，而那些经理和董事此前都一味地追求极其激进的多平台全能银行业务模式，又没有取得成功。正是这种业务模式引领着花旗集团，在过去10年间，轻率莽撞地闯入每个兴衰更迭的危险借贷领域。这种业务模式，因花旗集团8年来糟糕的股价表现，已完全名誉扫地，并让花旗集团付出了撤换两任首席执行官的代价，迫使花旗集团作出了至少十几起高层人事变动。人们完全不知为什么花旗集团得到的待遇较之美国国际集团要好得多。

同时，华盛顿团队在把一切转交给即将到位的美国奥巴马政府（这届政府将包括新任财长蒂莫西 · 盖特纳）之前，还有一项重大决定等待着作出：通用汽车和整个汽车产业的前途。美国国会已拒绝帮助汽车产业，因为政府没有作出一个像样的计划，可以通过重大改革来恢复汽车产业的长期存续能力。很多国会议员（以及众多经济学家和其他专业观察家）认为，要想弄清楚什么该改革、为了改革谁该放弃什么，最佳途径只有通过破产程序在法庭上才能找到。不过，业内公司极度惊恐，担心破产会吓跑客户、交易商、供应商，并造成巨大混乱和破坏，美国大型汽车公司恐怕永远恢复不了元气。但是，由于国会不批准汽车产业的财务救助议案，通用汽车和克莱斯勒便只好朝着不归路奔去（福特公司目前倒未遭遇如此严重的财务困难）。也就是说，除非两家公司通过不良资产救助计划，在最后一分钟拿到死刑撤销令，否则非死不可。最终，它们还是得到了死刑豁免。12月19日，美国财政部宣布，将提供134亿美元贷款给通用汽车和克莱斯勒；这是为期3年的搭桥贷款，直到下届政府拿出国会通得过的计划时为止。不过，再不会提供新的融资，除非两家公司在2009年3月31日之前能够达到某些重组标准。

然而，美国财政部的这种努力还不够，汽车买主在信贷受到抑制的市场，仍不能获得购买新车的融资，所以通用汽车金融服务公司，即通用销售融资子公司（51%的股份由科尔伯洛斯公司持有，这家私募股权公司同时也持有克莱斯勒）必须融进新资本，转变成又一个本不太可能存在的银行控股公司。不过，要变成银行控股公司，需向通用汽车金融服务公司增加300亿美元的新资本，才能满足新东家美联储的要求。

新资本的来源是，请持有390亿美元通用汽车金融服务公司债券的债权人将债券转换成股票，但是，大多数债券持有者并不愿意这样做。因为倘若通用汽车金融服务公司破产倒闭，以其2008年50多亿美元的亏损，债券持有者作为债权人，在破产程序中，较之作为股东，境况会好得多。于是，协议中加入了一些有利于债权人的条件，双方又经过了角力，协议达成的期限也一再拖延，终于，通用汽车金融服务公司可以报告，已有212亿美元的债券转成了股票（占债券总额的54%，本来目标为75%）。2008年12月29日，美国财政部宣布，将使用不良资产救助计划中已获国会批准的最后一笔资金，购买50亿美元的通用汽车金融服务公司优先股，股息率为8%，附带认购500万股普通股的认股权证，同时，还将放出10亿美元的贷款给通用汽车，以便其（与科尔伯洛斯公司一道）通过对现有股东进行股票增发，再收购20亿美元的通用汽车金融服务公司股票。如果我们做个加总的话，会发现注入通用汽车金融服务公司的新资本最后已接近300亿美元，足以满足美联储的要求。

交易对于科尔伯洛斯公司来说尤其复杂，这家私募股权公司于2006年曾支付76亿美元投资通用汽车金融服务公司，现在根据银行控股公司的有关规定，即行业公司不得在一家银行控股公司持有超过15%有投票权的股票，决定将所持通用汽车金融服务公司的股票，多数分销给自己的投资者，自己保留14.5%的股份。科尔伯洛斯公司还得终止每年向通用汽车金融服务公司收取“咨询费”。

通用汽车现在又能继续进行汽车销售业务了，它希望利用重新“加了油”的通用汽车金融服务公司来为汽车买主购车提供融资。公司立即着手清理未售出的存货，办法是提供零息汽车贷款，同时大幅度降低可接受客户的信用标准。但很难看出这一做法会如何有助于科尔伯洛斯公司拿回自己投资的钱（或者有助于阻止通用汽车金融服务公司积累更多的坏账，免得它的偿债能力再度受到威胁）。

损伤评估

花旗集团获得3 060亿美元的担保之后，彭博资讯公司估计，美国政府各有关机构在这场危机期间已累计投入7.7万亿美元支持金融市场和金融机构，其中4.74万亿美元用于美联储实施的10多个不同的计划，1.54万亿美元由联邦存款保险公司用做担保，美国财政部提供0.9万亿美元，联邦住房管理局与房利美和房地美（两家公司实为政府赞助企业）提供0.5万亿美元，共计1.4万亿美元，支持购买住房的抵押贷款和再融资。所有这些史无前例的努力，目的都在于遏止那一浪接一浪的抛售狂潮——在已持续一年多的时间里，世界各地的各类投资者，不断地抛售着抵押贷款相关资产、各种信用工具、股票和基金份额。猛烈的抛售使得各种金融的市场流动性几乎都降至为零，这种状况一度持续数月之久，让世界各地的很多经济体处于瘫痪状态。

美联储首先对这场危机作出了应对，行动强劲有力。正如2008年诺贝尔经济学奖得主保罗·克鲁格曼提及先前普林斯顿大学的同事本·伯南克时所说的：“我想，世界上其他中央银行，要是换个位置，恐怕不会有这么多的作为，又是增加信贷，又是作出非常规的投资，又是这样又是那样的。现在，你也许要说这一切都不足以解决问题。但我以为，与其说这表明伯南克没有用好美联储的力量，还不如说这反映了美联储的力量也有局限。情况本来可能会糟得多呢。”

人们对保尔森的评价更加褒贬不一。任由雷曼兄弟破产之后，市场惊愕不已，人们立时恐慌起来，一切都变得更为糟糕了。保尔森反感出资救援会带来道德风险[①]，便想与雷曼兄弟划清界限，他的确这样做了。他和伯南克现在声称，他们那时并没有权力为雷曼兄弟资产提供担保，哪怕一丁点儿权力也没有——可那时又有谁监督呢？

保尔森在不良资产救助计划上出尔反尔的表现，也受到人们的诟病。起先，他要求得到7 000亿美元，稳定正在崩溃的资产支持证券市场（随着这类证券价格下跌，市场仍然无法找到买家，银行和其他机构都被迫反复减记所持证券）。然后，他改变策略，转而赞成将国内数家最大银行进行部分国有化。最后，他表示，不良资产救助计划资金已大约用去1/2，他的任务完成了，让即将到位的新内阁决定接下来该做什么。《经济学人》杂志上这样写道：

> 饱受熬煎的市场对于拯救行动的陡然撤出，往往不会作出良好的反应。持有有毒抵押贷款支持证券的人，把希望寄托在美国政府不良资产救助计划之上，指望政府通过拍卖来买走那一堆堆的鬼东西。而现在，放弃这一做法的决定，却让这些持有者深感震惊，希望也破灭了。与住房抵押贷款支持证券相关的ABX指数随之暴跌，跌入新的低谷。

① 还有一点或许也令他反感：太平洋投资管理公司——一家专门投资债券的基金公司，在他命令房利美和房地美进入托管状态之前，在两家公司债券的重仓投资上，赚取了17亿美元的巨额利润。

最后，决定使用政府所拥有的资本进行大量注资，支持所谓运行健康的银行，可能并非援助它们的最佳方式。倘若政府宣布在与大型银行共同努力，使它们的资产负债表恢复正常的过程中，政府将对它们的所有存款和其他债务提供担保，那么，这恐怕足以让它们渡过难关。与此相反，半国有化的做法，倒是让所有银行都显得好像深深陷进了泥淖，有些银行还显得处于强注过多资本的境地；同时关于银行如何偿还资本，这种做法又没有一个清晰的资本退出策略。或许，如果强迫遭遇困境的银行将不良资产出售给不良资产救助计划，以此帮助它们摆脱那些不良资产，最终结果可能会更好。虽说如此，但到2008年年底，资本购买计划已使用2 500亿美元，投资了大约50家机构，多数是自愿要求注入资金。对于其中多家银行来说，这种资本通过其他方式难以获得的时候的确是很便宜的。

美国布什政府"三剑客"保尔森、伯南克和盖特纳，行动果断大胆，常常无须明确授权，同时又快捷而富有想象力，他们处理危机时反应迅速，力度很大，因此形势得到控制，没有出现进一步恶化。毋庸置疑，这是一场艰难的拼搏，在奋斗中，墙壁倒了，堡垒塌了，但系统仍然支撑着；尽管出现了众多伤亡，但世界上最大、最复杂的金融中介机构，绝大多数都将恢复履行职责，金融"高地"数月之内也将失而复得，表现相对正常。很多欧洲银行家和经济学家认为，保尔森和伯南克很值得赞扬，因为他们两位对日趋恶化的形势作出了迅速而坚决的反应，相比之下，欧洲同级官员的反应就太慢、太因袭传统了。

不过，2009年1月新政府上台伊始，还有创伤和残骸等待治愈和收拾，金融市场和整体经济离触底也还有很长一段距离。的确，一些主要金融机构遭受的损伤，足以让很多人疑惑是否雄心勃勃、自由竞争的资本市场，已结束了长达60年的与众不同的时代。60年前的华尔街，与今日几无相似之处。60年来，已发生诸多变化，但置于奥巴马政府门口的资本市场行业，正急需关怀和呵护；尽管该行业往昔有过令人艳羡的发展、财富和权势，但很显然，该行业又要历经新一轮变化，而这轮变化又将塑造和界定这一行业的未来。

回首这60年，我们既可以看到预示后来灾难的先兆，也可以看到重塑华尔街的未来所应汲取的教训。

PAPER FORTUNES

第二章

金融界的“新人”

导读

当年读投资银行书籍时，温伯格这个名字就深深地印在了我的脑海，让我这个非科班出身的投资银行家有了理直气壮从事这个行业的理由。清洁工起步的他与他60年投资银行家辉煌的职业生涯怎么都联系不上来。

华尔街还在，但温伯格早已远去了，“华尔街人”也早已远去了。今天的华尔街已不是温伯格时代的华尔街。也许只有温伯格回来了，华尔街才会成为我们真正向往的地方。

严格地说，中国还没有真正进入市场化的华尔街时代，但我们更像今天的华尔街，因为我们至今也找不到温伯格的影子。中国有数不清的投资银行，但看不到一个温伯格似的投资银行家。

华尔街在1929年之后，经历了大萧条、证券新法和第二次世界大战带来的重重困难和波折，时至1947年，资本市场行业终于可以回归正常轨道了。然而，刚熬过近20年的混乱、衰退和挣扎，华尔街17家证券承销商，这时却被美国司法部兴师动众地提起了反托拉斯诉讼，被控在证券承销中犯有垄断行为。这场官司看起来非常蹊跷，因为政府早已有了监管这一行业的行动：1934年《证券交易法》付诸实施，充分授权证交会，让其监管与证券业务有关的所有方面。那么，新法已出台多时，司法部为什么又有这样的动作？尤其是考虑到下面的事实，就让人奇怪了：资本市场行业规模小，近15年又相对少有业务，1935年以来仅有2 600次新券承销，整个行业每年大约只有170次，其中13%还是通过公开竞标的。然而，政府声称，大约自1915年开始，该行业内的主要公司通过“承销辛迪加”，已将证券承销市场变成了独享专有的领地。所谓辛迪加，就是华尔街公司在每只股票或债券发行时，临时组成一个团体，保证股票或债券的发行价格和分销发售。组成辛迪加是必需的，原因很简单：发行中的证券，规模一般都大于为之承销的公司，私营承销公司实力相对较小，需要抱成团，共同形成资本，共同承担风险。美国司法部打起的这场官司由哈罗德·梅迪纳法官审理，1953年10月，他作出裁定，宣判被告获胜，结了此案。但是，从梅迪纳法官长达数百页的审判意见书中可以窥见，自美国国会1933年通过《格拉斯–斯蒂格尔法》（该法强迫商业银行与投资银行分业经营）和涉及广泛的证券新法以来，资本市场行业发生的诸多鲜为人知的内情。这些法律以及其他联邦法规，将决定和规范未来数十年的金融服务业务。

此案被告中，有10家股份制公司，7家一般合伙制公司。摩根士丹利有14位一般合伙人都分别受到控告，情形与另外6家合伙制公司如出一辙，它们的合伙人数量也都大致相同。所有这17家被告公司的资本金总额是1.07亿美元，平均每家630万，此时整个证券业的总资本是4.84亿美元。梅迪纳法官准备了一个名次表，按15年来的相对市场份额给承销商做了个排名。排在最顶端的是布利斯公司，这是唯一一家总部设在西海岸的公司，承销业务多半来自这一地区。接下来是摩根士丹利，它继承了摩根银行所有的优质客户资源。再下来是第一波士顿（它并非纽约证券交易所会员，因为是公众持有公司，有7 000名股东）、美邦证券、德威证券、雷曼兄弟、库恩洛布、哈里曼 · 里普利，第10位是高盛公司。下面7家包括令人难忘的斯通韦伯斯特、格罗尔 · 福刚、哈里斯霍尔、联合证券，但并不包括如今人们更为熟悉的美林证券、所罗门兄弟、普惠证券。在多数人的心目中，极负盛名的要数摩根士丹利、库恩洛布、第一波士顿、德威证券——这些公司自己也声称优于其他公司，有资格做“特殊一族”的承销商。这“特殊一族”的资格来自以往的荣耀，可以追溯到铁路大发展的时代。其中库恩洛布和德威证券两家公司，已开始褪去光芒，但无疑另外两家并未如此。

这“特殊一族”，或称“突出一族”，和其他数家公司，基本上都属于做批发业务的券商，它们常拼成辛迪加，承担证券发行的风险，把证券销售给投资者。它们发起的承销业务大大高于业内平均水平。它们与证券发行人有接触，会技巧娴熟地与他们保持关系，很让人羡慕；而客户关系一旦确立，又总是长久不变。证交会规定，在发行人（递交《证券发行注册申报书》后即）须指定一家承销商与证券可以发售之间，有一段大约30天的审核期。这一规定抑制了新券承销商之间的竞争。因为没有哪家公司能提前30天，为某只股票或债券保证某个发行价格，所以也就不会有通过报出最高股价或最低债券利率来进行竞争的情形。除了承销之外，投资银行还会安排未注册的“私募发行”（也就是不通过承销，而直接将某只新发行的股票或债券，销售给保险公司或其他机构投资者组成的小群体），1935~1949年间有这类发行1 900宗。在20世纪三四十年代几乎不存在收购兼并的业务。客户关系的词中的应有之义，包括就各种不同的公司事务提供建议，协助引见重要投资者、政府官员、其他公司的领导，偶尔还会在客户公司董事会任职。根据梅迪纳法官的计算，在他考察的15年当中，投资银行家出任董事职务的数量与主承销数量之间的关系，平均而言大约占到12%。对摩根士丹利公司来说，这种百分比数据远没有那么高，仅为2%，它的客户关系主要是继承过来的，但就高盛而言，这个比例就大得多，要占到55%，在这里，西德尼 · 温伯格是公司的主要支柱。

梅迪纳法官宣判了案件审理结果，毫无疑问，华尔街如释重负地舒了一口气，但这桩案子显然是与过去有关，而资本市场行业现在面临的是新的不同以往的未来。第二次世界大战之后，美国工业开始扩张，满足民众压抑已久的消费需求——民众希望购买与“美好生活”相关的产品和服务，如住房、交通之类，还有娱乐消遣活动。但发展又不平衡，经济扩张期过后，跟着来的就是经济衰退。工商企业虽心怀乐观之情，但先前困难时期的情景依然历历在目，因此谨慎从事的企业为数众多。这种谨慎的乐观主义，也延续至20世纪50年代，不过20世纪50年代同时还包含数年朝鲜战争、冷战时期的前期、激进民权主义活跃期。尽管如此，20世纪50年代还是见证了福特汽车公司首次公开募股融资近7亿美元，也见证了企业债券市场的复苏，还看到了自20世纪20年代以来才首次出现的并购迹象。

1952年，哈里·马科维茨发表了借以荣获诺贝尔经济学奖的开创性文章，探讨在不确定情况下如何进行投资组合配置。从此，现代投资组合理论开始发展起来，最优资产配置这个课题受到了持续不断的广泛的学术研究，研究显示养老基金在投资组合中大量集中持有股权证券非常重要。这篇学术文章问世的时候，正是金融机构作为美国主要投资者开始出现的时候。它们正好遇上可以应用这一理论的时机，也确实加以应用了。这些机构于1949年持有价值95亿美元的纽约证券交易所上市资产，而到1960年时，已持有700亿美元的同类资产，或者说持有所有上市证券20%的市值。在随后40年中，它们继续发展，最后拥有2/3的美国所有股权证券，交易量约占到全部交易量的90%。

20世纪50年代以经济衰退告终，但战后经济板块的根本转换仍在进行之中，这时，70岁的德怀特·艾森豪威尔作为总统，在1960年“将火炬传给”43岁的约翰·肯尼迪。这是一个很有象征意义的事件，因为在美国各地，一生忍受战争和大萧条之苦的老一辈，正被更为年轻的人所取代，更年轻的一代对生活和世界的看法既乐观又自信。肯尼迪和约翰逊总统主政时期，出现了很多让人深感压力和挑战的事件，但也出现了美国史上持续期最长的经济增长（连续增长106个月，该记录后来在克林顿总统任期内被打破），并且在1960~1968年期间实际国内生产总值年均增长率超过了5%。股票市场反映了这种令人兴奋的经济发展，分别在1960~1961年、1962~1965年、1967~1968年三个时段出现了强劲上扬的牛市，其间道·琼斯工业平均指数翻了一番。证券承销业务也反映了市场的活跃，公司乘势利用有利的市场环境，融入资金进行投资，这又提升了公司的增长率和对投资者的吸引力。

“新人”

美国长期以来对英国深怀感激之情，因为英国在工业革命——始于18世纪后期，一直延续到了19世纪很长一段时间——给了美国很多教益。工业革命使英国得以发展成为世界上最为繁荣的经济体，又由于经济繁荣发展所提供的资源，让英国得以统治世界上的很多地方。沃尔特·白芝浩认为，是英国资本市场让这一切有了可能。他作为当时的《经济学人》杂志编辑，在1873年出版了一本小册子，名为《朗巴德街》，描述英国的资本市场，以及影响英国资本市场的各种因素。他的书令人想到，英国经济的辉煌发展，是建立在资本的供给和易得性基础之上的。他指出，倘若没有办法筹集资本来建造铁路，那么在伊丽莎白女王时代发明铁路，又能有什么用处呢？他在书中写道，在英国，在伦敦城，“有一个名叫朗巴德街的地方，只要有优良的担保品，总能筹到钱，只要有不错的获益前景，也总能筹到钱。这样的市场在当时确是难能可贵的，此后其他任何国家也未曾享有这种可相提并论的‘奢侈’”。

白芝浩接着说，这种资本市场的真正力量，在于能够给一些人带来杠杆的好处，他们在社会体系中正通过艰苦努力向上攀爬，他们的目标就是要颠覆处在顶端的人。白芝浩指出，到处都能看到：“小商人已经起来了，用借来的钱，他们将手中的账单拿去贴现，若不消灭，也会不断地攻击和施压于老式资本家。”

假如一位商人拥有5万英镑，一年想获得10%的收益，他得赚取5 000英镑，也就是必须从货物上赚取这些钱。但是，假如另一位商人仅有1万英镑，又通过贴现借入4万英镑，这样一来，他同样有5万英镑的资本可以利用，但能够按便宜得多的价钱销售货物。如果他借款的利息率是5%，那么，他一年得支付2 000英镑的利息；又如果他像老式资本家那样一年赚5 000英镑，那么在付出利息之后，他一年仍能获得3 000英镑，或者说在自己所拥有的1万英镑上赚到了30%的收益。比30%少得多的收益，多数商人也会满意的，所以他要是愿意，尽可能放弃一些利润，降低货物的价格，将老式商人——仅靠自有资金做交易的人逐出市场。

因此，有抱负的“新人”（这是白芝浩1873年使用的术语），由于几乎没有什么可输的，同时又可以通过市场获得充足的信贷，所以能够在自己的钱上获得较高的收益率，而畏避风险的资本家，少有借贷或根本不借贷，则收益率较低。有了较高的收益率，“新人”便能压价抢走他人的生意。“新人”冒险经营，当然也难免会失手，被逐出游戏场外，但总会有其他“新人”赶过来，愿意替代他们。较富有的人若不成功，会损失很大，因此不太敢冒险，也因此虽始终玩着游戏，但不断地做着自我保护，防止受到这个或那个新来者的侵害，一直到最后倦怠了，停止游戏，退隐到乡间去了。

白芝浩接着说：“英国商业这种日益民主化的结构，是不很得人心的。这种结构让一些大商巨贾家族难以长期延续下去——他们被可恨的‘新人’小人物挤出了场外。”他最后说，总体而言，这种情况对整个社会体系却是有利的，“这种粗野的胜者为王的结构，正是英国商业生命的秘密所在”。

美国商业生命的秘密，也是如此。其实，在美国，我们都是“新人”，或者说，我们的历史并不久远，诸如阿斯泰、范德比而特、古尔德、洛克菲勒、巴鲁克、福特、温伯格之类，都是不久前出现的人物。他们之后，登台表演的队列也络绎不绝，其中包括巴菲特、伊坎、盖茨、威尔、克拉维斯、施瓦兹曼一类的各式“新人”。“新人”走上舞台，以资本和才干为杠杆，撬翻他们前面的领导者，直到最后他们自己也被后来者赶超过去。所有市场上的情形均是如此，尤其是金融市场，而华尔街最为突出，它不只是纽约城里的一条街，更是整个资本市场行业的象征。我在本书全文中，提及华尔街和资本市场、投资银行和批发银行时，基本上都是可以掉期的概念。老式的华尔街投资银行或者已与现在称为“全能银行”的一些先前的大型商业银行合为一体，或者与它们展开竞争，这都反映了当下全球资本市场的竞争现实。

华尔街先生

西德尼 · 温伯格漫长而不平凡的职业生涯收官之时，正是我在华尔街的职业生涯开局之际。他刚刚正式将高盛的日常管理交给继任者古斯塔夫 · 列维（昵称“古斯”），从公司位于百老汇大街20号的数间办公室里搬出，换到一个小办公室。那是专为他在公园大道西格拉姆大厦里租借的，不过，他并未就此消失。他依然控制着公司的合伙关系——当合伙关系每隔一年重新改组时，由他决定谁可以吸纳为合伙人，每位合伙人的份额又各占多少——所以，他在公司里仍是至关重要的人物，这种情况一直延续到他于1969年77岁时离开人世。尽管公司享有非常成功的机构经纪和交易业务，温伯格的主要兴趣还是在于公司为企业客户所做的投资银行业务。公司的这类业务几乎无一例外都是由温伯格和他的几个儿子揽来的（他们协助管理父亲的一些客户），以致公司可以轻易更名为西德尼 · 温伯格公司，也不会有人注意到有何区别。除了企业融资与机构销售和交易这些业务之外，公司很少涉足其他领域。没有固定收益、没有商品期货、没有外汇交易，没有不动产投资，没有资产管理业务（仅有数个富有家族的资产管理由个别合伙人负责），只有不算大的套利交易，公司赚钱也不多。西德尼·温伯格去世时，报道说他留下的遗产不过是数百万美元，虽然近40年间，他在公司里所占的合伙人份额远远高于其他人。与他在华尔街的同辈人所聚积的财富比起来，他的遗产简直可以说微不足道，像罗伯特·雷曼（昵称“波比”）、安德鲁·梅耶、福迪南德·艾伯斯塔特等人，都在掌管各自声名显赫的公司的同时，既是非常活跃的交易员，又敢于去作风险投资。温伯格坚决认为自己做不了交易员，也坚持声称从来不下单做交易，他坚决要求自己尽可能成为最好的投资银行家。这种异于他人的杰出成就，在他心里比金钱来得更加重要。

实际上，这种卓越表现意味着他在美国政坛，在最佳公司的董事会里，都始终会受到接纳，而政界和企业界的领袖正是左右大局的、最为重要的人物。1950~1965年，西德尼·温伯格一度担任众多公司的董事，诸如福特汽车、通用电气、西尔斯百货、百路驰轮胎、卡夫食品、欧文斯康宁玻璃纤维制品等。那时，这些公司中有很多公司的领导人是社会权势阶层中北欧裔美国人的典型代表，都是坚守传统、一本正经的古板男人，出身于老式家庭，毕业于资质优良的学校，不会花时间与布鲁克林区口音浓重、未受过良好教育的犹太人来往，也不会对他们有什么兴趣。

所以，与他短暂面谈之后，我在图书馆里一查到他，便有一个问题立即浮现于脑海：这位西德尼·温伯格刚出道时那样低微，后来又如何成就了一番卓越的事业呢？这种人生旅程，应该是特别艰难，几乎难以完成的。

西德尼·温伯格出生于1891年，在11个兄弟姐妹中排行老三，父亲是移民到美国的烈酒批发商，资产相当有限。温伯格早早就开始工作了，1906年辍学，1907年进入高盛公司，工作是给门房当下手，清洁合伙人的鞋帽，给他们倒痰盂。高盛公司于1869年成立，创始人是亨利·高德曼和他的女婿塞缪尔·萨克斯，从事的业务是与华尔街的银行交易商业票据（这是由企业发行的一种短期借据，旨在融入流动资金）。作为商业票据交易商，高盛公司渐渐发展起来，到1906年时又扩大经营范围，兼做股票承销业务，为西尔斯百货和通用卷烟之类的增长型公司承销公开发行的股票。这是一个很有开拓性的创举，因为当时的市场只认铁路股票和大型工业公司的股票。年轻的温伯格对公司的重要人物极为恭敬，叫他做什么便做什么，后来获得提拔，干起办公室里的杂活儿来。在这个位置上，他又引起了合伙人保罗·萨克斯的注意，被“揽到了羽翼之下”（塞缪尔·萨克斯有4个子侄，全是公司合伙人，保罗是其中之一，

1915年他离开公司，成了福格画廊的理事，同时在哈佛大学担任美术教授）。温伯格后来在第一次世界大战中参加海军，做炊事员，退伍后返回高盛公司，做商业票据销售业务。亨利·高德曼富有组织天才，高盛公司的成功最应归功于他，温伯格不在公司的这段时间里，他因热烈效忠德皇的事业，与姻亲萨克斯他们发生分歧，闹翻了脸，一气之下退休了。萨克斯于是决定，到公司之外寻求一个有创新精神又志在成功的人物，重新带动战后公司的业务。他们选中了威迪尔·卡钦斯，1918年让他当上了高级合伙人。他来自南方，属于社会权势阶层中北欧裔美国人，握有哈佛大学法学院的毕业证书，还有在纽约声名卓著的律师行沙利文克罗姆威尔工作的经历。温伯格从海军退役之后，只要注意到公司里有什么管理岗位空缺，就主动加以填补，卡钦斯和萨克斯们也乐于让他这样做，因为对他越来越信任了。这样，时至1927年，也就是加入高盛20年之后，人称“不可或缺的温伯格”实至名归，被确定为一名初级合伙人，这从作为先前的门房下手来看，是一步巨大的跨越。

20世纪20年代，股票市场出现了一波轰轰烈烈的大牛市，公司并购业务也一度繁荣兴盛，拜卡钦斯和他有影响力的社会关系所赐，高盛也得以参与这种业务。卡钦斯还一再力图增加高盛的自营交易，在上升的市场中赚了个盆满钵满。到1928年，卡钦斯已成为公司的主要支柱，他坚决要求得到最大的合伙份额，萨克斯们感到很受威胁，胆怯畏缩，很快便同意了。他还坚决要求发起一家利用杠杆的投资信托，称为高盛交易公司，在股市买卖股票，做法很像一只封闭式共同基金。高盛拿出相当于自身1/2资本的1 000万美元，希望再筹集4 000万美元以上的资金，但疯狂的市场却让他们筹到了1亿美元。到1929年2月，高盛交易公司的份额价值已翻了一番，而到了6月（此时，萨克斯兄弟中有两位远赴欧洲了），高盛交易公司突然成立西纳德阿公司，这又是一家使用杠杆的投资信托，高盛交易公司占有其中40%的份额。8月，西纳德阿公司也新创建一家公司来，规模还要大，名叫蓝色山脊公司，西纳德阿公司拥有86%的份额。这种关联投资的结构，就是后来称为“金字塔体系”的结构。在这样的安排之下，高盛公司凭着1 000万美元的资本投入，控制了价值5亿美元的三只信托基金。

一切都保持良好状态时，给人的全是无比快乐，对于瓦迪尔·卡钦斯来说，尤其如此，他还参加了30家公司的董事会，包括克莱斯勒汽车和华纳兄弟电影，看来他注定要大赚特赚了。1929年牛市的最后几个月里，高盛交易公司、西纳德阿公司、蓝色山脊公司的行情都持续高涨，高盛公司这时赚到的钱超过了有史以来的总和。但是，很快便一切告终了。股市于10月轰然崩盘，每只曾飙升至326美元的高盛交易公司信托份额，也跌到低至1.75美元的深谷。另两只投资信托也同样崩溃了，高盛公司几乎输掉了一切。高盛交易公司的结局是20世纪最为惨烈的投资失败之一，高盛公司的名声也随之狼藉不堪。

多年以后，有人问及高盛公司为何要贸然涉足投资信托业务，沃尔特·萨克斯解释说："为了征服世界。不仅是因为对金钱的贪婪，还因为对权势的贪婪，导致这样的事发生了，这是一个巨大错误。实话实说，我们当时都受到了贪婪的影响。"

萨克斯兄弟们赔了很多钱，当然不胜唏嘘，但是，公司丧失了好名声尤其令他们心烦意乱，这可是支撑他们一生的东西，也是自亨利·高德曼离去时交托给他们的东西。他们觉得，要是亨利仍在公司里，这场灾祸是绝不会降临的。

高盛交易公司垮台之后，阿瑟、沃尔特和霍华德这几位萨克斯的兄弟抑制住满腔的悲愤，采取了必需的行动——炒掉卡钦斯，他们认为他被狂热的市场迷住了双眼，失去了判断力。接着，他们着手努力恢复公司的名声和财力，心想这些怕要10年以上才能达成。他们都愿意承担这一任务，但也心知肚明，他们当中谁也不能胜任将公司领上复兴之路的重担。于是，虽然"不可或缺的温伯格"与卡钦斯，以及三个投资信托公司关系密切，他们还是求助于温伯格，给他占1/3份额的高级合伙人地位，并同意宽宥这么大的合伙份额可能要求他承担的任何损失。他们给的条件实在是慷慨得异乎寻常，而保证原谅损失这一点尤其显得大度。高盛变卖掉高盛交易公司的资产，了结了一些官司，其间又有一些经营亏损，到1936年，公司资产减至500万美元。这差不多是30年前的公司资产总额，自此之后，要到20世纪50年代中期，公司资本才能再次超过1 000万美元。高盛公司于1934年才再次担任主承销商，到1935年，才再度赢利，虽然在大萧条的年月里，深陷财务困境的同行也很多。

萨克斯兄弟们和温伯格很清楚公司管理者一方在风险管理方面出现的巨大失败（他们未插手限制风险头寸），这样的失败不可避免地使他们将来对贪婪、资本和投机的态度都受到了影响。难怪温伯格不做交易了。不过，瓦迪尔·卡钦斯还是我行我素，不改昔日的作风。他参与各种公司交易，并经营一家小型共同基金，最后退休到了佛罗里达，于1968年在那里去世，死时仍是一个非常富有的人。

就温伯格而言，事实表明，高盛交易公司的崩溃倒是给他带来了天赐好运。倘若此事没有发生，或许此事结果不会那么惨烈，卡钦斯仍会留在原有的位置上，温伯格自然也就会像其他合伙人那样，舒舒服服但籍籍无名地做到职业生涯结束。相反，他得到了一个机会，任何一个没读过几天书，口音浓重的布鲁克林区无名小卒做梦都不会想到的机会：没有给公司直接投过一分钱的资本，39岁时却领导了一群在哈佛大学受过教育、收藏艺术品的"大公"，他们在纽约组成了一家历史最久的出身高贵的德国犹太人投行合伙制公司。当然，此时的高盛公司经营状况极差，容不得萨克斯兄弟们和温伯格有别的选择。况且，在1930年，高盛公司很有可能挨不过逼近的经济大萧条。

我时常询问资本市场行业内的朋友，倘使他们处在西德尼·温伯格当时的境地，他们将如何作为。现在这个问题有了一种特定的表达：“在大萧条的氛围之下，你会怎样拯救公司，怎样恢复公司的良好声望，又怎样在30年里让自己成为最知名的投资银行家？你大概会有什么样的计划？”没几个人给出像样的答案，而温伯格自己也未透露一个答案。

但是，我想他确有一个计划，有一些准则，要用于收复公司失地的努力之中。首先，他必须让公司止损，扭亏为盈。他让萨克斯兄弟们又重新做起商业票据业务，这项业务先前总会产生不错的现金流。其次，他聘请沙利文·克罗姆威尔律师事务所高级合伙人约翰·佛斯特·杜勒斯，代表高盛公司处理需要解决的与高盛交易公司有关的诸多事务。这要花费数年时间，但他需要限定公司的损失，需要尽快并尽可能少有痛苦地将几家投资信托清盘。然后，他需要找到办法来充分利用自己与富兰克林·罗斯福尚是平平的关系。罗斯福此时为纽约州长，正打算竞选1932年的美国总统，需要有人帮助他在华尔街筹集竞选资金，并尽可能多地获得华尔街的支持，但这里的多数重要人物却认为他背叛了他所属的阶级。于是，“不可或缺的温伯格”便让自己接近罗斯福竞选团队的一群核心人物，毫无疑问，这对双方都有益处。到罗斯福竞选获胜，宣誓就职时，大萧条已变得更为深重，同时银行系统内大部分的经营也以失败告终。作为美国总统，罗斯福采取的第一个行动，便是宣布银行业休假，以防止出现全美国性的银行挤兑。罗斯福抱怨说，不认识华尔街上的人，也不知道要整顿好金融乱象，该在华尔街找谁来商量。温伯格听到这种抱怨，主动提出给予帮助。提议被接受之后，他便着手约见所有可能起作用的人。一般而言，他会这样说：“总统派我来问问你，是否愿意与他和他的顾问人员会晤，探讨银行业危机问题，以及接下来数年里应实行的经济政策。或许，你不喜欢他这个人，但是国家现在有困难，他正为此寻求你的帮助。为了你自己和我们所有的人，你应该与他会见。”这种推销员式的循循善诱，通常都会收到预期效果，而随后的会面对每个人都有好处，所以再要会面就更易于安排了。有人谢绝了，也有人很难缠，他们在将来邀请时都被排除在外了。不久就很清楚，能接近国家最高经济决策者到底是有价值的，温伯格的电话开始响起来。

1933年，“不可或缺的温伯格”组建总统商务委员会，美国各地的——不仅仅是华尔街的——商界领袖，获邀与总统及其经济方面的工作人员，开会讨论有关打破大萧条坚冰的各种观点。商界领袖欢迎得到这种机会向政府解释自己的观点，他们担心这届美国政府会变得过度社会化。温伯格在这些会议召开前后，成了迎来送往的“看门人”，并且如果有人要找政府解决工商或金融方面的问题，要接近政府官员，温伯格又成了他们最先要找的人。但他并没有就此打住。为了创造就业和增加经济活动，不计其数的政府新机构得以设立起来，其中很多重要的政府官员职位必须让富有经验的商界管理人员来担任，温伯格便成了这些职位不可或缺的猎头。不久之后，他又帮助一些公司寻找董事会成员或经营管理人员，他们必须知道如何疏通众多有影响力和可资利用的渠道。温伯格并未乘机利用这些机会，逼迫什么人与高盛公司做生意——虽然市场上交易不多，而且，高盛公司仍在恢复之中——所以，商界领导人并不认为他是个乘机自肥的人。相反，他倒是很有用处。

温伯格心里明白，若要与这些人保持良好关系，在他们咨询的时候，必须拿得出质量非常高的建议，于是，他设法确保高盛公司里有一些聪颖，表达能力良好，外表又体面的年轻人，他们必须学业成绩最优，能帮助他研究企业（或任何其他的东西），写出很有专业水准的分析或报告。他开始在商学院，特别是哈佛商学院寻找这样的人。1967年，他庆祝自己在华尔街的职业生涯已届60年，《纽约时报》称他为“华尔街先生”，这时他已培养了100余名哈佛商学院毕业生，大概从1935年以来平均每年有3人得到了他的教诲。

当美国介入第二次世界大战时，温伯格响应号召，协助政府招募企业家和金融家在政府机构中担任重要职位。第二次世界大战期间，他是战时工业生产局的副局长，渐渐便有了一个知名的绰号，叫做“抓壮丁的人”，因为他总有办法找到高端人士，为战时国家的民用事业出力。朝鲜战争时期，他又承担了同样的重任。到1950年时，温伯格对于杜鲁门政府来说，不仅仅是不可或缺，他还是商界与政府之间的联系纽带。他认识每个人，所以如果你需要结识什么人，或者吸引谁到一家公司的董事会，或者填补一个高层经理职位，他是你首先要找的一个人。温伯格意识到这是他的“比较优势”，于是和每个人保持密切联络，用自己的人研究谁可能在什么地方有什么用处，并总是认真地对待他人的求助，就像在做着公司分派的任务一样。他的声誉不久便使他受邀参加一些公司的董事会，在那些公司任职，像他那样出身卑微的人本是不可能期望的。不论在哪家董事会担任董事，他总是使用哈佛商学院毕业的聪明同事，让他们研究每项提议或备选方案，为他参加每次董事会议作好充足准备。他平时很讨人喜欢，幽默风趣，心情放松，可是，他也知道什么时候该直言不讳，直截了当。对于为之服务的公司，他总是非常忠实的支持者，甚至在日常生活中只消费它们生产的产品。

他的行为几乎始终符合人人心目中理想的公司董事人选：他参与公司决策准备得很充分，提供的建议很有价值，你有问题时又能仰仗他提供帮助。在长达20余年的时间里，温伯格每年要参加200余次董事会议或公司会议。对于重要的政治人物来说，他的作用又比其他人更进一步，还可以为他们的竞选活动帮助筹集资金。

温伯格做着这一切，却并没有自我膨胀，让那些与他共事的人觉得受到威胁，或是难以相处。他是与他们同处一个战壕的人，并不是非要在他们当中显得鹤立鸡群、与众不同。他是一个工作狂，没有什么消遣活动和兴趣爱好，只知道做他所做的事：与那些管理着国家内的各种事务，把他看做极有价值同伴的商界和政坛的“战友们厮混在一起”。

随着这一切活动的展开，温伯格作为投资银行家的作用也越来越显著，在那些年月里，他为众多客户安排了数百起融资交易。所有这些交易中最为重要的，要数1956年1月福特汽车6.5亿美元的普通股首次公开发行。这不但是美国史上最大规模的股票发行，除摩根士丹利因只参与自己主承销的证券发行而不愿加入之外，国内每家承销商都参与承销共襄盛事了，而且，这还是到这时为止最为复杂的一次交易。

1947年，亨利·福特二世取代其祖父，成了福特汽车的首席执行官，同时也继承了一个烂摊子。老福特有几年因年迈而变糊涂了，喜怒行止反复无常，公司也因此变得破败不堪。又是亏损赔钱，又是劳资纠纷缠身，需要重新振作起来，福特二世力图扭转颓势。但是，他的祖父先前又将公司90%的股票，转给了福特基金会以规避遗产税，并让基金会持有的股票变成没有投票权的股票，不收取公司红利。没有红利，福特基金会便没有钱支出，而没有支出，便不能保持免税基金会的身份。福特家族仅持有10%的股份，但想获得更多的经济参与权，同时也不想冒险，失去对公司的掌控。花了两年时间才将这些问题逐渐解决，福特基金会又重新筹集了资本，福特汽车终于向市场公开发行股票，并获得了巨大成功。温伯格因为组织策划了整个运作，得到媒体的充分赞扬。这是他职业生涯最突出的成就。

现在回来再说高盛，温伯格个人打在公司身上的印记是非常鲜明的。他是公司老板，以特有的方式表现着独断专行，萨克斯兄弟们被放在了一边，不过问公司的大事。公司的主要任务，就是对温伯格的各种活动给予支持，这不能有半点马虎。1950年时，萨克斯家族中只有沃尔特和霍华德仍是合伙人。在公司里，13名合伙人中有9人（以及多数尚未成为合伙人的哈佛人）并不是犹太人，多数是温伯格招纳来的。1945年前的艰难岁月里，高盛赚到的钱微乎其微，此后，尽管温伯格个人声誉不断高涨，公司也没挣多少钱。据吉姆·温伯格说，“1929~1949年的20年间，关于高盛公司，好消息是它赚了800万美元，坏消息则是它亏了1 400万美元。”他又补充说：“最令人惊叹的是，萨克斯家族自始至终咬牙坚持着，给公司提供资金，使公司业务不至于中断。他们对我父亲和其他合伙人给予了很大的信任，目睹着公司度过那些充满凄风苦雨的艰难岁月。”

经历过高盛交易公司的惨败，温伯格对交易和投机心存戒惧，也害怕由于犯下这样或那样的莽撞错误，使自己和公司名誉扫地。他矢志不渝的目标，就是成为社会上权势集团中心的一分子，并以重要情形下能提供良好建议作为安身立命的根本。古斯·列维作为一名很有天资的交易员，1945年成为合伙人，是高盛公司的摇钱树。温伯格和古斯有很多共同之处——都是工作勤勉、胸怀大志、教育程度不高的犹太人，在华尔街出道时都毫无背景，财力也极为有限，但在应付市场和与人打交道方面，又都是天赋异禀。他们俩都对高盛怀有奉献精神，对于公司给予他们的机会十分感激，也因归属于这样一个古老又受人尊敬的公司而感恩不尽。

但是，他们俩也有一些根本的不同。古斯是个天生的冒险家，就是想发财致富，不满足于仅仅能安身立命，他致力于通过做交易和帮助他人投资来实现自己的目标。这意味着他必须待在最热闹喧嚣的地方，但这并不常常成为社会上权势集团中心所关注的地方，再者，有温伯格在，他无论如何也接近不了权势集团中心。最终，温伯格还是看出古斯想成为自己的接班人；古斯给公司创造了很多收入，比任何别的人都要多得多，如果温伯格选定其他合伙人，古斯必然会离开公司。温伯格选择了他，并恰到好处地将自己运用了30余年的权威，给予了他相当大一部分。温伯格的鼎盛时期已过，该告退了。放眼望去，古斯·列维最出类拔萃，温伯格在心里祝他一切顺利，不过，也担忧公司将来可能保不住自己的优质客户，也不能像自己在时那样在商界和政坛发挥重要作用。

虽说温伯格拥有众多客户，但在1967年，高盛领导权开始交接的时候，公司离华尔街承销商排名表最顶端还远得很，温伯格本人也并未跻身于业内较为富有的老板之列。身为一个回避“做交易”的人，他甚至谈不上是什么有钱人。然而，在他职业生涯60周年纪念日那天，全美最受欢迎的报纸给他取了个生动的绰号：华尔街先生，意即资本市场行业内最为知名、最受尊敬的人物。这对他来说，一定是意义非凡。回首他最初出道的时候，这是一个让人难以置信的成就。西德尼·温伯格已成为自己所处时代“新人”的典范。

即便如此，“突出一族”的承销商仍然统治着华尔街，虽然它们也难免处在压力之下。

摩根士丹利创建于1935年，创始人是先前摩根的合伙人亨利·摩根和哈罗德·士丹利，还有来自德雷克塞公司的佩里·霍尔及其他人，公司创立的初衷是处理摩根银行优质客户的证券业务。公司一开门，就占有了24%的承销市场份额。在20世纪60年代，摩根士丹利的投资银行业务在业界处于遥遥领先的位置。它的客户包括美国规模最大、极负盛名的工业公司，它会尽心尽力地照顾好客户，向它们提供优质服务，给予它们很多支持。摩根士丹利那时还有一样名声在外，就是只雇用既有钱，又有头脑的出身名门的人，但实际上，它的竞争力远不止这一点。它积极招募哈佛商学院的聪明毕业生，他们并没有什么高贵血统，也没有什么财力，多数人在公司的表现都非常优秀。摩根士丹利很珍惜自己承销商高排名的声望，同时又不无骄傲地捍卫这样的地位。与其他公司不同，它总会傲慢地拒绝在自己的交易中安排副主承销商，或者在他人领衔的交易中担任副主承销商。在20世纪60年代中期，公司规模还很小——很多合伙人坐在像狄更斯小说描写的一个大房间里，面对一些与房间相协调的深赤褐色卷盖式大办公桌，因此，需要交流的时候，可以很容易地做到。

第一波士顿也是一家实力强大的公司，客户群很大，主要集中在匹兹堡，公司还在华盛顿和其他一些国家的首都拥有深广的人脉。1932年，波士顿第一国民银行设立第一波士顿公司，作为自己的投资银行子公司，《格拉斯-斯蒂格尔法》颁行之后，又将它分拆出去，交给其他商业银行投行子公司拼凑在一起的一个集团。1946年，第一波士顿与梅隆银行先前的投行子公司合并，从富有的梅隆家族及其相关企业中，吸引来了资本和客户。

德威证券成立于1920年，创始人克莱伦斯·狄龙，在20世纪20年代股票牛市中是一位非常活跃的财务创业家，赚到了巨额财富。20世纪60年代，狄龙已到了80余岁的耄耋之年，在公司事务上不再活跃。狄龙原先选定的接班人是詹姆斯·福雷斯托，他在第二次世界大战期间担任美国海军部长，可是战争一结束就去世了。克莱伦斯·狄龙的儿子道格拉斯·狄龙曾任约翰·肯尼迪总统的财政部长，在政府任职之后没有再回到德威证券。到20世纪60年代中期，德威证券作为一家重要投资银行的地位便开始衰落了。

接下来是库恩洛布，它是"突出一族"中唯一的一家犹太人公司，它之所以地位如此显赫，应归功于先前高级合伙人雅各布·谢夫的领袖才能，他在第一次世界大战前，领导公司率先将铁路股票发售给欧洲的投资者。

的确，第二次世界大战之后这一段时期，与之前数十年相比，要求投资银行具有强得多的竞争力。在这一时期，不仅有新的产业在发展，新的投资者群体也在形成之中。金融机构，如银行信托部（管理大量的私人财富）、保险公司、州和公司养老基金、各式投资公司之类，均在换下从20世纪三四十年代过来的要退休的基金经理，代之以更年轻的人，他们更为乐观，是更以业绩为导向的金融专业人士。这些新的投资经理热情洋溢地参与所有呈现于眼前的新机会，开始在一些方面给证券市场带来重大改变。同时，还出现了大批年轻而收入达中产的各种专业人士，他们仿佛突然从什么地方冒出来似的，通过购买个股或基金，纷纷投入20世纪60年代的投资热潮之中，热情之高涨，好比赶潮流，学跳眼下夜总会最时髦的"摇摆舞"一样。

PAPER FORTUNES

第三章

美国经济蓬勃发展的时代

导读

20世纪60~70年代是美国现代化工业体系高速成长的时代，在整个工业生态里，投资银行扮演了举足轻重的角色，为美国奠定全球工业强国的地位作出了巨大贡献。不论是投资融资还是重组并购，投资银行家无处不在，于无声处滋润着美国的产业体系，几乎是完整地建立了科学规范的产业体系和符合美国社会文化的公司治理与管理体系，与此同时，投资银行自身的业务秩序也完全建立起来。

20世纪60年代后期，共同基金业大力拓展基金销售，迎来了大发展，这时离基金公司20世纪30年代最倒霉的日子，差不多已有30年了。国家经济繁荣发展，各种市场都在上升中，美国各地的投资者都想参与股票市场——他们少有其他机会去赚取股市正在展示的高收益，而现在政府保证严格监管，保护他们免受无良的“食肉动物”于20世纪20年代给他们父母一代造成的伤害，现在他们有机会获取高收益了。股票型共同基金的资产在20世纪60年代，由160亿美元增长至450亿美元。对这些共同基金特别有诱惑力的，是快速增长型公司，如IBM、立顿工业、德州仪器、宝丽来之类，它们充分利用新技术，或者新的管理方法。共同基金开始在投资业绩和基金经理的吸引力上展开竞争，这些基金经理精明、年轻、有进取心，似乎能发现股市的最新趋势，据此快速行动，推升基金的收益率。他们与取而代之的经历20世纪三四十年代的投资经理大不相同，后者的典型特征是埋头苦干、小心谨慎、畏避风险。这些基金经理逐渐获得“熟练枪手”的称号，因为据说他们很乐意先开枪（也就是早建仓位），然后再问问题。

敢于冒险的基金经理

“熟练枪手”出手很快，他们会抓住行情的波动，而那时行情波动总体看来也是向上运行的。他们手上持有的东西，几乎每样都会拿来交易。在一年的时间里，他们能把整个投资组合换个遍，有些人的易手率还要高。另有一些基金经理管理特殊的基金，称为“对冲基金”，可以自由地进行保证金交易，卖空股票，交易其他种类的证券以及商品期货。所有“熟练枪手”之间都处于激烈的竞争状态，但不管怎样，表面上他们对自己都信心十足。亚当 · 斯密于1967年写了一本描绘他们的畅销书，名叫《金钱游戏》，借用电影《红男绿女》里的人物名称，给现实生活中的基金经理安上虚构的名字，如叫做“零敲碎打的罗伯特”、“了不起的温菲尔德”、“可怜的格伦维尔”等。

“熟练枪手”胆大果敢，行动快捷，但他们也有专业风范。他们会阅读长篇研究报告。那些报告都是帝杰证券这家新公司出版发行的，该公司由三位年轻的哈佛大学商学院毕业生于1960年创办，旨在提供坚实而全面的研究，既有翔实的事实和数据，又有对“概念股”投资的详细解释，恐怕他们的商学院教授也会引以为傲。帝杰证券是1932年以来华尔街上设立的第一家新型公司，它的整个做法与众不同，研究成果完全是以大型金融机构的专业投资经理为目标客户。“熟练枪手”阅读它的报告，不过，他们似乎更依赖在电话中听到的东西，每天多数时候话筒不离耳朵，像胶粘住了似的。虽然很多人在投资过程中会使用特别的角度，但所有的人都在寻找“增长型股票”，也就是寻找每股收益每年增速超过15%的公司，在1962~1966年牛市期间，还真出现了不少这样的股票。

在“摇摆舞”风行的岁月里，有一位明星“熟练枪手”，名叫蔡至勇，出生于中国，是富达资本基金的组合经理，这只基金发起于1957年。他对于市场时机感觉极为敏锐，似乎握在手中的总是好股票。这只基金成了富达基金公司的旗舰，把很多资金吸引了过来。1965年，这只基金上涨了50%，持仓周转率为120%。蔡至勇专攻数只精选过的增长型股票，进行大手交易，逼迫经纪券商达成对他非常有利的佣金协议。他的业绩好得惊人，但是可惜，他不是约翰逊；富达基金公司的主要所有人爱德华 · 约翰逊（共同基金业的一个传奇人物，业内总是称之为“约翰逊先生”），有个名叫奈德的儿子，将从父亲手中接管公司。因此，蔡至勇于1965年年底辞职，宣布自己将发起和管理一只新基金，取名曼哈顿基金，希望为这只基金募集2 500万美元左右的资金。这只基金太热门了，那样的目标筹资额显得太少，所以，认购期结束，基金一开张便有了2.47亿美元的资金可以管理。很遗憾，曼哈顿基金的问世与牛市的终结一同来临了，而正是牛市让蔡至勇变得炙手可热。曼哈顿基金根本就没有达到过投资者追求的那种成功，因此他们也都赎回了基金份额，引得持怀疑态度的约翰 · 肯尼斯 · 加尔布雷斯评价道：“所谓天才，就是上扬的市场行情。”

高科技行业催生富翁

1968年9月12日，电子数据系统公司首次公开发行65万股股票，承销商是二三流投资银行普莱斯普里奇公司，发行价为每股16.5美元，总发行价值约达到2亿美元。这家由罗斯·佩罗特创立的小型数据处理公司非常热门——它为很多州处理政府资助的老人医疗保健和穷人医疗补助的数据及相关支付——所以，增长速度非常快。“熟练枪手”们热衷于科技板块的股票，不管持仓多少都不满足。电子数据系统公司在媒体上频繁抛头露面，有多达15家以上的投资银行的项目人员跑到达拉斯，竭力向那位精明而脾气暴躁的“乡巴佬”似的创始人，推销首次公开发行业务。他们说，现在市场环境好，他们能够按较高的价格做发行，比方说，30倍的市盈率，或者50倍，甚至70倍。市盈率一超过30倍，大多数创业家都会极其热心，而佩罗特却想作一番哲学上的探讨。公开发行合乎道义吗？尽管这辈子活到现在还从来不跟富裕沾边儿，但他似乎对金钱嗤之以鼻。毫无疑问，在公司经营管理上，他也不想有任何来自投资者方面的干预。在佩罗特面前做工作的最后一些投行人员中有一位，是普莱斯普里奇公司的肯尼思·兰格恩，他曾做过销售员，说话语速很快，善于察言观色、见机行事，他曾向自己的公司报告说：

> 佩罗特说给我30分钟时间，让我向他阐述股票发行事宜，可是，接下来他自己用光了那30分钟，自说自话，说个不停。于是，等时间到了，我起身说我该走了。他说为什么就走了，我说，你看，你说只能给我30分钟，现在时间到了。他说，你不能走，我还没讲完。这样，我就留下来，他又接着说。后来，我终于可以展开业务推销了，我们一直谈到吃过晚饭，谈到深夜。

兰格恩开始大力推销，他知道必须说出让人心悦诚服的话才行，美国顶尖投资银行的人多数也是这样做的。他心想，把股票卖到100倍的市盈率，市场也会证明是合理的，他就这样对佩罗特说了。但是，还得花费更多时间和他在一起，才能赢得他的信任，说服他公开发行股票他是能够承受的。佩罗特不了解其他投行的血统、家系，也没多大兴趣。他喜欢兰格恩，一旦他们交流了一段时间，相互意见统一了，这单生意就是兰格恩的了。数月之后，最终公开发行时，这确是一次非同一般的发行。在总股本1 150万股中，只拿出65万股来发行——发行比例不足6%，对于市场交易来说，是一个极小的盘子——其中一半股数由电子数据系统公司售出，另一半由佩罗特本人售出。从每股16.5美元的发行价看来，这只股票是按118倍市盈率定的价。股票上市后，股价又上扬了。佩罗特兴奋不已，每天都与兰格恩通话，到纽约时也会去看他。兰格恩劝服一些规模较大的机构买入这只股票，于是股票涨了又涨，到1969年时，已涨到每股160美元。佩罗特持有900万股，按此时的股价计算，纸面财富已接近15亿美元。他把自己看做勤奋工作白手起家的年轻人的成功典范。的确，他是第一个利用机会，通过华尔街让自己变为身价10亿美元以上富翁的人。

自此以后，佩罗特便是一个富有的人，至今仍以脾气暴躁的土里土气的乡下人形象示人，但是，他因华尔街而一夜暴富，几个月之后，又成为一天输掉4.5亿美元的第一人，却也是拜华尔街所赐。对于股市来说，1969年是日子不好过的一年。越南战争和国家经济不是很协调；美国各地社团的反战抗议在升温，从黑豹党人到学生，都在游行示威，反对越南战争。但是，尽管有种种坏消息，电子数据系统公司的股票并未下跌——仍然以160美元左右的价格交易着。4月22日，公司公布业绩，也很不错，不过并不特别诱人，股票犹豫了片刻，立即像卡通动物似的，沿着陡崖往下掉，到半空又悬在那里，仿佛快踩水车一般抓狂，最后地心引力终于结束了这个可笑荒诞的局面。股票几乎刹那间跌去了五六十美元。"屋顶塌了"，兰格恩说，然而，无论是他还是别人，都不知道究竟是怎么了。其实，答案在于场外交易市场崩溃了。这个市场是一个笨拙而效率不高的交易系统，使得规模较小公司的股票，即便交易行情本来很好的，也可能因消息和业绩报告稍有风吹草动，就变得不堪一击。必须有更好的办法来维护市场。

纳斯达克的诞生

20世纪60年代期间，美国的股票有些在纽约证券交易所交易，这是一个上市标准相当严格的市场，有些在美国股票交易所交易，这个市场的准入条件不是那么严格，又有些在非正式的"场外交易市场"交易，这里的入市标准根本没有严格可言。很多规模较小的公司，包括电子数据系统之类的一些小公司刚刚完成公开发行，往往至少得依附场外交易市场一段时间，然后才有资格到那两个主要交易所之一上市交易。场外交易市场依靠美国国家报价机构每天发布的场外交易市场股票的买卖报价进行交易，而这些报价全由各只股票的做市商在前一天准备好后交给报价机构，报价机构又把报价都印在粉红色的单子上发布出去。据纳斯达克市场首任主席高登·麦克林说："在那个年代，场外交易市场股票报价的发布方式，是每家经纪券商先写下自己所交易公司的买卖报价，然后有人过来，拿走报价单——再后来，夜间又将所有报价分发给经纪券商。每天早晨来上班时，总会看到我们所说的‘粉单’。问题是，粉单是在不同时间里收集的，又在不同时间里印出来，待到我们拿到粉单时，报价已经旧了。”

1963年，美国证交会发表一篇论文，探讨股票市场的交易条件，提出了通过电脑联网电子交易系统进行场外交易的可能性，这样的系统会提供更好的交易透明度和价格发现功能。美国国会曾于1938年创立了美国证券交易商协会，目的在于给场外交易市场提供监管指导（两家股票交易所已内置监管职能部门）。美国证券交易商协会总部设在华盛顿，工作人员由华尔街各券商借调职员充当。这本身并非一个很紧密的监管系统，但证交会对所有证券市场拥有监管权力，允许美国证券交易商协会作为“自律性组织”，并列行使监管职能。在这样的情况下，美国证券交易商协会自己做主，力图创造一个电子交易系统，于是雇请邦克拉莫电脑公司来建设。有些华尔街公司自告奋勇，愿意使用试点交易系统，这样，电脑程序故障便在它们那里逐渐得到了解决。交易系统旨在通过数千公里的电话线，把经纪券商的台式电脑与设置于康涅狄格州的中央数据站相连接，基本上能实时传输数百只股票的众多做市商提供的报价。有人认为，这实在是一个奇迹；也有人认为，这是浪费时间，浪费金钱。但是，1971年4月，美国证券交易商自动报价系统（即纳斯达克市场）还是开张营业，开始交易了。到第二年年底，它大约已占到三大市场（即纽约证券交易所、美国证券交易所、纳斯达克市场）所有交易股票的25%，大约是美国股票交易所的两倍。纳斯达克这时是美国第二大证券交易市场，有很多公司想在此交易，尤其是完成首次公开发行的公司，它们想有一个好市场让自己的股票上市交易。后来，科技公司，如英特尔、思科、微软等，之所以被吸引到纳斯达克上市，是因为这些公司无法理解，为什么像纽约证券交易所那样的市场，人们站在交易席位旁，相互声嘶力竭地叫喊着，会比计算机支持的系统更有效率，而计算机支持的系统浑然一体，每周运转7天，每天工作24个小时。为了让科技公司易于登上纳斯达克市场去交易，高登·麦克林取消了公司必须赢利的规定，使上市标准变得“对客户友好”了。30年后，纳斯达克市场的股票交易股数，接近了纽约证券交易所，不过总市值还要稍逊些。

古斯·列维

“熟练枪手”以及在销售和交易方面为其提供服务的人，处在最热闹、刺激的地方，也是富有魅力的地方。而投行人员所处的地方，却是需要孜孜不倦地投入枯燥冗长的工作，不过，投行业务也会受到“熟练枪手”以及为其服务者所激发的市场活跃氛围的影响。1966年，我从商学院一毕业，便加入投资银行这个行当，此时的投行圈子还很小，大家的交往很密切，也都渴望找到成功的机会。高盛像多数华尔街公司一样（不包括美林和其他美国性经纪券商），雇用了大约500人，所有的人都相互了解。投行业务的薪水早年并不很高，高盛给我开出的是年薪9 500美元，比华尔街之外给我提供工作机会的公司要低得多，而奖金提也没提，但是，如果你遵纪守法，不惹是非，叫做什么就做什么，你迟早有望做上合伙人，合伙人的报酬一般是很不错的。具体的工作，就是既做统计，又做分析，还夹有一些法律和监管方面的评述，都很费时费力，不过，同时也常常与客户打交道，我们多数人最喜欢这一点了。所接触的客户都是公司高层管理人员，通常年纪比我们大得多，对于金融市场不甚了然，可是，他们很愿意倾听我们，看上去也很欣赏和感激我们给出的建议。我们每个人都同时做着好几个项目，分派的时候都有些随机，项目“题材”五花八门，项目换了，同事也跟着换。高盛有两个创造收入的部门，我被分配到其中的买方部，这个部门处理承销业务和公司融资业务（也还包括处于市场领头羊位置的商业票据业务，高盛1869年创立时的初衷正在于从事此类业务）。卖方部负责机构客户的股票交易和佣金经纪业务，这时还没有零售经纪业务，只是几个富有家族有些交易，也还没有固定收益部。

那时，高盛是一家排名处在中游的承销商。我们的客户多数由西德尼 · 温伯格带进来，但也日益有些新客户加入——通常是规模较小或中等的公司———由公司里受到高度关注的新兴业务部招揽而来。这个部门是温伯格招聘的哈佛大学出身的约翰 · 怀特海德于20世纪50年代设立的，这时仍是他掌管着。然而，尽管我们在投行业务上付出了很多努力，公司利润中远高于其他部分的，还是来自机构交易和销售那一块。这一领域是古斯 · 列维开发并奋力追求的，他在我来高盛之前，刚刚取代西德尼 · 温伯格，成了公司的首脑。

列维于20世纪30年代进入高盛公司，曾负责打理场外交易市场业务，后来管理一个自营交易账户，专门对各种公司重组或并购活动进行套利交易，并将目光投在成长中的机构业务之上。他坚持不懈地为公司出力，很快就发现，如果他愿意帮助机构投资者，去交易相对于市场可能显得批量过大的股票，那么他之于机构投资者的重要性，就可以媲美西德尼 · 温伯格之于企业界，他在市场上就可以做一个鹤立鸡群的领导者。列维开创了这一业务，他使用公司资本，为一些大型保险公司和共同基金的“熟练枪手”，建立他们不想扰动市场的全部或部分交易头寸。到1966年，在屈指可数的几个从事大笔交易的公司中，高盛成了领袖（其他数家没有一家是重要的投资银行）。这门业务非常赚钱，因为无论交易量有多大，纽约证券交易所都要求执行最低佣金比率的规定。在一次大手笔交易中，常常从买家和卖家两方，都能收取一笔丰厚的佣金。此外，古斯·列维自己也吸引了一批数目可观的投资银行客户，很多是来自同时代的“新人”之中，他们也频繁地成批买卖股票。这些暴发户式的客户，与西德尼·温伯格青睐的那些显贵人物毫无相似之处，所以两类客户之间也滋长着一些紧张关系。但是，证券市场正是热火朝天的时候，在公司的新老客户身上，我们这些孜孜不倦的投行苦行僧还是有着做不完的事情，而且公司也很友善，不断将越来越多的责任交给信得过的人。

集团企业风潮

在那个年代，人们对增长型公司的投资胃口很大，于是，华尔街人不得不走出去，自己创造出一些增长型公司来。此时正在发展中的技术板块，涉及计算机、电子、图像处理、打印机等，激动人心，大有前途，但市场上并没有足够的公司来满足投资需求，所以一类新的增长型公司应运而生了，这就是所谓的“集团企业”，通过收购大量各种类型的企业拼凑而成。像“熟练枪手”一样，集团企业（这在当时是一个多少有点儿贬义的说法，集团企业自己谁也不喜欢这种称呼）大量买卖公司，出手很快，保持着很高的交易频率，常常同时有好几个交易等待敲定。大约10年之后，多数集团企业都变得难以控制，只好予以解散了，但在20世纪60年代中期，它们却很热门，的确，它们也有存在的道理。

最早的一些集团企业是因为需要而产生的。罗伊尔·利多，一个自信好强的新英格兰人，经营一家小规模的纺织企业德克斯特龙公司，他想让第二次世界大战期间的利润免征沉重的收入税，便将公司与一些将来他可能会扭亏为盈的亏本公司合并。纺织行业没有多少赔钱的公司，战争期间都在满负荷生产，所以他必须到行业外才能找到想要的亏损公司。他找到并收购了好几家这样的公司，后来又并购了一些。这些公司在战后市场上都有相当好的表现，但纺织行业公司表现不好。在20世纪50年代，利多决定抛弃纺织业，专注于表现不错的多样化经营。当时他想出了一个“策略”来解释他作出的决定。到1966年，罗伊尔·利多退休了好几年，德克斯特龙公司收购和出售的公司已多达数百家，实现的销售总额超过了10亿美元。至此，德克斯特龙公司已作为一家增长型公司深入人心，市盈率在20倍以上。

在“熟练枪手”看重成长性甚于一切的时代，集团企业自我营销时，便以增长型股票的形象来做宣传。作为增长股，集团企业受益于高市盈率，这意味着，当集团企业收购另一市盈率较低的公司时，根据当时宽容的“权益合并”的会计准则，合并后的每股收益则会提高。在合并权益时，只是将两家公司的财务数据进行简单加总，并不产生任何可能必须摊销或核销的“商誉”。通常情况下，在收购公司之后，集团企业试算每股收益会高于交易发生之前，因此便创造了增长（或者说至少显得创造了增长）。这样一来，不管收购来的公司是做什么的，自身成长性究竟如何，只要收购交易愈多，每股收益便增长得愈快，使用杠杆的时候尤其如此。由此可看出，所谓的集团企业理念，多少是一个为引人注目而搞出的噱头。但是，这种自我推销的花招，在多年里都没人计较，而所谓成长性倒是得了报酬，就是股价不断上涨。不久之后，德克斯特龙公司就有了依葫芦画瓢者。

其中之一是国际电话电报公司（现在的美国电话电报公司的前身），它原本在海外经营电话线路业务，在菲德尔·卡斯特罗控制古巴时受到征用，痛苦不堪。哈罗德·吉宁于1959年成为公司总裁，他很快便说服董事会采用金蝉脱壳的策略，将公司资产重新部署，移至美国国内的企业当中。这项重大计划需要通过收购来加速进行，但收购行动可能会受到国内政策的约束，因为当时政府执行严格的反托拉斯政策，阻止在同一行业内对任何大型公司进行收购。于是，吉宁最终使用了自己独有的集团企业策略，即在数年里收购了100家左右多样性非常高的公司，诸如艾维斯汽车租赁公司、南希泰勒高级女子社交学校、克利夫兰汽车旅馆、一家气泵制造公司、鲍勃斯梅利尔出版公司、列维之家养老院、雷伊纳公司（一家制造醋酸纤维素、拥有林场的公司）、大陆面包公司、喜来登酒店、哈特福德保险公司，等等。20世纪60年代，为数众多的集团企业被“组装”而成，以致到1969年年底，《穆迪行业手册》列出了数十家集团企业，称为“行业多样化公司”。别的不说，单是这数十家集团企业就收购了几千家公司，促成美国战后发生了第一波并购浪潮（也是20世纪的第三波），这波浪潮在20世纪60年代致使2.5万家公司消失。集团企业精神及其基因，20世纪80年代又将重现，表现形式是“杠杆收购”，20世纪90年代则作为“私募股权投资”再现了。

并购浪潮

美国第一波并购浪潮出现于20世纪初叶，那时一些公司通过资本市场融资，合并成可以在美国范围内经营的经济实体。1902年，美国钢铁公司14亿美元的并购案就是一例——这宗并购案价值相当于1988年的200亿美元，在1988年发生雷诺兹–纳贝斯克并购交易之前，一直是规模最大的并购案。第二波并购浪潮出现于20世纪20年代，这个年代有新技术问世，股市行情看好，人们对金字塔式公用事业控股公司充满了热情，在这波浪潮中，美国有80%的电力公司被控股公司收购。第三波浪潮始于20世纪50年代中期，除了集团企业之外，还涉及很多工业公司的并购。在美国企业界，很多公司再次感到动力充沛，积极寻求增长之道，只要美国司法部允许，并购当然是创造增长的一种方式。但在老式工业家（西德尼·温伯格所代表的群体）和新式集团企业创业家（古斯·列维所代表的群体）共同作用之下，美国又出现了一个活跃的"追逐公司控制权的市场"，也就是一个可以购得其他公司控制权的地方，很多公司都趁机对这个市场加以利用。

像西德尼·温伯格客户之类的公司，在20世纪50年代中期引发了这场并购浪潮，它们寻找机会，与其他公司进行战略合并，以求通过多样化来对抗经济周期，或者加强自身力量来应对竞争威胁。1955年发生了一起里程碑式的交易，沃纳–哈德纳特公司和兰伯特公司合并，成为身价1亿美元的巨型制药企业沃纳–兰伯特公司。华尔街金融家安德鲁·梅耶和福迪南德·艾伯斯塔特，先前听说有一批内部人持有的沃纳–哈德纳特公司股票要在市场上抛售，便迅速组织一个私营辛迪加，购买了此公司44%的股份，然后促使此公司暴风骤雨般展开收购行动，以此提升公司股价。1955年，沃纳–哈德纳特公司将目光聚焦于兰伯特公司，这是一家生产李施德林漱口水的制药公司，西德尼·温伯格是它的一名董事。温伯格对梅耶和艾伯斯塔特他们很不以为然，认为这是投机取巧，坚决予以抵制，最终在交易达成时，兰伯特公司的股东得到了非常满意的价格。温伯格心里清楚由于他付出的努力，客户获益良多，因此据传向兰伯特公司收取了100万美元的顾问费，此前高盛从未收过如此高的费用，同时这也是少数几起因提供顾问服务而收取费用的并购交易之一。20世纪50年代后期，很多其他大型公司都寻觅并购机会，美国司法部也因此忙于决定哪起并购该允许，哪起又该予以阻止。温伯格另有一些客户，乘机利用有利的定价机会，在市场上出售不再符合自身需要的企业。

像古斯·列维客户那样的公司，则倾向于将市场作为获得增长的手段来使用。列维与凌–特姆科–沃特公司的詹姆斯·凌联系密切，与好几个其他集团企业创业家也很亲近，他还认识更多规模较小而专注主业的公司，它们正力图通过收购来扩展市场份额。"熟练枪手"当然喜爱并购活动，因为买家会向目标公司的股东提供高于市价的溢价，吸引他们让出手中的股票。风险套利者也喜爱并购活动。他们一听到有要约发出，便以低于要约价的买价，在市场上购入股票，交易一旦获得通过，要约价格——或更高的价格——便会变成现实。

套利交易者

古斯·列维曾长期进行套利交易，看到有并购交易要发生了，便格外关注，譬如在20世纪40年代，美国司法部要求一些公用事业控股公司分拆成几部分时，他会提前用心研究其中的并购机会。时至20世纪60年代初期，他将此业务交给合伙人杰伊·特伦鲍姆去做。杰伊在高盛公司也是一个传奇，是善玩套利交易游戏的大师，培训指导过罗伯特·鲁宾，罗伯特后来成了公司的高级合伙人，像我一样是1966年进的高盛。当年那些主要的投资银行并不做套利交易——这项业务要求对交易风险具有很高的容忍度，并且愿意涉足一些棘手的不得人心的交易，严肃的投资银行可不想让人看到其中有自己的身影。当时，另外几位套利交易大玩家，是贝尔斯登的萨利姆·刘易斯，罗斯柴尔德的哈里·科恩，拉斯科–斯通–斯特恩公司的伯纳德·拉斯科。

套利交易有时会很刺激。咄咄逼人的买家可能会在星期六晚上突然发布收购消息，让目标公司管理层猝不及防，比如，消息说准备在下星期一，用现金直接向股东要约收购51%的股票，收购价比方说是每股24美元，比星期五收盘价20美元高出20%，本着"先到先服务"的原则，购满既定股数，收购即告终止，要约数天之后便过期作废。这样的要约，根据街头抢劫案中所用廉价手枪的叫法，被冠以"周六晚特号"的诨名，让目标公司几乎没有时间作出应对，也来不及与股东沟通。"先到先服务"这一点意味着，"熟练枪手"及其同好会竭尽所能地将股票快速脱手，他们心里明白，股票若在现金要约中没有兑现，对于剩下的49%来说，将被迫承担很高的风险。套利交易者会尽可能多地以市价买下股票，通常比要约价稍低些，比如每股22.5美元，希望能让买家都拿走，所以会立即向买家出售。如果都脱手了，在每股22.5美元的投资上，会赚到1.5美元，或者说6.7%的收益率，但这只是在5天里赚到手的，折成年收益率，便高达489%。如果买股票的钱是借来的，则投资收益率还要高得多，然而，如果有些股票被返还（因买家已收集51%的股票），收益率便会减少。套利交易者必须找到股票，将其买入，然后迅速交付给买家，如此才能成功实现套利交易，同时也还有希望，没有任何事情会干扰买家购买股票的意愿或能力。如果买家的并购交易最终泡汤，这只股票无疑会跌至每股20美元以下，套利交易者的潜在损失便会非常大。到1968年，美国国会意识到这种“先到先服务”的特色会让普通投资者受到忽悠，便通过《威廉姆斯法案》，禁止这种做法，并延长了投资者交付股票的时间。《威廉姆斯法案》的确使买家的进度放慢了一点，而且也保护了戒心不高的投资者，使其避免冷不防受到欺骗，但并购交易依然源源不绝，因为集团企业和财务创业家（20世纪60年代被称为“袭击者”），照样继续待在市场上，收购其认为表现欠佳的公司。

投资银行浪潮

严格说来，在20世纪60年代的并购浪潮中，恶意收购自始至终是财富创业家以及为其服务的银行家所独占的领域。真正的优质公司并不屑于这样做，因为这类交易一般会被视为卑鄙肮脏，会促使美国企业界出现无良行为，也有损优质公司的形象。多数坚守传统的投资银行（高盛公司也包括在内，虽然古斯 · 列维与很多那类“罪犯”也有联系），并不去代表袭击者在市场上兴风作浪。因此，涉及恶意收购的有关方面，基本上仅限于袭击者、目标公司和“白衣骑士”。所谓白衣骑士，通常就是大型优质公司，它们乐意冲进来，救目标公司于炮火之中，但自己并不是第一个开枪的。

然而，也有两家资深华尔街公司，创业家本能很强，在感情上很支持袭击者（不过，并不称呼它们为袭击者）。一家是雷曼兄弟，自1925年以来由罗伯特 · 雷曼（昵称“波比”）执掌公司大权，他是雷曼兄弟家族财富的继承人，举止优雅，嗓音柔和悦耳，爱好马球运动。波比 · 雷曼在美国是德国犹太人“自己圈子”中的最后一人，他们原来就是从事银行业务的家族，19世纪移居美国，经营较大型的金融公司。他在纽约最为人所知的身份，很可能是杰出的艺术品收藏家，那些艺术品有的是从父亲那里继承的，有的是自己多年里积累的。他去世时，还是大都会艺术博物馆理事会理事长，也是美国最为富有的人之一。波比在34岁代替父亲成为高级合伙人，在20世纪20年代股票牛市的最后几年中，始终泡在市场上，交易活跃，然后，便是面临大萧条和第二次世界大战的艰难岁月。他在第二次世界大战之中以及前后，都拓展了公司的投资银行业务，所用手段是与重要的实业家和军界人物交往，给他们感兴趣的技术型公司做融资业务。他积极将公司资本投放于朋友介绍的一些风险项目以及其他投资上，并获得了很大成功，而这些是绝大多数华尔街公司不愿为之的。他很早便支持泛美航空公司创始人胡安 · 特里普和美国无线电公司创始人戴维 · 萨诺夫，也很早就投资了零售业和好莱坞电影工业。为了做到这一切，他需要更多资本和人脉关系，于是破天荒第一次邀请好几位家族之外的人来做合伙人。波比声称，他是“把赌注压在人身上”，看上去他也的确有一双识人的慧眼。他对投资银行业务的细节，从不过多插手，但在整个公司里，也只有他才能决定谁可以做合伙人，合伙份额是多少，公司又可以作出哪些投资。他是雷曼兄弟公司的太阳神，高高凌驾于其他合伙人之上，谁也不敢碰他，事实上还受到他们的顶礼膜拜。有位合伙人过去常说，波比“不知道优先股和绩优股有啥区别，但绝对能看透人心”。他技巧娴熟地穿梭于合伙人之间，挑起相互间的竞争，心想这会激发他们为公司作出最大贡献，他似乎还乐于旁观，看他们陷入凶狠的争斗之中。波比是一个驯兽师，但1967年他于78岁去世时，那些狮子却变得凶猛而不可控制了。关于波比的接班人分歧重重，合伙人卷入争权夺利的派系斗争，几位高级合伙人脱离公司，带走了数目可观的资本。最终，波比的一位表兄弟，也就是1941年加入公司的弗雷德·厄尔曼，作为高级合伙人，掌管了雷曼兄弟的帅印。但是，厄尔曼颇不得很多合伙人的喜欢，其中多为年轻合伙人，于是，1973年又上演了一场政变，彼得·彼得森当上了头。彼得森曾担任贝尔豪公司的首席执行官，前不久离开尼克松内阁商务部长的位置，来到雷曼兄弟公司。彼得森此后度过了一段非常不安的时光，但的确也让纷争平静了许多，相互敌对的合伙人到底又关心起工作来，为公司挣些钱了。其中有几位参与并购交易，在此过程中，雷曼兄弟积累的人脉关系里，一些重要的实业家、创业家和擅长并购交易者起了作用。有些并购交易是恶意的，有些威胁着要变成恶意的，但是否恶意，雷曼兄弟并不为此操心。波比·雷曼兄弟就曾经支持一家早期集团企业立顿工业公司，做过一些恶意并购，也积极支持过其他一些公司。

20世纪60年代，另一家从并购浪潮中获益良多的公司是拉萨尔兄弟公司。这家公司由法国人安德鲁·梅耶掌管，他实行独裁统治，批评起人来尖刻辛辣。他于1925年加入拉萨尔兄弟的法国母公司，1940年为逃避纳粹迫害而移居美国，1943年45岁时，挤走了长期为拉萨尔兄弟服务的德高望重的纽约合伙人弗兰克·奥斯舒尔。梅耶的传记作者凯瑞·雷奇这样写道：

> 梅耶生性贪婪，爱报复，又专横跋扈，常常喜欢施虐。他总是对人声色俱厉地胁迫恫吓，动不动就突然大发雷霆，生意伙伴和家人都承受不了他的暴戾脾气。无论他变得多么富有，他也的确变得非常富有了，但他总停不下来，始终在处心积虑地密谋策划要攫取更多的财富。

梅耶心目中的榜样是波比·雷曼，之所以对他钦佩不已，就是因为他赚了很多钱，对合伙人和客户进行冷酷无情的控制，同时又有着传统的优雅和品味。像波比·雷曼一样，梅耶也逼迫拉萨尔兄弟在与自己做交易的公司中进行重仓投资，并如同在沃纳–哈德纳特公司并购案中那样，密谋将那些公司纳入擅长并购交易者或集团企业的轨道，做法和如今有些投资银行操作私募股权投资一样。对于西德尼·温伯格所树立的那种投资银行家形象，他想成为其中一员的兴趣要小得多——做那样的投资银行家捞不到什么钱——但是，如果真有人需要那样的投行服务，他也会提供的，并且能收取多高的费用，就收多高。梅耶拥有金融头脑，在欧洲有很多熟人，人们知道他已积累了巨额财富，这些替他披上了一层神秘的外衣，促使他吸引了众多显贵人物的注意，如亚里士多德·奥纳西斯及其夫人杰奎琳·肯尼迪·奥纳西斯、菲亚特的乔万尼·阿格内里、美国无线电公司创始人戴维·萨诺夫、戴维·洛克菲勒、法国总统乔治·蓬皮杜、美国总统林登·约翰逊，等等。梅耶喜欢遮遮掩掩，让人感到复杂难解，即便在1979年81岁去世前，他仍然活跃在生意场上。他留下的遗产只有9 000万美元，生前花了10年时间，将估计约3~8亿美元的财富转放到若干家族信托和基金会当中。他是全美最富有的人之一，或许除了波比·雷曼，比华尔街任何人都要富有得多，而且这几乎都是30年前从法国到美国之后赚得的财富。

梅耶通常在幕后暗中操作，他会独断专行，控制拉萨尔兄弟所做的一切。他信奉“能人治理公司”的理念，认为这样的能人应以人脉深广、享有声望、经验丰富著称，只要他们出面，就可以将生意或投资机会吸引到公司里来。他当然是这样的人，他的一些法国合伙人和欧洲生意伙伴也是这样的人，但他还需要一些美国的能人，为此便袭击了一些竞争对手。不过，最为重要的，是梅耶培养了自己的得意门生，聪敏的出生于奥地利的费利克斯·罗哈廷，于1949年从明德学院大学毕业后加入拉萨尔兄弟公司。罗哈廷的犹太家人第二次世界大战前住在法国，1938~1942年历尽周折，辗转移居到美国。他于1961年成了公司合伙人，在梅耶的很多交易中都有参与。到20世纪60年代中期，罗哈廷开发了一些自己的客户，有了并购专家的声誉。他还是国际电报电话公司的董事，哈罗德·吉宁的亲密顾问。由于吉宁开展了一系列收购行动，罗哈廷也就成了拉萨尔兄弟于并购业务方面在媒体上曝光率最高的人。与其他主要投资银行相比，拉萨尔兄弟规模较小，对传统的承销业务和经纪业务没有什么兴趣。20世纪60年代的并购热，对于该公司可谓如鱼得水。前文所述的集团企业会使用这样的小型华尔街公司，主流企业也会使用它们，因为主流企业在需要多方征询意见，或通常打交道的投资银行有利益冲突的时候，会找到它们。倘若遇到利益冲突问题，华尔街上主要的做并购业务的公司，往往会推荐拉萨尔兄弟，因为知道它不会设法带走它们的承销业务。所以，除了梅耶、罗哈廷和其他几位开发了数量相当大的业务之外，拉萨尔兄弟还接到很多转来的业务。到20世纪60年代末，菲利克斯·罗哈廷已成为并购业务上最耀眼的人物，谁要做并购，首先就该去找他，这一声誉接下来又保持了30年。他还运用自己的才干，在20世纪60年代末几乎使证券业难以为继的后台管理系统危机期间，协助纽约证券交易所清理在危机重压之下崩溃的一些会员经纪公司的混乱局面；20世纪70年代，又协助纽约证券交易所指导纽约市度过了财政危机。罗哈廷50年间在并购业务上都是一名关键人物，这在华尔街是绝无仅有的，无可争辩，他是这一领域有史以来最优秀的，可以进入“名人堂”的人物。但他从未想（也的确没有）成为拉萨尔兄弟的最高领导，部分原因在于，倘若他的言行表明心怀此志，那必将毁了他和梅耶的关系，还有部分原因是，他更乐于在能够成为“能人”的交易丛林做一个王者，同时在业余时间还能涉猎一点政府和政治活动。他渴望当上财政部长，可惜没有实现这一抱负，但在1997年，比尔·克林顿总统任命他为驻法大使，由此结束了在拉萨尔兄弟长达48年的职业生涯。2000年，他从法国返回纽约，便立即成立了自己的并购顾问公司罗哈廷集团，成了雷曼兄弟的顾问。

1974年，并购业务发生了重大变化。当时，加拿大蓝筹企业国际镍矿公司，由摩根士丹利担任并购顾问，向ESB蓄电池公司发出了1.57亿美元的要约收购，对方表示不欢迎。这场要约收购最终还是成功了，但引来了极多关注和评论。数月之间，其他一些优质公司（以及为其服务的优质投行），纷纷向自己希望收购的公司的股东表明恶意收购也是合乎情理的。它们不再等待“白衣骑士”机会的出现（不过，若有出现，也会作出回应），它们变得更加志在必得，遴选出想收购的公司之后，便先与其接洽，建议进行“旨在合并的商谈”，如遭到拒绝，就直接向股东发出收购要约。总体而言，ESB蓄电池公司并购案，使并购市场更加活跃起来，参与者比以前多了很多，交易也更多了。

在高盛公司，并购业务起先看起来并没有什么大前途。虽然先前出现了沃纳–兰伯特并购案，但像那样的优质公司并购交易并不很多，不过高盛公司认为，如果温伯格的客户致电请求帮助（已经有些客户做过请求了），那么公司还是需要作好提供顾问服务的准备。高盛于是聘请一个专做并购的人，设立了并购部，此人又聘请两人来做并购，一位是来自摩根信托的初级银行家，名叫科宾·德伊，一位是年轻的税务律师，名叫史蒂夫·弗里德曼（1966年招入公司，后来与鲍勃·鲁宾一道成了公司的共同领导人，鲁宾加入克林顿白宫内阁之后，他独掌了公司大权）。可是，并购部的业务并不是很多，那位创立这个部门的人便离开公司，加入了另一家公司的企业并购部，德伊接替他的位置，弗里德曼做副手，经营着仅有两人的“小店”。他们每做一笔并购交易，都获准“突袭”买方部，临时抓几个人来忙这一单生意。

德伊和弗里德曼，不久便想出了一招生意经，就是出售“反袭击”的服务。“聘请我们吧。”他们说：“如果你不幸成为恶意收购者袭击的目标，我们会协助你制订行动计划。我们会帮助你在袭击者的眼中变得不再有吸引力，让它们充分认识到你有提升赢利和发展公司从而提高股价的计划，并帮助你设计切实可行的办法，用以彻底逃脱袭击者，或至少为你找到另一个出价更高的买家，也就是‘白衣骑士’。”一些公司非常惧怕被袭击，仅凭这一点，就能保证反袭击服务的行情看好，有些公司甚至愿意预付定金，以便在需要高盛的时候，能随即得到服务。

的确，高盛已有一个现成的销售队伍，出售企业金融服务。约翰·怀特海德于1947年进入高盛，做西德尼·温伯格的助理，一直到1956年成为合伙人。他说服心有不甘的温伯格，同意他组织一帮人，为公司开拓新业务，因为公司在业务上过于依赖温伯格的客户。到20世纪60年代中期，这个小组（即新兴业务部）已开始正常运作，的确能给公司创造一些业务了，不过离温伯格对公司的作用还远得很。现在，他们又有了其他公司所没有的东西可出售了，新兴业务部可以利用这个东西，第一次踏足于使用其他投行的公司的门内了。在ESB蓄电池公司并购案之前很久，怀特海德就想利用这种防御袭击的产品，大力宣传高盛处理客户关系时品德高尚的形象。“我们和目标公司站在一起，”怀特海德会慷慨激昂地说：“而不是和袭击者在一起，我们绝不会为虎作伥，帮助袭击者进行恶意收购。”其他投资银行却不愿说出这样的话，害怕会让身为收购者的客户灰心丧气，尤其在加拿大国际镍矿公司并购案之后，更是如此。怀特海德经过一番盘算，估计在高盛现有和潜在的客户中，相较于自身成为袭击者，会有更多的公司惧怕遭到袭击，虽然也有些业务流失了。总的看来，企业界很欣赏这样的做法，需要防御性并购投行顾问时，愿意去用高盛，高盛的业务因此增长了。但是这意味着，其他客户（即古斯·列维的一些客户）若要高盛帮助自己恶意收购别的公司，就会遭到拒绝。这又制造了一些紧张关系，因为温伯格一方和列维一方都希望在客户的交易中，能自由地代表客户行事。公司让温伯格的客户（常成为恶意并购对象的资深公司）满意了，自己表现得品德高尚固然很好，但列维一方的客户却正是在做着并购交易的公司。于是，只好做出妥协：我们可以代表收购者，但若交易转而变成恶意收购，也就是说被目标公司拒绝，则我们不能代表收购者公开发出要约收购。不过，如果接到请求，我们倒是可以替收购者发行债务或进行其他融资。对于列维的客户而言，高盛不会代为处理要约收购（雷曼兄弟为凌–特姆科–沃特公司，以及其他一些本是列维客户的集团企业操作了要约收购），但是，高盛的确参与了大量要约收购融资的承销，当时典型的融资方式要么为可转换债券，要么为与之相似的其他证券。

1968年《威廉姆斯法案》获得通过之后，并购过程放慢了，投资者有了更多时间思考一次要约收购的优缺点，思考目标公司为逃避收购或代之以条件更佳的收购而准备的应对方案。既然目标公司可以从高盛，继而渐渐地从其他一些公司，得到防御收购的建议，有关的策略性行动便更多了，在不少情形下，要约收购也都以失败而告终，虽然多数情况是，目标公司最后还是被收购了，通常收购价高于最初的要约价格。评价一次要约收购，一个关键点在于，要对收购公司向股东发行的证券进行估值。交易中会使用一些现金，但交易规模越大，会用更多的证券作为支付手段。那时没有垃圾债券市场，但有与垃圾债券作用相当的证券，有些是可转换次级债券，债务等级次于银行借款和其他优级债务，有些是可转换优先股。投资者可以期待在将来（当股价超过债券可转换为股票时的股价，债券利息高于股票股息时）把低利率债券转换成普通股，以期获得足以与所担风险相匹配的收益。这些债券很受欢迎，但不久市场便开始出现了大量这类债券。凌–特姆科–沃特公司可能会同时做三四宗并购交易，每宗都要通过发行一次可转换债券来融资。投资者只好做复杂的试算，估计在所有或部分交易达成、所有或部分可转债转成股票的情况下，发行债券公司的每股收益会是多少。经验老到的交易员和套利交易者，会估算出这些债券的真正价值，然后为赚得利润进行买卖。但多数美国人觉得，这些测算叫人稀里糊涂，有点让人生畏，不久便有一位新闻记者杜撰了一个新词“中国钱”，专指当时所有流转中的收购资金。

20世纪60年代的并购业务，对于从事1933年后在华尔街出现的“新”投行业务的主要公司来说，颇有几分震撼人心的意味。摩根士丹利的很多客户规模巨大，不必担心人家来袭击自己，也不易为市场所动，想不到去收购别人。布利斯和库恩洛布之类的投资银行，有太多的客户分布于公用事业或铁路行业，当时都没有积极参与并购活动。不过，另外一些华尔街公司却非常活跃，似乎都调整了自己惯有的业务模式，使之既适应进攻方，又适应防御方的并购活动。

华尔街的进化

在20世纪60年代，华尔街业务形态的变化程度之大，超出了任何人的预期。股票市场的投资者已实现机构化，以投资业绩为导向的共同基金繁荣发展，并购和恶意袭击，以及为之提供资金的复杂融资操作，取代了为大型工业和公用事业公司发行债券的平稳业务，所有这些又致使纽约证券交易所的交易量急剧攀升。1970年，日均交易量已高达1 200万股，而1960年则为300万股。根据纽约证券交易所的规定，在如此大的交易量中，每股股票都得由卖家将实物交付买家之后，才可以进行钱款支付。这必然要求在匹配交易的过程中涉及浩繁的工作量，既要找到股份凭证，又要将它们送达，在所有的实际买家和卖家之间，又要按实际交易数量准确地完成结算。此时，华尔街做这一切，所用的系统非常原始。经纪券商在又暗又脏的后台办公室（称为“笼子”，因为窗户上装有防范抢劫的铁条）安排大量人员先将交易配对，再把股票包好，放入下面装有滚轮的大黑箱里，最后由年老的“送信人”（常常是退休消防员和退休警察）从他们的笼子里推至别家公司的笼子处，交付了股票后再推回来。这种系统不可避免地会承受不了日益增长的交易量所带来的重负。实行计算机化也无济于事——至少不会立即有所改善。海登斯通公司的前合伙人哈德维克·西蒙斯，这样描述20世纪60年代公司的情形：

尽管我们新近使用了计算机，但我们的系统之间并不对话。在海登斯通公司，我们安装了自己所说的“电线”，我们的所有交易指令都通过它来传输。我们将那些指令转到交易大厅去执行。然后，在当天结束时，我们又得把那些指令转抄到书面上，将它们在另一个计算机系统上重新递交。我们在前端使用尤尼法克计算机，在后端使用IBM公司的计算机，我们必须把交易指令转抄、重新用打字机打出来、通过电脑键盘输入、核对无误，然后再把它们放入后台管理系统中，这样才能将一切整理妥当，次日早晨每个人便可以知道自己的保证金和账户状况。我们简直没法保持顺畅运行。

后台管理系统危机

时至1968年1月，已有种种迹象表明这个系统有问题了。如果股票不能按时（在交易后5日内）送达，交易便被贴上“未达”（即“未能送达”）的标签。股票若已送达，但未能辨认，则被退回，贴上“不知”（即“不知道这笔交易”）的标签。1月，贴有这两种标签的情况增多了，纽约证券交易所调整收盘时间，从下午3点30分提前至下午2点。但“未达”的情况还是增加了。4月,“未达”交易量超过20亿美元,5月,超过了30亿美元。到了6月，雷曼兄弟根本无法做结算，只得先关门停业，直到重新能够结算。本来，这年更早的时候，雷曼兄弟已安装一个新的计算机系统，可是没有达到预期效果。6月下旬，纽约证券交易所规定星期三停止交易，以便多出一天来让各经纪券商的后台可以处理完已有的交易，这也没有多大帮助。然而，与此同时，经纪券商却在报上刊登更多的广告，雇用更多的销售人员，开出更多的证券营业部，满足美国各地涌现出的股票投资需求。很多券商积极游说纽约证券交易所，要求取消周三休市的规定，好让它们能做更多的生意。一位观察者说：“华尔街已变成愚蠢的贪食者，只知道吃啊吃，要把自己吃瘫吃死。”

接着，美国证交会也卷入进来，宣布根据现有“证券法”，未能送达股票的券商可以欺诈罪受到指控，但证交会基本上还是把这一团乱麻留给纽约证券交易所来处理。纽约证券交易所拥有若干监管权力（自律性的），实际上这些权力也是证交会先前授予它的，所以现在证交会指望纽约证券交易所找到解决问题的办法，否则纽约证券交易所会面临关门的可能。12月，“未达”交易量超过40亿美元，兰德公司的一份研究报告又显示，在所有交易中有25%~40%的交易至少有一次是属于“不知”的，看来已很清楚，券商正在赔钱，资本受到侵蚀，需要施以救助，或关门停业，才能阻止客户资金的普遍损失。毫无疑问，这样的不利结果会对股市前途造成严重损害。

纽约证券交易所在新任总裁罗伯特·哈克的领导下，组织了一个委员会，决定在情况最糟糕的券商当中，哪些该存活下去，哪些该倒闭。菲利克斯·罗哈廷是该委员会的关键人物，他采取行动，迫使一些券商之间进行并购。委员会想避免券商破产清盘，因为纽约证券交易所为此而设的紧急应变资金，在任何大型券商倒闭时，万一不够使用，客户的资金将会丧失。在出了问题的大型券商中，有一家是老式的、出身不凡的海登斯通公司，它是美国排名第三的经纪券商。1970年，这家券商快速亏损，资本已降至纽约证券交易所要求的底限以下。它无奈地落入一家本不相配的公司之手，由这家公司来拯救自己。这家公司名叫卡根–柏林德–威尔–雷维（有时也被称做“生菜裹咸牛肉”）[①]，是一家创立不久的经纪券商，好争强斗狠，由一帮好斗的纽约人经营，其中的一位股东桑福德·威尔（昵称“桑迪”）也从这家公司开始出道，后来有了长达40年的华尔街职业生涯。

当时还发生了其他很多并购，包括一桩令人大为惊异的并购。电子数据系统公司

① 这家公司的英文名是Cogan, Berlind, Weill and Levitt，每个单词的首字母与生菜裹咸牛肉相同。

完成首次公开募股，创始人罗斯·佩罗特一夜暴富，此后不久，他居然于1970年年底收购了杜邦－格罗尔－福刚公司。这是一家规模大且问题很多的零售经纪券商，为人冒失而此时身价不菲的佩罗特认为可以扭转局面，通过运用自己计算机方面的专长和管理才干，让它腾飞起来。其实，这年早些时候，他就旋风般地打入华尔街，谋到两份生意合同，一是为纽约证券交易所分析计算机系统，一是协助杜邦－格罗尔－福刚公司拯救计算机系统。收购之后，佩罗特捋起袖子，亲自上阵。他几乎立即采用了好几个新的想法。公司每个星期六也照常上班。管理人员和工作表现优异者的津贴要大幅度削减。员工必须放弃奖金和加薪，以此为挽救公司作出贡献。引进财务会计和其他控制制度，以减少公司面临的风险。为使公司状况改善，这些都是很好的想法。但是，杜邦－格罗尔－福刚公司心怀怨恨的雇员和经理一个也不接受。佩罗特深感诧异，公司的重要员工竟然揭竿而起了，其中多数在别处设法觅到了工作。不能另找东家的人，干脆办了退休，靠积蓄和投资过日子。这些被看重的资深员工，宁愿让公司垮了，也不愿屈服于佩罗特羞辱他人的权威。他们的行为让佩罗特惊惧不已，认为他们道德败坏，几年后，他退出这一行业时，还低声嘟哝着他们道德败坏。但是，到佩罗特投资这家华尔街公司时，全行业存在的后台管理系统问题已开始好转，两年的危机看来结束了，其间有100家纽约证券交易所会员券商销声匿迹，或者说被迫并入了其他公司。始于1969年年初的熊市，也有助于这场危机的解决，股价和交易量都走低了。

与此同时，纽约证券交易所和证交会大力推动建立中央股票存储库这一项计划的实施，如此一来，不必再将股份凭证到处推来推去了，所有券商也加速将后台操作实行计算机化。1970年，美国国会创设了证券投资者保护公司，万一有哪家经纪券商破产，倒闭时仍欠客户账户上已缺失的现金和股票，则证券投资者保护公司可以作为投资者的第一道防线①。

时至1970年，券商不得不正视一个事实：要想在证券行业活下去，其各个控制过程和行政管理过程成功实现计算机化，是一个必不可少的要求。当然，从此以后，为实现数据处理系统的现代化以及使之延伸拓展，花去了无数资金。

合伙制投行的消逝

后台管理系统问题，几乎让每个人都担惊受怕。允许出差错的余地极小，由于古

① 自美国国会创设证券投资者保护公司后，一直到2008年12月，该公司已预支5.2亿美元，用于为人数估计达76.1万的投资者找回1 600亿美元的资产。

老的支付和送达系统而产生的意外损失，或者源于其他问题的意外损失，都会侵蚀公司的资本。而扩张生意又意味着必须增加更多资本，此时很多公司都在扩大规模，以期跟上交易量猛增和出现新型服务（如并购）需求的形势。但在华尔街，资本是稀缺的。作为纽约证券交易所会员的那些券商，不是私营独资公司，就是合伙制公司，合伙资本并不是永久存在的。合伙人要是退休或死亡，就得抽出资本，为他们的生活或作为遗产付出大笔款项。新晋合伙人常常没有什么资本，需要从公司也就是高级合伙人那里借入，高级合伙人拥有大额的资本账户，可能宁愿撤出一些钱。合伙人协议很少有延续数年以上的，只有当所有合伙人同意之后，才能延续协议期限。这势必限制了很多公司的投资视野，譬如对于投资国外市场，较年长的合伙人便不是很乐意，因为这种投资需要很多年才能见到效益。这也会阻止银行或其他借款人向公司做出期限较长的借贷。再者，当时在纽约，合伙制公司易受无限责任的影响，每一位合伙人都必须以各自所有的财力，为其他合伙人担负责任。若公司要进行扩张，开展大笔交易，做套利生意，参与或有风险的并购活动，那么，合伙制这种治理结构便毫无意义。明智合理的做法，恐怕非得改变纽约证券交易所的有关规定不可，必须允许会员公司从市场上筹募资本，正如这些公司让自己的客户通过发行普通股融资一样。但是，纽约证券交易所是一个深受传统束缚的地方，要改变什么规矩，几乎总会遭到强烈反对，最后，只有在出现了某种催化性事件之后，才冲破抵制得以实现。

就这次情况而言，催化性事件是由帝杰证券公司引发的，它是一家自命不凡的新公司，专门为机构投资者提供研究服务和证券经纪服务。它很想发展壮大，但因资本不多受到限制。1969年，帝杰证券的丹尼尔·拉弗金入选纽约证券交易所理事会，提议改变纽约证券交易所的规定，以方便自己的公司变为股份制公司，向社会公众发售股份。拉弗金这样说道：

> 我得到的反应是非常令人不快的，老家伙们对我高声嚷道："你算老几呀？"菲利克斯·罗哈廷还把我比做出卖耶稣的犹大。他们觉得我这是要背弃交易所的规则和传统，逼迫他们也这样做，当然，我的确是这样的。可是，我做的也对啊。我至今还记得，那天晚上，交易所理事有一个晚宴，他们谁也不跟我说话。我独自一人站着，古斯·列维走过来，说："我不赞成你所做的事情。我不赞成你做这样的事所采取的方式，也不赞成你为何有这样的感受。不过，我倒是钦佩你的胆量，竟敢来参加晚宴了。"

1969年5月，帝杰证券宣布要变成公众公司的计划，并向证交会递交《证券发行注册申报书》，要求首次公开募股。费了许多时日，纽约证券交易所才改变了主张，证交会也是在一年后，才终于对该公司的股票发行予以核准，这时已是1970年的4月，股市深深地陷入了熊市。发行定价远远低于帝杰证券最初希望拿到的每股35美元。股市很糟糕，并且看来趋势更糟，就在这样的市场环境中，他们以每股15美元的价钱卖出80万股，募集了1 200万美元。上市后，交易价跌破发行价，并跌个不停。数月之内，这只股票便以每股5美元的价钱交易着，很长时间之后，才恢复了元气。然而，几个月内，美林证券，这家从未操心过纽约证券交易所规则和传统的公司也上市了，其后有好几家老式投行也相继成了上市公司。可以使用公众资本，在诸多方面，给资本市场行业带来了变化。公司能思维开阔地考虑问题，也能因此而制定相应的计划。它们能融进资金，为基础设施和交易平台进行必要的改善。它们还可以向海外拓展。数年之间，几乎每一家华尔街公司都上市了，在每家公司首次公开募股之前，多数合伙人也都退休，为替代他们的较年轻的同事腾出得以晋升的空间。事实表明，这一点也让各家公司受益良多。成为上市公司还意味着公司可以终结合伙制以达成共识为基础的治理结构，代之以安排更为果断的领袖作为决策人物的治理方式。或许，美林证券从这一变化中获得的益处，要多于任何其他公司，1971~1980年，美林证券由唐纳德 · 里根担任首席执行官，此后，他离开公司，成为里根政府的财政部长。

然而，也有三家公司在许多年里对上市都不感兴趣，因为它们从交易活动中得到了很大的收入流，在多年里保护了它们的资本免受侵蚀，这便是：高盛公司、所罗门兄弟、贝尔斯登。三家公司每年都不会给合伙人分配任何收入，只是向他们支付薪水和各人资本账户的利息，未经过公司管理委员会的许可，也不允许合伙人撤出资本。正因为如此，合伙人也都没有多少钱可以挥霍，对于奢华的生活，或其他奢侈的让人分心的东西，也就只好望而兴叹了。每个人都一刻不停地苦干，直到亡故，或退休，甚至退了休的合伙人，公司也鼓励他们接着做有限合伙人。因为这个缘故，同时也由于它们没有一家公司经营零售经纪业务，所以都毫发未损地度过了“后台管理系统危机”。

股市下跌风暴来临前的挫折

20世纪60年代一开始，股市便不断上涨，交易量随之攀升，但到20世纪60年代末，股市却表现得较为艰难了。时至1968年年初，越南战争已很不得人心，在大学校园里激起了很多骚乱，那些骚乱又促成林登 · 约翰逊总统宣布不再竞选连任，在美国民主党全国代表大会于芝加哥召开期间，还触发游行示威者与警察之间发生严重的暴力冲突。1968年4月，马丁 · 路德 · 金遭到谋杀，这一事件在美国各地引发了民权骚乱，数月后，罗伯特 · 肯尼迪参加总统选举时遭枪击身亡。道 · 琼斯工业平均指数稍有上涨，到1969年1月达到943点，上年全年仅上涨4%，然后，到1970年1月，又下跌了15%。1970年，俄亥俄国民卫队派遣部队控制肯特州立大学学生反战抗议活动，4名大学生遭枪击身亡。这年晚些时候，出现了美国史上最大的破产案，宾夕法尼亚州中央铁路公司宣告破产，由美国政府接管。1971年，为阻止美国黄金储备流出速度加快的势头，尼克松总统宣布关闭对外国央行开放的黄金兑换窗口，也由此单方面终止了建立起固定汇率制金融体系的1944年《布雷顿森林协议》，美元随即迅速贬值，外汇市场和固定收益市场也出现大幅波动。不过，股市倒是攀上了"忧虑之墙"，1972年11月14日收盘时，道 · 琼斯工业平均指数首次突破1 000点大关。然而，1973年，由埃及和叙利亚牵头组成的阿拉伯国家联盟，在犹太教赎罪日向以色列发动攻击，导致一场持续大约三周的全面战争。此后，阿拉伯石油生产国宣布对同情以色列的国家实行禁运，继而石油输出国组织又将油价提升至先前的4倍。"石油冲击"使西方多数经济体陷入衰退，美国的通货膨胀，由于越南战争代价高昂，压力本已到了极限，现在又猛然蹿升起来。股票市场随之直线暴跌。1973年，美国证券业协会报告称，自大萧条以来，会员公司总体上第一次出现亏损。1974年，美国国会通过《雇员退休收入保障法》，为养老基金的管理制定了新标准，对华尔街公司管理机构客户资金的角色提出了挑战。还是在1974年，理查德 · 尼克松在旷日持久的"水门事件"纷争之后辞去总统职位（本来如果不辞职，也必会导致弹劾）。经济前景很令人担忧，股市也相应作出了反应。1974年12月，道 · 琼斯工业平均指数跌至10年来最低点557点（从1972年高点跌去了50%），对于很多华尔街公司而言，这又是一个亏损年。

1973和1974年是投资银行非常艰难的两年。募集资本的业务停顿了，为下跌市道中要抛售股票的机构所做的大笔交易，情况也非常糟糕。在高盛公司，1973年根本没有钱用来发奖金。1974年也只是稍有起色，合伙人从自己的资本中拿出钱来发了点奖金。这对雇员来说实在是太难受了，因为他们那时也和现在一样，多数收入来自奖金，不过，并没有什么人离开公司，也几乎没有任何人被炒鱿鱼。每个人都通过内部成本缩减（以及个人开支节约）苦渡难关，同时抱着乐观的心态，尽量往好处设想。但是，要说对未来抱有信心，确也不易——两三年前宾夕法尼亚州中央铁路破产时，高盛是其商业票据的唯一交易商，大约8 000万美元发行在外的票据由高盛出售给了投资者，现在这些投资者都在跟高盛打着官司，要求拿回自己的钱。这些诉讼，对于此时合伙人资本仅有约2 500万美元的公司来说，实在是不堪承受的。票据投资者声称，高盛公司知道，或者应当知道，有关这家铁路公司财务状况急剧恶化的事实，高盛公司应当披露所知道的信息，或者自我克制，不要出售那些票据。高盛说，在得出结论认为这家铁路公司出现财务困境之后，便立即停止了出售新的票据，但对于已经售出的约8 000万美元的票据，也无能为力。涉及的投资者不在少数，官司拖了将近10年才算了结，可是当时对于身负无限责任的一般合伙人，这些官司确是非常骇人的，他们冒着极大的风险，可能会丧失在高盛赚到的一切，如果输了官司，或许失去的还要多。

此时，古斯 · 列维是高盛的高级合伙人，也是公司管理委员会主席。管理委员会于1969年西德尼 · 温伯格去世前不久成立。当时，温伯格似乎觉得应该对列维有所约束。列维曾是争强好胜的交易员，投行业务方面没有任何经验，但他竟积累了一批粗野的创业家客户，而温伯格以为这些人都难登大雅之堂。温伯格修订了合伙人协议，规定设立管委会，明确管委会权限，列维很大度地接受了这一变更。然而，就在他接掌帅印，西德尼 · 温伯格的影子不再遮挡他的视线之后，他却要直面一系列宾州中央铁路商业票据诉讼的难题，其中有些诉讼也是他自己的客户提起的（一旦一个商业票据持有人提起诉讼，其他所有的持有人也得提起诉讼，这样在破产中才能保护自己的利益）。列维为处理这一大堆难题，消耗了很多精力，一直到去世，其间，乔治 · 道迪给了他莫大协助。道迪做过永道会计公司的高级合伙人，20世纪60年代中期，在西德尼 · 温伯格有先见之明的邀请下，加入了高盛公司，他梳理和组织高盛的财务系统和控制措施，还带进了不少有才干的行政和技术方面的管理人员，这些人后来果然有助于引领公司度过了后台管理系统危机。道迪还带着一大班为宾夕法尼亚州中央铁路案提供咨询的律师，替为数不少的难缠官司，每一个都琢磨出不同的备选解决方案。道迪是很有能耐的人，但他也知道，关键的决策还得由列维做出。

古斯 · 列维是一个与众不同的人物。他在1929年股市大崩盘之前来到了华尔街。他所受的教育非常有限，只念到中学，在杜兰大学待了两个月，便跑到纽约赚钱了，起初暂住在希伯来青年会大街92号。他很聪明，反应快，直觉极强，是最严肃认真的人。他坐不住，也站不住——常常在口袋里急速晃动着硬币——也不能花多少时间耐心地听人说话。他身材高大，体格健壮，总是穿着白衬衣，黑色套装。难得见他脸上有笑容，也极少听到他开玩笑，对下属的态度极端粗暴（有两三位当上合伙人之后不久，便离开了公司，在他一刻不离的注视下工作，压力实在太大了）。对于他的众多客户和交易，他都要求了解当下的情况，但是，他又只愿给人几秒钟的时间来说清要说的话。有时，要说的话实在太复杂，我们便尽可能简洁地先全部写下想告诉他的话，绝不多用一个字，然后大声念给他听。他总能立即完全领会一切，即便是非常复杂的东西，也是如此。他让人紧张不安，使我们多数人都感到惧怕，没有任何其他人能像他这样。他是一个不知疲倦的工作狂，来办公室比谁都早，到后就给美国各地的客户打电话，这时多数人还没上班，他就给他们留言，然后来回踱步，通常又不停地打着电话。他的办公室，四面用玻璃围着，就在交易厅的正中间，在这里，他可以看股票报价机上吐出的行情纸带，谁要是遗漏了什么交易，便朝这人大嚷大叫，同时电话里的交谈却也并不受影响。他那狭小的办公室里有两位随身秘书，记下打进来的电话内容，同时又给他接通某个人的电话。那里面繁忙得不可开交。要是为了什么事，非见他不可，你就走过去，在他办公室里立于一旁，直到他注意到你，然后，你用10秒钟报告事情，再然后，明显已不再被他注意了，便可以走人了。

在纽约，列维也活跃于不为赚钱而出现的场合，活跃程度令人难以置信，几乎每天晚上，他都要参加一两个需穿晚礼服出席的社交活动。为了纽约的数十个组织，为了美国共和党，他慷慨地献出了大量时间和金钱，并且是帮助筹款最多的人。很多人啧啧称奇，说是一定存在两三个古斯·列维，因为单单一个人，谁也无法打那么多的电话，出席那么多的活动，在那么多的董事会担任董事。每逢周末，他多半会打电话给同事或生意伙伴，了解他所感兴趣的事情进行到何种程度了。电话总是很简短——“我是古斯。(某某)怎么说？”然后，又总是突然挂断，连“再见”也没有一声。有一回，是星期六，他给我打电话，似乎并没意识到一小时左右之前已经就另外一个问题打过电话了。他总是聚精会神，信心满满，全身心投入。

尽管列维在有些客户面前也很难侍候，在有些社交场合也会与人为难，但他还有不为人知的一面。对于能否把公司领导好，他没有什么把握。他担心，可能无力承担起自己揽来的和接受的那些责任。他去世后，在他的办公桌抽屉里，发现了一个黄色的便笺本，上面有一句手写的祷告词，说是请上帝帮助他管理高盛，保护高盛，他担心自己无法独力承担这些责任。看来，每天一大早，他到办公室后，会独自默诵这个祷词，从中得到慰藉。宾夕法尼亚州中央铁路那件事，尤其让他自尊心大受挫折，他担忧这件事对高盛带来的影响，会像20世纪30年代高盛交易公司给高盛的影响一样。结果却比料想的要好很多，其中部分原因在于，公司与某些宾夕法尼亚州中央铁路诉讼当事人达成和解时，他们被迫交出了宾夕法尼亚州铁路公司所投资的众多房地产的一些权益凭证，列维决定保留那些凭证。最终，这些凭证证明是非常有价值的。

大约在这时，也就是宾夕法尼亚州中央铁路破产、后台管理系统危机和帝杰证券首次公开发行之后不久，纽约证券交易所开始考虑废除固定佣金制度，改变交易所的治理机制，以期提高证券业的竞争性。列维是纽约证券交易所理事会的一名理事，1970年成了理事长。在接下来的好几年里，他为一个至关重要的问题奋力拼争，这一问题对整个证券业，对高盛公司都极其重要，对他亲自管理的业务线，即交易业务也同样重要——他正因从事这个业务而获得了巨大成功，也正因从事这个业务而毁誉参半。

纽约证券交易所改革

这个问题最初提出来，确实引起了爆炸性反响。纽约证券交易所总裁罗伯特·哈克在纽约经济俱乐部1970年召开的一次会议上发表讲话，表示纽约证券交易所已不再是“城里唯一的游戏场”，建议对纽约证券交易所进行改革，使之更具竞争力，建议将全面实行协议佣金制作为纽约证券交易所的“最终目标”。哈克在讲话中作出建议前，对一个事实表达了担忧：目前已有相当数量的股票交易，在一些地区性交易所和场外交易市场执行，因为有些机构投资者四处比较，寻求较低的佣金比率。他又说，尽管本人仍然支持采用固定佣金比率，但认为，“我们业内的领袖们，在这个问题上，现在确有必要重新思考一下自己的判断了”。在讲话之前，哈克拿讲话稿给性格外向的纽约证券交易所理事长看过，他叫巴尼·拉斯科，曾是一位很有影响力的场内经纪人，与所有的主要交易公司的关系都很熟。拉斯科深感震惊，料不到哈克竟有这样的想法，而且要公开说出来。但哈克还是照做了，整个业界为之震动。顷刻间，大吵大闹，乱成一片，很多会员扬言要赶哈克下台，的确，等1972年他的聘任合同到期，也没再续签了。会员们无法相信自己所听到的。自从1792年开始有纽约证券交易所，固定佣金就一直是惯例。这种习惯做法使“市场秩序”得以维持，而且会员们相信，对于替数百只美国公司股票做市的交易所会员而言，还可以提供一份公平而理所应得的收入。哈克又说：“在纽约证券交易所，任何私营俱乐部性质的气氛，也必须消除。”这番讲话也很不受会员的欢迎。不过，非会员当然以为完全可以接受了。

哈克做过经纪人，也当过美国证券交易商协会的头儿，于1967年，在深孚众望的基思·芬斯顿退休之后，接任了纽约证券交易所总裁。他到任时恰巧赶上后台管理系统危机，同时纽约证券交易所也正在设法让美国国会通过一个法案，设立证券投资者保护公司。此后不久，他又开始面对纽约证券交易所最低佣金比率的现实问题，这种固定的最低佣金比率制度，随着交易量的陡增，已承受了巨大压力。据估计，机构投资者的交易量此时已占到纽约证券交易所交易量的50%，他们抱怨佣金比率太高，也抱怨纽约证券交易所卡特尔式的规则使他们不能成为会员，因而不能拿回佣金。

但是，这种卡特尔式规则反竞争的一面，并非绝对是违法的。1953年，哈罗德 · 梅迪纳法官曾判定：证券承销中组成的辛迪加并没有违背反托拉斯法；1963年，最高法院在Silver诉纽约证券交易所一案中又作出这样的判决：因为纽约证券交易所身为自律性组织，其权力在证交会的管辖范围之内，所以纽约证券交易所的佣金比率无论如何过时而需要变更，也无论如何反竞争，都必须视为已被纽约证券交易所的联邦级监管者证交会批准和接受，也因此不可能违反其他联邦法律。换句话说，有苦要诉，也不应找美国纽约证券交易所，应该去找美国证交会。

于是，美国证交会开始着手解决固定佣金可否接受的问题，1968年在尤金 · 罗特伯格的大力指导下，就协议佣金制举行了数次听证会（尤金是证交会的内部律师，之后被罗伯特 · 麦克纳马拉聘用，担任世界银行的财务总监）。在媒体上频频曝光的听证会引出了各种各样的观点，除去纽约证券交易所及其会员的看法之外，也包括如唐纳德 · 威登之类人物的意见。威登运营着所谓的“第三市场”，将一些纽约证券交易所上市股票在纽约证券交易所之外安排交易，为机构投资者、公共养老基金以及其他投资者提供某种类似场外交易市场的竞争性交易场所。

在美国证交会施压之下，哈克于1969年1月宣布，纽约证券交易所将对佣金进行有史以来最为全面彻底的研究，然后形成新的解决方案，呈报美国证交会。然而，研究尚未结束，政府却发生了一个重大变化，理查德 · 尼克松取代林登 · 约翰逊成了总统，而司法部和证交会所优先要考虑的事情，也随之有了变化。哈默 · 巴奇，一位来自爱达荷州的地区法官，曾任证交会委员，现在接受任命，取代证交会主席，也就是积极主张变革佣金制度的曼尼 · 科恩，成了证交会新的当家人。罗特伯格和科恩不在了，美国证交会也相应减了些动力，不像先前那样追求采用协议佣金制。不管怎样，后台管理系统危机正向人们表明，华尔街的证券业有多么不稳定、不牢靠，而要让行业收入大幅削减，时间上似乎也根本不合适。证券业协会当时的一名律师理查德 · 斯基博纳，现在还记得曾向证交会做陈述，请求允许提高最低佣金比率，因为行业形势非常严峻。他和证券业协会的一位理事约翰 · 怀特海德一道去华盛顿做陈述，随身带着一份刊载过的“墓碑”大广告。那是1956年福特公司首次公开募股时的广告，上面印有772家参与承销的券商名称，它们有大有小，来自美国各地。他们两位在已消失公司的名称上划了红线，那些公司之所以消失，是因为出现了并购，或者难以跟上不断变化的行业形势①。

请求提高佣金比率并没有得到允许，但美国证交会似乎的确渐渐地不再坚持协议佣金，转而关注纽约证券交易所私营俱乐部式的氛围。1971年，巴奇又被威廉·凯西取代，卸了证交会主席一职，凯西曾是纽约本地的一名律师，有很多共和党和华尔街的关系，后来在罗纳德·里根任总统期间成了中情局局长。

那时，纽约证券交易所也确是一个俱乐部。它归会员或“席位拥有者”所有，会员可在交易大厅里自由交易，按最低比率向非会员收取佣金。很多席位拥有者只是为自己的账户做交易，免收佣金，或者为其他会员执行交易，收取一笔费用。其他会员以“做市商”的身份，在交易大厅的“交易台”上，为指定的一些股票做市，要做一笔交易，你得大喊着走近那些交易台才行。有细化的规则说明如何确定交易指令的优先顺序、如何执行。经纪公司拥有席位，有自己的人在交易大厅，但并非做市商。自从交易所成立之后，最低佣金比率的规定便一直阻止了会员之间的削价竞争，维护了纽约证券交易所的统一性，从而维持了市场的秩序，同时还确保了会员能有利润，不至于因竞争而让利润化为乌有。哈克以及其他一些人相信，重新调整纽约证券交易所的治理结构将会减去一些压力，于是，1972年，纽约证券交易所宣布重组，总裁办公室和理事长办公室合并（总裁是拿薪水的受雇人员，并非交易所会员，理事长则是不拿薪水的会员）。理事会本有33名理事，全是交易所会员，将由董事会取代，包括董事会主席，共设置21名董事。其中10名董事为证券业领袖人物，另有10名为证券业外的“公众代表”。纽约证券交易所的这一举措，意在削弱活跃会员、交易大厅经纪人和做市商的势力，他们自纽约证券交易所诞生之日起便把持了纽约证券交易所。这一举措确实也将他们的势力削弱了一些，但由于所谓的公众董事对纽约证券交易所复杂而特有的政策和运作不甚了然，容易受交易所会员的影响，所以实质上并没有什么变化。

哈克在1970年那次讲话的主要观点是，由于佣金比率问题正驱使业务外流，纽约证券交易所已不再具有竞争力。美林证券的唐纳德·里甘相信，哈克发表讲话后，会有一些会员放远眼光，改变先前的习惯性做法，开始对交易佣金进行打折，这又将进一步动摇固定佣金制的基础。里甘本人非常赞同协议佣金，并特立独行，开始公开

① 这张墓碑形承销广告，在高盛董事长办公室里一直保留到20世纪90年代很长一段时间，那时上面的名字除了高盛和美林之外，实际上都已划掉了。

让美林有别于其他会员。但是，来自重要券商的其他人几乎都誓死反对协议佣金。

唐纳德·里甘在哈佛大学读书时，是个很能吃苦的学生，老拿奖学金，1940年，他中途从法学院退学参加了海军，太平洋战争一路打过去，他也从瓜达康纳尔岛一直打到冲绳岛，最后退役时已是身经百战受过军功章的中校军官。1946年，他加入美林证券，此后也仿佛是从士兵到将校，晋升顺畅。1968年，他成为美林史上最为年轻的总裁；1971年，公司上市，他又当上了首席执行官。

美林证券成立于1914年，创始人是查尔斯·美利尔和合伙人爱德华·林奇，他们在20世纪20年代轰轰烈烈的大牛市中做交易发了大财。不过，1929年，美利尔对股市转而持悲观态度，退出了公司，也由此保住了很多钱。1939年，林奇又好说歹说，把他拉回公司，此后他们便努力打好基础，逐渐发展成美国性的零售经纪券商，专为“小散户”提供经纪服务。1956年，查尔斯·美利尔去世，此时公司有6 000名员工，分散在美国各地120余个营业部中，营业收入达8 350万美元，成为美国遥遥领先的最大经纪券商。它经手了20%的小额交易，其他交易大约也占到了15%。15年后，唐纳德·里甘接管公司，此时美林在市场份额上有了进一步提升，并且无可置疑，已成为证券承销和机构交易方面的一个领先者。它那遍布美国的营业机构好比众兽奔腾的兽群，使得其“置放能力”（新股发行或短时间内执行大手交易时，分销股票的能力）令美国企业界大为惊叹，它也因此成了更受青睐的承销商。

唐纳德·里甘像查尔斯·美利尔一样，在美林也是一个反传统的人物，对于沿袭已久的做法和传统毫不在意。他决定支持协议佣金后，同事也表示反对，他把这看做故意捣乱，不予理睬。“我们都是虔诚的资本主义者，夸耀着我们的社会如何自由，贸易如何自由。”里甘说：“但是，我们却要让佣金固定不变。这就像凯瑞·纳申（禁酒斗士），在地下室喝老酒，被人撞见一样。”里甘生性好斗，而且他觉得，凡是能松动华尔街老规矩的事物，都会帮助美林获得更多的提升市场影响力的机会。

然而，高盛公司的古斯·列维持有的观点完全不同。他接替巴尼·拉斯科成为纽约证券交易所理事长之后，坚决斗争，要保护纽约证券交易所免受变化造成的影响。他认为，纽约证券交易所已是一个脆弱不堪的机构，先前后台管理系统危机猛烈地冲击过它，规则变化致使帝杰证券上市后，围绕规则变化的意见分歧，又让它备受折磨。他想纽约证券交易所肯定挺不过协议佣金带来的冲击——若实行协议佣金制，所有的凝聚力、纪律约束、秩序，本是市场有效运行必不可少的，都将归于一片混乱，纽约证券交易所履行自身功能的能力也将毁于一旦。同多数见多识广的观察者一样，他相信尽管纽约证券交易所实行固定佣金制，但世界上任何股票市场也提供不了纽约证券交易所那样的“最佳已实现价格”（即剔除佣金后的价格）。虽然他每天都得应付“软美元”、“佣金让渡”、“佣金回扣”这些问题，但认为最低佣金比率制仍是纽约证券交易所的核心所在，需要加以捍卫。他很反感里甘和其他一些人——他们似乎为了显得更为自由或独立，愿意摆脱掉纽约证券交易所。他在多个场合都说，假如非得实行协议佣金制，高盛公司就可能退出纽约证券交易所。他说到做到。

古斯·列维知道，佣金业务的实际情况与表面看起来的大为不同。很多机构投资者把佣金当做“软美元”，支付给小型研究公司，如温莱特公司、卡拉克道奇、米切尔哈钦斯之类，为的是购买它们的详尽报告，以及和明星分析师频繁交往。列维认为，这些小公司颇有用处，但实行协议佣金制，“软美元”终结之后，它们很可能挺不过去。有些“熟练枪手”随行就市，坚决要求经纪券商给予回扣（他们实际上也得到了），经纪券商返还佣金的办法，是为交易活跃的热门基金客户，吸收一些营运成本（软美元），包括电话费、办公设备费用等。有些机构投资者又坚持要求以另一种方式分享佣金，希望把部分佣金分给其他券商，这些券商对它们也都另有用处。譬如说，富达基金公司本应为执行交易付给高盛公司固定佣金，却将其中部分佣金转而支付（让渡）给帝杰证券。1970年，平均最低佣金大约为每股40美分，但对于一些大型机构，在它们的软磨硬缠之下，可能要打掉4~6折。

纽约证券交易所就哈克承诺的佣金改革一事提出了一些想法，证交会又重新介入进来。由此产生了一个过度安排，证交会在1974年指示，针对30万美元以上的交易指令，暂时试用协议佣金制。试行后宣布取得成功，于是，1975年5月1日，固定佣金制便永远被弃置一旁了，华尔街至今仍将这一天当做“五一”来纪念，不过，这个“五一”既非被视为一年一度的五一国际劳动节，也不是遇险船只或飞机发出的无线电求救信号①。

于是，佣金开始匆匆下跌。一开始，高盛宣布向大型机构提供8%的佣金折扣，但市场很快盖了过去，折扣差不多提高到15%。可是，到年底，折扣居然超过了50%，而且还在增加。有些激进的经纪券商竟将佣金比率减到了10%。数年之内，原先每股40美分的固定佣金便跌至每股5美分。无数美元收入从这一行业中被抹去。然而，交易量却在增加。1974年，对股市来说是艰难的一年，日均交易量由上年的1 600万股降至1 400万股。1975年，日均交易量是1 900万股，此后5年，又增加了两倍。所以，就很多公司而言，它们在佣金上的损失因交易量的上升而得到了补偿，

---

① 在英文中，May Day是五一劳动节的意思，而与其字形相同的mayday则是指无线电求救信号。

并且自1968~1970年后台管理系统危机以来，由于被迫实现交易和交付系统的计算机化，成本减少以及其他方面的效率也有提高，佣金损失被更进一步地抵消了。

证券业内的两个变化，即出现改善系统技术的需求和实行协议佣金的需求，为变革带来了强有力的、所谓达尔文式生存劣汰的动力。时至2000年，纽约证券交易所的日均交易量超过了10亿股，信息技术费用已成为业内第二大成本，仅次于薪酬支出。每家公司都得学会管理技术需求和技术预算，否则，可能会突然陷入失控状态，或坠入看似无底的成本黑洞。它们都得雇请首席技术官，其中多数公司需三番两次地替换，最终才找到合适的人选。它们都得承诺使用某一个特定系统，但结果往往是必须满足不断膨胀的层出不穷的需要，很难叫人预料得到。高盛公司郑重承诺使用霍尼韦尔系统，花费了数年时间来做转换，不料公司在系统安装之后不久却发现不适合。这意味着公司转用IBM的系统后，过去的整个过程又得重来一遍。对于大型零售经纪券商情况就更为棘手了，而且，哪家公司能开发出多余的容量，能通过替其他公司做结算，或能以很低的价钱收购一家竞争对手，而使容量充分利用，哪家公司便拥有竞争优势。后来，桑迪·威尔开始一连串地收购经纪券商，并因此声名鹊起，正是将这种特色转换成了一种商业战略。

但是，变化带来的最大影响，还是表现在经纪业务的运作方面。美林证券长期支持协议佣金，实际上在“五一”之后，却向零售经纪客户提高了约10%的佣金，不过，美林证券倒是以低得多的佣金，冲劲十足地竞争机构经纪业务。倘若对零售这块削减佣金，美林证券认为，那便无异于自杀；但不这样做，后来却又为嘉信理财之类的折扣券商争夺美林客户，大开了方便之门。美林这时已逐渐有了效率相当高的后台管理系统，还可以吸收其他公司进入系统。按照目前的零售佣金比率，它也有很多业务流量，足以提供财力让其大刀阔斧地提升机构交易的市场份额。

然而，其他公司，尤其是提供证券研究的小型公司，随着它们的那一份“软美元”和“让渡佣金”逐渐消失，却发现自己几乎难以生存了。每股交易佣金变成四五美分，便没有了佣金让渡。为机构投资者所做的研究产品要免费提供，是非常昂贵的，除非能从中产生足够的佣金，而对很多公司来说，越来越不能得到足够的佣金。大笔交易以前是一座金矿，现在没了固定佣金，也只能做到盈亏两抵。在很多公司里，来自机构的经纪佣金几乎不够支付管理费用。机构投资者减少做交易的经纪券商的数目，不再有办法向边缘券商支付钱款，致使在证券业内出现了优取劣弃的残酷选择。很多公司渐渐衰退，或者被收购，或者干脆消失了。

但是，协议佣金的出现——是一个极为重要的无可避免的放松管制过程，完全是未经计划，不由自主地发生的——造成的主要结果是：产生了残酷无情的赤膊竞争，以往绝大多数时候靠客户关系经营业务的模式不复存在了。在这样的市场环境下，要想有效竞争，必得提供更优质的服务，免费贡献很多实用技能和实用知识。客户必须得到随叫随到的待遇、最好的研究、持续不断的跟进服务。总之，资本市场行业的竞争强度大大提高了，也给未来的竞争确定了基调。

PAPER FORTUNES

第四章

资本市场行业的重塑

导读

和1933年前相比，经过20世纪60~70年代的洗礼与发展，美国的投资银行再没像它们的前辈们那样躁动。规模大了，定型了，稳定了，也在此间各自形成了自己的风格。美林倡导的客户账户管理模式使它们多年都保持着销售市场的领先地位，高盛迈上了并购交易服务的顶峰；摩根士丹利建立起全面服务型组织。

1980年，在高盛公司为客户和员工印发的年度回顾上，有一段反思性的按语，说是如果10年前，公司合伙人知道会在20世纪70年代经历那些风雨如晦的日子，他们可能会投票赞成解散合伙制公司，完全撤出资本市场行业。20世纪70年代的那10年，让高盛遭遇了太多：宾夕法尼亚州中央铁路公司破产带来了一系列诉讼，支撑国际金融体系的布雷顿森林协议冰消瓦解，石油价格上涨2倍，中东发生了战争，水门事件和理查德·尼克松总统辞职，纽约证券交易所开始实行协议佣金制，通货膨胀失去了控制、美国国债利率达到了两位数，公司掌舵人古斯·列维溘然长逝，美元疲弱不堪、金价高涨至每盎司800美元，股市10年结束时指数又回到起点，最后便是，一个二三流电影演员当选了美国总统。当然，公司合伙人无法预知会碰到什么，包括无法预知这样的事实：正是在这些年里，高盛突破坚冰，无论是市场份额，还是赢利能力，均跻身于业内领先公司之列。公司在20世纪70年代期间，成功地将逆境变为机会，并作好了准备迎接一个长期大牛市——这次牛市从1982年夏季开始，中间虽有数次回调，却延续到了新千年来临之际。

四大领先公司峥嵘毕现

20世纪70年代结束的时候，有四家公司相互间激烈竞争，争夺业内各种排名的顶端位置，按照1977年《机构投资者》杂志所作的承销业务排名，这四家公司是：

摩根士丹利、美林证券、所罗门兄弟、高盛公司。然而，对于其他公司来说，20世纪七八十年代遭遇的挑战——主要是面对竞争日益激烈的市场，是否有人能英明地领导公司进行经营调适这样的挑战——却是过于严峻，它们只得通过与较为强大的公司合并，来寻求庇护。竞争日益激烈的转变过程始于“五一”，通过协议确定的佣金比率往往很低，致使很多公司没有足够的财力支撑下去，但这一转变过程仍然继续着，并伴有金融管制的放松、业务的国际化和业务创新的出现，这些变化都深深地改变了资本市场的角色和功能。的确，始于20世纪70年代的这种转变过程，持续了30余年，同时，资本市场稳步发展壮大，变得更趋一体化，价格敏感度也更高了。

摩根士丹利

摩根士丹利，这家行业领袖公司，倘若进入20世纪70年代后未能采取正确举措，以确保其竞争力，则会损失惨重。股票交易量与日俱增；“熟练枪手”式的共同基金和其他新生的投资者登上了投资舞台；美林之类的经纪公司分销能力很强，像高盛和所罗门兄弟那样的公司又擅长与机构打交道，它们的重要性都在日见突出。这些必将对摩根银行“遗赠”给摩根士丹利的众多客户产生重大影响。外界有人认为，摩根士丹利必须进行变革，否则要面临重大风险，会失去这些客户，也无法找到新的客户来取代它们。公司里也有人这样认为，但另有些人的看法与此不同。他们知道，摩根士丹利始终致力于提供优质服务，与客户保持着十分融洽的关系；毫无疑问，假如他们仍将专注于此，公司必会安枕无忧。摩根士丹利毕竟只是专门服务资本使用者，而不包括资本提供者；要变革，就是要进行富有风险的经营调整，他们实在是毫无准备。1935年，公司筹集的资本金仅有750万美元，到1970年实行部分股份化时，资本金也还是750万美元。之所以要对公司的承销及相关业务进行股份制改造，公开给出的原因是，为避免与合伙制有关的无限责任这种法律风险，但还有一个原因，就是为了在公司历史上首次提供一些资本约束。先前，公司利润总是作为红利发放殆尽，如果需要额外资本，则会临时抱佛脚，找到一位摩根家族的人，勉强出钱解决了事。可是，股份制后，虽然公司需支付所得税，但所余的收入都留存下来，并不发放股利，甚至也不对以前的合伙人资本支付利息。

罗伯特·伯德温，在普林斯顿大学读书期间曾是参加三个项目的运动员，第二次世界大战之后加入摩根士丹利，于1958年成了合伙人。他说那时，“摩根士丹利并不跟机构投资者往来。没有任何个人客户，也不作研究。甚至不愿意卖普通股，因为股票风险太大了。债券倒是做的”。

资历较深的合伙人（其中有些是公司创始人，20世纪60年代还在公司里）都不愿意对公司实行现代化来应对市场的变化，伯德温为此大感挫折，于是，1965年离开公司，在华盛顿接受了一份职位，做海军副部长。数年后，他又返回公司，做起离开时做的事。这并不容易，因为当时公司里仍然存在着内部文化冲突，但是他组织了一个讨论小组，探讨摩根士丹利的未来。他建议成立一个运营委员会，由他来做头儿，可是合伙人拒绝接受这种设想。他不屈不挠，组织非正式的委员会来思考某些特定问题，不过效果非常有限。1970年，新确定了6名合伙人，包括两位哈佛商学院出身的理查德·费雪和罗伯特·格林希尔，内部辩论偏向于支持实行现代化了。1971年，有200名员工的摩根士丹利变成股份制有限公司，受人尊敬的高级合伙人弗兰克·匹迪托成了董事长，罗伯特·伯德温成了总裁。伯德温后来替代匹迪托任董事长，一直到1985年退休。为了保持合伙制精神，公司没有设置正式的首席执行官，这种状况持续到1986年上市时才结束。

伯德温承认，公司必须成为全面服务型组织，否则强有力的市场领导者地位将会逐渐受到削弱。但这又意味着必须顶住众多资历较深的合伙人的不断阻挠，大大扩张公司的规模，为此，就必须进入数个公司毫无经验的领域。于是，他毫不迟疑地采取行动。匹迪托协助应付公司内部抵制，伯德温向前大力推进。他构想了6个“新事业”单元，要在接下来的5年里陆续实施，财力上由摩根士丹利最基本的公司融资业务提供支持，这6个单元分别是：并购部（由格林希尔领导）、销售交易部（由费雪领导）、研究部（由巴顿·比格斯领导，他是早期对冲基金分析师，专为设立此部门聘请到任）、私人财富管理部和私募股权部（由安森·比尔德领导，他从帝杰证券招募而来）、国际业务部（由理查德·德布斯领导，他从纽约联储招至公司麾下）。为了进入快速发展的轨道，为了对市场形成冲击，每个业务单元都各显神通，使出浑身解数。它们都得雇请人员充实重要岗位，研究制定业务规划，并付诸实施。伯德温为人坦率，积极进取，性子急躁，全力以赴地支持这些新事业单元，推动它们向前迈进。公司业务扩张所需要的资金，主要来自留存收益，但其他来源也不时地尽量加以利用。时至1979年，所有的新业务都已确立起来，并且表现良好——所有最初的领导人也还在原来的位置上，各个业务单元都能对市场产生影响。公司的业务调整极其成功，而且这还是在内有抵制、外有市场环境不佳的情况下取得的成功。没有多少公司能够做到这一点，也正因为如此，摩根士丹利才可能避免重蹈库恩洛布的命运。

20世纪80年代期间，伯德温实行的战略调整，也由于市场条件的变化而得到了回报，比如，股市出现了一波强劲回升；并购业务欣欣向荣；固定收益交易有了巨大增长，因为美国财政部发行新债为激增的联邦赤字融资；同时，欧洲债券、外汇交易和国际资产管理业务也都开始繁荣起来。

1984年，伯德温选定帕克·吉尔伯特作为自己的接班人。帕克在公司里广受欢迎，长期为公司效劳，摩根士丹利的公司文化在他身上表现突出。到这时，公司的资本金已从750万美元升至3亿美元，营业收入为17.9亿美元，雇用职员4 100人。公司连续6年创下利润节节攀升的纪录，很大一部分收入来自并购业务，这为其他业务的拓展提供了资金支持，不过，其他业务也都表现不俗。1986年，伯德温已退休了一年，摩根士丹利完成首次公开募股，从外部投资者手中募集2.57亿美元资本。

1990年，帕克·吉尔伯特退休，执掌销售交易部和资产管理部的理查德·费雪继任董事长，而负责投资银行业务的罗伯特·格林希尔成为总裁。费雪和格林希尔，自从商学院同窗以来便是竞争对手，在公司事务的很多方面都有矛盾，1993年，格林希尔离开摩根士丹利，加入桑迪·威尔领导的美邦证券，帮助该公司开始了挤入投行业务最高排名的努力，此后又设立了自己掌管的小型投行精品公司。

美林证券

1971年，唐纳德·里甘当上了美林证券首席执行官，同一年，罗伯特·伯德温也在摩根士丹利执掌了公司大印。这时，两家公司并没有多少共同之处，但两位领导人却非常相似，同样都雄心勃勃，同样都急切地追求自认为既必需，又时机得当的变革。美林证券至此已是全美规模最大、知名度最高的经纪券商，营业机构遍布美国各地，服务对象是零售投资者。里甘晋升到公司最高层，升迁路径与前任和继任如出一辙，都是先展示了管理单个分支营业机构的才干，然后又显现同时管理多个分支营业机构的能力。每个分支营业机构都必须赚取佣金，完成定额任务，每天都得以铁的手腕管理好数千笔忙乱的交易。这位前海军陆战队军官，管起这些事来得心应手，在公司里也以作风强硬、精明好斗而广为人知。有的同事说，他喜欢与人争执，为了证明自己的观点正确，哪怕是微不足道的观点，也会没完没了地争下去。但是，他很早便意识到，美林证券的表现还可以好很多。公司的强项在于拥有巨大的证券分销能力。他希望进一步拓展这种优势，用它来作为杠杆，撬动机构投资者的销售和交易业务，扩张固定收益以及其他业务。

20世纪60年代初期，里甘被从费城（他在当地可算权威人士）召回纽约，负责公司行政管理；他本不想接受这份工作，但因为其中含有他要求的为公司做长期规划的职责，便同意了。1964年，他成为行政副总裁，1968年又成了总裁。到这时，他在很多决定华尔街未来的问题上，已经有了不同寻常，又不得人心的观点。他几乎从不花时间和精力，去同华尔街的其他领袖人物交往与合作，他以为一般说来，那些人不过是一群神气十足、狂妄自大的家伙，与时代节拍完全不相一致。里甘赞成在自由而开放的市场上展开激烈竞争，赞成实行协议佣金制，赞成让金融公司参与各种不同类型的业务，也赞成让它们向社会公众出售证券融入资本。他还赞成美林在房地产、经济和证券研究、共同基金等方面提供服务和参与行动，而共同基金曾是查尔斯·美利尔认为千万不可涉足的领域。20世纪70年代，他对自己所说的“未来金融公司”作了一番描述，说那是仿效超级市场理念而缔造的一类公司。自从查尔斯·美利尔于20世纪20年代作为投资银行家在超市行业取得初步投行经验以来，这正是美林尤其拥有强大影响力的行业。里甘心想，人们有多种金融需求，他们应该单单在一个地方就能满足那些需求，在这样的地方，他们能得到银行账户、投资、房地产和保险等方面的服务，这些服务应该全在一处完成。但是，同样重要的是，这样的未来金融公司必须能从市场的批发一面，为“超市”购入产品和服务。为做到这一点，美林必须以养老基金、共同基金以及其他机构投资者的“做市商”的身份，进行有效的运作。

在这个年代，《格拉斯–斯蒂格尔法》仍将商业银行和投资银行隔开，使它们分业经营，商业银行的规模又比投资银行大很多倍，但此时，里甘却已预见到这种法律管制将会终结，并且急切地要与大型银行展开正面竞争（华尔街上其他人并没有这样的心态）。他想给客户提供一种基本银行账户，一种人人应有的东西，可以往里存钱，也可以享有开立支票和借贷的各种服务，不过现行法律并不允许这样做。在利率上升的环境下，银行对客户存款所付利息数额的限制规定，给里甘提供了正在寻觅的机会——创设货币市场基金，把钱从银行那里引出来。关于这一点，后来做了富达管理和研究公司总裁的罗伯特·博琛有这样一番感言：

> 基金业真是迫不得已才操起货币市场共同基金的业务，因为在做股票方面，20世纪70年代实在是非常糟糕的10年。60年代过的都是红红火火的日子，然后好日子到了头。20世纪70年代，卖股票型基金十分困难。而且，银行对存款能支付多少利息也有一个上限。所以，利率开始攀升时，支持货币基金的观点能让人信服，也就不言而喻了。我想，基金业并不是非要和银行争夺客户资产，这不过是对当时的经济形势作出的必然反应罢了。

1975年，里甘推动美林着手实施“现金管理账户”的理念，以贴补不断缩水的交易佣金。推行现金管理账户的做法，就是通过提供管理现金余额的统一系统，将资金吸引到美林的经纪账户上。他们向客户提供一种可边际化的经纪账户，把所有现金都扫进美林管理的货币市场基金的投资里，这种账户拥有开立支票的特权，还包括一张维萨信用卡，授信额度由经纪账户的资产规模来确定。但是，从法律角度看，这并非银行账户，这仍是经纪账户，只是与共同基金捆绑在一起，又含有信用借贷而已。美林管理的这种账户，会收取一定的费用，如果客户愿意，可以把他们的钱投到美林自己提供的各种投资品上。里甘说：“我很想让我们成为一家银行，那才是有钱的地方。当时，银行基本上是在垄断经营——它们知道这种情况，因此都借势占客户的便宜。它们对支票账户居然也收费，储蓄账户给客户支付23%的利息，而把那些钱贷出去时，又索要12%~14%的利息。这就好比桶里叉鱼，瓮中捉鳖嘛。”

但是，毫无疑问，银行很反对这种做法，便控告美林，要求各州和联邦有关监管机构对现金管理账户予以审查。要在50个州，并且在联邦这一级，把所有官司都了断，会耗资1亿美元以上（这在1975年，可是很大一笔钱），还要费时大半年之久。在美林证券内部，反对声浪也很浩大——因为这一计划放弃了免费的账户余额，又要花费那么多的本钱，监管机构和客户还不一定买账，很多人担忧公司有可能会弄到破产的地步。这一计划的初衷是建立在这样一个预期之上：估计会新收数十亿美元需支付管理费的现金余额，目前客户账户中数百万美元免费余额的好处虽然丧失了，但可以由那些管理费得到抵补。里甘是一个雷厉风行的人，只要是自己想做的事情，来自公司内部的阻力无论有多大，他都会毫不犹豫地大力推进，这次，针对现金管理账户，他的立场也同样如此。据说，他有一回参加与高层经理召开的会议，有人告诉他：“里甘，有了这事，咱们公司死定了。”而他说：“你们这帮人说是要就此事投票，是不是意见早就统一了？”他们咕哝着说，大部分人都反对。于是他说：“好啊，我看得出你们都反对。但是我赞成这事，我们就是要这样做下去。只要我在这里，就得照我的想法去做。”

里甘必须应付公司内部的抵制，他也依靠两位重要同事汤姆·克里斯蒂和保罗·斯特恩给予帮助。他们共同将这一重大项目向前推动。1977年，现金管理账户正式启用，但发展速度非常缓慢。公司销售团队对这个项目非常反感，大概因此其他公司3年内也都没推出类似的产品。斯特恩认识到，必须就该产品对销售队伍进行相关培训，一旦产品功能阐述清楚，产品本身应会自我推销。20世纪70年代后期，利率急剧上升，货币市场收益率也推升至15%，促进了美林推行这一计划，到1979年，美林的经纪人每周会新添3 000个现金管理账户，到20世纪80年代初，每周是6 000个。美林发现了一座金矿，也给了银行业重重一击。《财富》杂志将这种账户称为“数年间最重要的金融创新”。

里甘还在公司内部强力灌输一种思想，就是美林应该跻身于证券分析师和投行业务的最优排行，这是《机构投资者》创立和公布的一种排名，始于20世纪60年代后期。一般而言，经纪券商并不追求这样的宏图大志，它们的销售人员自然也不会接触公司界的首席执行官及其他高管，但是，里甘就是坚持要求美林，要在该杂志所做的每一个榜单的最顶端，或接近最顶端的位置亮相。一些在业界深受尊敬的分析师和投行人员被从其他公司招至美林，到美林后，他们要么必须带来预期效果，要么就只好走人。公司的高级销售经理开始拜访自己所在地区的企业高管，向他们提供投资建议，宣传美林的分销能力。这些家伙往往当场就提出做交易，报出的价格高得骇人，但结果却是，美林在客户心目中锁定了一个良好印象。美林又开始与养老基金和共同基金接触，提供研究建议，提出在股票大手交易上给予帮助。“五一”之后，美林只能通过降低佣金，来提高机构客户的市场占有率，这部分降低了的佣金，反过来可以通过继续对广大零售客保持高佣金比率进行补偿。美林还在国债、公司债和市政债券领域，用心拓展自己的影响力。为了得到大型机构的债券业务，美林不得不与一些重要对手展开争夺才能见分晓，不过，美国各地的债券购买者，以及地方性银行、保险公司、捐赠基金和养老基金等，却都在美林销售队伍伸手可及的势力范围之内。

但是，美林在公司融资领域乏善可陈，虽然这个部门的人员多年来也接受培训做分析，做估值，做复杂的公司融资交易。他们是分销员，并非金融工程师。1978年，美林收购怀特维尔德公司，才得以弥补这一缺憾，收购价格比较低，这也反映了怀特维尔德自“五一”之后陷入财务困境的事实。怀特维尔德公司19世纪成立于波士顿，公司宗旨最初是为海外贸易融资。到20世纪时，它渐渐发展成一家与上流社会关系良好的小型投资银行，成了权势集团的堡垒。譬如说，20世纪70年代初，小乔治·沃克尔，即乔治·沃克尔·布什的叔叔，将自己的沃克尔公司卖给怀特维尔德，成了它的一名高管。在怀特维尔德存续的最后一段时期，最杰出的一单生意是1970年做成沃尔玛的首次公开募股。美林并购之后，怀特维尔德公司带来了一些有用的社会关系，但更为重要的是，它的技能娴熟的企业融资部，能让美林与主要承销商对手进行更加有效的竞争。美林本来拥有营销优势，加之收购怀特维尔德，便可以在未来数年里向券商排行榜最高端奋力挺进了。

所罗门兄弟公司

1947年美国司法部状告17大券商时，也忽略了另一家公司，这便是所罗门兄弟-哈兹乐公司。1910年，这家公司作为货币经纪商而设立，自1963年以来，由三位兄弟创始人之一的儿子威廉·所罗门领导。这家公司，与19世纪犹太人从事银行业的一些卓越公司没有任何关联，直到20世纪60年代，都没有几个企业客户。1956年，威廉·所罗门策动了一次政变，从一位不得人心的领导人手里夺下公司控制权，但等了数年之后，公司合伙人才将领导权交给他。威廉想走中高端路线，便于1960年招来一位杰出的经济学家西德尼·霍莫尔，设立债券研究部，不久霍莫尔又雇来亨利·考夫曼协助自己。公司在公用事业债券的竞标中非常活跃，在各种类型的长短期固定收益证券上，也都积极参与做市。直到20世纪60年代后期，所罗门兄弟还不特别突出，此时它决定扩大业务范围，进入公司债券和公司股票领域，凭借咄咄逼人地出价这种交易技巧——报价总是势在必得——竞争机构投资者或公司发行人的大宗业务。1965年，公司决定将交易特长应用于股票业务，尤其是大笔交易方面，很快便成了高盛公司的头号劲敌。迈克尔·彭博于1966年从哈佛商学院毕业后，直接加入这个群体，他也是我们班成为重要投行合伙人的第一人。1967年，所罗门兄弟在所有证券承销商中排名第四；1977年，排名第二，10年后，排名第一。1970年，公司将莫顿·哈兹乐的名字从公司名称中拿掉（哈兹乐已于1929年退休）。1974年，一位在媒体上频频露面的前所罗门合伙人威廉·西蒙本来领导着政府债券业务，公认是威廉·所罗门的“法定继承人”，却在尼克松和福特政府里被任命为财政部长，从此再没有回到公司。

随着公司的交易技能不断提升，公司也变得更为大胆了。1979年9月，所罗门挑战摩根士丹利，咄咄逼人地竞争国际商业公司10亿美元的债券发行业务，这可是摩根士丹利的传统客户。所罗门提出让摩根士丹利保留主承销的荣誉（也就是公司名称出现于墓碑形承销广告的左侧，所罗门则位于较为次要的右侧）。IBM公司喜欢所罗门定下的债券发行利率，并认为所罗门的提议也合情合理，于是告知了摩根士丹利，不料摩根士丹利却拒绝接受，理由是它从来不允许自己参与的交易里有副主承销商。要是在过去，摩根士丹利在涉及其地位时持有这样的强硬立场，就足以迫使客户望而却步，让它随心所欲，可是这回不行了。摩根士丹利说，IBM公司必须在它和所罗门之间二选一，IBM最终选择了所罗门（然后，将美林添加为副主承销商）。此后不久，摩根士丹利改变了承销策略，不再像先前那样坚持，要么仅有自己做主承销商没有副主承销商，要么便拒绝参与承销。但是，这次交易虽然仍采用辛迪加承销制，但1979

年10月却发生了著名的“沃克尔冲击”（此时，新任美联储主席保罗·沃克尔为遏制美国疯狂飙升的通胀，提高利率多达100个基点），威胁着IBM的债券发行和所罗门所做的大胆努力。不过，所罗门兄弟还是安然渡过了难关，因为它在期货市场上对风险做了对冲安排。

威廉·所罗门于1978年退休，继任者是约翰·古特弗伦德（他将自己的姓故意念做“好朋友”）①，于1953年加入公司，10年后成了合伙人。古特弗伦德先前在奥柏林学院读的是文学专业，不过他很好地适应了所罗门粗野的家长式管理的公司文化。在他的领导之下，公司环境变得更粗野、更难于应付、更钩心斗角了，迈克尔·刘易斯在1989年出版的畅销书《说谎者的扑克牌》中，趣味盎然地将这种环境描述为一群违法乱纪的百万富翁活动的兽穴。

公司完全掌控在交易员的手中，做交易也当做打仗一样来完成，要想成为传奇人物，就得大胆行动，取得重大胜利。公司的企业文化很看重果敢无畏、横空出世、富于创新、积极主动，或许最看重的是见风转舵，随机应变。在这里，论资排辈、装模作样、胆怯迟疑，都会受到大家的鄙夷。这种文化能把人紧紧联系在一起，凝聚力很强，公司里几乎所有的资深人员都是终身雇员。他们相信，要想功成名就，你先得做出吸引眼球的事情，然后再操心能否得偿所愿。成功实施了策略的交易员，同事会对他们钦佩不已。有时，你会用错策略，赔掉一大笔钱，但如果知道自己的对错，通常还是能赚到很多钱。如果你了解市场，并且按照古特弗伦德的说法，有胆量“咬掉熊的屁股”，那么，在所罗门兄弟公司，就能取得成功。

但是，这并非全靠运气和胆量。所罗门的交易员身旁有一帮拿过博士学位的人，给他们的交易出谋划策，很多最成功的操作事前都做过精心设计，不过，也还有不少交易之所以要去做，只是为了让市场看看究竟谁才是主宰。古特弗伦德深信，他的任务就是发现有天赋的人，提供足够的钱让他们去交易，然后便坐待收获。这意味着每个人都得与古特弗伦德打交道，必须受到他的青睐眷顾。他会针对各色人等制订不同的薪酬协议，不过掌握协议动态并非他所擅长的。总有很多的混乱和争执，但这套做法似乎行之有效。所罗门在交易技巧上变得更锐利、更勇猛、更富有新意了。20世纪80年代，债券市场红红火火，所罗门赚了很多钱，并利用新近获得公认的实力，大力拓展投资银行业务。1981年，古特弗伦德通过潜心策划，将所罗门与另一家公司合并为菲利普–所罗门，这是一桩可赚大钱但又非同寻常的大胆交易。1985年12月，《商

① 在英文中，“古特弗伦德”写作Gutfreund，读音上与“好朋友”的英文Good friend很相似。

业周刊》把古特弗伦德的照片置于封面，把他称做“华尔街之王”。所罗门在债券交易上独步天下的表现，引起了畅销书作家汤姆 · 沃尔夫的注意，他在1987年出版的畅销小说《名利之火》中，描写了债券交易员谢尔曼 · 麦考埃遭遇的厄运，这位交易员工作的交易室让人不可思议，里面弥漫着赚到钱时交易员发出的“嗡嗡声”，麦考埃是公司的“宇宙大师”之一。

高盛公司

从古斯 · 列维成了高盛合伙人时起，高盛基本的批发业务战略已经确定下来，就是要在公司证券发行人的心目中，努力成为最优秀的投资银行，在金融机构的心目中，成为最优秀的经纪商和做市商。为了发展投资银行业务，高盛继续实施全场紧逼式的营销策略，20世纪50年代约翰 · 怀特海德制定了这一策略；由于公司能够提供商业票据和反恶意收购服务，以及其他多种利用资本市场发展而产生的服务，这种全面进攻的营销策略已经取得成功。这种策略的关键在于，营销人员（亨利 · 保尔森是其中之一，他职业生意开始时，便在芝加哥营业机构从事这种营销工作，后来成了高盛的首席执行官）要素质高、决心大，并能对客户和可能成功的交易给予全心全意的关注。

然而，在金融机构业务方面，却有着薄弱之处。高盛在固定收益领域，实际上没有什么实力。自20世纪20年代以来，高盛不是将债券交易视为风险过高，便是认为不够赚钱，因此避而远之。古斯 · 列维认为，对于他那些做交易的客户和怀特海德的企业客户来说，固定收益可能会成为一项重要业务，所以20世纪70年代初，他委托别的公司做了一个研究，看看是否要设立固定收益部门。高盛决定设立，但如何付诸实施却不是很清楚。古斯请乔治 · 罗斯来主持这个部门，罗斯是公司费城营业机构的头儿，也是一个老练的销售经理。罗斯在数年里费劲地干着这份差事，为固定收益业务搭建了一个小得不能再小的架子，但他后来恳切地请辞了，约翰 · 怀特海德便接管过来，过了好久才从外面雇了一个人，让业务走上了正轨。这位外来者叫弗兰克 · 斯密尔，先前在摩根保证信托管理债券业务，他知道如何能让高盛好好地做起这项业务来。斯密尔最初聘请的人中，有一位是乔恩 · 柯赛，此人后来晋升为政府债券首席交易员，最后又成了另一位公司首席执行官。

在20世纪70年代，对于高盛而言，古斯 · 列维在66岁时意外身故是一个重大事件，他参加纽约新泽西港务局委员会的会议，突然中风了。当时，别的委员因知道他有爱走神的习惯，所以看到他颓然坐在椅子上，两眼似乎直视着前方，并不以为出了什么问题。过了一会儿，有人问他是否身体不适，才发现他状况不好，打电话叫了救护车。几天后他去世了，没有继任者，留下的一个管理委员会，才存在了几年，多数时候还是由他主导。他的秘书在他的办公桌里翻找了一番之后，发现了他每天念的祷辞，还有一封写给管理委员会的信，上面说倘若他遇到什么意外，委员会应考虑任命54岁的约翰·怀特海德和51岁的约翰·温伯格作为高盛的“联席领导人”。管理委员会立即做了任命。

这的确是一个非同凡响的做法。那时，联席领导人并非人们能理解的概念。同时有两位最高领导人，让人无法想象，果真有了两位，还不天天互斗，一个要赶走另一个？谁也想不出有这样的先例。马文·鲍乌尔是优秀管理咨询公司麦肯锡的一位主管合伙人，他打电话给怀特海德，告诉他双重领导的构想很不错，但绝对没法运行，并说高盛应该雇请麦肯锡，帮助它设置一个恰当的领导结构。商界其他的资深人物也广泛持有鲍乌尔那样的意见。但是，高盛的合伙人和雇员却并不太担忧。“两约翰”（这个称呼后来在公司内渐渐为人熟知）解释说，他们本人也未曾想到会有这样的指定，但两人就此问题进行了长时间磋商，考虑到他们长期是同事又是朋友，所以愿意竭尽所能，让事情有个好结果。他们认为，要实现这一点，最佳途径便是，他们俩共同承担所有的责任和义务——而不是分担不同的责任和义务，并且搬进相邻的办公室，这样便可以每日密切地接触交流。

古斯·列维空出的位置很难填补，即使有两个人来接替他也是如此。《纽约时报》提及列维时，称他“在投资银行和经纪券商的金钱世界，或许是最为知名的人物”，说他是“为慈善事业和共和党事业，在美国帮助筹集捐款最多的人之一”。他在16家大型公司的董事会和一批重要慈善机构的理事会里担任董事和理事。根据约翰·怀特海德的描述，“每一位首席执行官都说，列维是他们最好的外部董事。在一两家公司里，成为最好的外部董事，也许并非难事，但在所有担任董事的董事会里，都是最好的外部董事，确实了不起”。高盛著名的“长期贪婪”的经营哲学也是列维提出的，它的内涵是，只要钱是日积月累在长期里赚取的，则短期内的交易损失和其他业务发展费用是不必操心的。在列维的葬礼上，美国副总统和纽约前州长内尔森·洛克菲勒致了一份悼词，近2 000人前来吊唁。列维去世后，《纽约时报》报道说：“高盛现在有47名一般合伙人，18名有限合伙人，总资本为7 800万美元，其中没有任何合伙人占有超过10%的份额。5年来，合伙人纳税前的公司年均收入在2 500万美元以上。”这个收入数字有点误导性质，因为它包括了实际上毫无利润的1973~1974年；随后数年间，高盛一直赢利颇丰，是至此为止公司史上最好的年份。除了拥有公司最多合伙人份额之外，古斯·列维还是一位成功的投资者，估计他的遗产价值在2 500万美元。

1976年12月1日，两年一度的合伙人协议又修订了，有些合伙人退休，又新添了一些，这回我也位列新增的10人之中。在接下来的数年里，“两约翰”在四条战线上奋力鼓励公司前行：加强固定收益业务、进一步扩展数目不断增加的投行客户名单、拓展国际业务（20世纪70年代初，伦敦和东京的营业机构开始运营）；通过形成和灌输14条公司“业务原则”，来强化“高盛文化”，这些原则至今仍然存在，公司和雇员没有对之作出变动，而是谨守奉行。

古斯·列维对于继任者的直觉，事实证明是正确的。两人一起主事最终还是好于任何一人独自掌管公司。怀特海德是参加过第二次世界大战的海军老兵，一般以为他更加理性，更重视制度管理，只是常常态度冷漠，不甚友好。约翰·温伯格在第二次世界大战和朝鲜战争期间担任过海军陆战队军官，从哈佛商学院毕业后，便加入了公司，在父亲挑剔的眼光注视之下工作了十几年。温伯格在年少时代，因无法分清字形而患有诵读困难症，并不是一名成绩优秀的学生，他相信自己在公司里的地位，纯粹是父亲领他进入公司并加以提携的结果，所以兢兢业业，要在客户、同事和雇员心中做一个“平平常常的人”，与他们友好相处，最后（像父亲一样）也培养出了敏锐地见机行事、应对困难的能力，这一点让他与所有人打交道时都很有帮助。他有许多客户，例如通用电气的杰克·韦尔奇，经常向他寻求建议，在公司里，他也深受同事们的爱戴，从不当众批评他们，或恶劣地对待他们。他在公司一直待到1990年正式退休——后来作为荣誉董事长也很活跃，一直到2006年81岁时去世。他的儿子约翰·S·温伯格，在他退休时也早已加入高盛，并升为副董事长了。

两位约翰曾达成一致，将来绝不一方设法撵走另一方，的确，两人都没有兴趣那样做，这与所有人的预期都相反。他们同心协力，搭档了8年，直到1984年，约翰·怀特海德辞职，让公司合伙人吃惊不小。3年后，怀特海德接受《机构投资者》杂志采访，这样解释了为何要离职：

> 我之所以觉得退下来的时机已经成熟，部分原因在于公司的业务已发生了巨大变化，尤其是原来由客户关系主导的业务模式变成了交易性业务模式，这与我过去所熟悉的很不相同。我担心自己是否还能适应这种变化。毕竟，我是注重维

护客户关系的投资银行家，我认为，对客户而言，我们先前的那一套做法要优于现在这种野蛮的竞价方式，如今的客户关系已变得毫不重要。如果只是请你决定是投标7.22%还是7.24%，那么，在我眼里似乎没什么大意思了。

怀特海德或许是高盛最早感受到"交易性业务模式"压力的投资银行家之一，但随着业务因市场压力和始于20世纪80年代中期的市场创新而发生变化，很多人也都有同样的感触（不过，看来不包括约翰·温伯格，业务模式变得更趋交易性的同时，他与客户的联系似乎反而加强了）。

离开高盛后，约翰·怀特海德本打算花一段时间写本书，但不久便被里根总统请进美国内阁，担任副国务卿，之后，他又积极参与投资、慈善和为政府服务的事业。后来，他还是完成了著书的心愿。

有了"两约翰"成功地分享权力的先例，高盛后来在部门领导一级多次尝试联席领导的做法，公司首席执行官也另有两次使用了这种模式。在华尔街其他公司，这种做法也有仿效——因为如果产生预期效果，公司就不至于会失去有价值的资深管理人员，比起其他做法，公司层面的行动也更为平衡，意见更加一致。当然，在高盛公司之外，这种共用领导权的做法并不经常有好的结果。即便在高盛内部，也并非总是起作用，但大家期待会产生效果，所以这种做法在公司里已非常熟悉，足以给公司将来的领导人赋予一份重要的文化基因。

业务整合

在新的资本市场环境中，随着华尔街公司努力寻找自己的位置，其他一些变化也在发生着。其中包括券商之间和证券研究公司之间的并购，它们试图获得规模效应，拥有足够资本，以便在"五一"之后的市场中赢得成功。库恩洛布公司（创立于1867年，是最佳承销商群体中最初的一员）于1977年并入已有新活力的雷曼兄弟（创立于1850年），这似乎为日趋式微的老牌公司开了先河。据史蒂芬·伯明翰所著《自己圈子》一书所作的描述，这两家公司的渊源均来自德国犹太人，两大家族的成员相互通婚，多年里在很多方面互有往来。然而，库恩洛布未能实现现代化，落在了同辈公司之后。它与摩根士丹利不同，在内部没有找到合适的领袖人物，让自己知道要保持竞争力需要如何行动，它看上去倒很像一只鹿，被一辆迎面而来的汽车的前灯逼住，不可避免地要给撞上。它只有500名雇员，1 800万美元的资本金，相比之下，雷曼兄弟有1 200名员工，资本金是6 000万美元；而且，最近它又在固定收益交易上遭受了重大损失，致使合伙人信心大失。公司的资本多数属于已退休的合伙人，当雷曼兄弟开始提议合并时（同时还有三四家其他公司做了类似的邀请），这些合伙人中有人就急切地要利用机会与雷曼兄弟合并，尽管雷曼兄弟提出的报价相对于库恩洛布的账面资本没有任何溢价。如果不合并，库恩洛布作为合伙制公司，会很难筹集到资金，来支付给希望退出公司的合伙人，而希望通过现代化以保持公司经营能力的合伙人，又会发现如果不能摆脱较年长的合伙人，便很难实现愿望。对于他们来说，雷曼兄弟提出的解决办法可谓正中下怀：年老的可以踢出去，较年轻的得以加入进来，一些远房表兄弟正想与他们一道做生意呢。这次合并对于雷曼兄弟，只有利而无弊，雷曼兄弟不花代价便可以增加客户，囊括一些有用的人才。

其他重要承销商的并购，包括1970年西海岸领衔公司布利斯并购案，它以5 500万美元的价格卖给北美保险公司，成了华尔街公司与业外金融公司多起合并案的首例。1972年，布利斯又与伊斯曼–狄龙–联合证券合并（这家公司本身是最近经过合并而成）；幸存下来的布利斯–伊斯曼–狄龙公司于1979年又与普惠证券合并。普惠证券原是设于波士顿的经纪券商，20世纪70年代公司业务迅速扩展，收购了三家小型优质证券研究公司：史密斯尔兹、米昌–琼斯–坦普里顿、米切尔哈钦斯，后来突然收购重量级的布利斯–伊斯曼–狄龙公司，以期大大提升自己的承销实力。但是，一连串的收购却让普惠证券的后台管理系统难以招架，迫使公司暂时度过一段没有扩张的时期，直到将所有已收购的公司理顺，纳入了自己的系统之中。1980年，唐纳德 · 马龙接任首席执行官，再次展开咄咄逼人的扩张行动。

跨业并购

在20世纪七八十年代，证券业内出现了很多并购，但也有相当一部分并购涉及行业外公司，并购案例之多令人惊讶（虽然在20世纪70年代刚开始的时候，罗斯 · 佩罗特曾经尝到了跨业并购的痛苦教训）。

在一些大型公司当中，的确唤起了并购的兴趣。华尔街所从事的行当，不再被视为需要专门知识，而只有局部影响的“家庭小产业”，其他大型非银行类金融服务公司开始看到机会，认为自己也可以在资本市场行业发展新的经营能力，因为这个市场相较于以前，规模已大得多，发展也强劲得多。

这些大型公司认为，新的经营能力对于在批发银行、零售服务和交易方面开拓业务非常重要。眼下，大银行还受法律（1933年颁行的《格拉斯–斯蒂格尔法》）的限制，不得在美国进入这些业务领域，但或许有一天会不再受到这种约束。就目前而言，非银行类金融公司有机会在银行之前先行介入，尽可能多地收购证券业的人才和经营能力。的确，有财务支持，通过交叉销售获得协同效应，又引入成熟的营销系统、财务控制制度和国际联系，这三种因素结合在一起，会大大提升管理不善的投资银行的品质和效率。很多观察者指出，由此产生的超级公司足以永远改变行业的特性。

然而，在证券业内，很多公司却反过来将这些大型公司视为绝好的机会，说得难听些，便是将它们当做等待拔毛以备烹食的鸡鸭。收购者愿意提供史无前例的高价，同时也基本上愿意让它们自行其是，像先前一样要做什么便做什么，并不影响管理层的职位、薪酬、津贴和声望。收购者是新增资本的一个来源，而所有的华尔街公司都知道自己需要添加新的资本。如果不能肯定依靠自己取得成功，那么把自己卖给这样一家公司便可能是最佳结果。拒绝这样的收购提议，只会让自己置身于库恩洛布或布利斯–伊斯曼–狄龙公司曾经陷入的处境。

从并购双方来看，都有足够的动力去推动交易达成，但所有的交易却都以失望告终。

第一波士顿与瑞士信贷

最富创见，最为复杂，也最让人心碎的联营案例之一，是第一波士顿和瑞士银行业巨头瑞士信贷合办的历时11年的合资公司。这事起于1978年美林收购怀特维尔德时引出的一个机缘。原来，怀特维尔德在一位有才华的瑞士合伙人领导下，创建了一家专做欧洲业务的企业（名叫怀特维尔德有限公司），这是一家早期做欧洲债券业务的领先公司。1974年，怀特维尔德有限公司和瑞士信贷（当时由雷恩纳 · 格特领导，此人曾在拉萨尔兄弟任职，市场意识很强）组成一家合资公司（瑞士信贷–怀特维尔德），承销欧洲债券（以发行所在国之外的货币为发行货币的债券，如在英国发行的欧洲美元或欧洲日元债券），卖给瑞士和其他国家的投资者。这家合资公司很快便获得成功，成为市场的一家领军企业。1978年，怀特维尔德在美国的业务破产，由美林证券接管，瑞斯信贷–怀特维尔德不喜欢规模大而行动迟缓的美林，不愿它来接管怀特维尔德在本公司拥有的40%股份，于是经过一场参加者有限的“选美比赛”，将这股份提供给第一波士顿，议定的条件是公司将称为瑞士信贷第一波士顿，并获得第一波士顿40%的股份，这是美国最主要的投资银行之一。为获得一家专做欧洲债券业务公司的40%股份，有人认为这个代价太高了，不过此时这项业务开展得很好，而第一波士顿由于“五一”之后遇到了困难，国内业绩也不佳，正艰难地度日。这桩交易受到了第一波士顿首席执行官乔治·辛的积极推动（据信他是最早拥有构建全球性投资银行这一远见卓识的人），会增强第一波士顿脆弱的资本状况，给它创造新的收入来源。

接下来数年间，瑞士信贷第一波士顿独立经营，纽约和苏黎世两面都没有给予多少干涉。因为作风大胆而有创新精神，同时也由于瑞士信贷银行的发售能力供其使用，公司变成了欧洲债券市场的绝对领导者。不过，它也吵吵嚷嚷，组织混乱，内部纷争常常导致尖锐对立。它常常与第一波士顿争论如何划定地盘，如何分享收入、分担费用，拿到了生意又是谁的功劳。既然所有权安排不对称，这也是自然而然会发生的事，但也反映了双方公司极为好斗的竞争本性。1982年，第一波士顿的一位高层经理杰克·荷内西被派往伦敦掌管瑞士信贷第一波士顿，双方之间的紧张关系停止了一段时间。

与此同时，在纽约，始于1982年的牛市已带来大量公司融资业务，并购方面尤为突出。第一波士顿有两位杰出的并购专家，布鲁斯·沃瑟斯坦和约瑟夫·佩雷拉，他们于20世纪80年代初崭露头角，成了能为公司带来大量赚钱业务的明星人物。沃瑟斯坦和佩雷拉想进一步扩展生意，所用手段便是向杠杆收购客户提供高收益搭桥贷款，这样可以锁定生意，甚至还能挣更多的钱。这需要将公司的资金更多地配置到并购领域，可是第一波士顿的管理层并不愿意如此。于是，沃瑟斯坦和佩雷拉离开第一波士顿，创办了自己的公司，而第一波士顿害怕失去为公司赚钱的并购业务，终究还是愿意做起了搭桥贷款业务。到这时候，第一波士顿和瑞士信贷第一波士顿的关系已经恶化，第一波士顿看到自己高踞投行业务的各项排行榜，精神大为振奋，便不怎么理会最大股东提出的批评和建议。

1988年，瑞士信贷决定结束痛苦，采取行动迅速买下第一波士顿的其余股份，使之成为一家新控股公司的独资子公司，这家新控股公司由荷内西领导，还是称为瑞士信贷第一波士顿，44.5%的股份归瑞士信贷所有，这是当时美联储认可的最高持股份额，31%的股份让瑞士信贷一位富有的阿拉伯客户持有，他也只是占个位置而已，将来从中东找到合适的伙伴，还得让出股份。剩下的24.5%留出来，为正在经营的几家公司的管理层所有。

然而，1989年年底，并购业务和垃圾债券业务风云突变，垃圾债券市场和其他类似证券市场崩盘，第一波士顿深陷泥塘，持有12亿美元实际上无法出售的搭桥贷款，相关的杠杆收购公司都已困难重重，这样一来，第一波士顿又面临资金约束的严重问题。1990年11月，瑞士信贷同意再向瑞士信贷第一波士顿注入3亿美元，并从第一波士顿购入4亿多美元的问题贷款，后来第一波士顿本年度报告5亿美元的亏损。为帮助瑞士信贷的救援行动，美联储允许瑞士信贷将持有瑞士信贷第一波士顿的股份增至60%，使其拥有了绝对控制权。此后不久，瑞士信贷，这个从来未能管住几个有能力又难管教的投行"孩子"的"父亲"，宣布年度赢利大约减少1/3，计划筹集新的资本，并且穆迪公司已将它看重的长期债券评级由Aaa降至Aa1。

保诚保险与巴赫公司

1979年，一家粗野的加拿大企业集团贝尔兹兄弟公司，决定跟踪巴赫公司，试图找到潜在的收购机会。巴赫公司的首席执行官叫哈里·雅各布斯，公司本是他将三家曾表现优异的零售经纪公司组合起来的一个集团。巴赫公司现有1.51亿美元资本，大约1万名股东，雇员超过6 500人。实际上，它涉足证券业务的各个方面，在11个国家的143个城市拥有176个营业机构。到1981年，贝尔兹公司已收集巴赫公司22.6%的股份，看来很有威胁了。雅各布斯便雇来第一波士顿，请它代为找到一个"白衣骑士"接管本公司。将巴赫公司介绍给几家潜在的竞买者之后，第一波士顿最后确定了保诚保险，这是一家由保单持有人所有的互助型公司，是全美最大的保险公司，它发出高于市价25%的收购要约，很快便被接收了。这宗交易立即引发市场猜测，议论其他保险公司是否也有这样的野心、《格拉斯-斯蒂格尔法》的前途如何（该法已受到需要修订的压力），议论把销售不同金融产品的大型零售组织并到一个屋檐下这个普遍存在的想法。保诚保险声称收购巴赫是想满足"人们的金融服务需求"，因此"这桩交易很有意义。"

收购巴赫公司对于保诚来说，也许在战略上是言之成理的，但就战术层面而言，却是一个灾难。根本没有什么明显的协同效应——保险销售队伍和证券销售队伍不愿意，或者说不能相互合作——而且，从一开始，保诚就丧失了对这家新生子公司的控制。保诚承认自己对证券行业知之甚少，因此无法给予密切监督，同时又相信放权有好处，便基本上让巴赫公司自行其是了。1982年，哈里·雅各布斯退休，乔治·波尔继任，他曾任另一家大型经纪券商赫顿公司的总裁。波尔管理巴赫公司（这时已更名为保诚证券）一直到1991年。不久便出了一些问题。在20世纪八九十年代期间，大约有80亿美元涉及房地产和油气投资的有限责任合伙人份额出售给了34万余名零售投资者。这些投资者在那些合伙制公司中损失了10亿多美元，合伙人份额出售时，常常并不考虑购买者是否适合承担这样有风险的投资。出售合伙人份额而筹集的资金，20%~30%作为佣金预付给保诚证券，由保诚证券与其经纪人分享，证交会说，份额营销中带有彻头彻尾的谎言和欺骗。

保诚保险董事长罗伯特·温特尔斯把1993年称为“非常难熬的一年”时，并非在开玩笑。这一年，保诚证券与证交会达成具有里程碑意义的一个重要协议，根据协议，保诚证券支付罚款和赔偿金16亿美元，承认触犯了刑律，接受为期3年的察看处罚。这是第一宗涉及证券业产品责任的案件，也是迄今为止对于单个券商来说涉及金额最高的案件。

保诚保险无可奈何，只好将自己在保诚证券相对较小的投资上，核销了近30亿美元。在保诚保险的保险和房地产业务部门，也出现了相似的难题，又有数十亿美元被核销，保诚保险高傲冷淡又违法乱纪的管理层也因此被人取而代之。1990年，大通曼哈顿银行精明的资深银行家阿瑟·莱恩，成了保诚金融公司的董事长兼首席执行官，1994年，又成了保诚保险的董事长兼首席执行官。我的同班同学哈德维克·西蒙斯，曾在希尔森-雷曼兄弟掌管零售业务，成了保诚证券的首席执行官，大刀阔斧地要扭转公司局面，他于2001年离职，做了纳斯达克的头儿。最终，保诚保险对证券业务完全丧失信心，2003年便将保诚证券卖给了美联银行。

菲利普-所罗门公司

1981年秋，所罗门兄弟的一位高级合伙人在一个犹太教堂参加社会活动，认识了商品交易商菲利普兄弟的一位高层经理。其中一位问道：“既然你们是做交易的，我们也是，我们何不谈谈，看看能否在一起做点儿什么？”交谈中说到一件事，就是这年夏天，所罗门兄弟在债券市场上遭受了一些很让人痛心的损失。几周之后，所罗门让华尔街大吃一惊（公司很多合伙人也是如此），它宣布将把自己出售给菲利普兄弟公司，售价4.83亿美元，用现金和可转换证券支付。菲利普-所罗门将作为新设的控股公司，拥有所罗门兄弟和菲利普兄弟，两家公司以独立子公司的身份分开运营。约翰·古特弗伦德和菲利普兄弟首席执行官戴维·坦德勒担任控股公司的联席首席执行官，控股公司将上市交易。这桩交易在所罗门一方，完全是古特弗伦德一手强行推动的，威廉 · 所罗门和其他已退休合伙人直到木已成舟才知道有这回事。菲利普兄弟以高于账面价值2.5亿美元的溢价，收购所罗门兄弟，所罗门兄弟退休的合伙人从溢价中得不到一分钱（全都给了一般合伙人），其中很多人，包括威廉，对这桩交易非常懊恼。

两家公司先前并没有什么特别的交往，它们声称合并会整合两家相似交易公司的业务能力，实际情况并非如此。所罗门兄弟完全专注于证券，在一种行事极认真、关系非常密切、专业性又很强的文化氛围中运营，在这里，几乎每个人都是所罗门兄弟自家园子里长的东西，都有一个绰号。菲利普兄弟的人，同样也是“近亲繁殖”，而且喜欢遮遮掩掩，很多是刚从中学毕业便来到公司，所罗门兄弟的人完全不了解他们，华尔街上也几乎没有任何别的人了解他们。他们是另类，交易着150种原材料，包括原油、化肥、水泥、谷物、焦煤、塑料等。他们的客户在俄罗斯、南非、中国台湾、堪萨斯州。他们拥有提炼厂、油轮、油罐车之类的资产。你想，这样两家公司整合到一起，会有什么样的协同效应？

菲利普兄弟曾是安格矿物和化学制品公司的子公司，专门做金属和矿物交易。一年前才拆离开来，分拆之前已有10年的业务扩张和多样化发展，公司利润从1971年的2 700万美元升至1980年的4.67亿美元。43岁的坦德勒，本来是在运输部开始职业生涯，后来转做了交易业务，他因担心商品价格下跌，便迅速采取行动，进一步加强多样化经营，与金融界的大牌公司合并。他给所罗门兄弟开出的价格是所罗门兄弟账面价值的两倍，大约1/2用于可转换证券支付，整个收购操作由菲利普兄弟的投资银行家菲利克斯 · 罗哈廷完成。

古特弗伦德又是怎么想的呢？人人都说，他是最执著的现实主义者。他对协同效应的前景大概也并不怎么看重。菲利普兄弟出的价钱可能产生了很大的吸引力，两倍于账面价值（其中一半付现），这对于当时的投资银行来说，的确是相当不错的价钱；再者，合并也为所罗门兄弟提供了机会，它可以作为上市交易的公司重新筹集资本，并且让有限合伙人退出公司——他们保留在公司的资本（罗哈廷可能提醒过古特弗伦德）是一个累赘，究其原因，与阻碍库恩洛布公司的原因相同。成为一家上市公司，就意味着可以利用债务市场和股权市场来融资，这对于一家始终需要资金的交易型公司，应该是极其重要的。此外，坦德勒虽是收购者，但他也愿意让古特弗伦德做联席首席执行官（这种做法在华尔街，只是当古斯 · 列维去世之后，高盛公司试用过一次），而古特弗伦德相信自己驾驭得了他。古特弗伦德也许心里想过，管它呢，像这样好的报价并不是天天能碰到。华尔街在20世纪70年代已经历了难熬的10年，但愿一切能有好的结果。

不过，古特弗伦德并不觉得，新公司在财力上应付得了所罗门现有的全部合伙人，于是决定铲除一些合伙人，其中之一便是迈克尔·彭博，他被迫放弃了首席股票交易员的工作（他离开公司后，创办了彭博集团，用的就是菲利普收购所罗门之后从公司撤出的钱①），詹姆斯·沃尔芬森也是被清除的一个，他本来负责公司融资业务，离开后成立了自己的小型精品投资银行，非常成功，之后又成了世界银行的行长。

菲利普兄弟收购所罗门兄弟后，还产生了一个出人意料的结果。原来，高盛的管理委员会始终关注着竞争对手的一举一动，菲利普收购案使他们深信所罗门知晓一些高盛所不知的东西，他们便立即密切注意，要寻找一家可以购来归自己所有的商品交易公司。高盛没费太多力气，便找到了艾龙公司，这是一家咖啡交易商，也从事黄金和外汇交易，高盛报出1亿美元的收购价。后来的事实证明这是一桩颇有争议（也很昂贵）的收购，数年之间，艾龙公司的赢利大幅下跌，公司的高级职员，包括好几位成了高盛合伙人的职员，几乎全都走了，只好抓来原为高盛的人管理那摊业务。不过，这事却也给高盛提供了一个产生“催化作用”的机会，促使它加速进入外汇及其他业务领域，这些业务10年后对高盛都起了大作用，而且，还为高盛带来了一位大有前途的年轻黄金销售员，此人名叫劳尔德·布莱克费恩，20年后成了高盛董事长兼首席执行官。

然而，所罗门兄弟和菲利普兄弟之间出了问题，因为此时，商品价格（原在菲利普兄弟提出收购之前，刚刚达到了峰值）开始再次走低，菲利普兄弟的利润也随之下滑，而所罗门兄弟的赢利，随着1979年10月美联储史无前例地干预市场之后利率的持续下跌，正在快速攀升。两边赢利的不均衡，使古特弗伦德得以在1984年挤走了坦德勒，自己一人掌握了全局，此后，他便开始肢解商品业务单元，自个儿喜欢的留着，其余的全都处理掉。

3年后，盎格鲁–阿美利加公司的子公司矿物资源公司，由于先前作为菲利普兄弟公司的大股东持有了菲利普–所罗门14%的股份，请菲利克斯·罗哈廷寻找一个买家来收购这些股份。罗哈廷提出将这批股份卖给“公司袭击者”罗纳德·佩雷曼，他知道佩雷曼可能会有兴趣，而且还知道，约翰·古特弗伦德作为罗哈廷的一个对手，

---

① 迈克尔·彭博常说他早期获得成功，有两大秘密：一是所罗门兄弟公司雇用了他，一是所罗门兄弟公司解雇了他。

获悉谁将成为新的最大股东时，必定要气得撞墙。古特弗伦德当然绝无兴趣让佩雷曼拿到这么大一批股份，于是和沃伦·巴菲特接洽，谈妥了协议。根据协议，所罗门兄弟按高于市价的溢价，从矿物资源公司回购那些股份，回购股份的资金，通过向巴菲特的伯克希尔·哈撒韦公司出售优先股融入，优先股总共价值7亿美元，股息率为9%（可以转换成持有所罗门兄弟12%股份的普通股）。巴菲特还承诺，绝不在所罗门兄弟拥有高于20%的股份，所罗门兄弟也承诺未经巴菲特同意，绝不任命古特弗伦德之外的任何人担任首席执行官。另外，巴菲特有5次不同的机会，可以将那些优先股售回给所罗门兄弟，所罗门兄弟可用普通股或现金支付。佩雷曼开出了比巴菲特更高的价钱，但遭到了断然拒绝。因为巴菲特是美国最富有和最受尊敬的一位投资家，佩雷曼不想跟巴菲特硬拼，便知难而退了。

古特弗伦德认为，拉来巴菲特做持股比例最大的股东，是给所罗门兄弟公司成就了一桩好交易。9%的股息率实在是相当高，不过，只要看来巴菲特极为欣赏的古特弗伦德位置不动，巴菲特肯定会做一个不加干涉的长期股东。要说巴菲特本人怎样看待这桩交易，恐怕他会把这看做趁别人惶恐不安时轻易赚来的钱。当然，在1987年10月股市经历一天暴跌20%的崩盘之后，巴菲特在此前1个月所做的这项投资，看起来再也没有这么理想了。

西尔斯百货与添惠证券

20世纪70年代后期，美国最大的零售连锁店西尔斯百货愈来愈动力不足了。多年来，西尔斯百货都是全美管理最佳的公司之一，但是，面对专业零售商和目录销售商的竞争，它的市场份额迅速减少。它的老式销售风格日趋过时，于是像很多经营遭遇此类困境的公司一样，它也请来麦肯锡做战略研究。两年后，西尔斯董事长阿瑟·伍德和菲利普·珀赛尔带领的麦肯锡咨询小组得出了一个结论：西尔斯应该进行一次重大收购，买入一家重量级的美国金融服务机构，以提升公司旗下的好事达保险和科威不动产的保险和房地产业务。西尔斯百货拥有2 500万个客户购货用的赊欠账户，这些记账卡持有人中虽然仅有9%的人持有证券经纪账户，但资产净值50万美元以上的家庭中，却有75%的家庭持有西尔斯记账卡。珀赛尔完成西尔斯的咨询服务后，加入西尔斯，成了负责公司规划的副总裁，他说：“我们没有理由认为，谁走进了一家西尔斯店，买了衬衣和外套之后，不会再去买点股票。”

根据联邦法律，西尔斯不得收购商业银行，但要买入经纪券商则没有问题。1981

年，西尔斯的收购团队与美林证券接触，但很快就被拒绝了。它们决定不去做恶意收购的努力，因为他们想那会损害西尔斯作为“家庭信赖的朋友”的社会形象。接下来，他们便把重点放在添惠-雷诺兹公司身上，这家公司本身也是1978年一次并购运作的产物，并由此成了全美第五大经纪券商。1981年10月，收购协议达成，西尔斯以6.07亿美元的总价收购该公司所有股份，一半付现，一半用西尔斯股票支付。西尔斯出的是每股50美元的收购价，比添惠-雷诺兹公司收购前一日交易价高出约一倍。西尔斯将留下时年61岁的安德鲁·梅尔顿和59岁的罗伯特·嘉迪纳，仍让他们分别担任董事长和总裁。西尔斯董事长爱德华·特尔林说，添惠-雷诺兹“要想成为业内更为强大的公司，需要什么样的支持，西尔斯都会给”。代表西尔斯参加收购谈判的投行，是长期为它服务的高盛公司。

收购交易完成之后，特尔林在西尔斯设立了一个添惠部，由38岁的珀赛尔负责。他仍然承担规划的角色，让已取代正要退休的安德鲁·梅尔顿的罗伯特·嘉迪纳去管事。珀赛尔使出浑身解数，在各家西尔斯店中安装提供金融服务的小亭子，买袜子或螺丝刀等百货的顾客，可以在这里给汽车上保险，或购置房产，或买些基金。但是，这没有成功的可能。股票经纪人觉得，要他们坐在西尔斯店中，等着买螺丝刀的顾客偶然走过来买点儿股票，会有损他们的身份。他们说这真让人丢脸，而且，无论如何，他们也不想与好事达保险和科威不动产的销售员扯上关系，他们只会来抢走自己的客户。但是，珀赛尔对金融零售服务有深刻的理解，到底还是想出办法来启用了“发现卡”（替换2 500万个西尔斯百货记账卡），并创立了多种内部共同基金。发现卡可用作记账卡，购物时支付的现金折扣也放在其中，凭此卡可以通过自动取款机立即取现，或积累定期储蓄余额，还可以在添惠免费开立个人退休金投资账户。发现卡获得了非同寻常的成功。1986年，罗伯特·嘉迪纳退休，珀赛尔被任命为添惠发现的董事长兼首席执行官，添惠发现是西尔斯百货为添惠-雷诺兹金融服务集团取的新名字。

但是，添惠发现的成功，对于状况不佳的西尔斯来说并没有多大帮助，添惠发现扩展得有多快，西尔斯的光环便消退得有多快。添惠发现的成功没有带来任何协同效应，没有提供任何财务支持——事实上却正相反——也没有使添惠发现的营销、财务控制以及其他系统有所改善。从添惠发现的角度看，与西尔斯的关系倒是已经成了它的一个拖累，尽管实际上也并没有让它的发展迟缓多少。西尔斯的公司债务越来越沉重，1993年，董事会决定，为了偿还一些债务，必须卖掉金融服务集团。好事达和添惠都成功发行股票，成了上市公司，至于科威不动产，则建议由该子公司的管理层收购。1992年，添惠发现收入37亿美元，利润4亿美元。西尔斯按每股7.75亿美元的价格出售20%的普通股给公众之后，将其余的股份直接剥离给了自己的股东。

珀赛尔脸色沉郁，办事有条不紊，来自于美国中西部，相较于纽约，他对芝加哥要钟爱得多。他被任命为独立上市公司添惠证券的董事长兼首席执行官，这家公司拥有坚实的零售经纪业务，专向中等收入者销售共同基金，同时还拥有信用卡业务，该项业务已证明能产生令人生畏的现金收入。珀赛尔的投资银行生涯，始于西尔斯百货，他本是这个行业的圈外人，现在却真正起飞了。接下来，他4年后将有一个重大举措，那就是“蓝领的”添惠证券要收购“蓝筹的”摩根士丹利。

美国运通与希尔森证券

在1981年华尔街券商被业外公司收购的很多案例中，有一例最为引人注目，就是希尔森证券以9.15亿美元的价钱，并入了享有经典品牌产品的超级明星企业美国运通公司。两公司合二为一后，能与世界上最大的金融服务公司花旗或美林处在同一级别的运营规模上，可以在130个国家开展业务，通过向希尔森证券众多零售经纪客户提供美国运通的信用卡、旅行者支票、高档旅行及膳宿，或反之向美国运通客户提供证券服务，可以产生协同效应。美国运通副董事长路易斯 · 葛斯纳（IBM公司未来的首席自行管）当时评价道：“今后20年，金融服务会有一个深刻的民主化过程。美国运通的自动柜员机将安置于世界各地，客户在家里通过一个电脑终端，就可以完成私营银行业务、做财务规划、安排纳税、买卖股票、选购保险、投资货币市场基金、开立支票等所有这些事情。”

这桩交易发生的时候，在48岁的桑迪 · 韦尔非同凡响的职业生涯中，也是一个引人注目的时刻——自从1955年进入华尔街以来，他已经历了很多。桑迪的父母是波兰犹太移民，他有点儿内向，急急忙忙地从康奈尔大学毕了业，却未能立即找到工作，于是在贝尔斯登做了一个送信小工，这大概是他进入投资银行所能找到的低得不能再低的职位了。桑迪利用了这个机会，凭借自己的口才成了一位顶级交易员的个人助理，慢慢地又作为执业股票经纪人崭露了头角。后来，他与邻居阿瑟 · 卡特尔、罗杰 · 柏林德、彼得 · 波特莫一起，组成了一个属于自己的小公司，能做什么便尽力去做什么。卡特尔做投行业务，柏林德和波特莫拉拢一些富有的客户，桑迪就读研究报告，形成投资意见。后来，波特莫退出公司，因为纽约证券交易所对他提起了惩戒性诉讼，阿瑟 · 雷维又于1960年加盟过来，组成卡特尔-柏林德-威尔-雷维公司。1968年，卡特尔变得爱发号施令，被几位合伙人赶走，另一位投资银行家马绍尔 · 卡根获邀加入公司，正巧不需要变更首字缩写的公司名称卡柏威雷，此时这个名称已经为人熟知了。桑迪认定，他们应该建立自己的后台管理，由他来负责。由于一开始就没有任何后台管理，他拼凑起来的结算操作系统体现了最新技术，效率很高。他对合伙人说："这将是我们的业务增长通道。"第二年华尔街公司遭遇了后台管理系统危机，结果这对卡柏威雷来说却是一个福音，危机忽然间让它得到了难逢的良机，可以收购深陷逆境的规模更大、声名更响的公司。这个通道使收购有了可能。

首先收购的是麦克唐内尔，这是一家精英证券公司，与福特家族的联系非常密切。卡柏威雷按一美元出几美分的价钱，收购了这家公司位于贝弗利山庄的营业机构。然后，又开始连珠炮般进行一系列时机恰当的收购，于是，快速连续收购便成了桑迪·韦尔的标志性做法。在后台管理系统危机期间，一些优雅而古板的经纪券商也免不了崩溃坍塌的命运，卡柏威雷就在那儿以极低廉的价钱，适时地收购着"雕梁画栋"。这其中也有风险，但卡柏威雷收购的都是那些公司里表现优异的业务，收购价又比账面价值低了很多。与此同时，桑迪与他那一帮技能娴熟的操作人员学会了如何快速扭转所收购公司的局面。成本要减至不能再减，客户要设法保护，使其免受损失，但只有最能带来效益的业务才能指望留下，其余的全都丢掉。接着，桑迪便会一边使用大棒，一边使用胡萝卜，威逼利诱地迫使随收购而来的销售人员达到更高的工作水平。然后，他再在另一公司如法炮制，从头开始这一过程。自1970年起，卡柏威雷在零售经纪方面，吸收了华尔街一些最受人尊敬的公司，诸如海登斯通、希尔森海密尔、洛布-罗兹-霍恩布劳乌尔之类，或许令桑迪最感到得意的是洛布-罗兹-霍恩布劳乌尔，这是硕果仅存的一家属于"自己圈子"的公司，曾经在卡柏威雷的早期，拒绝为它提供结算服务，因为那时它还只是个暴发户似的新公司。卡柏威雷（在美林上市之后，也尽快）于1971年通过上市募集资本了，并数次变更公司名称，以反映不断改进的公司构成来源，最后在1979年尘埃落定，叫做希尔森证券，成为美国第二大经纪券商，排名紧随美林之后。卡根于1973年离开公司，桑迪成了董事长兼首席执行官。另外，几个最初的创业伙伴也陆续离开了。

至此，桑迪·韦尔在华尔街已是功成名就。他成了"新人"中的一员，令人难以置信地从后台的最底层脱颖而出，由近乎一无所有的起点建起了一家举足轻重的零售经纪券商。20世纪70年代华尔街的10年苦况，给桑迪创造了得以利用的机会。在希尔森证券和桑迪收购的其他任何零售经纪券商之间，区别只在于管理层对成本和控制给予了很大关注，桑迪本人对此更是魂牵梦萦。那个时期，桑迪手下众多富有才华的人，多是运营方面的专家，比如弗兰克·扎布、彼得·科恩、杰米·迪蒙、罗伯

特 · 德鲁斯金，他们在华尔街全发迹了，成了位高权重的人物 。

桑迪原是一个腼腆不自信的犹太人家的孩子，胖乎乎的，有着浓重的布鲁克林区口音，衣着粗劣而不合体，现在他正蜕变为一个志在成功、行动有力、令人胆怯、全神贯注事业的上市公司领袖，领导着数以千计精明又风度得体的经纪人和投资银行家，而这些人却是从美国一些傲慢自大的北欧裔和德国犹太裔公司里来的，仅在数年前，他们对他还未给予丝毫的注意。

桑迪看到保诚保险收购巴赫证券之后，立即为自己的公司设想了一个不同的未来。他认为，美国最好的金融服务公司将会效仿保诚保险，与效率高的大型零售分销公司进行富有远见的联营。他开始四处为希尔森证券寻觅可以结成伙伴的合适对象。他选择美国运通作为最佳伙伴，心想它可能为自家公司带来声誉和更广阔的市场进入路径，于是请一位朋友安排与美国运通董事长兼首席执行官詹姆斯 · 罗宾逊见面。桑迪是一个谈判好手。起初，他只是提议建一家合资公司，一起做市场营销，然后便让整合金融服务的理念渐渐深入罗宾逊的内心：客户“一站式购物”，协同效应和交叉销售。最后，美国运通接受了这个构想，提出按宣布收购前一天希尔森证券最后交易价的1.6倍予以收购。希尔森证券作为美国运通的全资子公司，由桑迪和副手彼得 · 科恩继续管理。1981年，桑迪被任命为美国运通副董事长和执行委员会主席，1983年被任命为总裁，后又成为美国运通的最大个人股东。彼得 · 科恩于1983年成了希尔森证券的首席执行官，公司的名称又做了变更，成了希尔森–美国运通。

到了这时候，桑迪将自己的兴趣转向了美国运通，留下科恩来管理希尔森。起先，他很有信心，要在美国运通中发挥重要作用，尤其是在收购政策方面发挥作用，还要成为罗宾逊的继任人。然而，罗宾逊对这两方面都没有兴趣，桑迪深感挫折。1985年，桑迪离开美国运通，重起炉灶，又开始进行一些模式相似的收购。1986年，他尝试着收购问题丛生的美洲银行，但没能如愿。然后，他发现了商业信贷公司，这是遭遇困境的大型计算机企业控制数据公司的金融子公司。桑迪收购了这家金融公司，接着又添上普瑞美利加，一家集团企业式的投资公司。普瑞美利加先前已在1983年收购了美邦–哈里斯–优方姆公司，这也是一家优质的证券经纪和投资银行公司。桑迪又回到了华尔街，十分欣喜。可是，1993年他让所有人都大为惊讶，竟安排已身为多家金融服务公司综合体的普瑞美利加，去收购全美最大的人寿、财产和意外伤害保险公司之一的旅行者保险集团。至此，他已将保险、证券经纪、投资银行、商业金融等业务集于一个屋檐之下。普瑞美利加又更名为旅行者集团，股价一飞冲天。要赌就赌赛马骑师，而不是赛马，很多经验丰富的投资者都这样说。就在同一年，罗宾逊因为一系列失策，终于被迫离开了美国运通。

导致罗宾逊在美国运通职业生涯终结的一连串失策，有一次发生于1984年，这一年希尔森–美国运通突然遇到一个机会，可以收购运转失常、濒于破产的雷曼兄弟，收购价是此时看来非常低廉的3.6亿美元。收购事宜由彼得 · 科恩安排并参与谈判，桑迪没有直接参与。在美国运通的眼里，雷曼兄弟很有吸引力，因为它声誉卓著，投资银行业务水平又高，毫无疑问，还因为它在整合金融服务的"一站式购物"理念中，被认为有着独特作用。

雷曼兄弟的当家人是彼得 · 彼得森，他于1973年接受任命时，距波比 · 雷曼1969年去世，公司已经历了数年的困难。他领导公司走向复兴，好几年都是赢利年份。然而，尽管公司取得了成功，在投资银行人员与交易员之间，还是存在着深深的敌意（多数利润是交易员赚来的）。为解决这一问题，彼得森将交易业务负责人刘易斯 · 格拉斯曼提拔为总裁和首席运营官，然后又于1983年，让他成为联席首席执行官。格拉斯曼在人事管理上引入了一些变革，对于薪酬和合伙人份额的确定，也使用了新办法。这些变化使公司内的紧张关系日益升级，加上格拉斯曼管理作风粗鲁生硬，又不喜欢彼得森（认为他是无足轻重的投资银行家），市场也已进入下跌通道，终于在1983年爆发了激烈的权力斗争，格拉斯曼占了上风，彼得森被赶出公司。

多位重要的投行人员厌倦了权力斗争，深感苦恼，也离开了公司。雷曼兄弟因内部分裂困苦不堪，1984年，格拉斯曼在重压之下，被迫把公司卖给希尔森–美国运通。1988年，希尔森–雷曼兄弟–美国运通，收购经纪券商赫顿公司，公司名称又变为希尔森–雷曼–赫顿。

事实表明，这两次并购对于美国运通来说实在是负担过重了。赫顿那一摊子是一个规模庞大的组织，先前本已管理不善，意志消沉。要想把它掰开揉碎，融进运营流畅的希尔森经纪业务体系，绝非易事，因此便出现了消化不良。或许更为严重的是，雷曼兄弟的投行人员认为，现在要对之报告业务的彼得 · 科恩和希尔森的那帮人，傲慢自大，喜欢颐指气使，没有专业精神，又不了解投资银行业务。雷曼兄弟本来就有一批自视很高的人，要他们甘居人下是万万不能的。在经验丰富的投行人员当中，能在别处找到工作的，也都离开了公司。雷曼兄弟赢利丰厚的并购和杠杆收购融资业务市场份额随之萎缩。不过，由于公司在交易上变得更为咄咄逼人，这种不利也被抵消了。

彼得 · 科恩联合所罗门兄弟以及雷诺兹–纳贝斯克公司首席执行官罗斯 · 约翰逊领衔竞购这家公司，但没有获得成功。雷曼兄弟在这场竞争中以极微弱的劣势，输给了科尔伯格–克拉维斯公司，但在媒体上，科恩因这次失败被弄得声名狼藉。还有一件糟糕得多的事，就是公司在与1989年未完成的杠杆收购相关的搭桥贷款方面，已有了很大风险，这让希尔森–雷曼–赫顿公司承受了极大压力。公司于1990年亏损9.66亿美元，很大程度上就因为那些搭桥贷款。这也在美国运通的股价上反映了出来，急剧下跌的股价最终导致罗宾逊于1993年下台，由哈维·高乐布取代了。高乐布认定，科恩和希尔森–雷曼–赫顿的存在很不利于美国运通的市盈率，于是作为首席执行官，第一个举措便是决定将两者都剔除出去。1994年，他将业务分成零售（希尔森–赫顿）和批发（雷曼兄弟）两大板块，把希尔森–赫顿零售板块卖给桑迪·韦尔（桑迪已通过三次收购实现了东山再起），雷曼兄弟批发板块则作为一家重组后的投资银行剥离出售给公众，由理查德·福尔德领导。

公平人寿保险与帝杰证券

1984年年底，全美第三大人寿保险公司公平人寿也是一家重要的养老金资产管理公司，宣布在市场较为低迷的情况下，以4.32亿美元收购帝杰证券，收购价比该公司账面价值高出28%。理查德·吉瑞特作为帝杰证券三位创始人中留下来的最后一位，辞去公司首席执行官一职，成为公平人寿的副董事长。取代他的是约翰·凯索尔。

公平人寿董事长约翰·卡特尔说，这桩交易颇不同于保诚保险对巴赫证券的投资，因为帝杰证券的机构业务要好得多。他说，考虑到证券业资本密集的特性越来越凸显，公平人寿将会给予帝杰证券强有力的支持。此时，帝杰证券拥有大联资产管理公司，这是它创立的一家管理机构资金的公司。公平人寿将大联资产管理公司从帝杰证券中分离出来，过了一段时间，又将保险公司的投资组合管理交给大联资产管理公司。在其他方面，帝杰证券原封不动。随后，帝杰证券再度首次公开募股，出售20%的股份给社会公众，再次成为上市公司。

然而，收购帝杰证券之后不久，公平人寿开始陷入困境。它不但受困于权力分散的治理结构，因为它是互助型公司，权益由众多保单持有人拥有，同时也受困于陈旧的日常管理，因为它使用过时的保险会计系统，而不是通用会计原则。就管理层而言，可以说几乎无法承担起责任来。公平人寿因此决定（通过上市）对公司实行去互助化，这需要根据通用会计原则重新做一次审计。在此准备期间，公司又经历了严重损失，问题出在某些保险产品上。有了这些损失，加之会计处理的变更，公平人寿便报告了1.23亿美元的亏损，让公司处于资本达不到要求的处境之中，首次公开募股受到威胁。

1992年，公平人寿被法国保险集团AXA公司救离财务困境，该公司投资10亿美元，买下公平人寿49%的股份。时至1998年，AXA公司持股比例已增至60%。与此同时，帝杰证券继续兴旺发展，2000年，AXA公司将它卖与瑞士信贷，卖价115亿美元。

通用电气与基德-皮博迪证券

1986年，通用电气宣布将作出6亿美元的投资，收购有120年历史的投资银行基德-皮博迪证券80%的股份，另外再投入1.3亿美元。通用电气此前数年里一直在寻觅这样的投资机会，期望参与正蓬勃发展的并购和融资的热潮之中。它曾被高盛和摩根士丹利拒绝过，现在终于在适当时候和基德-皮博迪证券达成协议了。其实，通用电气此时在金融服务方面已有了很大投资——除去规模巨大的通用电气信贷公司之外，还拥有一家大型保险企业，也就是雇员再保险公司。按照通用电气的标准，基德-皮博迪证券不过是一个很小的公司，有迹象表明，杰克·韦尔奇意识到它与通用电气其他业务相比是何等之小后，也对它失去了兴趣。

起先，基德-皮博迪证券的业务还很好，但1989年年底之后，市场开始转向，杠杆收购暂停，很难融到资金，就在这一片混乱之中，通用电气又派出一个自己人迈克尔·卡宾特，让他来担任首席执行官。基德-皮博迪证券出了三件事，使通用电气忍无可忍，最终被迫将它出售。首先，最近离职去了德崇证券的马丁·西格尔，原是公司管理并购业务的头儿，因涉嫌一些内幕交易受到拘捕。第二件是一个很荒唐的丑闻，涉及一位名叫约瑟夫·杰特的黑人，他是政府债券交易员，为把1993年公司收入夸大至3.5亿美元，故意错报了交易数据。一些媒体报道此次事件，把责任更多地归咎于基德-皮博迪证券的会计系统，而不是交易员杰特，因为会计系统显然没有意识到，杰特做的国债息票和本金分离部分的交易必须与最初持有的国债相合并，才能核算盈亏。这次事件虽然未对任何客户造成经济损失，但基德-皮博迪证券，也可说是通用电气，却在数月里成了人们的笑柄。最后一件事，便是存在一个最严重的问题：抵押贷款支持证券上的亏损像脱了缰的野马。卡宾特先前鼓励基德-皮博迪证券大力进入这一业务领域，很快却遭遇了1994年市场的严重下跌，价格暴跌使这些类型的债券失去了流动性，定价非常困难。1994年年初，基德-皮博迪证券在抵押贷款支持证券上的仓位已达到120亿美元。通用电气再也不堪忍受了，它厌恶小小的基德-皮博迪证券竟然让通用电气高层那么费心，也厌恶人们可能会从通用电气的这番经历中得出一个结论，认为它无力管理好复杂的交易业务。于是，卡宾特被炒了鱿鱼，通用电气临时派来一些铁腕人物，准备卖了基德–皮博迪证券，要不就关了它。

他们还是把它卖了。1994年12月，通用电气将基德–皮博迪证券的优质资产和人员给了普惠证券，后者净支付前者1.7亿美元。普惠证券用普通股支付6.7亿美元（占普惠证券25.8%的股份），用可转换优先股支付1亿美元，用非转换优先股支付2.5亿美元，购买基德–皮博迪证券除去不想要的东京分部和抵押贷款支持证券业务（曾是基德–皮博迪证券的优秀交易业务）之外的所有资产，而通用电气则继续持有基德–皮博迪证券所有的长期负债，包括向基德–皮博迪证券员工支付的遣散费。让人好笑的是，几年后，普惠证券又在2000年以102.5亿美元的价钱，卖给了瑞士全能银行瑞银集团，通用电气倒是挽回了所有的损失，还赚了不少。

整合公司分崩离析

在上文叙述的所有跨业并购交易中，没有哪一桩最终实现了很好的预期效果。事实表明，将资本市场运营能力与不同类型金融服务业务整合在一起的理念，是难以付诸实施的。促成这些交易的原因是为了产生协同效应，而协同效应并未显现；的确，或许有人会说负面的协同效应可是出现了。上述案例中有4例是，随着时间的推移，被收购的投资银行渐渐地转而有害于买家，买家要摆脱这一问题，只好又亏本卖了，或者，在第一波士顿案中，只得卖掉少数股权。瑞士信贷、美国运通、保诚保险、通用电气这些买家并未完全了解第一波士顿、雷曼兄弟、巴赫公司、基德–皮博迪会对它们产生什么样的潜在伤害。从它们的角度看，事实表明，那些投资银行是无法管理的，里面充斥了毫无合作精神或鄙视他人的雇员，他们总是期待着获得的报酬远远高于他们的价值，他们又好冒风险，所做的事情只会让买家的市值受到威胁。在另外三个案例，即菲利普兄弟、西尔斯百货和公平人寿保险并购案中，买家遇到的问题在于，任何有益的支持或业务增长都无从实现，买家被迫结束痛苦的结合。在所有这些案例中，投资银行的高层经理都不满于成为与投行无相似之处的大型企业的雇员，因为这使他们不能自由自在地独立行动，也无法向员工支付他们认为理所应当的薪酬。新的公司结构也不允许投资银行在收购方公司中持有重大股权——他们本来是习惯于相互间分享收入和控制，在公司内部营造忠诚和团队合作的氛围。相反，“人人为我”的态度倒是颇有几分展现出来，收购方公司又进一步感到挫折气恼。所谓的文化差异或许在1987年达到了巅峰，这一年，通用电气在投资基德–皮博迪之后，任命伊利诺伊机床公司已退休董事长希拉斯·凯斯卡特来担任董事长，他原来也在通用电气长期担任董事。通用电气信任凯斯卡特，指望通过他来随时了解基德–皮博迪的情况，并开始按照通用电气的思路对它进行彻底改造。然而，站在基德–皮博迪的角度看，这样的人事安排实在有欠考虑，这不是派“一个造机床的要死的人”来华尔街做修缮工作吗？

在这些跨业并购案中，没有一例诞生令人生畏的超级公司，可以在市场上占据支配地位，或者争夺更多的市场份额。在这些案例中，也没有任何公司得到了多大好处。的确，这7桩人们所认为的超级公司交易最终全都分崩离析了，所罗门兄弟、添惠证券、雷曼兄弟又作为独立公司返回市场，得以从先前的中断处继续走下去——它们付出了重组的努力，力量得到了增强，但会记着当年并入大型公司之后非常难受、有时又像梦魇一般的经历。

PAPER FORTUNES

第五章

大型银行的风波

导读

自1933年颁布《格拉斯–斯蒂格尔法》以来，历经36年之后，华尔街似乎好了伤疤忘了痛，又放开了对金融机构的管制，允许各金融机构从事多元化金融业务。金融机构的横向并购又此起彼伏，这一次并没有持续太久就遇到2008年的金融海啸。从扩张性的野蛮收购形成超级大型银行到被动式的出售、分拆、肢解来得这么突然与猛烈，非常具有戏剧性。从全球范围来看，倒是有几个欧洲银行值得我们研究与深思，这就是德意志银行、瑞士银行与瑞士信贷，年景好时，它们没有美资银行那么张狂，年景不好它们往往能避开风头，立于不倒。更像是学会了中国儒家的中庸之道。

20世纪70年代，称为货币中心银行的大型借贷银行，经营颇为沉闷，但也有一家例外。第一国民城市银行在1967年开始担任首席执行官的沃尔特·瑞斯顿的领导下，正努力挣脱束缚，急切地想显一显身手。瑞斯顿先前曾在第一国民城市银行（称为花旗银行，后来成为花旗公司，再后来变成花旗集团）执掌国际银行业务，成功地将海外分支行业务提升到令人惊异的程度，以致到了20世纪70年代，花旗银行的利润有80%来自国际业务。瑞斯顿是布朗大学一位富有传奇色彩的校长的儿子，并非平常所见的那种类型的银行家。他聪颖，脾气急躁，性情孤傲，与人交往也有点儿别扭笨拙。他不玩高尔夫，并且讨厌已成为多数银行典型特征的根深蒂固的官僚作风。

瑞斯顿身材高挑，体格精瘦，面色严厉，极少露出笑意，说话尖酸刻薄。他总是竭力想实现自己的愿望，在刚出道那会儿，以他的过于强势，本是难以在银行业获得成功的。但是，很幸运，他得到了乔治·摩尔的庇护。摩尔精力充沛，魅力十足，负责重建花旗银行第二次世界大战后的国际业务，是花旗银行未来的总裁，他很欣赏瑞斯顿能把事情搞定的能力。他后来升任董事长的时候，瑞斯顿被选为总裁和首席执行官。瑞斯顿的传记作家菲利普·茨威格对他有如下描述：

瑞斯顿把花旗公司建成了世界上最为强大的银行，也为自己确立了世界上最有影响力银行家的盛名，无人可以匹敌。他与J·P·摩根以及美洲银行创始人A·P·吉亚尼尼，并称为20世纪最重要的三位银行家。他主持公司期间，花旗在全球各地展示了更加强大的实力。凭借自己过人的才智和坚定的意志，他使花旗公司脱胎换骨，由一个视高尔夫成绩重于智商的类似公用事业公司的上流小社会，变成了一个精英统治的公司，强硬凶狠，趾高气扬，同时也将整个银行业拉出了低效的“鹅毛笔时代”。

大权在握之后，瑞斯顿渐渐蜕变成一个极富创见的人物，给花旗和整个行业，带来了众多变化。就个性而言，他很不乐于维持现状。他喜好对抗，极力推动花旗朝各个方向迈进——开发新市场、新产品、新客户；利用美国政府在海外无法监管这一点，发展自己的投资银行以及其他业务能力；几乎始终如一地向监管者挑战，竭力摆脱《格拉斯-斯蒂格尔法》和《麦克法登法》的限制，因为这两部法律会阻止花旗参与证券业务的竞争和跨州从事商业银行业务。他还同样竭力推动技术革新，在银行业务计算机应用上，花旗始终是世界上预算支出最大的银行。他招募并提拔最优秀最有冲劲的年轻银行家，让他们全都处于相互竞争之中。业绩为王，通过个人努力和创新而实现的业绩尤其受到看重——若有产出，便得到升迁，否则，只有走人。瑞斯顿让花旗演变成了一个凶猛好斗的组织，工作环境变得充满了钩心斗角，让人感到压力重重。管理岗位的人事代谢极为频繁，但在一起共事的人又很有凝聚力，深受其他所有银行的尊重。

1970年，花旗是美国第二大银行，总资产不到50亿美元，稍稍领先于大通曼哈顿银行，落后于领头羊美洲银行。花旗也是世界上第二大银行，海外办公机构148处，其中支行93家，共雇有24 000余名员工。美国银行在全球前30家银行排名中，位于大通曼哈顿之后的是汉华实业银行（第6位）、摩根保证信托（第8位）、化学银行（第10位）、伊利诺伊大陆银行（第26位）、太平洋安全银行（第28位）、芝加哥第一国民银行（第30位）。美国两家最著名的评级机构均将这些银行的资信评为AAA级。毫无疑问，美国银行在世界上占据了统治地位。这是一个世界贸易和金融创新大发展的时代，离岸货币存款和国际银团贷款的创新发展尤为迅速，但银行业与十多年前相比，并未发生多大变化。赚钱的途径，是以极少的成本从客户处吸收存款，再向与银行关系很铁的值得信赖的借款人放贷。与关系相比，定价远没有那么重要，银行的很多高层经理都很会与客户闲聊拉扯关系。

20世纪70年代早期，瑞斯顿开始声称花旗银行像众多股价很高的科技公司一样，也是增长型企业，因此股价理应更高。他还常常说，花旗银行每年以15%的比率增长，能无限期地保持下去，因为花旗可以从广阔的国际市场——美国的一些限制性银行监管规定在这些地方不适用——获得巨大的增长潜力，而且还能通过比竞争对手更加辛勤地工作，更加积极进取，来提升国内的市场份额。正因为如此，他声称，花旗股票的市盈率应该是15~20倍，而不是市场给予公用事业公司和一般银行的区区5~10倍。

时至1973年，市场已相信了瑞斯顿的说法，花旗银行的股票果真以25倍的市盈率交易了。这事发生在银行身上实在是非同寻常的，因为这时候的银行因监管、（对利率水平的）价格限制和官僚作风，都被牢牢地束缚着。当然，花旗股价的大幅上涨，也将其他大型银行带进了争做增长型企业的游戏之中，它们很快都争相展示自己可以无限期每年增长15%的能力。这意味着，除了其他方面以外，必须每隔5年将账面资产总额上涨了1倍。事实证明，如果信用标准不失去控制，这是极难实现的事情。

中东的石油生产国在1973年犹太赎罪日战争之后，对西方实行石油禁运，致使油价上涨了3倍，花旗和其他大银行的发展进入了一个短暂的停滞期。世界上所有的石油消费国立即将现金输往石油生产国，中东地区一些“中世纪王国”不久便充斥着金钱。花旗银行在这一地区拥有数量可观的分支机构和合资银行，因此近水楼台，得以吸收大量的这类资金作为存款，只需支付极低的利息。但是，存款无论成本高低，总需贷出去，否则银行会被存款噎死。瑞斯顿的解决办法，是找到渴求大额贷款的借款人，虽然贷款成本高昂，也可以向它们贷出这些“石油美元”。瑞斯顿尤其偏爱放款给规模大的发展中国家的政府，比如拉丁美洲、亚洲以及临近欧洲的一些国家。这些国家需要大量资金，花旗打算与它们长期做生意。“国家不会破产。”他说：“国家只会以更高的利息重新安排还款。”这样的说法后来到底还是给他带来了莫大的麻烦，但即便如此，他也始终认为，像花旗之类的银行在20世纪70年代中期让石油美元有效回流，是拯救了世界，使世界免受了金融崩溃。

花旗银行也将资金贷给胃口很大的公司借款人，有些公司也接受贷款给发展中国家，但主要还是美国、欧洲和日本。这些公司大半是由“新人”经营管理，他们有很好的想法，但没什么钱，需要融入资金。他们是房地产开发商、希腊船主、拉斯维加斯赌场创建人、各种试图做成交易的公司收购者，以及任何根据风险评估信用足够好的贷款对象。为了达成每年15%的增长，花旗必须往资产负债表里不停地装东西，而那些不知餍足的借款人经营也相当出色。花旗银行的竞争对手，已在先前养成了习惯，现在仍是密切地关注花旗的动静，亦步亦趋地跟进。

但是，所有的银行都在迈向险境。石油价格不断上涨，造成其他大宗商品价格随之攀升，通胀和利率也开始走高。到20世纪70年代中期，3个月期的美国国债已大约按5.5%的到期收益率交易，此后又开始进入急剧上升的通道，1979年年底，到期收益率便超过了10%。对于这些银行来说，利率的飙升会放缓经济增长速度，给它们的借款客户，尤其是发展中国家政府和高杠杆公司，带来了很大的偿债压力。

这种状况还引发了自20世纪30年代以来美国最为严重的金融业危机：储贷危机。

储贷危机

储贷机构从事房屋抵押贷款业务，通常它们会向购房家庭提供固定利率的长期抵押贷款。它们始终是通过短期存款来为这些贷款提供资金。20世纪70年代，当利率上浮至两位数的水平时，存款成本也跟着急骤上升，而发行在外的长期抵押贷款的利率却保持不变，这让储贷机构陷入了一个结构性失衡的赔钱境地，可是它们对此又无能为力。不久之后，开始有储贷机构破产，起初还只是一些实力较弱的机构，但到1980年，已有3/4的储贷机构深陷赤字泥塘，很多已被监管部门接管。房屋抵押贷款的整体结构已崩溃，于是，这一行业的监管部门和美国国会便开始施以援手。自1980年开始，一系列改革为储贷机构提供了一整套新规则，基本上可以让它们掩盖日益恶化的财务状况：它们可以按照更少的资本量进行运营；可以和其他更弱的储贷机构合并；可以签订利率掉期合约，拿期限较短的可变利率收入流交换长期的固定利率收入流；可以在会计上对抵押贷款出售时造成的损失进行递延处理；可以将出售抵押贷款所得资金，用于购买折扣较大的其他储贷机构发行的贷款，或者用于投资会增加收入的风险更大的非抵押资产。

然而，这些非常宽容的监管改革措施，实际上有许多是让储贷行业变得更为脆弱，从而使形势更趋恶化了，但也的确使问题得以拖延、容忍和扩展至其他多种类型的机构身上，所以储贷业内表现较好的机构也因此幸免于难。尽管如此，储贷危机的规模还是巨大的，最终还给美国纳税人开出了一张约为2 000亿美元的账单（因为纳税人有通过政府对存款承保的义务）。相对而言，多数货币中心银行并未受到冲击，因为它们很少持有抵押债务，但20世纪七八十年代向工商企业所做的激进贷款，也像幽灵一样缠上了它们。20世纪70年代，想要放款和收款都很困难，而20世纪80年代就更不易了。可是，虽然利率不断上涨，信贷环境持续恶化，银行也还是照样为争夺市场份额积极地竞争着。结果，货币中心银行也同时有了自身的危机，只是在储贷危机的大背景之下，它们的危机部分地得到了隐藏。

银行坐上受罚席

1984年，伊利诺伊大陆银行成为自1933年以来，第一家被联邦监管部门接管的美国大型银行，由此开启了一系列银行破产案和被迫接管案，几乎让美国所有货币中心银行都卷入其中。坏账成了20世纪80年代银行的一大祸害。1986~1991年这5年间，总共有超过1 000亿美元的坏账被核销——祸首便是发展中国家政府、房地产开发商、投资信托以及高杠杆的公司借款人——这影响到了所有大型批发银行，这些银行本来一直在追求快速增长。

从20世纪80年代初开始，除了少数银行之外，银行业监管部门让绝大多数银行不得不在10多年里，采取防御性的无增长战略，致使美国银行向大型公司提供融资的主导地位，拱手让给了欧洲和日本的大型银行，也让给了一些迅速插手在资本市场为公司融资需求提供解决之道的投资银行。随着美国银行的信用评级急剧恶化，它们的资金成本也相应上升，并且很多公司客户还可以在债券市场以比银行低得多的成本融进资金。

大型银行实际上在整整10年的时间里成了场外旁观者，因为它们得奋力将自己的资产负债表纳入控制之中。例如，1970年，大通曼哈顿银行在实力达到最巅峰的时候，实现净利润达1.38亿美元，股东权益收益率为12.2%。股票以11倍市盈率和1.7倍市净率交易。利息净收入占银行全部收入的81%；存款构成资金来源的87%，其中57%是无息活期存款。贷款损失准备占股东权益的30%。20年后，大通曼哈顿遭遇了其有史以来最为惨淡的一年，亏损3.34亿美元，因为贷款损失准备占股东权益的比例上升到了60%。穆迪公司将它的债券评级降至Baa–3，仅比垃圾债券高一点儿。存款占资金来源的比例下降到72%，其中只有18%是无息活期存款。股价跌至每股9.75美元，只占每股账面净值的32%，股利也减少了1/2。

其他顶尖银行也同样流年不利，自20世纪30年代大萧条以来，1990年对于银行业是最苦的一年。平均而言，所有商业银行的利润只占总资产的0.54%，少得可怜。众多银行，包括得克萨斯州、新英格兰地区和西北部太平洋地区的多数大型独立银行，都处于破产的危险境地，它们任由联邦存款保险公司引导着与人合并。在1985年后涉及公开并购的所有行业中，银行业处于最突出的位置。其中很多并购案要求免于遵守有关限制跨州转移银行控制权的州法或联邦法，为了拯救这些银行，有关方面也都放弃了要求遵守的权利。1990年年底，世界排名前30位的银行中，属于美国的只有硕果仅存的一家：花旗银行，排在第18位。

1984年，瑞斯顿退休，花旗银行交到45岁的约翰·里德手中。里德是一个行为怪异、重视零售业务、痴迷于计算机的人，瑞斯顿经过两年的痛苦选择，终于靠“罚点球决胜负”，才在几位候选人中选定了他接替自己。瑞斯顿眼睁睁地站在一旁，看着1991年年初花旗银行的股价滑落到每股8.25美元，市盈率甚至低于公用事业公司的股票。人们普遍认为花旗只是由于美联储的偏爱才逃过了破产一劫，它还受到了一位富有的沙特王子的帮助，这位王子一次性购买了大量花旗股票，成了花旗的最大股东。

20世纪90年代中期，约翰·里德宣布花旗银行将退出公司借贷业务，只保留向一些精心挑选的房地产和私募股权客户贷款的业务。美国其他大型银行和欧洲银行都咬牙坚持着，但即便如此，到这时投资银行也因对手“弃权”，已在很大程度上得到了全球公司大额融资市场。

这一点在当时也并不非常明显，但现在看来，却很难想象给予华尔街的礼物还有什么能比这更加美妙：一直在批发融资市场占据统治地位的大银行方阵整个儿地溃散了。大银行的巨大营运资本和期限贷款长期盘踞在这个市场，现在大银行却都起身离去了。当然，它们也是由于监管者才站到了场外，然而，没有监管者，很多银行恐怕也逃不了破产倒闭的命运。它们成了一场银行业先前从未有过的借贷热潮的牺牲品——它们错误地相信了自己的信贷管理员和其他职员，以为他们能处理好激进而盲目地扩大资产规模的问题，也错误地相信了这种增长策略会让它们变得富有而强大。最终，盲目效仿者都跌落悬崖，把批发融资的领地留给了一帮证券经纪商和交易商，它们在一些方面让这个领域发生了对于银行来说不可逆转的变化。

银行业脱胎换骨的变化

20世纪80年代经历的巨大痛苦完全改变了银行业。1970年名列世界前30位的美国10家银行，没有一家作为独立实体幸存下来，通过反复合并，到2008年，成了三个多平台巨型银行集团，每个集团拥有的资产大约都超过了2万亿美元。

受到削弱的美洲银行（20世纪90年代初收购了太平洋安全银行和破产重组后的伊利诺伊大陆银行）于1998年被一家来自北卡罗来纳州的新贵美商国民银行收购，这家银行本是10多年前在北卡国民银行的赞助下，通过合并多家美国南方银行组建而成的。美商国民银行既接管了美洲银行的资产，又续用了它的名称。新生的美洲银行接着又于2004年收购了波士顿舰队银行（这是多家位于新英格兰地区的银行联合组成的银行)，2005年收购了美信银行，2006年收购了美国信托公司，2008年则收购了全美金融公司和美林证券。

化学银行，1970年全球排名第10，1986年收购了一家濒临破产的得克萨斯州银行，1991年又收购困难重重的汉华实业银行，1996年收购规模比自己大得多，但此时已深陷困境的大通曼哈顿银行，并借用了它的鼎鼎大名。新的大通曼哈顿银行反过来又在2000年收购了优雅但已光环褪尽的摩根银行，2004年收购美一银行（该银行此前已收购芝加哥第一国民银行）。这家银行集团现在称为摩根大通，由杰米·迪蒙掌管，他曾担任美一银行首席执行官和花旗集团总裁，还于2008年策划过收购贝尔斯登和华盛顿互惠银行，费尽周折却未能成功。

约翰·里德通过充分利用花旗银行的零售业务和国际业务优势，使花旗银行恢复了往日的市场领导者地位，此后又于1998年让花旗银行与桑迪·威尔掌管的旅行者保险集团合并，制造了一宗具有里程碑意义的并购案。旅行者保险集团本是一家处于市场领先地位的承保财险、意外险和寿险的保险公司，在这次合并之前已与另外两家公司合并，一是集证券经纪商和做市商于一身的美邦所罗门兄弟公司，一是总部设在巴尔迪摩的大型财务公司商业信贷公司。这次合并之后诞生的金融企业名叫花旗集团，它仍将继续展开收购行动，并且在数年里作为美国规模最大、最有价值的金融服务公司而君临天下。但旅行者保险集团和花旗合二为一，却也公开违反了《格拉斯–斯蒂格尔法》，第二年，政府决定废除该法，而不是继续实行。

《格拉斯–斯蒂格尔法》

1933年，罗斯福内阁开始执政，这时，整个经济和银行系统全都混乱不堪。在大萧条的数年间，大约有9 000家银行倒闭（占所有银行总数的40%)，致使13亿美元的存款化为乌有。罗斯福上台后，第一个行动便是宣布银行放假，或者说暂时让所有银行停止营业。他在总统就职演讲中劝告所有美国人，他们“除了恐惧本身之外，没有什么可以恐惧的”，并承诺对银行业实行改革，承诺联邦政府给予帮助，处理给人们造成恐惧的问题。新政府在执政头两年中，采取了很多应对危机的举措，包括通过《1933年银行法》（其中含有《格拉斯–斯蒂格尔法》的条款)，以及通过1933年和1934年的证券法案。

这些法律包含一个共同主题，即银行业由于屈服于过度投机，应在很大程度上承担大萧条的责任。后来，有些研究指出，也应将一部分指责转向美联储和美国财政部，因为人们看到两者在1929年股市大崩溃引发金融危机以及1932年银行业危机之后，采取了不恰当的货币政策和财政政策，而在当时，已有足够证据鼓励国会和政府第一次让金融系统接受严厉监管。

《1933年银行法》规定加强联邦储备系统的作用、设立联邦银行存款保险、强迫银行业务和证券业务分开经营（即《格拉斯－斯蒂格尔法》条款内容，该法得名于两位提案国会议员的姓名）——多数货币中心银行当时都在混业经营银行和证券业务。《1933年证券法》规定发行新券应进行广泛的信息披露，而《1934年证券交易法》则规定在证券二级市场要实行公平交易的规则，并设立证交会。

因为有了《1933年银行法》，银行不得不将涉及证券业务的职能部门分拆出去。摩根银行的证券业务改组成了摩根士丹利，其他一些银行的证券业务合并为第一波士顿银行。在接下来的50年里，商业银行和投资银行之间的界限壁垒分明，并且为人们所广泛接受。瑞斯顿对银行业监管规定进行多方面的攻击，他的主要意图在于为银行控股公司争取更多的行动自由，也为突破《麦克法登法》获得更多的行动自由，该法严格限制银行在注册地所在州之外的其他州开设分支行，但瑞斯顿对《格拉斯－斯蒂格尔法》也丝毫没有好感。对《格拉斯－斯蒂格尔法》的条款第一次提出严肃挑战，是发生在20世纪80年代，当时，美孚银行想出售商业票据，获得了批准。随后，银行开始了旷日持久的努力，一点一点地破坏这部法律的效力，并开始向美国国会和美联储游说，希望获准至少部分进入证券市场。

在这方面，商业银行也遭到了一些投资银行的反对，一些投行试图抵制它们在华盛顿所做的种种努力，但是，另有一些证券公司却悄悄地查探路径，试图通过获得银行执照，进入存款市场。

高盛是最早试水的公司之一，它在20世纪80年代初期就购买了达拉斯第一国民银行以伦敦为业务中心的一个小型分行，当时达拉斯第一国民银行正遭遇一些困难，想关闭在欧洲的业务。我正好是高盛在伦敦的合伙人，在纽约同事的指示之下，参与了这桩收购的谈判，并竭尽全力让交易获得英国央行英格兰银行的批准。但我们遭到了故意拖延和阻碍。英格兰银行不想卷入美国这样一场有争议的放松金融管制的斗争之中。他们对我们说，必须先获得美国银行监管部门的首肯才行。于是，我们去找美联储，美联储也不乐意批准这次收购，它担心这会使他们加速面对《格拉斯－斯蒂格尔法》的问题，而它的时任主席保罗 · 沃尔克不愿意看到这部法律被违背或被推翻。于是，美联储又把我们打发到纽约州银行委员会——它在此案当中并无明显的管辖权，但要继续进行官僚式的拖延，把皮球踢到它那儿也算是一个办法——该委员会当时由通过政治任命的穆丽尔·西博特主持，她还是纽约证券交易所有史以来的第一位女性会员。她说很同情我们，但是认定，这事应该获得纽约结算所的认可，因为纽约结算所是以纽约为总部的银行共同所属的一个组织，获得它的认可才能确保进行银行间的结算。大型银行在纽约结算所理事会都有代表理事，所以它们能作最后的定夺。结算所理事会接下这个并购案（即我们收购伦敦一家很小银行的并购案，而该银行在纽约根本没有任何结算问题），通过投票勉强给予了认可，他们认为予以通过，也许会对银行试图消除《格拉斯-斯蒂格尔法》的影响，产生积极作用。然后，我们再去找英格兰银行，整个过程又颠倒了过来。在我们与英格兰银行首次进行磋商18个月之后，我们终于得到了批准，了结了这桩并购交易。我们利用新得到的银行执照进入伦敦银行间市场，为公司的交易头寸以及新的外汇交易业务进行融资。此后不久，美林证券也在伦敦获得了银行执照。

银行或者通过合并，或者通过努力消解不良贷款的影响，从20世纪90年代初的低谷走了出来，在此过程中，它们采用了更加务实的治理系统，强调实行健全的"回归基础"的管理。业绩改善了；在重大失利之后进来的新管理团队，不久便开始回顾过去，评估10年间缺席主要竞争领域所造成的损失。

他们首先看到这些领域已被欧洲大型全能银行占领，那些银行的监管部门局都允许它们从事各种形式的服务，包括证券和保险。其中有些银行的祖辈在美国，却得以参与各种类型的金融业务，不过多数银行并不是如此。然而，欧洲大型银行在欧洲债券市场以及其他国际证券市场非常活跃，也积极向美国公司放款，而传统的美国银行却由于资产负债表上的问题，向这些公司借贷受到了掣肘。结果，时至20世纪80年代中期，美国银行的光环在消退，有着不错的资信评级的外国银行（包括好几家日本大型银行），已占到向美国公司进行批发借贷的22%的国内市场份额（如果也算进海外借贷，则占到41%），这对美国银行来说，实在是一个令人深感不安的问题。这些多种金融业务集于一身的银行实体，就是美国银行未来追求的方向，于是它们便努力游说，以获准像欧洲银行一样从事全能银行业务，这样才能与欧洲银行展开竞争。

到1992年，随着《单一市场法》的通过，欧洲共同市场已演变为欧洲联盟——这部法律旨在撤销所有阻碍商品、资金、人员和思想在欧洲跨界流动的限制。欧盟发布的一项银行业务指示，规定在欧盟一国从事业务活动的银行，可以在欧盟所有国家从事业务活动，欧盟各地应接受全能银行。在欧盟拥有子公司的美国银行，像欧洲银行一样，被给予相同权利，但这类美国银行说，它们如果不能在国内从事全能银行业务，在国内就会受到严重羁绊。

美国国会参众两院的银行委员会经过商业银行和投资银行历时10年的一系列捐款，已变得机构臃肿，但它们除了举行听证会之外，并没有多少别的作为。而美联储在保罗·沃尔克被艾伦·格林斯潘取代之后，开始是敷衍搪塞，宣布说根据《格拉斯-斯蒂格尔法》第20节的规定，美联储可以对在“非关联子公司”（即“被绝缘或设置了防火墙的子公司”）中允许的“禁止业务”设定数量限制。美联储首先规定来自“禁止业务”的资产和收入上限为5%，这些业务包括承销证券和证券经纪等。对于银行来说，这是一个重大突破，但是起先，按自己意愿行事的余地太小，做起来意义不大。慢慢地，随着时间的推移，银行克服了这一点，它们不断游说，把允许做的业务比例大约增加到了20%，也通过不断合并提高了银行的资产规模。

国际银行

1990年，身处美国之外的大型银行和其他金融机构正在全球新的银行业中稳定下来，成为重要竞争者。20世纪80年代期间，日本大型银行和证券公司以伦敦和纽约为基地，在国外发展了强有力的借贷和承销业务，主要是为渴望筹集资本的日本公司提供金融服务。当时有四大日本证券公司和近10个日本“城市银行”（即货币中心银行），它们有着雄心勃勃的国际追求，但像美国银行和券商一样，它们也深受一部法律的禁锢，这部法律是第二次世界大战后美国占领日本期间颁布实施的，它也将银行和证券业务分隔开来，是仿照《格拉斯-斯蒂格尔法》制定的。

但是，东京股票市场从1989年12月开始崩盘，日经指数由39 000点跌至1992年中期的15 000点，然后在20世纪90年代剩余的数年间保持着18 000点的平均水平；随着股市崩盘，日本人便对国际金融失去了胃口。2000年之后，美国股市深受高科技崩盘和安然事件的影响而郁郁不振，日本股市跌得更惨，2003年又创下7 600点的新价。股市的暴跌对日本金融系统和整体经济造成了巨大打击，迫使国家陷入长期经济衰退，持续时间长达15年之久，其间基本上没有什么增长，也没有什么进步。与此同时，公司破产也达到了创纪录的水平，为了撑住亏损严重的旧式工业公司，付出了前所未有的努力。股市崩盘之后，市场也随即暴露了大型证券公司和银行的高层种种不轨行径，差不多所有这些券商和银行都被迫更换了首席执行官，并减少开支，艰难度日，直到经济状况转好。日本银行受困于数额巨大的不良贷款，这些贷款需要经过多年才能核销掉。证券公司的境遇更是等而下之。集经纪商和做市商于一身的野村证券，作为日本最大的券商，幸存了下来，但“四大券商”中的其他三家都消失了。山一证券破产，大和证券被住友银行吸收，日兴证券则被花旗集团收购。

以客户关系为导向的日本银行，在账面上，以历史成本记录了大量投资于客户公司的股票；根据日本的有关规定，这些股票的历史成本与税后市值之差可以作为资本核算。随着股价的暴跌，银行资本也跟着暴跌，而这时它们在向房地产运营商和不诚实公司所做的贷款上，也正承受着惨重损失。银行因此慌乱不安，为了更好地吸收股市崩盘和之后经济衰退所造成的大量不良贷款，只好以无可奈何的消极心态，接受政府主导的强行合并，形成了四大巨型银行。这些并购案也涉及了多起非常棘手的合并，因为这些银行本来是处在一个回避任何公司并购的制度当中。现在这四大集团又进一步整合成了三大集团。住友银行与三井银行、樱花银行以及其他银行合并，形成三井住友金融集团；瑞穗金融集团是由日本兴业银行、第一劝业银行和富士银行新近合并而成；三菱银行与东京银行以及两家信托银行合并，组成了三菱东京集团，该集团后来又与由三和银行、东海银行和丰田信托组成的UFJ集团（本为最初的四大巨型银行之一）合并。日本当然也还有其他不少独立银行在运营，但所有的重要货币中心银行均已合并进了三大集团。在这些合并进行的同时，将银行和证券业务分开的法律也被废止了，但日本银行在“受罚席”上花费了太多的时间（在发展全球融资能力方面，也太过落后），因此未能利用充分竞争的新自由而从中得益。在它们有能力做到这一点之前，它们还要付出很多努力，学习如何在变化迅速的现代金融市场运营。

另一方面，欧洲银行则怀着乐观心态迈进了20世纪90年代，它们拥有一个新的单一市场，不受国家边界或竞争性限制的约束。欧洲人认为全能银行模式会成为世界标准，规模最大的一些全能银行还认为，面对正在来临的竞争，它们享有美国银行所不具备的优势。

里昂信贷银行是法国的一家全能银行，由一位与社会显贵人物关系密切的法国前财政部长掌管，该行力求成为欧洲的领袖银行，办法是快速收购欧洲其他银行和银行分支机构，但在如此收购的过程中，却让自己吞食了大量不良贷款的毒药，这样一来，几年后不仅抹杀了为此追求而付出的努力，还让法国纳税人支付了400亿美元的救助和干预费用。的确，欧洲银行也要遭遇一波不良贷款的困扰，很像美国银行在20世纪80年代和日本银行在20世纪90年代初一样经历痛苦，这些损失会使很多银行的勃勃雄心遭受打击。

有些欧洲银行选择在国内与人合并，以此打造更强的竞争实力——荷兰银行便是这样在荷兰诞生的，法国的巴黎银行也是如此。其他银行，如巴克莱银行和国民西敏士银行，则收购了一些投资银行职能部门，但交易亏损和各种小问题致使巴克莱银行大幅缩减规模，最后还是主要依赖零售银行业务，而国民西敏士银行因在证券市场的失利而实力遭到削弱，最后被规模稍小但更顽强自信的苏格兰皇家银行收购。英国另外两家大型结算银行米德兰银行和莱斯银行，与其他主要经营零售业务的银行合并之后也消失了。就像美国和日本一样，欧洲也有银行出问题和银行并购的10年经历，这影响到了所有欧洲国家和行业参与者。多数并购就是为了帮助被沉重的贷款损失拖垮的银行渡过难关。

到2008年年底，欧洲有三家主要的全能银行幸存下来了，它们已准备好向美国的竞争对手挑战，争夺市场领袖地位，这便是：德国最大的银行德意志银行、瑞士最大的两家银行瑞银集团和瑞士信贷银行。这三家银行到达目前的地位，一路上都经历了相当多的痛苦和煎熬。它们当初在各自国内是占据主导地位的大型银行，但国内并没有多少资本市场活动，它们必须在纽约、伦敦和东京适应国外市场。这并非易事。这需要将主要的经营责任移往那些地方，而在那些地方，说的是其他语言，商业文化也很不相同。这需要收购现有银行，或者收购训练有素的专业团队。两样选择都不是那么容易做到的。它们可能收购或雇用的英国人、美国人或日本人，但不能指望这些人对它们忠诚，也不能指望会愿意为不算高的一揽子薪酬去工作，虽然那样的薪酬在德国和瑞士看来已是非常丰厚。顶尖的投资银行业务人员常常很难管理，他们像是剧团首席歌唱家一样，自以为很了不得，要是感到失望，便会愤愤地离开舞台。在20余年里，德意志银行在连续4任首席执行官的领导下，雇用了一些明星银行家或团队，他们有的突然间就抛弃了首席执行官。1990年，德意志银行收购摩根建富银行，这是位于伦敦的一家商业银行，业内对于一群德国人要他们做的事情予以强烈抵制，并且反过来，还让德国人为一些不当代客理财诉讼支付了大笔的钱。德意志银行于1998年在美国，收购了美孚银行和亚历克斯·布朗证券，但不久便遭遇了一些“投敌变节”行动，于是终止使用它们的品牌名。然而，分别于1996年和2002年开始担任德意志银行董事和首席执行官的约瑟夫·艾克曼通过坚守提高股东价值这一对德国人很新鲜的理念，已让德意志银行发生了重大变化，提高股东价值的途径便是专注于资本市场上的国际机会。德意志银行已在很大程度上减持了拖累自己的战后工业公司的股份，将较重要的一些决策部门迁往伦敦和纽约，并且不顾相当激烈的内部抵制，引入了国际（即英美式的）业务惯例和成本削减方法。艾克曼也正在努力把德意志银行转变成主要服务于公司和私营投资者的银行，并减少自己在德国零售银行业中所起的作用。

瑞银集团是1998年经瑞士联合银行和瑞士银行公司合并而成的产物。原来，瑞士第三大银行瑞士银行公司在首席执行官马塞尔·奥斯佩尔的领导下，趁瑞士最大的银行瑞士联合银行遭遇业绩严重滑坡，并发生与不当管理纳粹大屠杀受害者所持账户有关的丑闻之机，成功实施了恶意收购。奥斯佩尔成熟老到，一度担任美林证券执行董事，行为方式非常美国化，1987年再次加入瑞士银行公司。在他的领导下，瑞士银行公司先前曾收购了一家总部设于芝加哥的金融衍生品公司，还有英国一家重要投行华宝证券，并使用在收购中获得的业务技能，大大提高了自身的业绩和能力。因合并而诞生的瑞银集团，成了世界上最大的私营银行资产管理者，该集团后来于2000年又收购了美国普惠证券。

瑞士信贷银行与自己以前称做瑞士信贷第一波士顿的美国子公司经历了30年的恩恩怨怨，最后还是从困难中挺了过来，并且通过这家子公司，在全球资本市场发展了持久的经营能力，还得到了美国人首席执行官布拉迪·杜德恒。瑞士信贷银行曾大举（短暂）介入瑞士保险业和零售银行业，但2000年又回头专注于国际市场，这一年，收购了帝杰证券，收购价为110亿美元，收购过程非常不易。

回首过去，美国银行当初急切地恳求监管部门给予自由，以便它们能够与日本巨型银行和欧洲全能银行开展竞争，现在看来这似乎是错把日本和欧洲银行当成了榜样。自20世纪90年代初以来，日本银行根本就没有什么竞争力，而欧洲银行为了适应高度竞争和创新的资本市场环境，遇到的困难和问题并不少于美国银行，甚至还要多。但欧洲和日本的竞争对手，毫无疑问已扩大了规模，提高了综合性，现在它们全是拥有多个产品线的银行，管理着数额庞大的资产。花旗集团在2007年是世界上最大的银行实体（这时它的困难还未开始到来），总资产达2.6万亿美元，雇员超过35万。这是花旗于1990年所持资产的20倍有余（不过，雇员人数大约只是4倍）。

大资产负债表战略

1998年，桑迪·韦尔让银行界大为震惊，他宣布旅行者保险集团将与花旗公司合并，在所谓的平等交易中，只得到了少得不能再少的8%的溢价。合并后的新公司称为花旗集团，由他和约翰·里德作为联席首席执行官，原先的两家公司拥有相同的董事席位。按照1997年年底的财务数据，合并后新集团的总资产为7 000亿美元，净收入达500亿美元，将成为世界上规模最大、赢利最多的金融服务公司。合并消息传来，两家公司的股价应声大幅飙升。这种市场反应既让人兴奋，又让人困惑，因为这是一宗违法收购案，直接违背了《格拉斯-斯蒂格尔法》。这场交易只有在获得银行管理部门的批准之后，才能最终圆满结束——合并协议条款载明，两个实体将在两年的时间里保持独立经营状态（此后是连续三次为期一年的展期），如果届时《格拉斯-斯蒂格尔法》没有废止，或者该交易未能通过其他途径获得合法性，则交易宣告无效。

很快，议论之声沸沸扬扬。这将是一宗"世纪交易"（21世纪只剩下了两年）。这将使花旗集团成为世界上最好、最重要的金融机构，将加剧资本市场的竞争，为客户提供更好的服务，也为所有金融服务公司走向未来开了先河。花旗集团也将成为世界上唯一涉及所有业务——银行、证券、保险、资产管理——的金融服务平台，在全球和美国国内，在批发和零售市场，都有运作。花旗集团还将通过种种手段进一步发展这一新的平台：进行广泛的努力，实现产品和服务的交叉销售；大力削减成本（虽然两家公司并无多少重叠业务）；充分利用技术尤其是互联网技术提供的机会；再进行并购，增强运营单元的实力。

这确是一个令人激动、显示雄心大志的事业，但投资者再多想一想，却又有了新的看法。这样一个规模巨大、错综复杂的组织，如何让韦尔和里德这两个非常强势又无相似性的人物来共同领导？他们怎能如此信心十足，相信政府会同意这桩交易？倘若政府不予批准，两家公司的价值又会发生什么样的变化？那么多的并购案例都受到过影响的隐含成本又会怎样——譬如：人员离职和内部斗争、对新的管理团队长时间的痛苦选择、必须没完没了地征求联席执行官的意见所导致的决策延迟？这些担忧使得股价约跌去了30%（然后，随着该集团受到1998年中期金融风暴的影响，又跌去了20%），直到后来多数心怀疑虑的投资者已全部脱手，股票才开始出现不错的反弹。

然而，政府的确让这场交易按照协议确定的情形往下进行，1999年11月，克林顿总统签署《金融服务现代化法》（即《格雷姆-里奇-比利雷法案》），废除《格拉斯-斯蒂格尔法》。此后两家公司正式合并，但管理问题很快便浮出水面。当双方发现世上根本不存在平等合并的时候，摩擦便在高层反映出来。冲突出现了，很多高层经理职位发生了变动，威尔和里德之间出现了难以克服的问题。合并交易宣布15个月之后，联席首席执行官约翰·里德被迫离职，花旗集团便留在了作为单一首席执行官的桑迪·威尔的手中。威尔将受到鲍勃·鲁宾的协助，鲁宾于1999年离开美国财政部之后加入了公司，曾在两位首席执行官发生冲突时对威尔给予了支持。

花旗集团并购案当然吸引了竞争对手的注意。有人认为，这是一个改变游戏性质的事件，其他对手必须相应地作出回应。1999年，德意志银行收购美孚银行，后者已拥有一家中等规模的投行证券。2000年，大通曼哈顿银行收购摩根银行，获得后者的批发金融业务，而瑞士信贷银行则收购了帝杰证券。这些银行都得考虑如何能不落后于花旗集团，除非它们也采用“大资产负债表战略”。

大资产负债表战略，涉及对日益转向资本市场的客户提供规模很大的贷款，并且/或者提供金额高达数十亿的杠杆收购贷款。根据规定，美国银行不得向单个客户提供超过资本总额15%的贷款，所以银行的资本规模越大，越能放出规模更大的贷款。一家总资产达1万亿美元的银行，资本与资产的比率为10%，会有1 000亿美元的资本，可以无须担保，将其中的150亿美元贷给单个实体。当然，不会有很多银行想做得这么绝对，但能够提供巨大贷款，对于大型公司、杠杆收购的操作者、寻求融资的政府，是非常重要的。这样的实力始终会让大银行握有主动权，可以决定自己想要贷出多少，贷款的利率又是如何。

然而，这种策略并不仅仅涉及大额贷款的发放。的确，贷款利差，尤其是对于资信评级高的客户的利差，是相当小的。更多的利润是通过收取与大额交易有关的管理费和其他费用来赚取；虽然这样的交易初始会涉及大额贷款，不过这些贷款可以在市场上出售，回笼的资本又可用于另一桩交易。使资本处于尽快流转的状态之中，最大限度地加以利用，非常重要。因此，这要求有能力获得提供融资（通常要与其他银行展开竞争，也常常要与它们合作）的授权，又有能力通过银行的分销渠道转卖贷款头寸。这些头寸一旦卖出，便构成了一个规模相当大的二级市场，银行的交易员又可充分利用这一市场，为银行谋利。

最后，在花旗集团合并案之后，有一点对银行很有吸引力，就是银行可以利用向客户提供信贷设施的能力，作为交换条件，来获得从事其他服务的授权，譬如承销股权证券，提供并购顾问或杠杆收购顾问之类的服务。这些授权才是投行业务中真正赚钱的地方，尽管银行在这些领域缺乏经验和能力，它们也能坚持要求在他人所做的交易中，把自己列为副主承销商。实际上，这意味着银行由于敢激进地提供信贷设施，从不相关的业务中分得了一份服务费。当然，因为有几家银行在追求大资产负债表战略，竞争便开始影响定价，不久后人们认为，银行为了最终获得规模最大的交易，在提供成本低于市场水平的信贷设施。

大资产负债表战略的这一方面，很快便让投资银行感到头疼。它们不希望银行硬插进来，参与它们最赚钱的业务，也不想被置于一种无奈的境地，不得不从它们原本小得多的资产负债表上，提供便宜的信贷设施。然而，它们的公司客户颇擅长于让一家银行或投行与另一家竞争，从中渔利，而竞争常常意味着银行会成功地挤进来，投行会时不时地被迫提供信贷。投资银行表示抗议，但它们又认为，自己也只好学会以过去所未有的方式，作为竞争对手，与银行共生。其中一个方式便是扩大自身资产负债表的规模。到2007年，高盛公司、美林证券和摩根士丹利资产负债表上的资产均已超过1万亿美元。这些资产大都由交易性头寸组成，但也让投资银行有能力向公司客户提供贷款，尤其是为支持杠杆收购所做的贷款。

2007年，《格拉斯–斯蒂格尔法》已废除了8年，纽约大学根据交易数量对全球批发银行业务市场份额进行排名，该排行榜显示前10位公司控制了70%以上的市场份额①。根据此项排名，前5家公司（占有43%的市场份额），是花旗集团、摩根大通、高盛公司、摩根士丹利、瑞银集团。在这个群体中，花旗集团和摩根大通牵头的银团贷款交易量远远大于其他公司（两家都超过了6 000亿美元），它们在1.4万亿美元的并购交易中承担了副主顾问的角色；高盛在并购领域长期处于领军位置，牵头做成了1.6万亿美元的并购，以及1 870亿美元的银团贷款。排名前10中的后5家公司是德意志银行、瑞士信贷、美林证券、雷曼兄弟、巴黎银行。前10位公司中有6家是美国或欧洲的大型全能银行。多年来，这10家公司在此项排名中始终占据了大致相似的位置。

随着大银行通过侵入并购和承销业务领域，以此提升总体市场份额，大资产负债表战略似乎给它们带来了预期效果。然而，自1998年以来，最为激进的大银行在公司贷款（如对安然、世通、帕玛拉特等公司的贷款）、抵押贷款支持证券、杠杆收购贷款三方面都遭遇了太多困难。这些困难除了贷款损失之外，还包括面临风险很大的诉讼以及监管部门的罚款，致使过去10年里从投行业务中赚得的利润，多半被贷款损失、欠款清偿、罚款、法律费用等勾销一空。

这些不利于赢利的因素影响到了它们的股价，股价一直未能跟上它们成为增长型股票的梦想。为了被视为增长型股票，大银行需要向人们展示，它们有能力每年以15%左右的速度增长，并可以永远保持下去。事实证明这是难以企及的，不但因为它们不能随着市场份额的扩大创造相应的赢利，也因为这个复利数字意味着每年要实现巨大增长——“对于像花旗集团这样的一个大摊子。”2006年美林资产管理部的头儿阿瑟 · 泽克尔说：“15%的增长率意味着，他们每年得增加一个美林这样规模的公司。”这确实很难办到。为了实现目标，增长必须既来自内生赢利，也来自外在并购。由激进的批发借贷业务而带来的内生赢利增长，通常必须聚焦于收益较高因而品质较低的数额非常大的贷款，但事实证明，在竞争压力之下，要妥当管理这些风险，对于

① 在该研究中，所谓批发市场是由银团贷款、证券承销和并购顾问三类业务组成，充分考虑了牵头银行或投行的作用。

银行来说，至今是难以做到的。收购又受规模制约：如果银行自身规模已经很大，那么只有很大的收购交易才有足够意义，而在这样的规模范围内，可以收购的公司数目又是非常有限。即使这些条件能满足，大型收购通常也要付出相当大的恶意收购溢价，这会抵减利润的增长，并且常常难以对被收购公司进行一体化整合。

还有一个疑问：规模如此之大、风险暴露如此之重、经营如此多样化的公司，它们的经理层是否能善加管理。在今日的市场环境中，大银行要得到很好的管理，意味着要掌控好多种不同类型的业务，获得越来越多的市场份额，保持利润不断增长，远离来自大量涌现的监管者、集体诉讼和其他诉讼人带来的麻烦，也远离可能会突然重挫股东价值的其他事件。毫无疑问，自《格拉斯–斯蒂格尔法》废止之后，实行大资产负债表战略的银行在处理这些事情的过程中遇到了很大困难，这让人不禁心生疑问：这样的战略是否能付诸实施，而这正发生于2007~2008年抵押债务危机和市场崩盘之前。

PAPER FORTUNES

第六章

国际业务的发展

导读

几十年来，全球的国际化更多地表现为美国的国际化。布雷顿森林会议确定美元的国际地位以来，美国的投资银行几乎没有放过全球的任何一次机会。不论是20世纪80年代英国国有企业的私有化还是日本经济高速成长时期，以及20世纪90年代到21世纪之初中国大型国有企业、国有金融机构改制上市都成了以美国为首的投资银行的饕餮盛宴。资本市场的全球化把美国投资银行养得脑满肠肥，难怪鲍尔森在他担任高盛首席执行官时不远万里，70多次造访中国。直到他当了小布什时期的财政部长后还频频向中国施压，希望中国放松对金融的管制，让中国金融资本市场更加打开门户。

也许历史性的转折已经开始，美元的力量和美资投行的力量已成樯橹之末，未来10~20年是不是有更多国际化投资银行来扮演投资银行的角色，让国际化走出美国化误区，应该是一种期待。

1968年年底，58岁的亨利·福勒，作为林登·约翰逊总统内阁将要任期届满的美国财政部长，与其他少数几个人成为高盛公司的合伙人，这是最后一批由西德尼·温伯格独自挑选的新晋合伙人，6个月之后，温伯格便去世了。温伯格是约翰逊总统的支持者，自第二次世界大战期间在战时工业生产局任职以来，就认识了福勒，此后两人断断续续地有些联系。

福勒，人人称为乔，本是一名律师。他原先对银行业一无所知，这种状况至少延续到他进了财政部，他在美国财政部开始是做副部长（1961~1964年），后来成了部长（1965~1968年）。在财政部，他做了两件很有名的事情，一是精心策划，让美国国会通过了肯尼迪和约翰逊总统时期的减税政策（1964年），20世纪80年代初，里根政府还效仿了这一政策。另一件是与联邦财政赤字作艰苦的斗争，就在1968年11月离职前，通过适量增税，成功地使联邦财政预算变成了小有盈余。

然而，美国对外国债权人的国际收支长期是负值，因此年复一年，流出国外的美元总是多于流回的美元，那时像现在一样，国际收支必须靠向外国央行和其他境外投资者出售黄金或证券，来作到平衡。结果，黄金便从位于田纳西州诺克斯堡的美国金库移往国外目的地——虽然与此地储藏的所有黄金相比，移往国外的数量并不算大，但足以让保守的财经评论员感到惊恐，于是，媒体通过他们便使黄金流动成了一个政治问题。乔竭尽所能，要阻止黄金外流。他引入“利息平衡税”，实质上就是阻碍外国借款者使用美国债务市场，他还针对美国公司的资本流出，制订了一个“自愿约束”

的制度——后来自愿约束变成了强制性约束。这套约束要求美国公司，若在国外投资子公司、开设新工厂或进行其他任何资本购置，都必须在美国之外而非国内为这些项目进行融资。当时美国公司正在海外积极扩张，在欧洲和日本尤其起劲，那里的利率都要高于国内。美国公司不愿意被迫按较高的利率融资；华尔街当然也被弄得非常懊恼，因为政府的行为抑制了外国政府和公司在美国市场发行债券，也迫使美国公司在别处筹措资金。

不过，乔很强硬，这些措施也证明他有些过失。他采用了维护美元的政策，并强力推行这一政策，作为一部分结果，就是促成了一个新的具有替代作用的金融市场，欧洲市场，在美国之外发展起来。不到20年之内，欧洲市场便成了世界上一个产生资本市场交易的主要场所，在交易量以及新债务和股权证券的发行定价方面，几乎与美国平起平坐了。

欧洲市场的诞生，主要是在伦敦的银行分支机构中，出现了以美元为面值的存款。伦敦是一个对所有的人来说都很便利的地方，在这里，美国银行监管部门鞭长莫及（因此存款免于遵守准备金要求），开立账户也不用向美国的税务机关报告。持有美元面值存款的银行，需要把这些存款投放在以美元为面值的投资工具上，但在欧洲，开始并没有这样的东西，直到“欧洲美元”贷款产生了才有。

由于美元在欧洲任何地方都不属于本币，于是银行之间便逐渐发展出了一个交易欧洲美元存款的柜台市场——你可以买入或卖出欧洲美元，可以投资于以欧洲美元为面值的贷款或其他金融工具。这便成了伦敦银行间市场，这里每日都会发布伦敦银行间同业拆借利率和同业存款利率。20世纪60年代初，花旗银行引入欧洲美元大额存单，由此扩大了大额存单市场的范围，而英国的商业银行华宝证券则于1963年首次承销以美元为面值的欧洲债券，为意大利国有高速公路局建设高速公路干线进行融资。

这次欧洲债券发行量很小，只有1 500万美元，但具有里程碑式的重要意义。华宝证券费尽心思，设法在全欧洲范围内达成一个共识：只要这类债券以“私募发行”的方式营销，其发行便不必向欧洲的众多证券主管机关注册，但必须由银行出售给客户。结果，这类债券的发行实际上是无人监管，也不存在国家管辖权问题，这意味着，它们没有真正纳入任何国家的法律或监管框架之中，也不会在任何国家招致税收的问题。再者，这类债券发行时不要求登记投资者名称——它们是“无记名债券”，到期偿付时，谁出示债券便向谁偿付——因此可以匿名持有，这对于欧洲及其他地方不想被追踪资金来源的要求保密的投资者，确是一大优势。

这类新出现的债券对欧洲的私营银行也很有吸引力，这些银行为客户管理着大额资金，特别是瑞士的银行，它们通过有保密功能的“编号账户”，为形形色色的人管理钱财，其中很多人都在藏匿资金，不让税务机关、家庭成员或外国政府知晓。这时的欧洲在第二次世界大战结束之后才刚刚度过20年多一点，人们还记得战时大量的私人财富，由于没有得到妥善藏匿，都丢失或遭窃了。银行为分销欧洲债券，会向客户收取很多费用，但是客户并不介意。相较于投资收益率，客户更看重匿名的特色，再说，投资收益反正也是留在编号账户中，不会被征税。

西德尼·温伯格对这一切了解得并不多，但他知道自己的公司客户在海外融资，他不希望客户流失到在国外比高盛更加活跃的其他投资银行那里，尤其是摩根士丹利、第一波士顿和规模较小，但在国外融资领域拥有独特优势的怀特维尔德公司。乔·福勒是在欧洲和别处为高盛打开门路的一个人物，他在1968年与新晋合伙人之一的迈克尔·科尔斯合作，被挑选去参与竞争激烈的国际业务。3年之后，我也已很好地适应了属于主流的（国内）公司融资部，新成为业务副总裁，却不顾所有同事的劝告，加入了小小的，但胸怀大志的国际业务部，和一帮兄弟努力着，要让世界对高盛开放。

1970年，高盛没有任何国外办事处，差不多也没有来自美国之外的公司客户。有一些国际经纪账户与外国商业银行和商业银行也有一些业务联系，但也只是如涓涓细流的所谓互惠业务。公司与重要国家的央行和财政部，如果说有些关系，也是很少，的确，在欧洲几乎没有人知道我们，在经济增长迅速的日本也没有人知道我们，日本当时正是最新出现的吸引眼球的经济高速发展国家，与今天的中国很相似。高盛开拓国际市场，有很多工作要做。迈克尔·科尔斯是一个英国人，一直为高盛做欧洲债券业务，他毕业于哈佛商学院，没上过本科，十几岁时作为战斗机飞行员在英国皇家空军服役，参加过朝鲜战争。迈克尔于1971年在伦敦开了一个很小的仅有4人的办事处，他搬到伦敦时，公司安排我替代他在纽约的位置，如果谁的客户有国际业务要做，可以来找我。我同时还负责照看日本业务，定期到日本，在那里竭力争取业务。

我们当时在做一些国际业务，需要很在行地把欧洲债券介绍给国内客户，那些客户仍然在国际业务子公司新任董事长乔·福勒先前作为财政部长时制定的控制措施下运作。我们也有兴趣为发行可转换债务（能转换成股票的债券）的日本公司在美国或欧洲市场融资，有兴趣协助美国之外的公司在美国收购企业。然而，正当我们的国际业务启动的时候，世界却发生了变化。

改变世界的三大冲击

日本人常把突发的重大变化称为"冲击"。20世纪70年代期间，就发生了三次这样的冲击，这些冲击尤其是对华尔街及其所从事的业务带来了影响，不过在当时，并没有得到恰当或充分的理解。

尼克松冲击

1944年，美国政府召集所有同盟国，在新罕布什尔州布雷顿森林举行国际会议，力求就国际货币体系达成一致意见，帮助战后世界恢复经济和金融稳定。会议上诞生了世界银行和国际货币基金组织，也诞生了以金本位为基础的国际汇率机制。金融稳定实质上意味着要遏制通货膨胀，而通货膨胀是即将到来的战后经济复苏的一大隐忧。会上达成一致的国际货币体系要求：美元以官方兑换率每盎司35美元钉住黄金；申请加入这一体系的其他所有国家（也就是西方和一些发展中国家），其货币必须以协商确定的汇率与美元挂钩。申请国政府必须强力捍卫汇率，通常采取的手段是调整货币政策或财政政策。

然而，这意味着要对这些国家施加经济方面的纪律约束。实际上，这个体系必然会崩溃，因为最初的汇率确定于1944年，而那时所有有关国家基本上都由于战争影响，经济凋敝或混乱不堪。在战后复苏中，很多国家会遇到不同的经济增长率、通货膨胀率和负债比率，这些实际上又会要求汇率作出变化。但是，这一体系的设计意图是在维护最初的汇率，而不是经常或逐渐地调整汇率。高通货膨胀国家会被要求提高利率或实行价格控制，出口贸易很成功的国家又被要求抑制出口，或鼓励进口，以此让汇率保持在协定的水平上，但很少有国家能在经济上执行这些条款的同时，却不造成严重的政治影响。有时，汇率调整不可避免，国家会突然，通常又是令人尴尬地宣布让它们的货币贬值。不过，这个勉强支撑了25年的体系，虽有这样那样的缺陷，似乎还是尽其所能地做到最好。

到1970年，越南战争造成的影响已开始在美国使通货膨胀变得更加严重，外国对美元的信心和敬意也开始减退。越南战争在欧洲就像在美国一样不得人心。多个欧洲国家政府向美国财长约翰 · 康纳利抱怨，美国的通货膨胀正在失去控制，让国际货币体系不堪承受。康纳利答复说，"美元虽是我们的货币，但这是你们的问题。"这样的回答很可能让问题更加恶化了——1971年前6个月，220亿美元的资产逃离美国。作为对资产出逃的回应，1971年8月15日，康纳利宣布，美国将不再以黄金来兑换美元。如此一来，约翰逊政府便单方面“关闭黄金兑换窗口”，致使美元除了在公开市场之外不能再兑换成黄金。尼克松作出这个决定，非但没有征求国际货币体系其他成员国的许可，甚至也没有与美国国会商议。不久，这项决策便被冠以“尼克松冲击”的绰号。

康纳利宣布之后，美元和其他货币的价格便由市场决定，而不是为了维持人为的汇率由政府来决定了。这并不是美国有意为之的一种放松管制，这是一个迫不得已的意外事件，是市场和政治压力施加于美国经济之上造成的。这样的事情果真发生了，也确是一个冲击。

当时，很多政治人物和经济学家，包括乔·福勒，都担心浮动利率制会破坏国际金融稳定，危及世界贸易，从而带来再现20世纪30年代痛苦记忆的经济形势。他们对领导政府的聪明人有信心，但不能想象一个除了市场投机者之外无人控制的体系会是怎样。使他们非常惊讶的是，由市场决定的体系运转效果却比布雷顿森林体系更好，尽管颇花了一些时间才见到这一点。

起先，黄金价格只发生了些许变动，在尼克松冲击之后大约上涨了10%。但到1973年夏季，金价已攀升到每盎司约90美元。到1979年，这一系统性变化的效应已多数被吸收，黄金以每盎司约250美元的价格交易，美元对黄金已贬值6倍，这也说明美元在战后时期被高估了。其他货币也作了调整，尤其是德国马克、日元和瑞士法郎，它们相对于美元都升值了。但新的汇率均衡提供了一个实实在在的平台，可以据此做出贸易和投资决策。

全球进出口商品贸易在1970~1980年间，每年以20%的比率增长，超过1960~1970年间年增长率的两倍。随着外汇管制的消失（在浮动汇率环境下已不再需要），每日外汇交易量大幅上升，这既反映了商品和服务贸易的增长，也反映了金融投资交易的增长。这些金融交易涉及投资于世界上多个金融市场资金的流动，尤其是美国市场、欧洲市场以及正在繁荣发展的新兴日本市场。

世界金融投资资金在10年间总体上增长了一倍有余，使得国际市场间的套利有了可能，也有助于固定收益市场的一体化。新汇率机制容许市场对认为可能已偏离正常轨道的汇率和利率施加压力。这种压力的传递也大大助长了外汇市场和利率市场的波动性。而波动性的上升又吸引了交易者的注意。

尼克松冲击让华尔街大吃一惊，但也并没有让华尔街多么不高兴。这一冲击似乎是强硬的老尼克松找到的一个适当办法，要向一帮忘恩负义的外国人表明，从此以后，他们得换一种方式与美国打交道，同时还向他们表明，美元官方贬值这个“妖怪”（尼克松本人所用的措辞）“已被安葬了”。但是，待在高盛公司规模极小的国际业务部，我们知道尼克松冲击会改变我们的业务，因为我们的业务很大程度上是基于欧洲债券的发行。

首先，对资本流出的强制性约束肯定会消解，这意味着高盛现有的美国客户不再被迫到欧洲市场去融资。

其次，这意味着美国之外的证券发行人可以重返美国市场——但它们有这个意愿吗？欧洲债券市场能够提供它们需要的东西，也许成本还要低些，因为在欧洲，欧洲公司不会被视为外来者，不会被要求为资金支付溢价。

所以，属于我们的未来业务，可能会涉及目前尚不在我们客户名单中的发行人，也可能会涉及我们在其中没有多少或干脆就没有发售能力的市场。我们的业务计划不得不作出变更，强调向欧洲和日本发行人做营销，并培养更好的国际发售能力。

石油冲击

正当我们辛苦地执行业务计划的时候，犹太赎罪日战争开始了，埃及和叙利亚军队在1973年10月6日突然向以色列发动攻击。战争仅仅持续了3周，但结果是石油价格政治化了，10月6日前油价还是每桶约2~3美元。此后，阿拉伯石油生产国继伊朗（当时伊朗仍是君主制国家）之后宣称，它们不再把石油运往战争中支持以色列的国家，并将大幅减少石油产量、提高石油价格。油价便迅速飙升到每桶13.5美元左右，然后到年底是15美元，这时离联合国停火协议结束战事已有很长一段时间。全世界的股票市场深幅下挫，经济预测很快被修正，预计所有经合组织国家和多数发展中国家会发生通货膨胀，经济增长率会降低。

这一突发事件造成的即时震荡，比尼克松冲击来得更加强烈，因为人人都想象得出短期内会有什么样的结果。所有地方的生产、运输和房屋成本都会有相当大的涨幅，就像全球有了一次大幅增税一样。经济衰退会接踵而至，资金会流向并不需要的中东地区，过多地从世界上需要资金的经济增长引擎地区流失出去。不过，我们必须作出调整，以便有能力争取到一份再投资业务。高盛公司在波斯湾地区并不很知名，但乔·福勒碰巧认识那里的几位财政部长和其他官员，情况就大不相同了。

石油美元流向产油国，在那些国家，又被投资于银行大额定期存单和短期存款，直到那些国家的政府能想出别的办法来处理这些资金。银行接受石油美元存款的利率是打过折扣的伦敦银行间同业存款利率，所以，如果银行能把这类存款再贷出去，这类存款对银行便很有价值。但是，经济形势已这样不好，又有谁想借贷呢？沃尔特·瑞斯顿领导的花旗银行首开先河之后，其他银行争相仿效，很快便团团围住了一些发展中国家和其他不易筹措资金的借款人，以大大高于伦敦银行同业拆借利率的利差向它们贷款，锁定数额很大的贷款利润。这种状况至少延续到了贷款变得“不良”的时候。

我们找到一位说阿拉伯语的伊朗人，他曾是世界银行的高级官员，请他与我们一同工作，为高盛公司拉来一些业务。我们还成功地协助公司避免被列入“阿拉伯黑名单”，这份名单阻止已知或疑似与以色列有联系的公司与任何伊斯兰国家政府做生意。我们认为，会有大量石油美元找到途径流向瑞士（石油美元在此可以获得保密），因此欧洲市场可能会一时间充溢着多余现金，这使得美国或日本大型公司的欧洲债券发行可能会以很好的价格完成。后来的事实果然如此，至少有一小段时间便是这样，但美国的市场形势正趋恶化，美国大型公司也不需要融资，我们的计划因此受到了挫折。石油冲击虽然在全世界引发了深度通胀，致使大量公司财务困难，但也让人重视了先前不存在的创新和适应能力，金融服务业务的竞争开始反映出这种重视的趋势。20世纪70年代对华尔街来说是非常困难的岁月，结果，很多传统的客户关系都改变了。

沃克尔冲击

1976~1980年间，在吉米·卡特总统的整个任期内，通货膨胀快速上升。1979年发生了伊朗国王被推翻的伊朗革命，促使本已很难应付的油价从每桶15美元骤升至每桶40多美元。同一年，苏联军队进入阿富汗，黄金价格创下新高，每盎司680美元，19倍于尼克松冲击之前的价格。美国短期国债利率已超过10%，仍在上升。然而，虽有如此高的利率，实际利率（即现实利率与通胀率之差）还是负值——市场上仍有许多资金寻找贷出或投资的途径。1979年10月，接受卡特总统任命，担任美联储主席仅数月的保罗·沃克尔认定，无论付出什么样的代价，也必须让已达到13%的通货膨胀掉头。他把利率提高到惊人的水平。为实现这一点，他急剧削减货币供给，改变了货币政策。据研究美联储历史的威廉·格雷德说，这“在现代经验中，未曾有过先例”：

> 在短短的几个月当中，美联储几乎将货币价格提高了一倍。尽管技术上非常复杂，但沃克尔这样做的实质意义在于——单向急剧提高利率。几个月之前，美联储的理事们还在争论是否要提高0.5%。现在，美联储正把联邦基金利率从11%推升至20%。其他短期利率也亦步亦趋地跟进。

这是美联储有史以来第一次真正强力使用货币政策，立即对经济产生了影响。股市和债市暴跌——20世纪70年代充满了这样的暴跌——失业率急速攀升，到1980年年初，经济衰退开始来临，吉米·卡特这时也在努力寻求连任。实际利率不久便转而变成正数，到1981年升至4%，通货膨胀得到遏制。到1982年年底，金价跌至每盎司300美元，名义利率仍在下降，美元在升值，美国新任总统罗纳德·里根已重新任命沃克尔为美联储主席。

对于我们这一小群身在高盛的人来说，沃克尔冲击是影响极大的。它使里根得以当选总统，使市场获得了信心，经济指标开始好转，也使投资美国证券的外国投资者得到了安慰。或许，沃克尔冲击也帮助里根让美国国会通过了他的减税政策，很少听到反对声音。当然，沃克尔冲击也引发了股票和债券的大牛市，这正是20世纪80年代的象征。然而，沃克尔冲击对欧洲市场的影响要胜过任何地方。

欧洲市场进入成熟期

瑞士银行充满了现金，有一部分来自产油地区。也有一部分来自日本和其他地区，它们在20世纪70年代对这些地方进行投资，略过了深受困扰的美国。随着利率下降和美元升值，它们非常乐意再回来购买以美元为面值的股票和债券。但瑞士银行在为客户保密方面有严格规定，除非购买的债券是不记名的，并且免于缴纳发行人所在国税务机关征收的预扣税款，否则不愿意购买债券。客户名称不得向要求认明投资者身份的债券登记机构或税务机关提供。美国财政部不发行不记名债券，所以瑞士银行不能购买美国国债，本来它们是更愿意购买的。然而，它们可以购买美国知名公司发行的AA或AAA级债券，不过，还有一个条件，也就是这些债券购买时必须免缴纳预扣税款，可是美国公司在国内发行的债券并非如此。于是，美国公司通过位于税收天堂，已受担保的子公司来发行欧洲债券，可免于缴纳预扣税，这种做法似乎对各方都有利。但20世纪70年代并未大量产生美国公司发行的欧洲债券，二级市场的流动性相当不足，所以没有多少这类欧洲债券可买，这倒给那些已有的欧洲债券带来了稀缺性溢价。

一阵狂热

有些瑞士银行开始主动找到有偿债能力的美国大公司，以很低的利率与它们做生意；为了创造适量满足客户需求的债券供给，这些银行实际上开出了美国大公司无法拒绝的条件。譬如，宝洁公司是高盛的AAA级公司客户，家喻户晓，如果它想在纽约市场筹资1亿美元，就得支付8%的利息——这与期限相同的可比美国国债相较，会高出比方说50个基点，还不包括其他所有成本和费用。我们可以去找一家瑞士银行，提出作为副主承销，与他们共同承销宝洁公司发行的1亿美元欧洲债券，向宝洁开出包括一切成本在内的，比方说7.85%的发行费率。瑞士银行与我们分享承销费用，还向它们的客户收取通常都很高的经纪佣金，客户会乐意拥有这样的债券，这种债券相对于瑞士法郎在升值，因为美元在走强。这些交易在伦敦引发了一阵债券发行热，不仅让瑞士银行四处活动，努力参与到所有的这些交易中来，也让这些债券吸引了其他有点类似的非美元投资者，例如英国、挪威、科威特、新加坡和其他国家的国有大型投资基金，以及日本的保险公司，它们都拥有大量可投资资金。不久，AAA级美国公司（以及评级较低的美国著名公司）都利用欧洲美元债券市场，债券利率不仅不包含高于美国国债的溢价，反而有所折扣——在美国本土是绝不会发生这种事的。

1982年，我负责高盛公司的欧洲业务，活动中心在伦敦。那一年，美国公司在伦敦发行的高评级公司债券要多于在纽约的发行量。当我告知纽约的公司合伙人这个统计数据时，他们大为惊讶，因为像这样的事从未发生过。“怎么可能？”他们问道，“对于我们的业务来说，伦敦只是一个无足轻重的地方。这一切是如何发生的？”

包销

20世纪60年代末，有几家美国公司开始作为承销商参与欧洲债券市场，最先发挥领头作用的是怀特维尔德，它建了一个虽然复杂但有创造性的合资公司，合资方是瑞士第二大银行瑞士信贷银行。这家合资公司把怀特维尔德发行新券的专业能力和瑞士信贷广泛的发售能力结合在了一起。1978年，怀特维尔德被美林证券收购，瑞士信贷便安排第一波士顿取代怀特维尔德在合资公司中的地位，合资公司更名为瑞士信贷第一波士顿。新合资公司的管理发生了一些混乱，其间好几位高层经理被替换，此后，这家合资投行由迈克尔·凡·克莱姆掌管，他是一个经历多姿多彩的美国人，一度身为人类学家和餐馆经营者，他为寻找新业务跑遍了全世界。瑞士信贷第一波士顿的欧洲债券承销团组织和销售事务，完全由汉斯·约格·鲁道夫管理，他是一位年轻的很有才华的欧洲债券销售员，1980年从基德–皮博迪证券欧洲承销岗位上被解救出来，这年市场正开始爆炸式地发展起来。鲁道夫对欧洲债券市场了如指掌，自20世纪

60年代中期以来便参与其中了。他虽是德国人，却与一帮排外的瑞士债券交易员打成一片，和他们用苏黎世的瑞士德语方言交谈，分享他们的内部笑话，成了他们中的一分子。

鲁道夫一开始就赢得了雷恩纳·格特的信任，格特是行为方式已美国化了的瑞士信贷银行董事长，他有着勃勃雄心，要让银行在欧洲债券市场大展身手。鲁道夫是一个大胆的创新者，他接下来采取的一些举措，都会与格特仔细谋划，这样，如果计划失利，也可以确保得到必要的支持，保护自己免受事后批评。只要他坚持与瑞士信贷银行组合经理认可的客户做生意，他也可以利用他们的分销能力。

鲁道夫与凡·克莱姆不久就变得非常有名，因为他们主动向发行人——美国、欧洲、亚洲的蓝筹公司——提出：以包括我们在内的市场上其余公司都认为极低的利率，购买大量欧洲债券。鲁道夫早在基德-皮博迪证券时，就曾让市场大吃一惊，他于1975年提出买下新西兰政府发行的整宗债券，致使公司在没有承销团的情况下承担巨大的承销风险；他这样做的目的是对发行人施加压力，让发行人当场接受激进的定价，新西兰政府真的马上接受了。这是欧洲市场上出现的第一宗全数包销，也有一些迹象表明，基德-皮博迪证券纽约合伙人为此深感震惊，但是，鲁道夫到了瑞士信贷第一波士顿之后，包销交易又一阵风似的再次出现了。一旦他获得控制债券的授权，他便会要求报恩，施加压力，许下激进的销售承诺，但他能这样做，主要还是依靠两点，一是与格特的关系给他提供了保护，一是瑞士信贷组合经理热切地希望为客户买下以美元为面值的欧洲债券，几乎不论价格如何。那些组合经理的客户富裕，有保密意识，又想规避税收，他们对市场利率并不熟悉，似乎也不太担心拿到的是否最好的利率。不管怎样，他们即便不高兴，又能去别的什么地方呢？

对于投资银行来说，如果没有瑞士银行所拥有的自投罗网的客户和宽容的董事长，这实在是很难做的业务。譬如说，高盛公司就不能把欧洲债券卖给机构投资者，除非债券打了折，能达到市场收益率，而且折扣还得来自属于我们的那部分佣金。这让我们只有很小的余地来适应市场，而这个市场有时会波动很大，其他承销商尽快抛售未售出债券的行为也可以毁了二级市场。

但是，鲁道夫和他的同事能给自己喜欢的知名公司打电话，向它们提出可以不用等待测试市场，就能以低于市场利率的成本融资，拿到授权之后，又开始给其他正力求确立欧洲债券承销商声誉的著名欧洲银行打电话（但不包括瑞士信贷第一波士顿的瑞士竞争对手），邀请它们参与交易，拿下2/3以上的债券承销份额。很多这类银行都能把债券塞入自己的承销账户，或者一承诺拿下便在市场上售出，有时也会持有一段时间，希望随着美元进一步走强，利率持续下降，债券市场价格会上涨，这也是1983~1986年的市场大势。

这样的情况产生的结果便是，捆在市场身上的绳索会更紧，迫使银行竞价，以更低的利率包销债券发行，接下来还要低。市场开始进一步创新，帮助把低成本的融资交易带给热切的发行人。附带认购权证的债券开始出现，权证让投资者能购买更多相同债券，或者其他东西。当时权证的定价很不精确，但在那些市场价格上升的日子里，有足够大的需求。还出现了零息债券，这类债券的利息部分在债券到期时包含在更高的本金中偿付给投资者（类似于美国的储蓄债券）。在日本，税收部门不将自然增长的利息收入算做应税正常收入，所以，对日本投资者来说，零息债券（其增值部分作为资本利得征税）收益率可能很低，但仍然会提供很好的税后投资收益。市场不断有创新出现，渐渐地，评级为A级以上的美国公司在欧洲新发行债券的利率下降了。1983~1986年间，欧洲债券新券发行量增长了两倍，多数投资银行不得不设法留住公司客户，因为这些客户会接到鲁道夫和凡·克莱姆及其美国同事保罗·道尼和查尔斯·墨菲不请自来的电话，向它们提供无法拒绝的交易。瑞士信贷第一波士顿主导了很大比例的欧洲债券发行交易，多年里在欧洲债券承销榜上占据统治地位。当然，发行债券的公司也趁机利用了这样几个有利条件：银行对它们的债券发行业务展开竞争、利率很低、可以迅速进入市场，在电话上通过短暂的讨价还价便敲定了融资成本。

415规则让美国欧化

美国证券法要求，发行证券必须向证交会递交证券发行注册申报文件，申报之后便开始了该委员会对注册进行审核的一段时间，这段时间结束之时，证券获得发行允许，便可以向公众出售，整个过程大约需要30天。这样一个等待期是无法避免的，而在此期间，市场可能会恶化；发行人也没有机会根据为该次发行所做的最低成本竞价来选择承销商；承销商无法在允许销售证券前竞价。结果，发行证券的公司看到，与多家承销商保持关系并没有什么有利之处；它们都有自己的主办投资银行，可能还有一个副主承销商，这些都很少有变动。可是，它们一旦开始从伦敦接到电话，便改变了态度。它们对较低利率的发行交易感兴趣，也高兴看到投资银行竞争它们的债券发行业务，所以会尽其所能鼓励竞争。

随着时间的推移，美国证交会意识到大量的公司债券发行业务在离开美国市场，于是也提供类似欧洲盛行的新券发行条件，努力吸引债券发行业务回归。这实际上意味着对美国新券发行规则放松管制，以此做到与更加自由的欧洲市场相匹敌，这个市场已经发展成了美国公司债券市场的重要竞争对手。证交会不想承认过去50年来监管市场的方式有什么错，但它必须找到办法，说明有理由对新券发行规则作出重大改变，以便使美国市场能与更容易、更快捷、发行成本更低的欧洲市场相匹敌。于是，它酝酿出了"一体化披露系统"，依靠金融学者提出的"完全市场理论"来支持这一构想——完全市场理论声称，一旦信息向市场发布，信息会被充分吸收和传播，会立即对价格产生影响。证交会说，如果情况果真如此，那么包含了新券发行信息的注册申报书一旦递交，就可以认为信息已经发布，因此针对已受监管的发行公司的冗长审核过程便没有必要了。这是一个很好的保护美国公司债券市场竞争能力的举措，虽然并非一个自愿的举措。1984年，证交会批准了415规则，这个所谓的"诸架注册制度"使公司能够提前注册证券，然后，当证券准备好发行时，便"离架"发行。这对美国投资银行关系具有巨大影响，因为这意味着公司可以通过讨价还价，将新债券发行交给出价最高的承销商，当然很多公司正是这样做了，由此结束了排他性投资银行关系的时代，开启了以定价为基础（不同于多年来的以关系为基础）竞争各种投资银行业务的新时代。这同时也降低了公司发行新债券的成本，因为承销费用可以商量确定，或者，因为随着新债券开始在美国以"全数包销"的方式，按照包括一切的利息成本卖给承销商，承销费用实际上消失了。

有了415规则，进行一次新券发行，其中的增加值很多便从承销商转给发行人了。但415规则还有一个同样重要的影响。它鼓励公司不但在国内，也在国际上为债券发行寻找最好的报价，不仅在同一市场的投行，也在所有市场的投行之间进行讨价还价——包括欧洲债券市场和诸如日本、澳大利亚或瑞士之类国家的国内市场，在这些国家内，本币债券发行时，可以附带货币掉期或其他形式的衍生品合约，这实际上以较低的成本创造了合成美元债务。这种在全世界债券市场寻找最佳融资机会的努力，是以税收、外汇、监管以及其他市场变化为基础的，有助于促成全球同类市场的一体化，如此一来，异常定价和其他类似的异常现象也会因套利而消失。

1990年，证交会又引入另一规则，允许外国债务和股权发行人在美国发行证券时，可不必向证交会注册申报。144a规则规定，只要投资者是"合格的机构买家"，外国发行人发行证券可按"私募发行"对待。私募发行没有注册申报要求，但必须只卖给成熟的投资者：合格的机构和富有的个人。然而，144a规则，允许这样的投资品再出售给其他合格的机构买家，先前的私募发行规则并没有这样的许可。这样一来，证券可以在合格的机构买家之间进行交易，不久便形成了流动性相当大的市场，这个市场给证券的定价与同一发行人注册发行的证券大致相同。这对新兴市场证券来说，尤其是一个有益的突破，20世纪90年代初，美国渐渐对这些证券有了胃口。譬如，随后中国、巴西或俄罗斯等国公司发行的债务或股权证券，即使只是在它们的国内注册，也可以在美国卖出。

英国金融市场的新规

1986年10月27日，一个惊天动地的事件在英国伦敦仅有1平方英里的金融中心伦敦城发生了——这个地方的历史可以追溯到诺曼征服时期。英国某些爱说笑的人把这次事件称为“宇宙大爆炸”，它将永远改变在伦敦城工作的几乎每个人的业务和生活。这城里的生活永远不再和从前一样。股票交易所的规则已经改变，由此，长久存在的各种传统也随之沉入了泰晤士河。新的规则，像小小的绿苗一样出现，现在已开始生效，但这些显得天真无邪的新规则将把英国金融市场改变到无法辨认的程度。

结果，英国最大的20家股票经纪公司中有19家被出售，所有的功能类似于纽约证券交易所“做市商”的交易商也被出售。现在伦敦将通过一个崭新的、刚安装的电子做市系统进行股票交易，这个系统与纳斯达克很相似。像在纽约一样，经纪佣金将通过协商确定，不再固定不变，股票交易所的会员资格也将向所有合格的申请人开放：银行、经纪人、交易商或外国投行。这些简单的变革毁灭了一个古老的资本市场体系，《经济学人》杂志编辑沃尔特 · 白芝浩于1873年曾把这个体系描述为大英帝国王冠上的一颗宝石。将替代它的是一个充满活力的更具竞争力的新市场，这个市场富有效率，仍旧位于伦敦城，但将不再属于英国，也就是说，数年之后，在市场领导者中没有一家英国所有的公司。

所有这一切开始时是够单纯的。1976年，工党政府考虑到纽约的“五一”改革，通过了一部新法，将有关商业限制性惯例的法规延伸应用于服务领域。公平交易局要求伦敦证券交易所，与旅行社和房地产经纪商一道，呈示各自的“规则手册”，以备检查。公平交易局发现伦敦证券交易所历时百年的规则中有150条违反了限制性惯例法，于1979年对交易所提起诉讼，这事正发生在玛格丽特 · 撒切尔当选首相之前。伦敦证券交易所把此事看做完全妨害公共利益的行为，以为新的保守党首相会予以取缔。但他们对新的国家领导人并不很了解。原来，她是一个顽固的自由市场倡导者，认为公平交易局做得有理。她有一些宏大计划，要把英国很多国有企业私有化，这些国有企业是过去在工党政府的国有化浪潮中逐渐形成的。她明白，要做到私有化，需要得到资本市场的大力支持，而资本市场要给予支持，又必须改革，以发展世界级的竞争能力。她派一位副首相到伦敦证券交易所，带着指示要通过商谈达成改革协议，结果是主要产生了三个规则变化：交易佣金可以通过协商确定；交易所会员可以充当经纪商或交易商，也可以身兼两职（但不再仅限于以一种身份行动）；会员资格将对任何想加入的合格者开放。这看起来似乎很简单，但事实证明绝不简单。

1980年，伦敦证券交易所在欧洲是规模最大、最活跃的交易所，当时欧洲有很多交易所。自白芝浩所处的时代以来，伦敦便一直是英国的金融之都，伦敦证券交易所则是最主要的证券市场。从那时起，英国也一直是市场经济的领头实践者，欧洲公开交易的公司多数位于英国。英国公司参与首次公开发行、其他的新股发行、收购兼并，数量之大远超过欧洲其他国家的公司。因为伦敦证券交易所在欧洲首开先河，转型为纳斯达克似的交易市场，它便能轻易地将这个市场向英国之外的其他大型欧洲公司延伸，英国和其他国际投资者都可以买卖这些公司的股票。这就扩大了法国、荷兰、德国和其他欧洲国家通过市场进行的股票交易。欧洲机构投资者通过市场所做的交易多数是在伦敦证券交易所系统上完成的，随着布雷顿森林体系的瓦解，越界资本管制的消除，交易量也在不断增加。英国自身已实行了65年的外汇管制，也被撒切尔夫人在1979年废除。

然而，伦敦证券交易所的古老规则，已把伦敦城变为一个野兔迷宫般的地下洞穴，这里有多种不同类型的玩家，这些玩家与其他玩家保持着隔离状态，大概这是为了保护自己的生计免遭过度竞争的威胁。经纪商只能做经纪商（不能做交易）、交易商只能做交易商（因此不能做经纪商）、商业银行（类似于投资银行）承销股票和债券，但既不能成为经纪商，也不能做交易商。商业银行和保险公司对这些业务都不能参与。与“五一”之后的华尔街相比较，这里的多数公司规模很小，持有很少的资本，雇用大量的薪酬相对较少的职员，赢利能力也都不太好。它们拥有根基稳固的传统客户，多年来与之交往，不十分关心业绩表现。伦敦城里的经纪人、交易员和商业银行家全都相互认识，或者有专业交往，或者有社交联系（来自相同的大学——通常是牛津大学或剑桥大学出身），都来自中上阶层家庭。有些有贵族和皇家血统。他们很少做营销，喜爱在长时间的午餐中大喝葡萄酒，热衷于看歌剧，星期五便早早离开公司，到乡间去度周末。但他们也挺精明、机智、富有个人魅力，在服务客户的过程中，也能有创新、不知疲倦、思考缜密，客户对他们都很忠诚。

但是，1983年伦敦证券交易所宣布了与公平交易局达成的协议，协议带有3年执行延缓期，它改变了伦敦证券交易所的运行，把整个交易所震得像散了架。

英国经纪商面临着不得不协商确定佣金比率的现实和更激烈的市场竞争，只要看一看美国，便可以了解接下来会发生的事情。佣金比率经过商定，会跌至比目前低得多的水平。市场竞争会变得狗咬狗般的激烈，有些客户会失去，必须通过竞争找到其他客户来取代。现金流的减少，会削弱公司在竞争更激烈的环境中支付研究、娱乐和其他必需品的能力。除非能找到其他业务，比如交易业务，来补充收入的不足，公司不太可能会生存下来。于是，经纪商不得不作出安排，变为交易商，或者交易商变为经纪商，尽管为市场服务的经纪商远远多于交易商。合并或许有帮助，但是和谁合并呢？像它们这样的其他公司也许并不能提供足够的资本和专业技能，很快拼凑成一个提供全面服务的公司。加入一家商业银行或许是一条出路，但它们要吗？只有华宝证券在讨论建立一个新的综合性公司，成为英国的摩根士丹利或高盛。它已同意与一家重要经纪商和一家顶级交易商进行三方合并。其他商业银行似乎自信靠一己之力便能继续活下去，就像以前"靠自己的机智生活"一样。英国和其他国家有些大型商业银行在市场上想收购一些经纪商和交易商，获得有关方面的业务能力，可是，一旦放在一起，果真会是一个富有竞争力的平台吗？有一样很清楚：经纪商和交易商必须相结合才能生存下去，竞争会变得激烈得多，包括来自美国公司的竞争也在日以增强，而它们已经集经纪商、交易商、投资银行和承销商于一身，在"宇宙大爆炸"之前，至少已把协议佣金的问题解决10年了。

综合性的投资银行业务

如果我们想收购经纪商和交易商，会有大量的公司送上门来。我们并未收购任何一家，因为没有必要。伦敦证券交易所的规则变更对于像高盛这样的公司非常有利。交易所先前将我们排斥在外，现在我们可以成为会员了。我们可以成为英国股票做市商，与英国机构投资者一同进行股票大笔交易，为它们的指令建立仓位，向它们提供有关英国股票的高质量研究服务，这能让我们在英国开发出可与在美国相匹敌的市场份额。的确，在"宇宙大爆炸"发生之前的3年等待期中，我们已有很大优势。我们已在一段时间里与英国机构交易英国股票——通过在纽约交易的美国存托凭证来进行，在纽约，协议佣金比率更低，股票交易的英国印花税也可以避免。实际上，我们与这些机构在上午的时间交易日本股票，下午的时间交易美国和英国以及其他欧洲国家的股票，这是英国经纪商无法做到的。在"宇宙大爆炸"实际发生前很久，我们的市场份额已在增长。从更长远的眼光看，"宇宙大爆炸"会摘掉我们的外国公司身份，使我们在伦敦市场获得包括经纪商和交易商在内的更多合法地位。如果我们能提供更佳"用户友好"的其他思想和服务，我们便能赢得大量业务，从而确立我们的声望。我们可以像别的任何公司一样，变成纯正的英国公司，一是通过雇用和提拔英国职员，一是通过成为伦敦证券交易所会员，交易英国股票。我们能逐渐变得无异于任何英国公司。这种身份转换需要费些时间经过努力才能做到，但这会让我们的业务策略及其经济意义发生巨大变化。随着时间的推移，类似于"宇宙大爆炸"的变革也因为必要而在法国、德国、日本，最终在世界多数地方发生了，世界证券市场变得更加一体化，竞争更加激烈，效率更高，赚钱更多，在此过程中，愿意付出财力、时间和努力成为全球玩家的我们和其他美国公司，发现自己不仅在客户的国际业务中受欢迎，在它们的本土业务中也受青睐。

国有公司私有化

1979年，玛格丽特·撒切尔成为英国首相，此时的英国经济正是混乱不堪。保守党最后一任首相是爱德华·希思，1974年的一场煤矿罢工致使经济陷入了滞胀的瘫痪状态，他在对罢工表示妥协之后离任。接替希思的是两届不同的工党政府，这两届政府继续推行把英国变成福利国家的工党政策，为达到这一目的，除了其他手段之外，主要是将一些高就业的产业国有化，涉及的产业有采煤、铁路、钢铁、造船、航空、航天、能源、通信，以及部分汽车工业。1975年，中央和地方政府支出达到了国内生产总值的50%。

保守党政府需要变革，为此，1975年便选择了撒切尔——一个年轻而自信好强的自由市场倡导者——放弃几个年龄较大、经验更丰富的男性人选，让她接替希思成为保守党领袖。4年之后，撒切尔成为英国第一位（也是迄今唯一的）女性首相。她行使首相职责一直到1990年，是100多年来连续担任首相时间最长的人。她是米尔顿·弗里德曼的信徒，在经济政策上，和美国与她职位对等的罗纳德·里根是挚友。她确定方向之后坚持不变，为了拯救英国经济，把它投入自由市场资本主义强劲而令人畏惧的虎口中，不断挑战工会、地方政府，甚至挑战金融中心伦敦城。

她对英国将来的宏大愿景包括减税、消除外汇管制、对众多已国有化的行业实行去国有化、改革旧有机构（从证券交易所到大专院校的各种机构）、让一切在充分竞争的公开环境中运行。她当选的时候，多数属于工薪阶层的英国广大选民，已对工党的政策和执政能力失去信心，他们相信，即便是保守党具有旧式保姆管理风格的女性首相，也比来自工党的男性首相好。撒切尔相信，如果在5~10年里给她的政策以发挥作用的空间，她的政策将会取得明显成功，再也不会有人想回到老路上去。她对了。

她的计划关键在于让英国产业去国有化。然而，执行这样的计划并非易事——是的，向人民宣传这一计划，获得必要的立法，都存在着政治问题，但即使这些解决了，资本市场的负担也是巨大的。“宇宙大爆炸”需要时间来实行，但即便有了这样的变革，众多大型、常常是经营不善的英国公司，还必须在市场上卖出海量的股票。

这些忧虑并未使撒切尔退缩。她的天性驱动着她要让国营大型工业企业不再有人浮于事、拿补贴、向工会妥协和普遍效率低下的状况，让它们转而变为赢利能力强、不断增长、缴纳税收、创造财富的属于私营部门的公司，引领英国进入又一次经济复兴。她知道，她的反对者会指责她把真正的英国王冠上的宝石卖给阔佬和外国人，迫使一波又一波的解雇和失业浪潮冲击王国的每个城镇和乡村。她想，推销这样的计划确实棘手，但他从来不会迟疑，只会加紧实施。这一过程不久便被称为私有化，要在英国和海外股票市场，在大规模的公开发行中，卖出实行去国有化公司的股票。

第一次这样的发行出现在1979年11月，2.8亿英镑的英国石油公司股票在全球协调的承销中卖出。英国石油本是经营良好的公众公司（多数股权由政府持有），所以不必为它的股票创造一个新市场。对于英国市场来说，这次发行尽管规模算是很大，但也轻易完成了，其中不是很大的一部分股票配置给了海外投资者。此次发行之后，出现了为数不少的规模较小的公司的类似股票发行，股票受到了相当大的超额认购，致使一上市股价便在发行价之上跳空高开。有些批评家抓住这一点，认为政府以低于市场的价格把股票送人了。接下来的一次发行雄心要大得多，为英国国家石油公司发行5.49亿英镑的股票——这是英国有史以来规模最大的股票发行。政府在发行价上向承销商施压，而开始发行时，市场疲弱，所以上市交易之后股价跌破了发行价，这说明定价过高，而不是定价过低。政府无视市场条件和其他一切，继续向前推进，1984年11月，又成功地卖出了39亿英镑的英国电信股票。

这是一次规模巨大的发行，倘若没有英国普通民众的积极参与，是不可能完成的，他们此前并没有什么投资股票的历史。在这次发行中，由电视广告支持的声势浩大的营销活动起了很大作用。散户投资者可以分期付款，持有所买股票还会得到股票奖励。大约有20%的股票配置给了美国、日本和欧洲的机构投资者，其余的则以散户投资者为认购目标。这次发行获得了超额认购，整个过程进展顺利。数以千计的英国家庭购买了这家公司的股票，为后代分享公司未来可能的成长而持有股份。1979年以后国有企业私有化过程中发行的所有股票，其交易价都在发行价之上，很多英国家庭第一次领略股票上涨带来的好处。的确，民众正乐于成为投资者，新的股票供给大大地增加了伦敦证券交易所的交易量，反对私有化的声音也开始消失。

与此同时，新股发行仍在继续，而且规模更大。“宇宙大爆炸”生效6周之后，54亿英镑的英国天然气公司股票推向市场。这一回，对外国市场发行首次成了英国股票承销的一部分。这不同于在美国的股票承销，在美国，股票发行先是向证交会注册，再做市场营销，然后是定价和销售。在英国，股票发行是通过“前端承销认购”发行方式来进行。承销商宣布，承诺以某个确定价格购买所有股票，之后便开始为期约两周的认购，在此期间，投资者受邀进行认购。认购期结束时，统计认购数，如有不足，承销商便补足认购差额；如出现超额认购，则认购按比例减少。但是，这样的股票发行在认购期间可能会有市场风险。如果市场下跌，投资者会犹豫退缩，他们更愿意在承销商开始抛出其所购买的股票之后再买入。英国天然气公司股票没有遇到丝毫障碍便成功发行了，为接下来的超大规模私有化股票发行作好了准备。

这就是英国石油公司70亿英镑的股票发行，此次发行是为了卖掉政府最后持有的该公司31%的股份。这是英国第一次发行价值超过120亿美元的国有企业私有化股票，当时是美国至此为止最大规模股票发行的20多倍。这的确是超大规模发行，但市场似乎也乐意接受。遗憾的是，这次发行生不逢时，认购期正巧赶上1987年10月19日，这一天，道·琼斯工业平均指数暴跌500余点，跌去22%，对全世界的股票市场产生了重大影响。英国石油公司的股价大约下跌30%，所以，认购期满时，没有一丝一毫的股票认购，所有要发售的股票都回到了承销商手上。由于实际上只有约1/3的发行量被承销了——另外2/3搁置一旁，将由投资者根据延迟购买协议购买，此协议旨在为认购者提供有利的融资条件——损失要少于本来可能会有的最大量，但即便如此，分担10亿美元承销重担的4家华尔街公司，高盛、摩根士丹利、所罗门兄弟、希尔森-雷曼兄弟，总共还是亏了约2.5亿美元。承销商哀求撒切尔承认不可抗力，要么撤销这次发行，要么作些修改，但他们低估了撒切尔坚忍不拔的脾气。她说“撤销就撤销了”，拒绝作出任何改变，尽管后来英格兰银行提出限定股票的最低价格，以防出现进一步损失。这是一场痛苦的教训，但包括愁苦的美国公司在内的承销商都咬牙挺了过来，股票发行准时结束。第二年，英国国有企业为私有化而进行的股票发行仍然持续不断，决定发行如何完成的“前端承销认购”的发行方式没有任何改变。

撒切尔推行国有企业私有化的政策获得了成功，政府旗下有些国营工业企业脱离政府之手后，业绩很快有了彻底改观，这首先引起了英国一些欧洲对手国家的注意，它们也对国营公司采取了同样的政策，其中法国最为突出。所有这些国家政府都需要筹集现金，减少政府采购，以更多的竞争来刺激经济增长。随后，私有化也蔓延至日本，20世纪90年代期间，又到了亚洲其他国家和新兴市场国家。20世纪80年代，私有化股票发行总值约为1 000亿美元，而20世纪90年代则扩大了好多倍。就投资银行而言，这些股票发行无异于从天而降的大好的赚钱机会，但要赢得在全球或美国发售股票的主要承销商地位，它们首先还得对业务作出调整，向世界各地有关国家财政部和央行的高级官员营销自身的能力；调整自己的分销能力，以便处理好来自不同类型国家的大盘股首次公开募股；同时利用研究和做市在二级市场对这些股票发行给予支持。无论如何，投资银行到了一定时候总会这样做，但始于1984年、持续了约15年的私有化浪潮，毫无疑问证明了早点这样做是合理的，由此而加速的华尔街国际化也是势在必行的。

日本企业崛起

1969年，我和一位高级合伙人乔 · 福勒到日本进行为期3周的商务旅行，为高盛公司寻找业务机会。乔在日本名气很响，任美国财政部长期间曾与日本政府就国际收支问题争辩过，他深受日本人的尊敬和喜爱。另一位高级合伙人查尔斯 · 萨尔兹曼此前每年去日本一次，替公司露露脸，并没有做成任何生意。我是在随机选择的情况下，受指派陪同他们做记录，并协助他们向公司管理委员会进行汇报。那时的日本到处充满了机会和希望。我们的几家竞争对手自20世纪60年代世界银行宣称日本有能力从国际市场筹集资金以来，就在日本很活跃——第一波士顿为日本政府发行过一次债券，摩根士丹利始终是重视声望的日本人的宠儿，正在加紧接触大型工业集团。我们也曾于20世纪60年代初做过一次股票发行，发行商是名叫本田的小型汽车制造商；其他投行偶尔为索尼和别的高增长电子公司做过发行。

朝鲜战争期间，日本经济缓过劲来（当时，美国在日本购买军需品，创造了一阵经济繁荣），此后一直到整个20世纪60年代，每年以10%以上的比率增长，这主要得益于异乎寻常的高储蓄率，还有政府经济决策者、工商企业和劳动力抱成一团的集体努力，那时一些专家把这三方合称为“日本股份有限公司”。日本是一个低成本的“制造工场”，第二次世界大战前就发展出了高水平的产业技术和技能。它复制产品，使之更加便宜，成批地向美国和其他地方出口，但主要还是出口美国，因为美国是世界上一切产品的最大消费市场。这给美日贸易主管部门之间带来了数十年的紧张关系，但美国人欣赏日本制造的低成本纺织品、消费类电子产品、汽车和其他日益增多的高科技产品。我们那时相信，这一过程会持续多年，并且，尽管日本股票市场已注入很多外国投资，发展得出人意料的好，但日本公司还会需要从海外融资。乔·福勒和我们其他一行人，建议高盛公司加入外国投行群体，在日本竞争业务，公司管理委员会指定我专门负责此事，我在这个岗位上约待了10年。

日本公司主要依靠日本银行为新工厂和设备的不断投资进行融资。多数日本公司的资产负债表上权益融资很少，负债融资很多，外国投资者认为它们不是风险较低的良好投资对象。寻求发行债券的日本公司，早年只有获得了银行担保才能发行债券。但它们的股票有吸引力，所以，有些公司不久便在海外开始发行可转换债券，同时继续使用国内市场发行新股。

石油冲击对日本产生了很大的不利影响，因为日本所用石油几乎全靠进口，此后，日本经济增长率大约减少了1/2。日本公司开始增加海外融资，其中多数发生在欧洲市场，因为欧洲市场的融资速度更快，成本更低，也很少受到像复杂而麻烦的美国证交会规定的约束。高盛于20世纪70年代初在东京建了一个办事处，开展企业融资业务，其中主要是欧洲债券发行业务，竞争对手来自美国的投资银行、英国的商业银行和欧洲其他国家的全能银行。最初几年，多数发行涉及的是可转换公司债券，然后，由银行担保的附有认股权证的债券变得更受欢迎。偶尔也会有一家勇敢的公司选择在美国通过注册申报来发行证券。

20世纪七八十年代，日本公司在融资方面都不是很成熟。公司需要资金时，会向它们的“主办银行”要。银行通常会给公司贷款，但有时也会建议公司另外筹集一些股本，为不断增加的债务提供支持。然后，公司又会找自己的“主办投行”，让它决定公司应如何操作，在日本发行股票还是在海外发行别的东西。有时，如果公司想（通过相似的证券发行）跟上竞争对手，或者想炫耀自己能做得更好，这一过程会有点变化。不过，这一过程把很大的决策权交给了与公司关系密切的日本投资银行。所以不久，为了得到业务授权，所有的外国投资银行都得想办法踏入野村证券、日信证券、大和证券和山一证券的门槛。

20世纪80年代期间，形势发生了很多变化，但股市行情越来越热这一点基本未变，因为在这个年代，日本股票市场的上涨也吸引了日本公司的剩余资金、新的养老金账户资金以及大量海外资金。这10年间，股票市盈率大幅攀升，到1989年平均升至70倍（当时美国的平均市盈率是14倍）。日本公司也得以筹集资本，用于海外投资（收购洛克菲勒中心、凡世通轮胎公司、圆石滩高尔夫球场和哥伦比亚电影公司，另外，还有其他众多昂贵的高调收购，包括1987年住友银行竟花费5亿美元巨资，收购高盛公司1/8——没有投票权的——股份。事实证明，收购高盛部分股权对住友来说是一次极好的投资，对于高盛则是拿到了成本非常低廉的资本；但这桩交易却不易完成，因为触犯了美联储对《格拉斯-斯蒂格尔法》和《银行控股公司法》所持有的理念，不过，通过限制两家公司间相互作用的范围和程度，问题最终得以解决了）。

1984~1989年，日本公司发行的欧洲债券要多于来自其他任何国家的公司。它们在欧洲总共约发行了3 300亿美元与股权有关的债务证券，在日本国内市场发行了2 940亿美元，远远高于同期美国公司的发行量。1987~1989年，日本上市股票的市值超过美国上市股票，1988年和1989年，日本股票交易金额超过美国，虽然所有日本股票过半数为机构投资者交叉持有，而且从不交易。20世纪80年代，日本股价涨了5倍（10年间复合增长率为18%），相比之下，在里根政府的最佳时期，美国股价仅上升了2倍。1989年12月，日经道 · 琼斯工业平均指数创历史新高38 916点。

在此期间，股市支持了日本公司的扩张和海外各处投资。住友银行投资高盛就是通过发行5亿美元的新股来融资，发行市盈率为100倍，这个市盈率说明资本成本大约为1%。但是，股价上涨也给日本银行带来了资本升值，因为日本允许银行将所持客户公司股票的税后价值核算为资本。银行持有大量的这类股票都在大幅升值。银行的资本增值，鼓励银行更加激进地提供贷款给日本的借款人（贷款人以所持股票和房地产为担保）和外国公司及政府。

1989年12月，股市暴风雨突然来临。泡沫迅速破裂，股价暴跌至之前的很小一部分。随着保证金贷款被要求追加、破产激增、处处有肮脏交易被揭露，日本的金融系统分崩离析。所有证券公司和多数大型银行以各种各样的方式卷入丑闻之中，首席执行官被要求辞职，有些公司不得不破产倒闭。山一证券破产，樱花证券和日信证券不得不接受救助。银行突然间发现自己面对着堆积如山的贷款坏账，这些贷款损失迫使多数银行进行这样或那样的合并，大约经过15年，最终所有大型银行并入了三家巨型银行集团。日本作为很有影响力的银行借贷和证券发行之地的角色突然终止，虽然日本高储蓄率继续吸引着投资管理公司的注意。日本金融市场产生的混乱，由于一个事实而变得更加严重：日本承受着压力，需要实行“宇宙大爆炸”似的变革，以此重组资本市场，并使之对外国竞争者开放。整个20世纪90年代期间和21世纪头10年的多数时候，日本都忙于整理和重组金融市场，结果是大型外国银行，如高盛及其老对手等，无论在新券发行还是投资方面，如今都能在机构市场发挥更加广泛的作用。

新兴市场

我第一次听到“新兴市场”这个术语时，它是用于描述德国。意思是，在德国，资本市场已开始从不活跃的过去中走出，变成一个重要的公司融资来源和投资者寻找投资机会的地方。20世纪80年代，德国和欧洲大陆其他国家经历了资本市场走向活跃的转变，但“新兴市场”这个说法继续存在，其基础在于一些发展中国家为提高经济增长和促进资本市场的长期发展，竭力实行自由市场经济政策，取得了一些进步。这些国家和地区最初包括所谓的“亚洲四小龙”（即韩国、中国台湾、新加坡和中国香港），后来扩展到包括第三世界最近一轮债务重组之后出现的国家，这一轮债务重组发生于20世纪80年代后期。

第三世界债务

20世纪70年代石油美元借贷热潮之后，很多债务国拖延了本金和利息的支付。经济状况固然很困难，但这些国家所借资金有很大一部分被不当投资、浪费窃取了，借款带来的产出少于资金成本。银行深信，可以根据需要重新安排还贷，以此避免贷款违约，便开始通过利息资本化，提供新的贷款。给予发展中国家所有贷款——到1988年，巴西是820亿美元，墨西哥是780亿美元——对于银行来说，却开始显出不祥的征兆，银行监管机构也开始表示担忧。20世纪80年代末，美国政府提出一个计划：债务国可以购买美国财政部发行的长期零息债券（所有本息均在债券到期时支付），用来担保发行新的长期债券，以交换未偿还的（违约的）银行贷款。这些新债券称为布拉迪债券（这样称呼是为了对时任美国财长尼格拉斯·布拉迪表示敬意，他也曾是德威证券的高级合伙人），债券的定价反映了违约贷款的市场估计价值，所以，参与交换的银行在交换时不得不在账面计入大量损失，但是，如果银行不交换，可能最后手中只会留下一文不值的贷款。银行都接受交换提议，不愿无穷无尽地等待政府间谈判，虽然这可能会在未来多年以后让它们得到一些偿付。这是第一次以市场为基础进行交换，以便解决第三世界过多的债务问题。

交换涉及大量布拉迪债券，多数银行得到债券后，都很急切地希望卖掉。于是，这些债券开始非常活跃地在纽约和伦敦进行交易，不久，市场价格便开始反映有关债务国的资信状况，债券投资者的收益也可以与同期限的美国国债进行比较。所罗门兄弟和希尔森-雷曼兄弟公司最先参与了布拉迪债券的做市交易，后来又渐渐地参与未受布拉迪债券担保物担保的发展中国家不良债券的做市交易。随着这类债券的交易变得活跃，债券评级的需求也立即浮出水面，债券评级机构（穆迪公司和标准普尔公司）开始发布评级。

第三世界债券市场是投机性市场，但垃圾债券市场也是如此。然而，第三世界债券价格会上涨，因为资信评级提高了，流动性也增强了，或者因为有些政府承诺实行新的改革，让国家踏上了自由市场经济的道路。不过，违约债券不受《破产法》的保护，因为借款者的身份是主权国家，但是，如果有国家遭遇财政困难，投资者可能会希望出现某种形式的国际援救，将损失减至最低，或者会期待再有一次债务重组的交换安排。20世纪90年代和21世纪前10年，这两种情况都时有发生。

一些第三世界国家作为贷款违约者，有了资本市场对自己进行回避的经历之后，变得更加慎重，又由于承受着要求创造更多经济增长的国内压力，便决定努力实行真正的市场改革，期望由此带来价格稳定，也吸引资本投资。墨西哥在受过哈佛教育的经济学家卡洛斯·萨利纳斯的领导下，成了第一批这样尝试的国家之一（萨利纳斯于1988年当选为墨西哥总统，不过，1994年不体面地下台了）。这种新的经济发展之路，有些经济学家称为“华盛顿共识”，为布拉迪债券的价格回升创造了条件，也吸引了企业和机构投资者的兴趣。如果“华盛顿共识”有助于债券价格的提升，机构投资者心里猜想，那不是对股票价格更有助益吗？先知先觉的投资者便可以抢先在这些国家尽量多地建立仓位，等待市场发现实情。倘若这果真会发生，难道没有实行一些更大改革的余地吗？比如让某些国有企业私有化？

的确，这些都发生了，第三世界渐渐以“新兴市场”而知名。1991~1994年，在新兴市场，外国直接投资和金融投资的大幅上升，助长了一波私有化股票发行浪潮，公司股票和债券市场一时间繁荣兴旺。很多国家以前很不愿让市场经济取代政府的牢牢控制，现在“华盛顿共识”对它们产生了吸引力，繁荣兴旺的形势便不断扩展，也包括了其他国家，如秘鲁、巴基斯坦和其他以经济治理极端不善闻名的国家。

随着兴奋的持续，一时的繁荣兴旺变成了一场泡沫。这种热潮受到了两个因素推波助澜的影响，这便是中国的经济改革、1989年推倒柏林墙。实际上，整个世界自愿选择了改革治理体系，采用某些形式的市场经济做法来改善经济条件。数年之后，印度也加入进来，实行经济治理的变革，改善公民的生活和未来。这些国家几乎代表了全世界1/2的人口。如果改革足够成功，可以持续下去，那么新兴市场增加的所有投资和发展机会将是资本市场从未经历过的。

但是，正当新兴市场的支持者高唱此调的时候，各地市场却陷入一片混乱。1994年年底，墨西哥比索崩溃，突然终止了这一派繁荣兴旺的局面。全世界新兴市场国家的股票市场同时崩盘。以美元计量的国际新兴市场投资综合指数1993年上涨80%，1994年下跌了12%。按1994年1月1日的水平衡量，土耳其股市跌去57%，墨西哥56%，中国54%，波兰50%，中国香港41%，其他国家暴跌20%~30%不等。市场暴跌是美国和欧洲大型机构投资者夺路而逃造成的，尤其是它们当中本来做长线投资的国家基金管理公司，都争先恐后地退出市场，因为它们很震惊地发现，墨西哥——这个“华盛顿共识”最早开始的国家——出现了由政治原因驱动的具有欺骗性和误导性的可疑财政操作，于是都认定该是撤出的时候了。

但是，市场又回升了。经济改革从经济增长率提高的方面看已开始取得成效，这保持住了外国直接投资，中国的情况尤其如此。在俄罗斯、中国、拉丁美洲国家、印度，改革逐渐实行，有时虽是一阵一阵的，但到底还是实行了。这些国家认识到，经济增长取决于投资，提供投资的最佳和最可靠的资本必须来自私营部门投资者，而不是来自外国援助或世界银行之类的国际发展机构。50年来，后两种资本来源都不可靠，也不够使用，但只要这些国家按照投资者期待的规则来玩游戏，来自私营投资者的投资就会继续下去——所谓游戏规则就是要实施改革，在法律上保护私有财产，开放投资和所有权，实行私有化，减少国家涉足经济部门的规模和作用。这些并不需要同时发生，但必须让人相信，有些是在发生之中，并且经济正在日益对市场力量作出反应。失望是可能会有的。

2003年，高盛公司一位经济学家吉姆·欧内尔发表一篇研究论文指出，如果四个新兴市场大国巴西、俄罗斯、中国和印度（合称为“金砖四国”）的高经济增长率能持续下去，到2050年，它们将赶超西方所有规模最大的经济体，成为这个星球上最重要的经济力量，同时带来很多有趣的结果。几年后，欧内尔又将11个国家加入他所认为的新兴市场重要国家之列，这些国家已理解改革的真谛，正在努力奋斗，也比以前表现得更好。欧内尔指出，1999~2006年的8年间，新兴市场国家作为一个整体，平均经济增长率是5.9%（俄罗斯、印度和中国分别为6.5%、6.6%和9%），相比之下，同期日本经济增长率是1.5%，欧盟为1.9%，美国是2.8%。

自20世纪90年代以来，世界上的主要投资银行都竭力在新兴市场确立自己的地位。它们见证了许多起起伏伏，也因业务发展常常步调缓慢而深感挫折。但毋庸置疑，像中国这样的国家，在邓小平提出“四个现代化”政策30年之后，已给这些投资银行带来了良好的结果。譬如，高盛公司主承销了中国多家国有企业股份制股票的发行，包括为一家大型银行发行股票（高盛之前在这家银行作了巨额私募股权投资）；投资于房地产；提供并购顾问服务；与管理逾万亿外汇储备的中央银行做交易；在中国设立分支机构和合资公司。高盛前总裁约翰·索恩顿做了清华大学的管理学教授，这是中国最好的大学之一。为了支持在中国的业务发展计划，1999年开始担任高盛首席执行官的亨利·保尔森，在2006年成为美国财长之前约10年的时间里，去中国旅行多达70次。

挑战银行管理

2007年，全世界股票和债券的市值为144万亿美元，其中约一半是股票。美国市场代表了36%的全球股票市值，49%的债券市值。新兴市场代表了19.3%的全球股票市值，1990年这个数字为6.4%。专业机构管理的所有资产不足1/2在美国。自1971年发生“尼克松冲击”之后，自其后由于美国、欧洲和日本受市场压力而改革和（多数时候不自愿地）放松管制之后，全世界的资本市场逐渐向一体化发展，使得大量（各种货币的）投资资金为寻找有吸引力的投资机会而跨界流动。今天，市场已高度相连，也非常有效。与10年前相比，市场的监管更好，透明度更大，利用成本也更小了。现在占据其中的是熟练的专业投资者、交易员和投资经理，哪里需要，他们便向哪里输出才华和能力。这些新发展所代表的一切变化，都是投资银行业之外的力量所引发的。随着政府改变重要政策，放松对传统做法和程序的管制，或许是无奈地对不能再无视的经济和市场力量作出反应，这些变化便发生了。这种旋风般的、异乎寻常的社会、政治和经济的突然变化，每100年左右才会在金融领域出现一次，会对有些人带来巨大危险，又给另一些人创造巨大机会，给金融业所有的参与者都会施加巨大的调适压力。结果，随着一些公司扩张至国境之外，在追求一个又一个新机会的过程中发展到超乎意料之外的程度，行业领袖也就发生了很大变化。

截止2007年，全球9大投资银行每家在主创交易中都占到了1万亿美元以上的份额，涉及领域包括银团贷款、全球股票和债券承销、收购兼并。9家公司总共占有全球所有这些类型业务的2/3。其中6家是美国公司（分别是花旗集团、摩根大通、高盛、摩根士丹利、美林、雷曼兄弟），3家是欧洲公司（分别为瑞银集团、德意志银行、瑞士信贷）；5家属于全能银行，5家属于独立的综合性投资银行，没有存款业务。2008年最后数月发生的事件，并不会使这个格局产生多大改变。美洲银行代表美林证券，巴克莱银行代表雷曼兄弟，加入这个统治集团，集团其余部分大致没有变化。这些公司多年来高居排行榜榜首。其中多数有1/2以上的收入来自国外运营，外国人在雇员中占了1/2以上的名额。很多这类雇员出生于众多不同的国家，代表众多不同的文化和宗教，不能流利地用英语交流。

这些大型投资银行20年来的服务市场增长了一倍；完全可以预期，在新兴市场发展的影响之下，又随着金融交易非中介化的继续，金融交易离开银行和保险公司的资产负债表，进入资本市场，大型投资银行的服务市场还可能在接下来的20年里上涨1倍。对于那些愿意并有能力对此加以利用的公司，会有很好的机会。在世界多数地区，这些公司可作为本土公司来运营，除了参与成为重大新闻的大型跨国交易之外，在意大利、巴西、澳大利亚和中国等全球各地都可以参与当地交易。它们可以利用世界各地的突发事件为己谋利，比如利用石油价格暴涨之后，中东地区突然出现的汹涌的投资力量，它们也可以得益于其他让它们能以这样或那样的方式增值的趋势和新发展。2008年高盛公司第三大营业机构位于印度班加罗尔，公司在此保持着自己的内部IT外包业务。高盛还拥有另外30个国际营业机构，相比而言，美国本土总共只有30个国际营业机构。

这些公司拥有越来越大的自由和能力，可以将资源和人才配置到最需要或得到最佳使用的地方。然而，有效发展业务能力将资源和人才与价值观和原则，以及适合眼前工作的控制系统糅合在一起，需要花费时间，需要耐心和很多投资。许多公司已踏上完全国际化的道路，不少公司也在路边摔倒。里昂信贷原是法国的一家主要银行，有着拓展国际业务的雄心大志，在一阵盲目的海外收购之后出了问题，不得不于1993年接受政府接管。华宝证券在伦敦证券交易所实行被谑称为“宇宙大爆炸”的改革之后，作为英国一家主要投资银行开始崭露头角，却在1994年因国际债券交易损失而身遭重创，被迫出售给了一家瑞士银行。还是在1994年，高盛卷入一场针对罗伯特·马科斯维尔的欺诈罪指控，他是英国一个无赖创业家，窃走自己设立的养老基金，然后破产自杀，让高盛因为疏忽大意支付了罚金。巴林兄弟在新加坡分公司一名无赖交易员利用后台管理系统漏洞，制造了巨额套利交易损失之后，这家有着223年历史的英国老牌商业银行于1995年破产倒闭。2004年，花旗集团对自己的日本私营银行业务失去控制，这类业务违背了日本监管部门的有关规定，花旗集团被迫予以关闭；2005年，花旗集团又在欧洲市场从事一桩巨额债券做空阴谋，暴露之后，遭到大量公开批评和羞辱。在国际业务中，还有很多其他犯错实例，尽管并不总是致命错误，但会造成一些经济损失，也会带来损害声誉的尴尬处境，而声誉遭受损害又会削弱公司的长期生存能力。

尽管如此，投资银行业务的国际运营现在已占据了主导地位——公司仅凭一个市场的运作，无法满足饥渴的大型企业客户和机构投资者客户的需求，公司必须以最低成本在全世界寻找最佳机会。要进入9家顶级投资银行的世界，壁垒是很高的；时至今日，除了收购之外，进入壁垒看来无法突破。然而，在一个高度竞争、价格敏感又快速变动的环境中，最佳团队通常并不是通过收购刚刚拼凑起来的团队。

PAPER FORTUNES

第七章

美国经济进入创新时代

导读

美国式的国际化和全球化不仅让美元和美资投资银行走向全球，还让它们开创了令人眼花缭乱的金融创新时代，“双高债券”、共同投资基金、金融衍生产品、资产证券化等，把人类在金融领域的智慧发展到一个顶峰。积极地说，这是华尔街对人类金融史不可磨灭的贡献，但从另一个角度看，也让华尔街制造了贪婪的极限，积累了华尔街崩溃的基石。

创新与理性如何协调，是金融市场的永恒话题。米尔肯这样的金融奇才作为金融史上创新与疯狂的代表性符号，永远具有标志性意义。

罗纳德·里根于1980年当选为美国总统，开始给美国经济和投资界带来和激发一系列变化，由此对资本市场行业产生了深远影响。第一个变化是，10年来深受经济动荡、经济衰退、通货膨胀和不确定性侵扰的萧条社会，被注入了镇静和乐观的情绪。里根总统执政一年之后，一波经济衰退仍在持续，他启动著名的债务融资减税计划。名义利率于1979年美联储主席保罗·沃克尔突然终止20世纪70年代最后数年加速上升的通货膨胀之后，便已开始下降，现在继续在长达10年的下降通道中运行；已疲弱了数年的美元突然开始爬升。股价涨了又涨，开启了长达17年的长期上涨趋势，一直延续到克林顿执政结束，在此期间，道·琼斯工业平均指数年复合增长率达到了16%。这17年是全世界从未经历过的最了不起的财富创造期，而股票市场是财富创造的主要工具。华尔街爆发出了活力、创造性，财富也呈现爆炸式增长。背后的经济环境变化，为金融市场的活跃创造了条件，金融市场的活跃本身也引发了资本市场和投资银行业务的持续变化。

20世纪80年代的金融市场让所有人都大感意外。随着投资者机构化、资产证券化和业务国际化的发展，股市和债市的规模都急剧扩大。技术发展也起了一定作用，台式电脑开始在各处出现，程序化交易和对冲交易迅速增加。股市和债市的发展有些又是监管变化带来的结果，如外汇管制、反托拉斯法、证券发行和交易等领域的监管变化创造了一些宽松条件。然而，金融市场的发展在很大程度上也是市场为迎接挑战和利用机会而持续不断地实施创新的结果。

以下数据可以多少让我们了解这一点。在这10年中，美国国内生产总值的实际增长率比4%少一点。政府财政赤字由1981年的730亿美元上升至1990年的2 770亿美元，年复合增长率为14%。多数赤字是通过发行国债来融资的——1981~1990年间，联邦政府共计发行13.5万亿美元的可流通证券。规模如此之大的国债也促进了新的对冲和投机技术的发展。20世纪80年代，期货和期权合约交易量增长了近两倍。

通过公开发行和私募发行进行的公司融资也非常活跃，融资额从1980年的740亿美元增至1989年的5 000亿美元，年复合增长率约为20%。与此同时，道·琼斯指数上涨了近两倍，纽约证券交易所的交易量增加了2.5倍。金融机构开始在市场占据统治地位，在所有股票和债券交易量中，分别占到了70%和90%以上。共同基金资产上涨至近10倍，1990年达到了1万余亿美元。

这10年也是资本市场变得紧密相连的第一个10年。美国市场繁荣发展，欧洲、日本和一些新兴市场也很兴旺。全球股票市值由1985年的4.6万亿美元增至1990年的近10万亿美元，虽然美国在其中所占份额从约50%降到了32%。在全球市场迅猛发展的形势下，日本的表现最为突出；跨国资本流动也随之增长。除了这些之外，美国还经历了一波规模较大的并购浪潮，1985~1990年，公司并购交易总额达到了1.5万亿美元。其中约有20%的交易量涉及外国参与者，约有15%涉及杠杆收购，杠杆收购常常通过发行低于投资级的、被称为垃圾债券的固定收益证券来融资。

20世纪80年代期间，投资银行若不是参与二级市场的交易性公司，也学会了做交易，它们还学会了依靠提供最佳想法或最好价格，而不是依靠长期客户关系来竞争业务。它们也学会了如何借款，如何筹集新资本，如何管理风险和抚慰自己的公众投资者。它们学会了怎样创造新产品、提供新服务、为自己塑造新的角色。

债务

无论人们想起20世纪八九十年代时，认为它们是什么样的时代，在金融方面，这两个年代尤其会以债务时代为人所知。1981年是里根执政的第一年，发行在外的美国政府债券为1.3万亿美元；1999年，发行在外的这类债券超过7.6万亿。与此相似，发行在外的公司债券从5 400亿美元膨胀至4.5万亿美元。商业票据市场的中期票据，自1980年的几乎为零增长至1990年发行在外达1万余亿美元。2000年，全球债券总市值为35.6万亿美元，其中仅有16.3万亿是美国政府和公司债券。这20年，债券价格之所以大幅增长，部分原因在于激增的政府财政赤字必须通过发行政府债券来融资，部分原因是资本市场已取代银行成了公司资本、抵押融资和低于投资级债券的主要来源，还有部分原因在于华尔街投入了大量精力，来创造新的固定收益产品，并为这些新产品做市。

1982年，所罗门兄弟和美林证券开发了一款新产品，专门卖给债券型共同基金和其他激进的固定收益投资者，这款产品涉及购买美国国债，裁下上面的息票，然后以反映不同风险水平的适当折扣，分别出售本金支付额和息票。只有本金的那部分将作为“零息债券”交易，而只有利息的那部分将卖给追求波动性的投资者。所罗门兄弟和美林证券给各自的相同产品取了不同的名字。

固定收益证券的发行和交易成为所有重要证券公司的一个关注点，即使如摩根士丹利和高盛之类非常谨慎的公司，对此也很重视。固定收益市场规模很大，也在增长之中，对于交易型公司，比如除垃圾债券之外仍然在债券市场占主导地位的所罗门兄弟，有时可能会非常赚钱。

但是，市场波动性也很大，竞争极其激烈，优势都在信息最灵通的公司那边。这些公司会看到整个指令流，并且会早早地看到。信息的来源、速度和全球触及是绝对重要的。可是，一旦有了信息，知道如何处理信息也是绝对重要的。在两家投资银行之间，做中介促成政府债券的交易无钱可赚——这种业务的成功取决于了解全世界有哪些机构想要获得特定的风险头寸，并先于他人获得这些机会。这是所有华尔街重要公司都通晓的一种做市功能；重要公司会竭力为数以百计因资信、币种和期限不同的债务工具设定有利可图的报价差，在活跃的销售队伍的帮助下，尽可能多地按照报价差推动交易的达成。

证券化

证券化给公司融资领域的竞争格局带来变化，要多于任何其他事物。所谓证券化，就是这样一个过程：改变银行或其他机构持有的一项金融资产的形态，使之成为可在市场自由交易的一只证券，这只证券在市场上会受到竞争性定价纪律的制约。这种纪律会涉及在柜台交易市场做买卖报价，在此过程中，价格和利率不断地通过交易方的相互作用设定出来。一只证券的市场价格对于发行人来说，常常比与银行直接协商达成的交易更加有利。若出现这种情形，那么在其他条件不变的情况下，交易便会出现非中介化，或者流向最低的融资成本。

这里有一个简单的例子：用商业票据来替代银行通常根据循环信贷协议向公司提供的短期营运资本贷款。这种循环信贷在不需要使用的时候，要求支付一些备用费，需要使用时则要求支付使用费，使用费是高于某一基准利率的差额，实际上也就是银行资金成本之上的一个溢价。银行可以报出的贷款利率，一方面受可为存款支付的利率监管上限的影响，这种限制会驱使储户到货币基金市场寻求更高的收益率，另一方面也受自身资金成本的影响，资金成本反映银行对资金的需求和银行信用评级的变动。20世纪80年代期间，银行致力于实施借贷快速发展的战略，到这个10年的末期（尤其是它们的信用评级开始逐步变差之后），这种战略给它们的资金成本施加了很大压力；许多可以进入商业票据市场的公司客户能以低得多的成本借款，也的确都选择了这样做。

商业票据是期限较短的期票，由一家公司发行，为其他公司或机构投资者所购买。尽管有大量商业票据直接向投资者发行，投资者会持有至到期，但还是有一些在市场上交易；无论新发行的票据，还是二级市场中的票据，价格每天都可以得到。商业票据的利率与联邦基金利率关系密切，市场流动性通常也很大。20世纪70年代，利率飙升，发行在外的商业票据数量增长了3倍，达到1 240亿美元，1980年又增长了3倍，达到5 700亿美元。相比之下，据美联储报告，1990年12月，所有货币中心银行的商业和工业贷款仅为3 220亿美元。可见，对银行而言，商业票据的增长表明银行流失了大量赚钱的低风险信贷业务。银行设法要回到这样的业务中来，便主动从客户处购买商业票据，然后在市场上出售，赚取少量的处理费，但对于银行来说，这样做绝对没有正在流失的业务那么有吸引力。

银行的问题实际上比这还要糟，因为商业票据这类投资品的增长，很大程度上是靠货币市场基金提供资金动力的，而货币市场基金吸引了本来该存在银行的资金（或者用于购买大额定期存单的资金）。银行资产负债表的两边都在受到以市场为基础的替代品的侵蚀。银行存款流失到了货币市场基金之中，而货币市场基金又向银行客户提供了商业票据贷款。

再举一个证券化的例子，这是为拯救处在水深火热中的储贷行业而产生的证券化产品。自1981年年底开始，监管部门向储贷机构提供一些无法抗拒的好条件，让储贷机构出售自己的抵押贷款资产，以其他包括抵押贷款支持证券之类的资产来替代。突然间，出现了出售“整宗贷款”（即单个抵押贷款）并将这样的贷款转换为证券的巨量需求。但是，华尔街对储贷业很谨慎，多数公司都躲开了。不过，数年来一直与储贷机构做交易的所罗门兄弟公司没有退缩，它认为无论储贷业会怎样，政府为了不让这个住房融资行业垮掉，总会给予支持，或许支持还会很大。1981年，华尔街上仅有所罗门兄弟拥有满员的抵押交易部，当时由一位身材肥胖、衣冠不整的人领导，他叫刘易斯·拉尼埃里，30岁，大学没读完，便于1967年在所罗门兄弟的邮件收发室，开始了自己的职业生涯，同时还接受培训，要成为一个意大利菜厨师。

拉尼埃里在收发室里就显出将来会有前途，他受提拔主管收发室的工作，后来渐渐地混进了后台系统，处理债券交易，然后又在公司债券交易室坐上了公用事业债券交易员的位子。那时，所罗门兄弟组织极其松散，氛围宽松随意：要是哪位交易员辞职，或不在场，交易室的其他交易员会伸手指着旁边的人，无论是谁，说："嘿，年轻人，你很精明。坐这儿，开始交易吧。"如果你像拉尼埃里一样精明，又像他一样不知天高地厚，你很快便会一举成名，甚至还可能掌管这里的一切。

在交易室渐渐坐上首席交易员的位子对拉尼埃里来说，实在是碰到了异乎寻常的好运气。可是，一旦泄洪闸门打开，整宗贷款汹涌地流进市场，这意味着他得逆流而上。据拉尼埃里的描述："公司执行委员会说我不能交易整宗贷款（他们只想交易抵押贷款支持证券）。我走出他们的办公室之后照样交易。他们说我会坐牢。但是，整宗贷款占了整个抵押市场的99.9%。我怎能不交易整宗贷款呢？"

他尽其所能大量买下各种整宗贷款，折扣都很低，然后要么抛掉，快速地赚上一笔，要么把它们打包起来，做成债券卖给机构。不久，他在这个非常赚钱的业务中占据了垄断优势，再也很少听到执行委员会说什么了。

抵押担保证券

所罗门兄弟先前与储贷机构保持着密切关系，一旦它们开始遇到麻烦，便很乐意帮忙。第一波士顿也是如此，它的抵押交易室由拉里·芬克领导，他20多岁，已显出非凡的交易才能，后来在1988年创建并领导了黑石集团。1977年，所罗门兄弟和美洲银行琢磨出了一个办法，把众多整宗贷款打包进更大的单一单元，由这个单元转化的债券可以在批发市场上卖给机构投资者。这便是第一个证券化的抵押产品，叫做"pass-through"，一组数以百计的单个抵押贷款分离出来，卖给一个信托机构，信托机构又卖出由这些抵押贷款做抵押和一家政府抵押保险公司做担保的债券。来自抵押贷款的所有现金流每月通过信托机构传给投资者，投资者认为这些债券既有抵押物，又有政府的担保。

拉尼埃里于1981年开始购买整宗贷款时，便计划尽快地将它们转换成这种新债券，并加以出售，但市场不够大，不能买下他已收购的所有整宗贷款。尽管这种新债券交易时的利率相较于国债市场有相当大的溢价，但问题是抵押贷款有提前偿付的不利之处，在市场利率下跌的时候，不利之处尤为明显，因此投资者永远也不能确切地知道购买的债券究竟何时到期。如此一来，持有这样的债券就非常别扭。于是，拉尼埃里开始想办法解决这个问题。他有大量的贷款需要卖出。他组织了一个由理科博士组成的研究部，帮他更好地弄清楚抵押贷款。

1983年，有了突破。拉尼埃里及其团队发明了抵押担保证券。这是一种证券化的抵押债券，最初按三四个组别提供，也就是按2年、5年和10年的期限分块，再加一个残余组。来自抵押贷款池的现金流供给这三组债券，剩下的给残余组。投资者可以预期，提前偿付的风险对于两年期组相对较小，对于5年期组会大些，多数风险会出现在10年期和残余组上。每一组分别定价，以反映不同的提前偿付风险，所以投资者可以选择自己想要的风险程度。例如，两年期组相对于美国国债，较其他组别会有较小的风险溢价，因为投资者的收益率是相当确定的——不过，也并非足够确定，而且流动性也不足以让它们比肩于美国国债。后面的组别会有大得多的风险溢价，因为提前偿付的不确定性大得多，但这些组别若不提前偿付，价值会更大。这种特点给成熟的固定收益基金经理提供了种类很多的投资选择。不久之后，抵押担保证券种类更多，复杂性更大了，扩展至包括多达50个组别的债券，包括通过进一步改变现金流向，“撕”成两个以上新债券的债券，甚至包括仅有利息或本金索取权的债券，因此其中包含的波动性也就更大了。抵押担保证券成了债券研究员和对冲基金经理的游乐场，他们能随心所欲地创造出具有任何利率和波动性特征的债券。

整个20世纪八九十年代，抵押担保证券的需求先是急剧增长，后又平稳上升。不久，提供担保的三家机构，吉利美（政府国民住房抵押贷款协会的俗称）、房利美和房地美，大型商业银行和投资银行，也都在创造抵押担保证券了。抵押担保证券给抵押支持债券市场带来了巨大影响，使这个市场繁荣发展，成了固定收益市场的一个全新的重要组成部分。所罗门兄弟引入抵押担保证券之后第一年，房地美创造并销售了约100亿美元这类债券，在所有同类债券中，所罗门兄弟大约占了65%，第一波士顿也占有相当大一部分。当然，这一切的最终结果是：由一个竞争性的市场，而不是由一群在资产负债表上持有资产的银行来确定住房抵押贷款的价格（从而确定其利率），这类贷款的平均利率大幅下跌了。

1984年，所罗门兄弟增加抵押担保证券的种类，第一次添加了由商业地产支持的抵押债券。随着时间的推移，渐渐地又添加了可调整利率抵押债券和次级抵押债券（由向资信受损的借款人提供抵押贷款支持的债券)。抵押担保证券业务不久变成了一座金矿，拉尼埃里无所顾忌地一头扎了进去。1978~1987年，抵押支持债券每年的复合增长率是67%，总量达到近1 000亿美元。到1991年，抵押支持债券总量已超过2 500亿美元。在20世纪80年代中期最赚钱的数年里，所罗门兄弟仅从抵押担保证券一项中所得的利润就达好几亿美元，或者说占其净收入的20%。在抵押担保证券出现的最初数年里，所罗门兄弟在这个市场完全占据着统治地位，刘易斯 · 拉尼埃里受到提拔，进了公司执行委员会，并成了公司副董事长。但他是一股难以控制的力量，不是很难与人打交道，就是过多地声称公司利润是他创造的，于是1987年公司让他走人了，大约也在此时，随着其他公司热切地参与这种最有油水的业务中来，抵押担保证券市场也开始显出产品和服务普及化的迹象。拉尼埃里毫无畏惧，自己收购了一家储贷机构，作为抵押贷款业创业家和私人投资者又赚了很多钱。

随着竞争者的蜂拥而入，抵押担保证券业务的赢利能力最后也衰减了，所罗门兄弟似乎对这类业务失去了兴趣，但它从自身经历中学到了几个宝贵教训。通过开发既能满足发行人即时需求，又能吸引成熟机构客户的新产品，它可以充分利用进入固定收益市场的能力为自己谋利。复杂的计算机模型和一批聪明的博士，加上激进的交易操作，便会构成一个强大组合，比其他任何东西都能让公司在市场上赚到更多的钱。但在这些新产品上所具有的专门技能，只会在数年里具有比较优势，最后，油水总会因竞争对手的压榨而减少，自己便只好再去做新的东西。它还学到，在一类抵押物基础上起作用的技术，也可能用于另一种类型的抵押物。20世纪90年代，抵押担保证券变形为一个庞大的资产支持债券家族，为债券提供支持的资产可以包括汽车贷款、信用卡应收款、企业贷款，以及各种如飞机零部件和摇滚乐版税权利之类的杂项。到2005年，资产支持债券市场在美国产生了1.8万亿美元的新券，只比当年所有新债券发行量的1/2少一点。

垃圾债券

20世纪70年代（抵押担保证券尚未诞生），美国有4种类型的应税债券在市场交易。首先有美国国债，这属于金边债券，交易量很大，交易报价差额很小——买价和卖价经常不超过一个点的3/16。然后有公司债券，由大型信用可靠的公司发行，交易报价差额要大些，一般为一个百分点的1/4~3/8。还有外国政府债券，它们在美国市场的评级常常低于自己国内，因为在汇兑方面有不确定性，但这也还受量少、流动性小以及有异域特性的影响。外国债券的交易报价差额要更大些。

最后一类债券包括评级低于投资级的债券（也就是低于BBB–级，很多人认为BBB–级是保守的美国保险公司投资时可接受的最低债券评级）。低于投资级的债券，主要是发行时还是投资级，但后来由于发行公司流年不利而降级的债券。这些债券称为“跌落的天使”。一般而言，它们不会引起债券买家多大兴趣，不过，偶尔也会受到自营交易员或对冲基金的关心。如果这类债券的价格已降到不应有的程度，它们也会被视为有价值，但麻烦在于，为了在这上面赚钱，得有其他人想以更高的价格买入才行。然而，这个市场流动性非常差，所以还是少有机会发生那样的事。

“跌落的天使”成了迈克尔·米尔肯牵肠挂肚的东西。他于20世纪60年代在加利福尼亚州大学伯克利分校是一个年轻学生，这个年代在这所大学，学生激进主义正处于高潮。当其他人都在吸大麻，烧服兵役通知卡，在公众场所大说脏话的时候，米尔肯却被W·布拉多克·西科曼的著作迷住了，西科曼的多卷本巨著《公司债券品质和投资历程》分析了1900~1943年间的公司债券表现和违约率。米尔肯发现非常有趣的是，在这个漫长的时期内，发生过一次大萧条和两次世界大战，评级较低债券的价格所反映的违约率比实际发生的程度要大得多。后来，他又发现，T·R·阿金森所做的后续研究涵盖了1944~1965年这一时期，也得出了相同的结论。这些研究揭示，市场上存在着很强的系统性偏差，使低于投资级债券的价格过低；这也表明，如果大量买入这些债券，并持有到期，便可以赚到很多钱。本科毕业之后，米尔肯带着这个缠绕心头的想法，进了沃顿商学院，完成两年的学业后，又加入一度声名卓著的投资银行德雷克赛–哈里曼–里普利，这家公司不久由凡士通家族出资救助，更名为德雷克塞–凡世通。他在这里成了固定收益研究的头儿，很快又转做交易，可以自由地寻找和交易“跌落的天使”。他彻底研究市场，了解一切可以了解到的信息，如谁拥有债券、债券应该价值多少等。

米尔肯开始积极交易“跌落的天使”，但德雷克赛–凡世通并不是一个交易型公司，不愿给他资本，按照他的意愿扩大这一业务。伯恩海姆公司收购德雷克赛–凡世通时，他便从这种痛苦处境中被解救出来了。伯恩海姆公司的主要所有人I·W·伯恩海姆——古斯·列维的同代人和好朋友——是一位旧式交易人。他立即发现了米尔肯，大大增加了米尔肯可用做交易的资金。此后，他们俩一发而不可收。

迈克尔·米尔肯常常被称为“垃圾债券之父”，但实际上这种说法并不确切。“跌落的天使”本已存在，他只是开始把这类债券当做一个专长项目来交易。应该说，他是“垃圾债券市场之父”。米尔肯认识到高收益债券存在着供给，但也开发了大批全新的买家和卖家，结果，他大大地扩展了市场，同时仍维持着很大的交易报价差额，使得这项业务极其赚钱。

他先从买家着手。他能说服谁来投资高收益债券呢？他琢磨出了一套相对简单的有效推销说辞：你能以很低的完全能补偿风险的价格，建立一个多样化的债券组合。米尔肯会利用对市场上可买入债券的了解，像在枝头摘果子一样，挑选最佳债券，也就是风险最低的债券。他知道统计数字始终显示，垃圾债券组合收益率与无风险收益率之间的差额，相较于该组合经过破产回收调整的预期违约率，要高到100~200个基点（1%~2%）。但他也相信，如果垃圾债券的偿付能力改善，或者，如果有更多投资者开始意识到垃圾债券中隐含的价值，它们的价格便能上涨。所以，下方风险比上方潜力要小得多。米尔肯寻找会对他的推销说辞作出回应的这些投资者：对冲基金、固定收益共同基金、需要强劲投资表现的激进的保险公司、身陷困境拼命寻求投资收益来支撑抵押贷款组合的储贷机构，以及各种“财务创业家”，它们都坐拥大量现金，正等待着下一次收购机会的出现。

这些投资者为数众多，米尔肯就是把“跌落的天使”卖给他们。但他也担忧可交易的债券会渐渐告罄，于是开始设法增加供给。这一点他也做到了，办法是主动向有风险的借款人提出增加它们的债务资本，这类借款人一定要愿意支付必需的高利率，并且相信无论怎样，也会让筹来的资本得到很好的使用。他找到了一些航空公司、油气勘探公司、实力减弱的“集团企业”，他也找到了通过其他途径很难得到资本的恶意收购操作者、“遭绿色邮件讹诈者”，以及20世纪七八十年代粗糙而热切的“新人”。米尔肯与这些发行人达成非常有利于自己的协议。他们得放弃用发行债券所得资金收购的公司的认股权证，他们还得同意将卖出新债券所得的一部分资金用于购买米尔肯其他客户的债券。

20世纪70年代中期，华尔街正处于自20世纪30年代中期以来最为深重的熊市之中，德崇证券（公司此时的名称）也在苦苦挣扎。但米尔肯的垃圾债券业务兴旺红火，公司净收入多数是由这类业务赚取的。米尔肯获准保留本业务单元35%的利润，这让他在1976年净赚了500万美元，而此时，没有任何人（噢，几乎没有人）能赚到这么多。到1978年，米尔肯已把自己塑造成了美国“无赖”资本家多方寻找的金融家，他决定把工作地搬到贝弗利山庄，远离德崇证券管理纪律和控制制度的束缚。他养成了一个习惯，每天很早便开始工作，常常要求恳请他办事的人凌晨5点钟就来开会。他发信给客户说，“高度自信”能为可能进行公司收购的人卖出债券、筹集资金，他的客户凭这种信函便可以从银行贷款。他每年还组织一场奢华铺张的聚会，由目前和潜在的垃圾债券发行人和投资者参加，这个聚会渐渐被人称为“肉食者舞会”。他是垃圾债券市场当之无愧的王者。

I · W · 伯恩海姆希望米尔肯与公司的关系更加紧密，请他购买很大一部分公司股权，他便购买了。到1983年，米尔肯从公司拿到的直接薪酬和利润分成超过4 500万美元；1984年，拿到的总数是1.23亿美元，这是很多贡献大的合伙人在高盛之类公司所挣的20倍。1985年，米尔肯又挣了1.35亿美元，这一年，垃圾债券在市场上成了公开竞购的大型杠杆收购交易的一揽子融资的关键组成部分。1986年，市场共发行330亿美元垃圾债券，德崇证券控制了45%的市场份额，这些债券的发行多数是为了给恶意收购和杠杆收购融资，这一年，米尔肯赚了2.95亿美元。1987年，他从垃圾债券业务中赚到的钱升至5.5亿美元（比整个公司挣得还要多），他持有的公司股票价值达9 800万美元。1988年，雷诺兹–纳贝斯克杠杆收购交易得到了垃圾债券融资，到这年年底，发行在外的垃圾债券总额约为2 000亿美元。这些债券中约有640亿美元被认为是由保险公司持有（包括一些已改变看法的墨守成规的保险公司），500亿美元由共同基金持有，200亿美元由养老基金持有，个人投资者、储贷机构和包括众多外国投资者的各种其他投资者，分别持有200亿美元、120亿美元和360亿美元。德崇证券从一个默默无闻的公司成为了美国主要承销商之一，米尔肯在10年多一点的时间里，把自己打造成美国最为富有的人之一，也是第一个从一家重要公司中脱颖而出的10亿级富翁。市场已达到巅峰，正开始失去动能，米尔肯统治了10余年的世界正在他四周暗淡下来。

股权

20世纪最后20年，无论债务市场如何具有适应性、创新性和扩张性，在这段时期，收益表现尤为突出的还是股票市场。1999年12月31日，所有美国股票市值为16.7万亿美元，20年里最低点在1981年，是1.3万亿美元。这期间股票市值的年复合增长率，是美国名义国内生产总值增长率7%的两倍多，这说明股票市值近13倍的增长所创造的财富超过了背后经济活动增长的程度。这波长期大牛市横贯了罗纳德 · 里根和比尔 · 克林顿各8年的总统任期（还有乔治 · 布什总统的4年任期，其间发生了第一次海湾战争），1987年、1994年和1998年经历了3次深幅调整，最后于2000年结束，此后连续3年，股市收益率均为负数。这是美国历史上保持时间最长的牛市，创造了众多新的百万富翁，也向美国社会多数成员开放。1998年，美联储一个研究报告指出，48%的美国家庭参与了股票市场，多数是通过共同基金和养老基金间接参与，因而也分享了股市发展所创造的财富。对股票的需求绝大多数是来自养老基金、共同基金和外国投资者。

养老基金

养老基金分为（私营）公司基金和州政府、市政府、行业工会持有的（公共）基金。尤其是公司养老基金，现在正由“界定补助型”基金（这种基金每年向养老金领取人支付一定数额款项，直至生命终止）向“界定缴付型”基金（这种养老金的缴付额由协商确定，在税收递延的基础上通常由共同基金进行投资——本金和增值额在雇员退休时返还给雇员）转变。各种类型的养老基金都认同一点：股票权重较大的投资组合更有可能获得长期收益；结果，多数养老基金都把大部分资金投在股票上。

共同基金

1980~2000年这段时期，共同基金急剧增长，以至于共同基金的数量比市场中的股票还要多。1982年，美国大约有860只共同基金，管理着2 870亿美元资产，其中仅有470亿美元投资于股票。到1998年年底，已有7 000余只共同基金，管理的资产达5.5万亿美元（几乎是1982年的20倍），其中3万亿美元投资于股票。然而，共同基金管理公司通过收购进行了整合，结果，现在绝大多数基金是由一批数目相对较小的竞争激烈的公司管理，这些公司包括银行、投行、保险公司和国际金融公司。基金管理公司已为自己的基金形成了大规模营销能力，有种类繁多的新基金可以提供。其中包括房地产投资信托基金、“国别基金”（这类基金全部投资于来自某一特定国家，如巴西或韩国的股票），以及各种投资于不同国家股票的国际基金。有些基金管理公司也会提供一系列“指数基金”，基金经理使用电脑程序复制某些股市指数，如标准普尔500指数之类。20世纪90年代中期，有些基金管理公司开始提供交易型开放式指数基金，这是低成本的指数型共同基金，只专注于某一特定的投资主题，在美国证券交易所交易。到2000年，从资产值来看，所有股票型共同基金中约有20%是指数型基金或交易型开放式指数基金。

尽管共同基金行业有了很大发展，竞争激烈，费率和业绩也日益透明，但多数股票型共同基金的业绩并不起眼。虽然共同基金数量有了巨大增长，可是费率却没有多少下降；如果把费率从投资总收益率中减去，相对而言，基金的表现很少能胜过自己的基准股市指数。一家追踪研究共同基金的企业晨星公司指出，1986~1996年间的4个不同时期，不超过26%的股票型共同基金战胜了各自的基准指数。在更长的11年期间，表现好于指数的基金就更少了。当然，一般的共同基金投资者挑选基金为自己管理股市投资，只要实际业绩足够好，可能并不关心费率是否太高。他们也可以转而持有指数基金，不过话说回来，这样就要放弃有些基金有时可能会创造出的高于指数的收益。多数基金投资者都对现状很满意，并不反对相对较高的费率和费用，但如果他们反对，也能转向低成本的指数基金。无论用哪种投资方式，基金经理都表现得很好。

2000年，富达集团共同基金管理公司富达管理研究公司是美国规模最大的资金管理者，旗下管理着1万亿美元以上的资产。这是一个家族拥有和管理的企业，由一位富有传奇色彩的人物爱德华 · C · 约翰逊二世（业内人称约翰逊先生）于1946年收购。约翰逊原是波士顿的一位律师，专门为投资公司处理法律事务，他收购富达管理研究公司时，该公司仅有资产1 300万美元。他本人不是组合经理，他雇用其他人担任组合经理，受他提携的最为热门的组合经理叫蔡至勇，这是20世纪60年代“熟练枪手”中最著名的人物。蔡至勇弄清楚自己不能接替约翰逊成为公司的头儿之后，便离开公司创办了属于自己的基金，这只基金表现得并不特别突出；约翰逊先生的儿子奈德接管了公司，1969年奈德发现彼得 · 林奇，把他培养成了美国有史以来最著名的一位基金经理。林奇生性腼腆，头发呈亚麻色，是一个工作狂，喜欢埋头研究一切。后来，他接管富达基金家族中非公开发行的麦哲伦基金，资产价值为2 200万美元，当他在1990年放弃亲自管理之后，麦哲伦基金已成为史上规模最大的基金，管理着120亿美元资产，基金份额持有人超过100万。其他组合经理有来也有走，富达的竞争对手奋力追赶，但到1999年年底，富达管理研究公司管理的资产多于世界上任何其他独立的金融服务公司，比最接近的竞争对手先锋公司高出60%。在美国投资于共同基金的资金中，差不多每5美元就有1美元握在富达的手里，富达基金在700家公众公司中拥有5%以上的股份。

国际投资者

2000年，在美国股市，国际投资者是排在养老基金和共同基金之后的第三大投资资金来源，资金总量为1.6万亿美元，占股市总体资金量的11%。20世纪70年代，多数国家实行外汇管制，限制了机构投资者和富有家庭向国外输出资金进行组合投资的能力。实行浮动汇率制以后，多数这类国家认识到不再需要继续实施外汇管制，渐渐地便开始予以取消。到1980年，西欧国家、日本和中东国家的投资者已可自由地投资于美国市场，当然很多投资者也这样做了。在美国，罗纳德·里根上台之后，名义利率下降，美元对欧洲主要国家货币和日元升值，美国股市显得特别有吸引力。

华尔街成了资产管理人

20世纪80年代的牛市，逐渐演变成处在富达和先锋之类共同基金公司的控制之下，它们拥有大量基金产品，也有强大的销售组织推销基金产品。20世纪70年代期间，它们把货币市场共同基金卖给银行存款收益低的顾客，股市回暖之后，又劝告顾客转而投向股票型基金。1974年，《雇员退休收入保障法》通过，给力求为养老基金提供服务的投资管理公司带来了额外的机会。该法之所以通过，意在遏制20世纪60年代末和20世纪70年代初公司养老基金领域的舞弊行为，当时很多工业企业看来正处于破产的边缘，却还有大量养老基金未曾缴付。该法解决了这些问题，坚决要求公司不得拖欠应缴付的养老基金，公司必须在养老基金中提供像样的多样化资产（不仅仅是很多公司自己的股票）。政府同意担任“界定补助型”养老基金的担保人（但不是“界定缴付型”养老基金的担保人，这类基金严格说来并不属于养老基金，而是税收递延型退休收入基金）。根据该法要求，必须做大量的转换；很多公司决定，若能让提议获得工会通过，便转向采用“界定缴付型”养老基金制度。然而，有一件事很清楚，就是多数公司养老基金或退休基金必须进行更加专业的管理，必须对业绩更加负责。这便为机构资金管理人和共同基金公司创造了大量新业务，该如何应对呢？华尔街为此陷入了深思。

富达和其他共同基金管理公司开始向有“界定缴付型”养老基金的公司招徕生意，建议它们将共同基金放入向雇员提供的投资选择菜单之中。这些公司认为这是一个不错的想法，便从基金管理公司处通过协商确定较低的费率和成本，但基金管理公司因转给自己管理的新资产数量增加而得以弥补了费率和成本折扣。

高盛和其他数家主要的服务机构投资者交易型公司，在《雇员退休收入保障法》通过之后，决定放弃这类投资管理业务，不愿与它们的大型共同基金客户展开竞争。的确，这一决策导致高盛分拆出了规模不大的投资管理部。这在当时看来像是一个明智的决策，但美林证券并没有采用同样的策略，它的机构交易业务也很活跃。

美林证券在20世纪70年代中期已管理着一些表现不是很好的共同基金，首席执行官唐纳德 · 里甘认定，公司作为资产管理人的声望会有很大的发展，并以他特有的风格说，他才不在乎在此过程中会得罪一些机构客户呢。美林证券已有一只大型货币市场基金，叫做美林现金资产管理基金，可用来吸引对股票基金的新投资，当然，美林证券有分布广泛的分支机构，每天可以从数以百万计的零售投资者那里吸纳进小额投资。1976年，美林证券雇用阿瑟 · 泽克尔；他曾是奥本海姆公司经验丰富的投资经理，也参与创办过标准普尔资本管理公司，这是一家进行多样化投资的投资管理企业，由数家投资管理公司与标准普尔共同出资设立，标准普尔本身作为提供投资信息的公司，是麦格劳–希尔公司的子公司。

泽克尔说过，他在美林进行面试时，心里只有一个问题："谁的名字会显示在门上？"他的意思是想问，美林证券打算把自己被人看重的名称用在基金上，还是继续使用一直在使用的先前所收购基金的名称。"当我被告知美林很愿意，也很急切地想建起以自己的名称命名的业务时，我当场就接受那份工作了。"泽克尔作为美林证券资产管理公司总裁和首席执行官，管理这类业务长达20年之久，在此期间，客户资产从3亿美元增长至5 000亿美元，使得美林证券成为世界上第三大积极管理型资产管理公司。

美林证券在这方面的发展，致使其他公司也研究和考虑基金管理业务。多数基金收取大约1.5%的管理费，还向投资者收取相当于基金管理成本的各种行政和其他费用，总计又有1%左右，所以，管理和行政总成本约收取2.5%的费用。基金必须保持足够的现金储备，以满足赎回的需要，基金份额持有人赎回份额是每天都会发生的事。这便减少了直接用于股票市场的基金资产的数量。另外，投资者每年需要对已实现的基金收益缴纳税款——很多积极管理型经理人倾向于积极交易，这会产生作为一般收入纳税的短期收益，而不是需要作为资本利得来对待的长期收益。总而言之，对于某些基金来说，包括一切的总成本会接近5%，而从长期的角度看，5%的折扣可能会在相当大的程度上压制共同基金的实际已实现收益。从实际结果看，已非常清楚，很少有共同基金能打败诸如道琼斯工业平均指数和标准普尔500指数之类市场指数所显示的收益率。

这种认识促使一些聪明人思考，传统的股票型共同基金对于普通投资者是否有意义。查理 · 埃利斯是一位向机构投资者和投资银行提供咨询的杰出咨询师，他认定那是一场必输无疑的游戏，并且投资者应该形成自己的投资策略和投资见解，与成功的投资经理合作来实现投资目标。1975年，埃利斯出版一本畅销书，名叫《赢得输家的游戏》，现在此书已成经典，他在书中解释了自己的投资方法。同年，先锋500指数基金设立，它可以代表整个市场，投资者可以买来无限期持有。这只基金完全是计算机控制操作的——为了使股票的持仓比例与股票在标准普尔500指数中的权重一致，而买入或卖出股票——不作任何努力去管理一个组合来“打败市场”（埃利斯和其他人的研究已表明，积极管理型共同基金很少能做到“打败市场”）。结果，这只先锋基金仅仅有志于从事跟踪或复制市场的消极管理，因此也只涉及很少的费用，大约是10个基点。在消极管理型基金中，所有的钱都用于投资，股票周转率相对较低，因而税收也就很低。

指数基金是由杰克·伯格尔开发出来的，他是一位推动力很强的共同基金管理者，脾气坏、爱唠叨、顽固不化，1951年在普林斯顿大学读博士时曾写过一篇关于共同基金业发展的论文。写完论文后，他加入威灵顿管理公司，后来升为首席执行官，但又因安排了一桩自称为“极不明智”的并购交易，遭到了解雇。据他所说：“这个错误真是丢人，无法原谅，说明自己不成熟、不切实际地过于自信，但也有一点很好，就是我从中学到了很多。”伯格尔于1974年接着又创立了先锋基金。这时他已对共同基金投资者必须承担的高水平管理费和行政成本非常纠结。他认为这些成本把股市投资能给普通投资者提供的收益消耗得太多了，于是花时间和精力开发出美国第一只低成本的指数基金，名叫第一指数投资信托。1975年12月31日，这只基金一发布，立即被其他基金管理公司取笑为“不合美国国情”，被看做“伯格尔干的荒唐事”。约翰逊先生说，自己“无法相信绝大多数投资者会满足于只获得平均收益”。伯格尔的基金后来以先锋500指数基金的名义再次发售，完全追踪标准普尔500指数。这只基金启动时资产比较微薄，仅有1 100万美元，但在1999年却突破了1 000亿美元的大关；之所以有如此惊人的增长，还是市场希望投资这样一种产品的意愿日益增强带来的结果。先锋500指数基金像助推器一样，把先锋集团推升为全世界第二大共同基金公司，仅次于富达集团，总资产逾1万亿美元。伯格尔早年曾做过心脏移植手术，现在年过八旬，仍然非常活跃，经常指出积极管理型共同基金的缺陷，对指数基金给予支持。

20世纪80年代，股市上涨，公司养老基金对独立管理人的需求日益强烈，中东地区石油财富不断累积，这些因素使得华尔街其他公司也开始为机构客户从事积极管理型的资产管理业务。摩根士丹利于20世纪70年代初雇用巴顿·比格斯作为研究部主任，不久他也推动公司开展投资管理业务，兼任这个部门的头儿。摩根士丹利在科威特、阿布杜比以及其他中东和远东国家大力拓展业务，招待资金规模大的兴旺客户，而这时高盛公司还在回避此类业务。

高盛于20世纪80年代通过走后门，再次进入资产管理业。原来，所罗门兄弟公司管理着一只中等规模的货币市场基金，名叫机构流动资产，这只基金因为所罗门兄弟公司犯了一个错误而陷入困境，基金董事会觉得，以目前的处境，必须物色和雇用一个新的管理人。董事会便去找高盛公司，请高盛从所罗门手中接管基金，并不需要付出一分一毫。这似乎是一个很不错的交易——因为那个错误很快被纠正了，已在管理中的好几十亿美元资产，似乎也可以让高盛轻而易举地在资产管理业干起来。为小型机构管理货币市场基金，并未惹恼高盛的任何大型机构客户，于是公司又向前迈进，小心翼翼地扩展产品线，这样一直到了20世纪90年代中期，此时已像其他所有公司一样，看上去已在为养老基金和自己所拥有的共同基金提供全方位的债券和股票基金管理服务。

尽管在20世纪80年代高盛并未竭力与机构客户竞争管理资金的业务，但它还是很有兴趣向养老基金等机构提供产品和服务，这种情况正反映了现代投资组合理论和金融学的最新发展。1984年，高盛从麻省理工雇请著名金融学家费雪 · 布莱克开发这样的产品和服务。布莱克曾和马尔隆 · 斯科尔斯（1990年加入所罗门兄弟公司）合作，撰写过一篇具有开创意义的论文《期权定价与公司负债》，这篇文章于1973年问世，为华尔街给交易性期权估值确定了标准。布莱克对于开发组合保险这一新领域也很活跃，这是通过卖出由数学模型确定数量的标准普尔500指数期货合约这个策略，在任何时点给整个股票组合提供价值保证的一种方法。组合保险的方法论由加利福尼亚州大学伯克利分校两位教授黑尼 · 勒兰德和马克 · 鲁宾斯坦提出，他们自己于1981年下海经商，向有着大规模股票组合的养老基金提供这种保险产品。其他像布莱克和斯科尔斯等学者对这套方法进行小修小补，使之对养老基金更显得“友好”，也更适应于养老基金所生存的现实环境。到了20世纪80年代中期，已有好几家公司与勒兰德和鲁宾斯坦创办的公司展开竞争，股票和期货市场都已非常了解组合保险产品，知道它的运行机制。

时至20世纪80年代末，投资管理业已在很多方面发生变化，对投资银行也非常有吸引力了。由于《雇员退休收入保障法》颁布实施，现代投资组合理论被更广泛地应用，资金管理公司也使用优秀学术人才，以创造可建立竞争优势的技术和方法，养老基金行业发生了重大重组。与此同时，由于不同类型的基金不断涌现，公司401（k）和其他退休基金加入客户资金之中，低成本的指数基金和日益多样化的交易型开放式指数基金具有不同于积极管理型基金的吸引力，共同基金业便急剧增长起来。这些新发展都很符合投资银行的心意，本来它们就有着广泛的公司联系，又有能力开发与资产管理相关的新的知识产权。有些拥有众多零售客户的公司，如美林证券、添惠证券和希尔森证券等也受到吸引，向客户提供共同基金，都认为这是大有赚钱前景的业务。资产管理像公司融资和证券销售、交易一样，成了投资银行新的业务线，给它们带来高速增长的潜力和稳定的收入来源，而它们在其他方面却会受到因交易和市场变化所造成的高波动性的影响。

1987年股市大崩盘

到1987年8月底，道·琼斯工业平均指数经过5年来的上涨已有非常大的升幅，比前一年收盘指数高出很多。据纽约证券交易所做市商拉布朗奇公司董事会主席迈克尔·拉布朗奇说：

> 股市在1985年和1986年涨幅很大。这几年行情真是喜人，到1987年8月，道·琼斯工业平均指数在本年已上涨35%。在那个时候，35%的涨幅是闻所未闻的。就在几年前，股市一段时间内似乎从来没上涨过10%。突然间，由于大量投机，股市上涨35%了。这都是在利率上升的情况下发生的。

股市在1987年8月创下历史高点后，开始显出疲态，但总体而言，虽然人们越来越担忧它已经过热，股市还是保持着强势。随后，经济问题增加了人们的担忧，媒体报道说七国集团就货币政策和美元高估所进行的谈判宣告破裂。美国商务部在10月报告说美国贸易赤字继续增加，又有媒体报道说美国国会可能要取消与并购融资有关的税收优惠措施。10月14日，道·琼斯工业平均指数下跌95点，次日又跌去58点，10月16日星期五，再次下跌108点，成交量创历史纪录。仅在3天之内，股市便从8月创纪录的最高点跌去10%。投资者在这个周末需要思考很多问题。

进行组合保险操作的人也是如此。由于市场开始从一个创纪录的高点跌落，此时似乎是应用新操作原则的绝佳时机。1973~1974年间的股市，很多养老基金在股市暴跌期间卖出股票，但并未及时返回市场来享受暴跌后的回升。现在市值仍然很高——组合保险程序能以相对较小的成本锁定价值，安然度过调整。然而，为执行这一程序，基金经理必须卖出相当大数量的股市指数期货。在指数期货下大量卖单的结果却是，需要在现货市场卖出与指数相关的股票。

不过，在这个周末研究市场的，不仅仅有美国养老基金和其他机构投资者。10月19日星期一上午，香港股市暴跌，触发澳大利亚和新西兰股市也出现相似走势，几个小时之后，欧洲股市又接着大幅下挫。待到纽约股市开盘，股票和指数期货均全线出现抛盘，引发更多的股票抛售。这又导致组合保险模型卖出更多期货，市场陷入螺旋下行的恶性循环之中，看来只有在当日股市收盘时才能止住。里奥 · 米拉梅德时任芝加哥期权交易所首席执行官，他说：

> 市场绝对无人竞买标准普尔500指数合约。那天下午标准普尔500指数期货交易区出现的价格，真的只是来自一点点交易指令。出现一大段时间的真空之后，才有价格出现。此后，又是一段真空，才有价格出现，这是史无前例的。市场震惊得不知所措。我从来没有见过这样的情况。市场似乎就这样朝着无边无际的深渊滑落下去。我在自己的人生记忆之中，很少有惊呆的时刻。这算是一次。

纽约股市收盘时，已跌去508点，也就是下跌了22.6%。其他地方的股市跌幅更大，中国香港的跌幅是45.8%，澳大利亚的跌幅是41.8%，西班牙的跌幅是31%，英国的跌幅是26.4%。在新西兰，股市遭受的打击尤其深重，大约从1987年的最高点跌去60%。自此以后，1987年10月19日一直被称为“黑色星期一”。纽约证券交易所单日出现的更糟糕行情，发生在1914年12月12日，这一天，纽约证券交易所因第一次世界大战爆发闭市4个月之后再次开市交易，当天道 · 琼斯工业平均指数重挫24.4%。

华尔街经历过“黑色星期一”的人，永远不会忘记这一天。我这天正忙着在纽约办公室与英国一家大型公司高管商谈业务，该公司计划宣布要约收购加利福尼亚一家大型保险公司，我们估计收购会遭到管理层的抵制。这本是一桩规模很大的交易，并且会让我这一年的业绩大添光彩。但由于市场突然暴跌——我也常常在观察市场——显而易见，这桩交易无法向前推进了。在股市崩盘的情况下，在反复无常的加利福尼亚州恶意收购一家州级主管单位监管的著名公司，是不会达到预期效果的。我只好等待股市回升，不过，谁也不知道那会在何时发生。我的客户好像以为我安排了股市崩盘来让他们受挫，闷闷不乐地返回伦敦去了。他们走了之后，我才得以把注意力转向公司里发生的事情，这时公司正有大量交易头寸在受到冲击，也在为英国石油公司私有化巨量股票发行分担承销业务。

总之，高盛必须控制住一切，看看是否有足够的资本承受股市暴跌造成的头寸价值缩水。我感到公司处在前景难料的境地，而个人对此又很是无能为力。那天晚上，我还给纽约大学的学生上课，讲授有关全球股市的内容。我此前已宣布了自己的计划，准备年底加入纽约大学教师队伍，现在上课只是为了作些准备。我尽力熬完这次课，很晚返回家里，脑子里只想着仅在一天之内情况怎么发生了这么大的变化。我那天晚上真的是惊呆了。

10月19日这个交易日结束后，发生了几件事。美联储宣布向银行提供流动性，足以帮助身兼经纪商和交易商的券商应付信用付款；其他国家的央行也宣布了同样的消息，有些国家还对交易所实行交易限制，以便处理前一天尚未匹配的交易。纽约证券交易所宣布，无论发生什么情况，仍将继续交易——已有一些传言说可能会闭市。与此同时，投资者在思考所发生的一切，思考股市是否已经跌到头了。第二天，股市开盘后，走势更弱，接近中午时，芝加哥期权交易所暂停交易，以免进一步出现计算机程序控制的指数期货抛盘的涌现（第二天，该交易所又开盘了）。这天晚些时候，股市回升，逐渐回归正常状态。后来，小布什总统任命他的朋友、前国会议员、德威证券董事长（未来的财政部长）尼格拉斯·布拉迪领导总统市场机制专案组，调查什么样的原因导致了“黑色星期一”的出现，并研究将来如何预防此类事情再度发生。1987年12月31日，股市收盘时较年初上涨2%。

1988年1月，布拉迪带领的专案组发布调查报告。报告指出，操作组合保险的基金经理应对股市“10月份5天里疯狂的戏剧化表现”负主要责任。消息传来，人们丝毫也不惊讶，因为报告内显示的这5天期货合约卖出量令人信服。

报告还提出了几项教训，但最应吸取的教训看来是组合保险系统并不能真正产生预期效果——在所持股票上的损失远远超过了卖出期货所得（期货市场没有强健到足以应付所有那些交易量的程度，这让交易速度放慢下来，但无论怎样，卖出期货触发了现货市场的抛售，从而导致股价进一步跌落），结果，从此以后，组合保险便无人使用了。

市场管理者认识到，现货市场和期货市场的操作规则之间必须得有一定的对称性，这样才能防止出现一个市场正常开市，而另一个市场却受到交易限制的情形。纽约证券交易所开发了一系列“断路器”，当价格变化超出某些限度时，断路器便被激活，短暂时间内中止交易；芝加哥期权交易所也尽可能地照做了。在市场失控时，这应该会阻止期货合约的全线抛售。或许也是最重要的一点，这场危机迫使主要监管者之间密切合作，采取了协调行动，这有助于防止重大流动性困难加剧正试图自行调整的惊恐不安的市场所出现的问题。1987年，当股市崩盘发生时，艾伦·格林斯潘作为美联储主席任职仅仅两个月，但他是一个经验丰富的政策制定者，还有同样经验丰富的纽约联储主席盖瑞·考里根给予协助。他们承认（而1929年和他们处在同样位置的人却不承认），出现这样的市场危机时，要想有后续行动并将损失减至最低，向市场注入流动性是必不可少、极为重要的。这些教训在2001年“9·11”恐怖袭击事件之后，在2007~2008年抵押支持债券危机期间，都得到了遵循，虽然在这两个情况下，已有人批评在太长的时间里注入了太多的流动性，这导致了（或可能导致）随后失控的资产价格酿成又一次泡沫。

衍生工具

华尔街积累的人才有很大一部分投入证券“衍生工具”的研发上。衍生工具的一个正式定义（也许并非一个特别有助于理解的定义）是：“它是一种其价值以另一只证券为基础或源自另一只证券的证券。”还有一个定义是：衍生工具的价值取决于与之相关的基础证券的价值变化。譬如说，当利率变化时，金融期货合约的价值也随之变化。1970年以前，衍生工具仅限于大宗商品和外汇合约，形式有远期合约、期货和期权。

1864年，世界上第一个期货交易所芝加哥期货交易所成立，实现了期货合约的标准化，随后芝加哥期货交易所清算公司设立，以保证交易能在交易所完成。1972年，芝加哥商品交易所作为一家竞争机构，开始交易7种外币的金融期货合约。芝加哥期货交易所在1975年引入以吉利美债券为基础的利率期货，芝加哥商品交易所于1981年开始提供欧洲美元和股指期货，两家交易所不断有新的期货产品推出。2000年以后，它们实行改制，变成了公众公司，2007年又合二为一，组成芝加哥商品交易所集团，成了全球规模最大、品种最多的衍生品交易所。世界上还有一个伦敦国际金融期货期权交易所——与芝加哥商品交易所集团同等重要的欧洲交易所——2002年被泛欧证券交易所收购，后者2007年又被纽约证券交易所收购。另外，股票期权、指数期权和货币期权也在费城证券交易所交易（该交易所2008年被纳斯达克收购）；美国证券交易所也交易股票期权，2008年被纽约–泛欧交易所集团收购。25年来，随着期货和期权合约成为投资策略和风险管理的重要组成部分，在交易所交易的衍生工具已有相当大的增长，但在2008年，它们在所有发行在外的衍生工具中只占有很小的百分比。其他衍生工具都是柜台交易合约，涉及利率掉期、货币掉期和信用违约掉期。20世纪80年代早期，信用违约掉期合约在金融界出现爆炸式增长，此后每年平均以45%的比率递增，直到21世纪最初几年。

掉期合约

1981年8月，IBM公司和世界银行达成一桩意义重大的交易，双方同意分别交换与瑞士法郎和美元借款有关的未来负债。IBM公司资信评级为AAA，在瑞士被视为美国最佳公司之一，能以接近瑞士政府借款的利率在瑞士举债。世界银行也常在瑞士金融市场借款，但在瑞士人眼里，它与第三世界信贷瓜葛太多，信用评级够不上真正的AAA级，因此，它要借款，必须在瑞士政府借款利率之上付出一定的溢价，大约为20个基点。在美国，世界银行则被视为具有顶级信用（因为美国和其他国家政府在背后给予支持），能以美国国债利率之上稍加溢价的利率借款，而IBM公司不过是一家公司而已，因此拿不到这样的借款利率。所以，双方都在有竞争优势的市场借款约1亿美元，然后掉期各自的借款义务（利息和本金的偿付），共享益处。IBM公司最终得到了美元融资，利率要低于其他情况下可能拿到的利率，世界银行也在瑞士法郎借款上得到了同样的结果。这宗交易或许是世界上第一次"货币掉期"，其中需要发行一定数量的"掉期驱动型欧洲债券"，此例中是1亿美元（或等值瑞士法郎）。这种掉期安排会涉及发生违约时如何进行补偿，交换未来支付金额的现值出现差额时，又如何由一方向另一方付款来反映这种差额。这有点儿复杂，但进行掉期安排还是物有所值的；不久，银行便学会了如何安排类似的交易，还渐渐依赖一套标准文件和程序来从事这种交易。货币掉期有助于消除不同币种之间和利率之间市场定价的异常偏差，无论借款人还是投资者，双方都可用来从市场交易中压榨出额外的价值。再者，对于仍在实行外汇管制或市场发行管制的国家，这样一个"合成"的欧洲货币市场也创造了与那些国家内部市场进行竞争的局面（使交易方得以回避它们国内的外汇管制或市场发行管制），这会把业务从国内市场中转移出来，而促使那些国家撤销管制。掉期技术能让市场在国境之外创造切实可行的成本更低的融资，来替代国内融资。在IBM公司这桩交易之后，货币掉期业务迅速发展，掉期驱动型债券业务在所有的欧洲债券发行中最后大约占到了1/3的份额。

不久之后，银行开始试验其他类型的掉期交易，包括交换同一币种的利率支付义务（例如，将未来固定利息支付义务和可变或"浮动"利息支付义务进行掉期）。事实表明，这也正是状况不佳的储贷行业所需要的东西：储贷机构用短期利率不断上升的存款，为固定利率的房屋抵押贷款提供资金，因而深受其苦，它们可以利用掉期这一方法，把未来固定利率收入流换成能用可变利率存款融资的可变利率收入流。不过，并非谁都想和步履不稳的储贷机构进行掉期交易，于是，一些已经与储贷机构接触很深的银行（如所罗门兄弟等）作为掉期双方的中间人介入进来，这样每方都有了所罗门兄弟（或其他某家银行）作为“交易对家”。所罗门兄弟对风险并不太担忧——储贷机构会把房屋抵押贷款支付给它们的利息收入不停地传递下去，而抵押贷款比资本不足的储贷机构资信更好——无论怎样，如果出现违约，所罗门兄弟也不必就自己的义务支付款项（因为义务已抵消了），虽然还存在一些与换掉交易违约方相关的风险。于是，“利率掉期”业务便诞生了，并且规模巨大。1982年，在纽约和伦敦的柜台市场大约出现了名义价值30亿美元的货币掉期和20亿美元的利率掉期。1984年，第一波士顿铺天盖地地在各大报纸上做广告，画面是一个婴儿的大幅照片，广告词是“这是世人尚未领养的身价400亿美元的婴儿”，旁注婴儿就是指利率掉期。1988年，已完成5 000多亿美元的利率掉期和1 750亿美元的货币掉期（数字来自国际掉期交易商协会，这是一个与掉期业务同步发展的组织）。1994年，利率掉期的名义价值超过4万亿美元，货币掉期超过1万亿美元。通常是中介机构、做市商和自营交易者使用掉期合约来减少风险，但这种衍生工具的终端用户也是如此。现在，掉期常常是量体裁衣般通过定制来满足特定交易对家的需要，因此标准化程度不够，不能在交易所交易。到2000年，发行在外利率掉期的名义价值接近50万亿美元（货币掉期只有3.2万亿）。到2008年，利率和货币掉期的名义价值共计超过400万亿美元。

利率和货币掉期的柜台市场，现在大约代表了交易所交易型基金的3倍价值，这些交易型工具包括利率、货币、股指期货和期权。所有这些工具，包括利率和货币掉期，都称为衍生工具；自20世纪80年代初以来，从风险再分配和消除市场异常定价的角度看，它们对金融市场的影响是非常深刻的。

华尔街最先快速介入了这类业务。所罗门兄弟和第一波士顿很早便将利率掉期应用在储贷机构和其他企业的身上。不久，多数华尔街公司都聘用金融学博士出身的职员，帮助公司寻找聪明的新办法来处理能创造交易机会的衍生工具。马尔隆·斯科尔斯与诺贝尔经济学奖共同获得者罗伯特·默顿，20世纪90年代加入对冲基金长期资本管理公司，做的就是这样的事。衍生工具业务促使资本市场行业在很多方面应用数量化金融技术，在此过程中，很大程度上提升了一般交易员的智商水平，但同时也让受到过度激励的衍生工具交易员承受着某些新的风险。

信孚银行的痛苦经历

20世纪90年代初，信孚银行在美国银行中是一颗璀璨的明星。之所以获得这样的声誉，是因为它成功地实现了转型，由纽约市排名第五的零售银行变为强有力的交易型和批发型金融公司，拥有值得称道的利润边际和很高的风险调整后资产收益。查尔斯·桑福德是银行业从事交易业务而成为首席执行官的第一人，在他的领导下，信孚银行宣布并实施了雄心勃勃的计划，要在投资银行业谋得一席之地，并提供专业的风险管理服务。信孚银行常被称为美国管理最佳的银行，是银行业分析师最喜欢的公司。的确，它成了现代银行企业的典范。贷款比重下降，不超过总资产的30%，总资产中大约有45%投放在交易上。它所创立的贷款是杠杆收购贷款复杂而高级的前身，杠杆收购贷款10年之后才被开发出来，用于为杠杆收购和类似交易提供融资。信孚银行会保留管理费，通过银行分摊多数贷款，仅持有小部分贷款。它开发了一些方法，让银行能够有利可图地参与商业票据和其他货币市场工具业务，并开发了规模相当大的国债、外汇和衍生工具的交易业务。1990年，非利率收入占到了信孚银行总收入的75%，其中约有1/2来自交易业务。它的交易员必须遵守严格的资本配置规则，但他们也有很高的业绩激励，薪酬非常丰厚。查尔斯·桑福德谈到银行与客户的关系在发生变化时说："我们不再有客户了，我们有交易对家。我们不娇惯它们，我们和它们做交易。无论它们想做什么，我们都能想出办法和它们一起做。当然，我们也期待能从中赚钱。"

1990年年底垃圾债券市场崩盘，在此后经济衰退的形势下，信孚银行把交易业务更多地放在各种类型的衍生工具之上。它精于复杂的定制掉期交易，可以直接针对具体交易对家精心设计掉期合约。然而，到1994年年底，美孚银行不知不觉地陷入好几桩棘手的诉讼案，涉嫌将非常有害的衍生工具卖给一般说来毫无戒心的交易对家，包括宝洁公司，它声称被信孚银行敲了竹杠。这些衍生工具中包含复杂的掉期，能让一些公司通过借入资金对利率的未来走向下注，而利率却走向错误的方向了。问题在于，交易对家认为它们是该银行的客户，因此理应享有一些关照。1993年年底，宝洁公司接受信孚银行向它出售两张定制利率掉期合约的提议，合约涉及5年期美国国债和德国马克。到1994年4月，在美国利率意外出现大幅上升之后，这两张掉期合约遇到了麻烦。宝洁公司减记资产1.57亿美元，解雇财务官，此人负责买入了掉期合约。它还根据联邦《反犯罪组织侵蚀合法组织法》，非常公开地愤然控告信孚银行犯有欺诈罪，并有欺骗性的常规做法，根据该法规定，损害赔偿金可以达到实际损失的3倍。

诉讼提起之后，其他深感失望的美孚银行的交易对家，因不满也被迫接受了损失，立即仿效宝洁公司，打起了官司。这些交易对家所受损失估计为5亿美元。

为了揭露与诉讼有关的事实，信孚银行交易室中交易员间的交谈录音带也传到法庭作证，交易员的谈话也进入案件之中。那时的交易员在闲谈时，会毫无顾忌地谈到，如何以牺牲较不聪明的竞争对手或不明实情的交易对家的利益，成功地这样或那样赚了一大笔钱。与我共事过的一个交易员曾经向我提到，在让别人接受一桩交易的报价时，如何“着实敲他一笔”。多数时候，那种谈话只是男人为了逞强说出来的。在此案中，这样的谈话很快就泄露给媒体了。录音显示，那位与宝洁公司做掉期交易的信孚银行交易员，说他“把他们哄安静了，然后狠狠地干了他们一顿”。

这就够了。信孚银行股价直线暴跌，丧失了20多亿美元的市值。在报纸所做的客户满意度调查中，信孚银行的排名垫了底（先前可是处在顶端的）。银行的盛名受到如此伤害，董事会便成了“弹道学家”，非得查出责任人来。董事会强迫查尔斯·桑福德早早退休，毫不考虑他提议的继任人选，从外面另请了一个人来整顿银行。信孚银行很慷慨地了结了官司，没有上法庭面对审判（原告律师本来预期会撤诉，因为合约签订之后出现的交易损失，并非信孚银行的责任），在账面做了大笔核销。它后来为节约成本，退出了衍生工具业务领域，解雇了1 400名相关雇员。过了数年，“被剪了毛”、自尊心受挫的信孚银行，以98亿美元的价格卖给德意志银行，自己的名称也随之丧失。信孚银行作为独立的批发银行服务提供商，从此销声匿迹了。

信用衍生工具

20世纪90年代后期，一种新型的衍生工具信用违约掉期诞生，迅速被银行和其他信用中介机构以及投资者所采用，这是针对贷款违约所做的一种保险。信用违约掉期合约由两个交易对家签订，据此合约，一方应每年支付一笔款项，以便能够在出现违约的情况下，将与信用义务有关的风险转移给另一方。现在，信用违约掉期市场非常活跃，为贷款头寸进行保险的成本信息，可以轻而易举地从市场上得到。这样的成本信息在信贷市场上已成为一种具有信号作用的重要因素，因为它反映了具体公司的偿债能力。

信用衍生工具的成本，随着影响债券、贷款等信用头寸市场价值因素的变化而变化，这些因素包括：预期违约率或偿还率的变化、信用评级的变化、作为整体债务工具的流动性变化、债务保险或担保已觉察到的价值变化。信用衍生工具成本的波动性可以从2007年次级抵押贷款危机中看出来，2007年7月，美林证券1 000万美元债务违约保险的成本是2.5万美元，9个月之后，升至15万美元。

据国际掉期交易商协会报告，2008年，所有发行在外的信用衍生工具的名义价值（也就是受到保护的本金数额）为38.6万亿美元。

金融信息技术

在20世纪八九十年代，若没有可称为金融信息技术——包括信息的收集、展示、分析、发布和应用——的并行发展，那么让金融市场产生重大改变的创新是很少能够出现的。1980年以前，交易员依赖的信息可能是与别人交谈时偶然获得的，或者来自以公开发布的（通常已过时的）财务报表和研究报告为基础的分析。固定收益证券是根据风险溢价的相对等级来交易的，或者说交易时的价格会体现出无风险收益率债券（比如美国国债）与该债券之间的收益差。要交易这样的债券，你会想知道过去的风险溢价是多少，在你想交易的某个时刻，风险溢价又是多少。收集这些信息并非总是很容易，而信息也并不总是很准确、很标准，或是最新的。再说，纵然有了正确信息，你还可能需要做复杂的量化分析，才能确定这样的风险溢价此刻是否值得下注去搏。再进一步设想一下，如果把这种做法应用到数以百计的不同债券上，而且有些还只是在伦敦和东京才有报价，行情又总是变动，你便能体会到，如果只是依靠交易员的直觉来交易，要提高交易业绩会有多么困难。必须开发出新的工具，来收集各种证券的实时价格信息，也必须创造新的交易分析方法，让交易员能够发现投下资金的最佳地方。

彭博资讯公司

迈克尔·彭博当时在所罗门兄弟公司任职，他知道有这个问题存在，遭公司解雇时，也正在思考。彭博本是一个交易员，后来在所罗门兄弟公司每隔一段时间便要进行的野蛮人事调整中被推到了一边，再后来又重新浮出水面，负责公司的计算机系统，这在当时毫无疑问也相当于打入了冷宫。这是一个后台职能部门，有自尊心的所罗门兄弟公司合伙人是绝不会在这里工作的。但是，彭博认为可以用计算机来帮助交易员，譬如，对两个本质上相似而交易价格却不同的证券比较风险溢价。聪明的交易员会买入两者中较便宜的，卖出较贵的，可以锁定一笔基本上没有市场风险的差额。当这种误定价现象自我纠偏，消除了不合理的差额时，交易员便可以赚钱了。迈克尔正是在这时被炒了鱿鱼。1981年，作为与菲利普斯兄弟公司合并的一个条件，所罗门兄弟答应减少合伙人数量，当时公司认为彭博并非必不可少的人物，便让他走人了。

彭博深感惊讶，感到受了伤害，但他看到，被所罗门兄弟解雇也给他提供了一个机会，就是能悉数拿回合伙人资本，总计约有1 000万美元，他可以用这笔钱创立属于自己的公司。他想创办的公司使用新的小型台式计算机（IBM公司个人电脑于1981年面世，很受人们欢迎），收集和比较两个以上不同债券的价格，在市场上助交易员一臂之力。他雇请一些程序员，开始干起来。大约一年之后，他有了一种可以实现这个功能的机器（装有一个程序的迷你计算机）——他称为“彭博机”——并着手把这种机器租借给华尔街的公司。美林证券最先租用，接下来，用彭博的话说“就是尽人皆知的历史了”。一旦美林证券被人看到在使用彭博机，其他所有公司的交易员也得使用这种机器。彭博遇到了来自路透、德励和道琼斯的强劲竞争，但他的机器总在更新，总能不断体现交易员的意见，并赶在他人的前面更新。

此后又出现了一场数量分析技术革命，能让所有这些定价数据得到更好地利用。早期的市场“数量分析家”，诸如费雪 · 布莱克和马尔隆 · 斯科尔斯之类，都在忙于建立各种模型，例如：市场如何运行的模型、均衡定价应在何处出现的模型、套利交易机会能在哪里发现的模型、对冲策略应该如何确定的模型、复杂风险管理程序怎样管理和控制的模型等。这会涉及海量的数学分析——与20世纪60年代古斯 · 列维及其同代人所用方法有着天壤之别——为交易员、基金经理、研究分析师、内部系统管理人员开辟了新的职业生涯之路。到20世纪90年代末，华尔街已在引人注目地竞争来自学术界——在数学、经济学和金融学方面——最有才华的人。

PAPER FORTUNES

第八章

资产重组

导读

不论任何时候，谈到华尔街那些令人神往的重组并购故事，总是遗憾为什么没有机会生在那个激情澎湃的时间和地点。也许未来老了以后，回忆起自己这几十年里所经历的重组与并购的故事，也足以让我回味无穷。但是，无可否认，世界上任何一个地方也无法取代华尔街带给这个世界的精彩。这样的机会，在我可以看见的未来世界，难以呈现。

战略并购也好，杠杆收购也好，我以为都应当是从事这个行业的人最高的人生境界。满眼看去，中国应当是遍地重组并购的机会，甚至不乏走出国门，去到欧洲、去到美国、去到日韩参与重组并购整合的条条道路，但是，不论是中国的市场环境，还是证券市场的成熟程度以及投资银行的水平、金融资本市场环境、企业家的综合素质与战略视野，都还远远达不到这个层次。

今天的科尔伯格–克拉维斯公司早不是1976年从贝尔斯登出来的3个投资银行家加上12万美金的注册资本，35年成就了世界上一个伟大投资机构，而超过12万美元的中国投资银行可以上千个，35年之后，会有中国的科尔伯格–克拉维斯公司吗？

1988年10月，雷诺兹-纳贝斯克公司董事长罗斯·约翰逊突然向董事会宣布，自两年前担任首席执行官以来，已竭尽全力提升公司的股价，但没有取得多少效果。由机构投资者主宰的股市在寻找别的关注点，对他所作的努力就是没有反应。无论雷诺兹-纳贝斯克的食品和其他品牌的表现如何好，股市还是把它们当做风险大的烟草公司的资产来估价。因此，他认为最好是他和一群同事，以及投资银行希尔森-雷曼兄弟-赫顿公司（以下简称希尔森证券），以每股75美元的价钱共同收购公司。公司股价之前是每股55美元，所以这个出价含有36%的溢价。

此前有好几家投行曾向约翰逊提议杠杆收购，不过，他态度暧昧，这样一直到了1988年下半年。希尔森证券和德崇证券似乎最为积极。两家公司都愿意把约翰逊当做牵头人参与交易，至少都告诉过他愿意这样做。最后，约翰逊选中希尔森证券，向它递交了一份管理层协议复印版本，声称这没有商谈更改的余地。根据协议，希尔森证券（后来所罗门兄弟也参加进来）将以股票出资约30亿美元，但约翰逊和六位管理层同事必须取得公司8.5%的股权，并从希尔森证券获得一笔贷款用于收购公司的股权。协议中还点明公司要实现良好赢利还存在几个困难，如果管理层能解决所有的困难，管理层中一些人的股权比例将升到18.5%。在未来5年里，管理层所持股权可能价值25~30亿美元。与此同时，这一群人每年将分享1亿美元的收入。约翰逊还将获得对董事会的控制和一票否决权，这一点与市场上已完成的重大杠杆收购案不同。

希尔森首席执行官彼得·科恩认为这个协议是一个幻想，而约翰逊声称这是他在谈判一开始就必须坚持的事情。科恩极想主导这次交易，当时恐怕任何投资银行家都想这样做。这将是一次巨型交易，因此而建立声望，将来会引来很多交易，这次也会产生巨大赢利。然而，如果科恩与约翰逊坐下来，只是以旧有的方式对他说："你看，罗斯，在交易中出了钱的人是无法让你从中得到这么多好处的，你得按照我们的意思办，要不找别人好了。"如果这样说，他知道约翰逊会如何作答。或许，约翰逊也会在下个地方听到同样的说法，不过话又说回来，他本来可能一直在和别人商谈，而不是和希尔森证券。于是，科恩说："好吧，罗斯。"他只是坚持要求，如果他们这一群收购方出价必须高于每股75美元，这个协议就得重新商定，他想每股75美元是他们开始报的价，很可能最终会超过这个价格。

约翰逊很满意，心想每股75美元到顶了，足以让他人难以按这个价钱筹集收购资金。因此他可以说自己为管理层敲定了极为有利的交易。科恩同样也可以说（当所罗门兄弟质疑协议的合理性时，他的确这样说了）：这都没有意义，因为一旦公司进入董事会公开回应要约收购的过程，约翰逊就得与希尔森证券和所罗门兄弟的愿望保持一致；如果必须报出更高的收购价，那就靠挤压与约翰逊的交易来支付。如果没有其他人竞购，每股75美元的收购价中有足够的部分让投资人用来支付约翰逊所想要的，并且仍有很大余量。到最后报价时，管理层一群人（包括人数已大大增加的一群经理人）在公司中的股份从最初的8.5%降为4%。

雷诺兹-纳贝斯克董事会，对于约翰逊和希尔森证券的收购提议非常惊讶，向公众公布了这个提议，并任命一个由非管理层董事组成的特别委员会，让该委员会考虑这一提议以及备选方案。特别委员会立即雇请法律和财务顾问来思考所有的可能选择。尽管公司董事会先前无意于此，但它的行动却已将公司置于公开回应要约收购的过程之中，使得任何竞购者都可以公平竞争，前来接洽。

亨利·克拉维斯在《财富》杂志后来所做的一次专访中，这样解释他对约翰逊一方最初报价收购公司的看法：

> 我认为罗斯·约翰逊犯了很多错误。当他第一次发出要约，以每股75美元的价钱进行管理层收购时，我的第一反应是雷诺兹-纳贝斯克公司进入了被收购的过程之中，而且还是以大大低于真实价值的价格被收购。他是在为公司竖起一块有"待售"字样的牌子呢？还是他真的想拥有公司？若是后者，有一样是非常肯定的，就是管理层那群人正在窃取公司。

数天之后，又一个收购要约递交了。过去两三年里曾与约翰逊商讨过杠杆收购的科尔伯格-克拉维斯公司，提出以每股90美元的价钱用现金收购雷诺兹-纳贝斯克公司87%的股权。特别委员会又请其他任何有收购兴趣的方面来竞价，接到了几个试探性的收购提议。

收购要约宣布后不久，约翰逊的管理层协议条款被人泄露给了媒体。协议成了媒体关注的焦点，媒体报道逐渐演变成猛烈抨击管理层的贪得无厌。《时代》杂志将约翰逊的照片置于封面，描述了一个在美国如何贪婪成性的故事。据《时代》的说法："自19世纪强盗大亨时代以来，很少有公司行为会如此遭人质疑。雷诺兹-纳贝斯克争夺战似乎划了一道无形的线，把理性行为与无政府行为分隔开了。"《时代》始终没有说清楚"无政府行为"如何融入了这桩交易，但据克拉维斯说："罗斯·约翰逊最终成了对我们最为有利的因素，因为他的负面报道越积越多。"

董事会特别委员会说，正在思考来自不同方面的竞购，也在考虑一些自我再资本化和重组的举措。然后，委员会请竞购方在11月18日前递交最终的最高竞购报价。这一天，收到了三份竞价，分别来自科尔伯格-克拉维斯公司、约翰逊一方、第一波士顿组织的一方。另一个专做收购的公司福斯特曼-里特公司集结了数家工业公司形成一方，由高盛提供顾问，也准备参与竞购，但最后还是选择不参与了。收到的三份竞购都很不相同，约翰逊一方以现金和股票支付，每股估值100美元，在三者中最高。特别委员会以拉萨尔兄弟公司的菲利克斯·罗哈廷为顾问，经常与各方开会，以便弄清楚竞购的具体内容，然后又决定请各方再做一次竞购。

从两方收到的最终竞价实际上是相同的——约翰逊一方的报价是每股估值112美元，科尔伯格-克拉维斯公司一方的竞购是每股估值109美元，但约翰逊一方得打个折扣，因为他们的一揽子报价中提供的股票有些要次于科尔伯格-克拉维斯公司一揽子报价中包含的股票。罗哈廷在对两份竞购做了一整夜的价值评估之后，解释说："两份报价在每股估值108~109美元之间。报价如此接近，而涉及的股票数量又是从未有过的大，以我的生意眼光，这两份竞购基本上是等值的。从财务的角度看，它们都是公允的。太接近了，很难说一个明显优于另一个。"

董事会基于对无形资产的评估，决定接受科尔伯格-克拉维斯公司的竞购，但也不能说他们一点儿也没受到媒体对约翰逊一方强烈反应的影响，媒体的猛烈抨击实际上已深深地影响了普通大众对收购案的看法。当然，另外，董事会也怀有戒心，不愿被视为约翰逊一方的俘虏，因为约翰逊给予外部董事很多好处的事情已被充分报道，给董事会造成了一些尴尬。

接受的竞购价，差不多是约翰逊最初提议前雷诺兹–纳贝斯克股价的两倍。整个交易从收购方开始组成到最终完结，只花了不到3个月的时间——规模如此巨大的交易，将近250亿美元，做得竟如此迅速。各收购方之间发生了很多激烈竞争，个人仇怨也常常显露。罗斯·约翰逊于1987年才成为雷诺兹–纳贝斯克的首席执行官，在要约收购过程中，他时而表现得似乎董事会对他言听计从，时而又好像他是这场交易中唯一最重要的一方，没有他，任何一方竞购人都会明显处于劣势。其间，科尔伯格–克拉维斯公司也曾提出允许约翰逊加入他们的阵营，但约翰逊拒绝了提议。他知道，从未发生过没有管理层参与的大型杠杆收购，没有管理层的参与，不会处理得好。毕竟，管理层不仅能指出公司运营已取得成功的原因所在，这对杠杆收购贷款人本是一个很大的安慰，管理层还具有了解公司内部详情的优势，可用来帮助制订竞购策略——他们知道究竟能从各运营单位中压榨出多少现金来偿还收购债务。因此，约翰逊相信他可以在交易中发号施令。他可以决定协议条件，投资银行家接受不接受可以请便。可是，他的竞购被拒绝了，被选中的是没有他参与的一方，他深感震惊。

这宗交易给参与其中的投资银行和律师事务所带来了7亿美元的服务费收入，这是整个交易价值的2.8%。其中一些服务费，是用于支付在制订交易策略和参与谈判中提供法律和财务建议的费用，但多数是为安排和提供交易所需大量融资支付的。这是一宗非常不易也很复杂的交易，技术上的建议是必不可少的——为了让出价最高的竞购者能有机会在这宗交易上赚钱，其中涉及的金融工程必须非常精确——要毫不耽搁地组织近250亿美元的融资，也是一个极其重要的艰巨任务，只有经验最丰富的银行才能妥善处理。

最终，雷诺兹–纳贝斯克的股东在自己所持有的公司股票上获得了很大的溢价，同时在新公司也继续保留很小的股份。收购前老股东的资本利得超过了133亿美元。科尔伯格–克拉维斯公司一方有机会对该公司实施重组，该公司于1875年由一个流动商贩成立，只是在1985年通过并购才形成现在的样子，这一年，雷诺兹烟草公司收购纳贝斯克牌公司（这家公司本身是1981年纳贝斯克和标准牌合并的产物），成了财富500强中排名第19位的公司，1988年销售额达166亿美元。这是一个赢利性很强的公司，1988年预期营运现金流约为35亿美元。烟草业务会产生大量盈余现金流，可用来偿还债务；数以百计的品牌食品又可以在收购之后，作为重组行动的一部分高价出售。

然而，科尔伯格–克拉维斯公司一方为了赢得竞购，必须尽他们一方的最大努力来出价。在发出要约，收购完成之后，新公司（也就是科尔伯格–克拉维斯提供融资收购之后的雷诺兹–纳贝斯克公司）将有230亿美元的付息债务，只有78亿美元的股票和类似股票的证券来支撑这些债务。总债务占到总资本化金额的80%，每年的现金流只能刚好满足利息成本的支付。

这桩交易复杂的资本化结构反映了时代特点。结构共有三个层级，每一层级的设计意图都在于吸引特定类型投资者的投资兴趣。银行提供最大一块融资，贷款接近150亿美元，其中65%由日本、欧洲和加拿大银行提供。银行贷款属于优级债务，万一公司破产，对公司资产拥有最早索取权。除银行债务之外，雷诺兹–纳贝斯克公司在收购前已有债务约25亿美元，也包括在优级债务这一层级中，总计175亿美元。收购交易发生之前，公司所有资产的账面价值只超过这个数额一点点，市场价值则高很多。

在发行债券以替代为要约收购提供融资的短期票据和搭桥贷款（由两家投行提供）之后，再加上立即出售部分资产，银行债务预计会减至不到公司总资本化金额的1/2。银行贷款期限为6年，到期必须依法迅速偿付。这些银行贷款比多数杠杆收购中的银行贷款，为银行设计了多得多的资产和现金流作为支付保证；贷款应付利息和为银行提供信贷而支付的服务费，也比大型杠杆收购案中通常应有的要稍多一些。银行也将分享3.8亿美元的贷款安排费。

资本化结构中的第二个层级，是50亿美元的次级债务，这种债务级别低于优级债务，因而排在其后。次级债务通过发售期限长、收益高和非投资级的垃圾债券来提供(这是史上杠杆收购中垃圾债券发行规模最大的一次)。这些债券卖给了全美国各地的养老基金、保险公司、共同基金和储贷机构，也有部分卖给了国外投资者。这些债券也会产生大量利息，发行时利息大约比美国国债高5%~6%。

最后一个层级包括级别更低的证券——两种类型的“实物支付”证券——和普通股，普通股不足20亿美元，或者说不到公司资本化金额的8%。实物支付证券一样是可转换债券，另一样是优先股，数年里利息和股息支付并非用现金，而是用同类证券。这个层级的投资者只有在特定状况下可以赚钱，就是公司未来运营成功，通过手中证券的增值或以更高价格出售，以及（或）因为出现以更有利的财务条件进行的再资本化而赚钱。

科尔伯格–克拉维斯公司一方在这场交易中总计投资不到25亿美元，大约是被收购公司市场价值的1/10。这25亿美元并不是科尔伯格–克拉维斯公司的自有资金，而是来自科尔伯格–克拉维斯公司管理的投资基金，基金的投资者包括州府和公司养老基金、大学捐赠基金、保险公司、银行和储蓄机构，其中多数也投资过科尔伯格–克拉维斯公司的其他交易，并且业绩表现都不错。

说到底，科尔伯格-克拉维斯公司自己并没有投出一分钱，但在3周多一点的时间里，却获得了对美国一个规模最大、赢利最丰厚的公司的控制。由于控制了这样一个公司，重新规划其业务，提升其业绩，从而提升其价值的机会是非常多的。雷诺兹-纳贝斯克收购案是自1902年J·P·摩根组织收购美国钢铁公司以来，以实际价值计算规模最大的并购交易，成了20世纪80年代重组交易的标志性事件。尽管如此，这宗交易无论曾经多么著名，收购价还是太高，最终，科尔伯格-克拉维斯公司的投资者如果说赚了钱的话，也是所赚甚微。

并购和杠杆收购

20世纪80年代并购浪潮的真正推动力产生在20世纪70年代中期，这时，一些“战略”买家（即同行业中的工业公司）积聚了大量现金储备，股市市盈率非常低，很多公司账面上都有可快速轻易变现的资产。这次并购浪潮开始于1974年国际镍矿公司对ESB蓄电池公司的恶意收购（由摩根士丹利担任并购顾问），该并购案使得蓝筹公司的恶意收购似乎显得正当和可以接受，引发了其他类似的并购交易。随着利率下降，资金更易获得，像科尔伯格-克拉维斯公司之类的“财务收购者”也得以加入“斗殴”了。20世纪80年代初，经济出现强劲复苏，股市回升，带动了一切快速向前发展，杠杆收购日益增多，低于投资级的公司债券市场应运而生，美国和欧洲市场上的债务和股权融资也达到了创纪录的水平。美国偶像级公司——美国电话电报公司——被分拆成7个地区性电话公司，相互间展开竞争。旧式的电信业由此开始了漫长的解体过程，一个新的巨大电信业逐渐取而代之。

这些事件使美国的上市公司为了提升竞争力和业绩，提高股票价值，出现了一波规模巨大的重组热潮，虽然重组一般是由收购方施加在目标公司身上的。随着时间的推移，可能沦为收购目标的公司也认识到主动实施重组非常重要。

重组计划包括，对公司的资本结构、管理、业务规划和促使重组者有良好表现的激励措施，进行诸多重大变革。这涉及提高财务杠杆，削减成本，出售非核心资产，精简组织以提高效率，以及提供一个高度重视业绩的工作环境。重组属于烈性事件，很多重组成功地让公司实现了乾坤扭转，使公司产出率更高了。结果，便从中赚到了很多钱。但随着这些——并购、杠杆收购、重组、对利润的坚定追求——而来的，也有一些丑闻。还有开创垃圾债券市场的一家公司的破产和清盘，这家公司便是德崇证券，它是20世纪80年代华尔街标志性公司。

20世纪80年代的大规模并购浪潮是20世纪第四次并购浪潮。所谓并购浪潮，通常是指一段时期内出现了数量异常多的合并、收购、公司分拆、资产剥离和相关交易。这种浪潮往往会持续四五年。自1974~2007年，并购交易量呈现不断上升的（但也有波动的）趋势，其间出现了三次浪潮，分别在20世纪80年代中期、20世纪90年代后期和2004~2007年间。并购浪潮持续期间会引发大量公司融资活动，这些活动具有提高所有上市公司业绩标准的作用，甚至对未直接受并购影响的公司也是如此。市场力量被释放出来，努力寻找适合收购的目标公司，并使财务资源能为有进取心且活力充沛的公司所利用和掌握。1982~1988年间，仅在美国就发生了超过一万次的并购交易，交易总值达1万亿美元以上。在此期间，另有3 500宗国际并购交易发生，交易总值达5 000亿美元。这次并购浪潮消退后出现了一次经济衰退，但继而在1996~2000年间，又发生了一次规模大得多的并购浪潮。

并购浪潮的出现有多种原因，但必须有一些共同的触发因素。这些因素包括：监管环境或税收环境出现变化，允许以前不可能实施的战略举措得以实施；价值观出现偏离，公司股票的市场价格未能反映股票的内在价值；市场上可以获得充足的低成本财务资源，为并购交易提供融资，虽然有些交易总是富有风险；市场上存在一定数量的愿意承担风险的人，他们技巧娴熟，富有创业家精神，愿意对自己的能力下注，相信能从并购交易中找到机会实现自己的抱负。

这些触发因素最先在世纪之交的1898~1902年同时出现，在此期间，公司合并交易使得公司能够在全美国而非地区范围内进行运营。这些因素在20世纪20年代又一起到来，此时出现了新技术和新的市场机会，电力和汽车行业尤其如此。20世纪60年代又出现了这些触发因素，公司为在战后时代求得增长而重新组织，发现了"集团企业"这个新的增长方式。20世纪80年代那些因素又再次出现，这时，里根执政期间股市繁荣、管制放松（尤其是反托拉斯政策出现了自由化），跨国投资增长，英国和欧洲其他国家本土内常常是恶意的并购活动也在蔓延。美国的投资银行利用20世纪70年代发展的专业技能，在这些交易中扮演了非常重要的角色。

20世纪80年代的监管环境，允许在天然气、食品、药物和金融等行业实施同业并购，其他有些行业自20世纪初反托拉斯法开始执行以来一直被禁止同业并购，也获得了允许。但20世纪80年代并购浪潮的兴起，主要还是由于人们认识到，20世纪70年代糟糕的政治经济条件已不复存在，一套激励经济增长的政策已开始出现。的确，很多美国公司度过艰难的20世纪70年代后，意志消沉，比刚进入这个时代之初更为保守——1980年，公司财务杠杆已低至艾森豪威尔时代以来从未见过的水平，股票收益率很低，标准普尔500指数的市盈率低于10，而长期平均水平是16。

随着人们认识到很多公司（尤其是一些集团企业）的价值已低至不能再低的程度（有些甚至低于分拆后的单个公司），又因为只要控制权发生变化便可能向股东释放潜在价值的事实，市场便进入了并购繁荣状态。或者，也可以用20世纪80年代一位主要并购玩家卡尔·伊坎（30年后的今天，他依然乐此不疲）的话说："并购浪潮可以治疗正在摧毁美国生产率的疾病，这个疾病就是明显而广泛存在的管理无能。并购是自由市场所做的部分回应，意在努力去除公司官僚主义，控制失控的成本，使美国再度富有竞争力。"

不久，市场认识到，必须有一类新的公司首席执行官出现，才能引导大型公司充分实现自身的经济潜力。公司再也无法容忍沉闷乏味、小心翼翼、有官僚主义做派的首席执行官——公司现在要找到志在成功、能让公司彻底改观的年轻领导人，他们应能加速变革步伐，抓住一切可能的机会。20世纪80年代初，出现了一些这样的人物，如杰克·韦尔奇（通用电气）、史蒂夫·罗斯（华纳通信）和鲁伯特·默多克（新闻集团）等；他们脱颖而出，成功地让公司彻底改观，并购行动在这个过程中起了重要作用。这些公司巨头一路上也受到了来自专业投资界、地位同等重要的人物的鼓舞和支持。所有这些为数众多的商业领袖并不畏惧因实施恶意收购而被视为可耻——恶意收购逐渐变得不再那么富有争议，1987年在美国所有并购交易中恶意收购占到25%——恶意收购有时会被无情地推进，变为成功公司所制订的战略发展规划的一部分。然而，恶意收购也导致新的法律环境的出现：法庭会进行干预，为保持一个"平整的运动场地"，确定一套全新的规则，使股东权利和履行受托责任管理层的权利得以平衡。

20世纪80年代，一批财务收购者或财务创业家，与大型优质公司一道参与收购，力图以不同的方式使用财务资源来收购公司，然后以不同的方式进行管理，为投资者创造价值。这类交易以"杠杆收购"而闻名，最初开发这种交易的是贝尔斯登的杰罗姆·科尔伯格。它的出现已有些年头了，但只是在20世纪80年代，才开始在整个并购市场中发挥重要作用，在1982~1988年的并购繁荣期间，占市场总量的比重高达30%。杠杆收购逐渐发展到在并购市场中产生如此重要的作用，是因为它们背后的创业家能够充分利用一个新的公开交易市场，这就是可以向各种非银行类投资者出售一种次级债务，即垃圾债券的市场。

并购战

因此，基于通常所应有的触发因素，20世纪80年代便形成了一波并购浪潮，但因为出现了一群新的玩家，这波浪潮的强度和广度才大大地增加了，这些新玩家包括大型优质公司雄心勃勃的首席执行官（并不仅仅是“袭击者”和“掷骰子者”），他们愿意发动恶意收购，以此扩大公司规模，增强公司力量。这些玩家还包括杠杆收购操作者，他们能从垃圾债券市场获得至关重要的低成本融资。并购交易有的出于公司战略需要，有的是由于财务原因；有些属于恶意，有些则不然。其间还有各种公司会付出种种努力，实施内部重组，更换新的领导人，以此释放未实现的股东价值，阻止公司被收购。并购策略和反并购策略都必须制定得对抗性十足。律师必须参加，公关专家和信用分析师也要参与，另外，当然还少不了平常为公司做企业融资的投资银行家，他们努力在有意愿的双方之间促成公平交易。的确，很多事情在同时进行，而且都在紧张激烈地以前所未有的规模进行。

这种紧张激烈的程度，也从风险套利者越来越活跃的行动中反映出来，他们会在收购交易宣布之后，立即大量买入目标公司的股票，然后竭尽全力促成交易。他们会以活跃投资者的身份，积极鼓动，公开力逼反收购一方的管理团队与收购者妥协，如果出现投资者投票表决，他们会投票支持收购交易。总的来讲，很有一些套利者几乎在每次收购案中都很活跃，这些投资者作为一个群体控制了目标公司可交易股票中相当重要的一部分。他们可以施加影响，迫使交易导向经济上对他们有利的结果，致使反收购一方越来越难以击退收购者，从而回归以前的现状中去。

拉萨尔兄弟、摩根士丹利、第一波士顿、所罗门兄弟和雷曼兄弟都大力协助收购者寻找目标公司，然后又帮助收购者完成交易。这种情况始于一些有进取心的公司首席执行官与20世纪80年代明星并购专家之间的高层接触，这些并购专家都在主要投行主持并购部门，包括拉萨尔兄弟的菲利克斯·罗哈廷、摩根士丹利的罗伯特·格林希尔、雷曼兄弟的艾瑞克·格里切尔、所罗门兄弟的伊拉·哈里斯、第一波士顿的布鲁斯·沃瑟斯坦和约瑟夫·佩雷拉。这些人和公司客户关系密切，参与客户内部核心集团的活动，掌握短时间内派出团队启动收购的过程。由于20世纪80年代并购业务带来了很多收入，这些富有个人魅力的并购专家在各自公司的内部权力和影响力大增，但在并购浪潮发生的那几年，没有一人成为公司的最高领导者，而且他们都在公司间不断跳槽，或者在自己创办的小型精品投行安顿下来。格林希尔在摩根士丹利成了二号人物，在争夺公司最高职位的过程中失利，去了美邦证券，随后又创立自己的小型公司，这家公司后来变成上市公司，使他成了非常富有的人。格里切尔跳到摩根士丹利，后来也创办属于自己的小型精品投行，获得了成功。哈里斯离开所罗门兄弟到了拉萨尔兄弟，在这里风光了一阵，又离开了。沃瑟斯坦和佩雷拉之所以离开第一波士顿，原因在于公司拒绝为他们客户的杠杆收购项目提供搭桥贷款；他们创立了自己的公司，后来将公司卖给一家德国银行，佩雷拉接着去了摩根士丹利（后来自己又创办了一家公司），沃瑟斯坦则成功地设计了一套收购拉萨尔兄弟的方案。

公司首席执行官们相信，明星并购专家技巧娴熟，人脉深广，会帮助他们去做想做的任何事。在并购交易火热期间，这些专家受到媒体的大量报道，使得他们更加炙手可热了。罗哈廷多次成为商业、金融和社会杂志的封面故事主角，这促使他成了社会名流；同样的事情也时常发生在其他并购明星的身上。

媒体如此宣传，似乎对业务很有好处。一个资深并购专家会逐渐变成一位深受信赖的顾问，这种关系会涉及很多密切的接触和策略会议，他会向著名首席执行官提议做什么交易，与之商讨、辩论有关事项。这些专家必须花时间去了解客户真正想要的东西（这并非总是很容易），与其他首席执行官发展人际关系网，这样才能知道究竟谁是真正的并购玩家，谁又不是。他们必须知道并购市场正在发生的事，预计市场接下来的动向，并作好应对。他们必须能分析潜在交易，以便弄清楚自己如何创造价值，如何获得融资，股市和信用市场又会对自己如何响应。他们必须预计到目标公司为逃避收购而采取的措施，同时又要始终将行动保持在法院和证交会日益增多的复杂规则和准则之内。他们还必须确信付出努力会得到报酬，设法让客户向他们预付定金、同意在所建议的交易完成之后支付所要求的服务费，不过，很多交易最终并未完成。他们还必须确信诉讼成本和不利的诉讼结果会得到补偿，必须确保自己不会遇到与客户产生利益冲突的情况，或者不会受到客户之间利益冲突的影响。

所有这一切会牵涉大量工作，其中很多是在枯燥乏味地捣鼓数字和核实法律程序。譬如，假设有一家投资银行想对一家肥皂公司提议，让它去收购竞争对手肥皂股份公司。首先，投资银行得查清楚，自己与目标公司，或自己与其他和目标公司有利益关系的公司是否有利益冲突。自己是否在文件中包含关于肥皂股份公司的有特许保密权的信息，而这些信息又妨碍自己代表肥皂公司。如果答案是否定的，则必须分析肥皂股份公司的财务报表、营运记录和市场价格信息，将这些信息与肥皂公司和其他竞争对手的信息进行比较，看看在不同的收购价格假设条件下，两家公司合并后会怎么样。这样的分析会显示收购在经济上是否有意义。其中涉及的计算都是用计算器和会计师所用的大表格靠手工辛辛苦苦完成的，直到后来才引入20世纪70年代后期开始出现的台式计算机、财务软件和计算机程序化分析工具。自动化操作和包含公司财务数据的数据库出现后，又加快了计算过程，但还有很多事情要做。还必须分析肥皂公司如何能为这次收购交易进行融资，分析这次交易对通用肥皂公司资产负债表、信用评级和股票价格有什么样的影响。有时，这需要找投行内部股票分析师了解情况，但必须让他们发誓保守秘密，以免由他们引起对两家公司股票的直接或无意的交易。另外，还要分析如何与肥皂股份公司接洽，友好地开启收购谈判，或者，如果接触下来，对方不友好，又该如何处理。最后，还必须分析会有其他什么公司以“白衣骑士”的身份介入进来，或者会有什么不同的竞购者受到目标公司的欢迎。

任何并购明星在形成和提出收购想法之间的很短时间内都不能独力做好所有这些事，所以必须组成由分析师、部门同事和初级合伙人参与的支持团队，设计整个收购方案，然后才尝试着向客户提出。即使这样，也完全可能一无所获。客户可能会拒绝这个提议，或者，虽然着手实施，结果却中途放弃了，投资银行常常得不到任何服务费。随着设计交易方案所需要的分析工作越来越全面细致，支持团队的重要性也不断增加。事实上，并购明星擅长的是和客户闲聊，没有支持团队，他们根本无法发挥作用。到20世纪90年代后期，并购交易中明星光环所起的作用开始愈来愈小，因为客户意识到真正重要的是并购团队，而不是明星个人。

随着杠杆收购操作者变得更加活跃，投资银行也必须弄清楚他们在寻找的是何种东西，并能帮助他们为交易安排杠杆收购融资。投资银行必须组成多个团队，同时为很多交易完成所有这些事情，其间，还必须避免利益冲突，必须遵守各种开始第一次执行的更为复杂的内幕交易规则。

在收购交易的另一边，常常是来自高盛的团队。一直以来，他们更愿意在并购案中代表“卖方”，并运用这样的经验，专门协助防守一方抵抗不希望或条件不够好的收购。反收购业务在20世纪70年代得到了发展和完善，因为出现了史蒂夫·弗里德曼和他的三个主要门徒奇奥夫·鲍埃希、彼得·萨克斯和麦克·奥孚洛克。史蒂夫曾是极有竞争力的摔跤手，获得过康奈尔大学摔跤冠军，他在高盛公司内不断晋升，当约翰·温伯格退休时，（和20世纪80年代初主持风险套利业务的鲍勃·鲁宾一道）被选定为联席首席执行官。鲍埃希后来替代史蒂夫成了并购部的头儿，但随后离开高盛自己创办了一家公司，这家公司最后卖给了大通曼哈顿银行，随后他在该银行升至很高的职位，并帮助收购摩根银行，此后又离去，另外成立了一家公司。高盛团队精于阻遏收购，会让目标公司的未实现价值展现出来，使收购要约价显得过低，又精于通过谈判得到比最初的收购要约更好的安排。他们也与买家合作，不过条件是收购交易足够友好，或买家只是寻求建议，而不是要求他们代表恶意收购的一方出面。美林证券、拉萨尔兄弟和其他数家公司，也常常作为顾问参与并购交易，代表收购双方中的任何一方。七八家投资银行控制了20世纪80年代规模庞大的并购交易中的大部分交易。

并购策略

20世纪80年代初形成的一个早期恶意收购策略是这样的：潜在买家宣布，自己已通过在公开市场买入股票，取得了目标公司非常重要的少数股东地位，正考虑要约收购其他股份。潜在买家也可能宣布，尽管尚未完全安排好交易融资（数额可能会相当大），但已收到一家华尔街公司（通常是德崇证券）的来函，该公司说“高度自信”能为这场交易安排融资。这可能足以恐吓目标公司董事会，使他们提出溢价购回该投资者手中所有的公司股票（但这个溢价对其他任何股东无效），以此让该投资者同意不再纠缠。这样的交易不久便被谑称为“绿色邮件”，机构投资者对此极为反感。不过，即使规模大如德士古和迪士尼公司，也受到了“绿色邮件”的成功袭击。

然而，恶意收购通常是买家为获得目标公司控制权而进行的。在这种情形下，很多买家会先给目标公司首席执行官发去一封信，建议两家公司坐在一起讨论一下合并问题，同时报出较市场价高出相当多的收购溢价，并指出若是不能很快得到积极回应，这封信的内容会向媒体发布。这样的信便称做“黑熊的拥抱”，意思是“我们爱你，但也能挤死你”；有了这封信，目标公司董事会实际上就必须对要约收购作公开回应，市场也随之骚动起来，预期该公司会被收购。由于宣布了要约收购，目标公司的股价便应声上涨，有些股东会趁着价格走高卖掉股票。套利交易者为在要约收购中交付股票，会大量买入。这又给董事会带来更大的压力，因为公司股东或这个要约收购买家可能会起诉董事会，指责他们阻挠最符合股东利益的真诚要约。如果要约收购是用现金，20世纪80年代有很多交易是如此，那么董事会的劝阻办法就是证明买家并不能筹集到资金，但这很难证明。很少有收购要约发出之后，目标公司董事会已公开回应，而公司最终却逃脱了和他人合并的命运。

然而，游戏又发生了变化。一位富有想象力的律师马丁·利普顿在纽约主持一家专门处理公司法律事务的事务所，为市场引入了一个新的激进做法，称做股东特别权利计划，也叫毒丸计划，可以让收购局势的掌控权重新回到目标公司的董事会。利普顿设计的股东特别权利计划，可以让董事会不经股东同意，就有权处置一件特殊的事情。该计划表明，若有独立的一方未经董事会同意，获得公司股权超过某一限定比例（比如30%），则除该越限者之外的所有股东，自动获得以特别低的价格（比如市场价的1/2）购买公司增发股票的权利。如此一来，若未征得董事会的同意，越限者实际上好比吞下了一粒毒丸。迄今为止，谁也没有真的服用过这样的“毒丸”，全都推迟越过禁止线，努力通过谈判或诉讼获得董事会的同意。董事会也常常会同意，但要得到更高的收购报价。最早一次股东特别权利计划是1984年为家庭金融公司设计的。收购者在特拉华州衡平法院质疑董事会的行动——家庭金融公司注册地为特拉华州，该法院听证了所有与公司治理、控制制度、受托责任有关的争执——但是该法院和上诉法院特拉华州高等法院判决公司董事会胜诉。自此之后，众多注册于特拉华州的其他公司（以及很多注册于其他州的公司）开始制定股东特别权利计划。毒丸计划并非意在防止收购，而是为了让收购步伐放缓，让买家与目标公司的董事会谈判，不让买家绕过董事会，只是向股东发出要约就可以了。自毒丸计划问世之后，并购交易仍然继续，但完成的方式发生变化了。

接下来数年里，毒丸计划在不同环境下的适用性受到了挑战。理论上，有了毒丸计划的董事会可以对任何收购威胁“直接说不”。但特拉华州衡平法院裁定毒丸计划不能受到不合理使用：董事会使用毒丸计划时不得违背自己的受托责任；在涉及重要所有权问题的情形下，董事会需要达到更高的受托责任标准。但董事会能够制定股东特别权利计划这一点还是得到了维持。渐渐地，法院做出的判决形成了一卷案例法，为什么可做、什么不可做指明了方向。很多判决也引起了争议，但判决总归是判决，还是得到了维持。法院在有些案件中未认可使用毒丸计划，或出售“王冠上的明珠”（也就是公司的重要资产），一些恶意收购因此得以完成。结果是：需要以标准高得多的公司治理和公平处理来对待恶意收购问题，让公司所有者和管理者的利益得到合理平衡。恶意收购可以出现，但会受到拖延，直到董事会能妥善思考收购问题，换句话说，董事会公开回应要约收购之后，若没有人发出更好的要约，董事会可以要求更高的报价来换取他们的同意。此后在1996~2000年的并购浪潮中，美国并购交易额逾3万亿美元（美国之外全球并购交易额也有3万亿美元），恶意收购比例降至不足5%，而在欧洲仍然占到所有交易中的10%左右。

在1985年涉及美国信用调查机构Trans Union公司的一起诉讼中，特拉华州衡平法院帮了投行界一个大忙。在此案中，一个买家发出一份看上去定价已很充分的收购要约，并说数天后要约到期。董事会接收了这个要约，认为一旦接受要约的消息发布了出去，如果收到价格更高的要约，董事会可以自由接受。所以，董事会是在没花时间咨询专家公司这时价值应有多少的情况下，接收了要约。一名股东起诉称，董事会违背了为股东谨慎从事的受托责任，没有从投资银行家或其他专家处获得专业建议；衡平法院做出了对原告有利的判决。此后，所有竞购交易都必须征询投资银行家的专业建议，即使建议限于提供“公允意见”，也是如此。有人认为，只要能收到服务费，投资银行家总会对任何事情发表公允意见，但事实上，公允意见在法庭上也可以受到质疑，如果他们的意见站不住脚，他们也要负法律责任。因此，投资银行家也要准备承担诉讼风险和费用（虽然这些总会由客户给予的损失赔偿来弥补）。有些投资银行家比其他人更愿意大胆发表意见。布鲁斯·沃瑟斯坦20世纪80年代作为收购顾问，代表过很多恶意收购者，他渐渐有了一个绰号，叫“出高价的布鲁斯”，因为他很愿意力促客户在竞购交易中提高出价，他知道自己必是提供公允意见的那个人，结果也常常是意见发表得很有创意。

杠杆收购

杠杆收购的基本思路是：找到一家价值似乎被市场或其所有者低估的公司；抱着对经营管理层实行强烈激励，从而使公司复兴的目的，购买这家公司；购买公司所需的资金多数通过借贷筹集；经营公司，使现金流达到最大化，偿还收购公司时所用借款；数年之后，通过首次公开发行或在并购市场上，再将公司卖出。要收购的公司不必特别成功——最理想的是平平常常且没有周期变化的公司，有比较稳定的现金流，不需要大量新的投资。银行常常提供相当于收购价50%的资金，这些贷款通过公司资产抵押获得；财务公司或保险公司可能会靠现金流偿付而提供30%的借款，借款形式为高收益次级债务，并带有少量的股权参与。杠杆收购操作者会以股权投资的形式，提供剩下的20%收购资金（20世纪80年代中期，市场很火暴，股权部分常常低至10%）。所有借款的利息会抵减税收；作为杠杆，借款可以抬高投资收益，当然，也会大大地提高风险。所以，至关重要的是，一旦杠杆收购操作者获得了对公司的控制，他便设法减少风险，办法通常是进行变革，有时是很剧烈的变革，以此来提高现金流，然后，利用现金流来减少发行在外的债务。这样过了几年之后，债务会减少到更加正常的水平，现金流的增加可以提供舒服的余量，避免债务违约的出现。

杰罗姆·科尔伯格于20世纪60年代开发了这种类型的收购交易，那时他在贝尔斯登担任公司融资部的头儿。最初这类交易的规模相当小，涉及的都是没有法定继承人的家族企业。科尔伯格邀请卖家继续留下来做公司经理，仍然持有公司一小部分股份，并与他合作设法减少成本，增加现金流量。这大大降低了这类交易的风险，使他和收购伙伴能够获得可观的收益。在他最早做的这类业务中，有一次是收购一家提供牙科医疗用品和贵金属的公司，名叫斯腾金属（后改称斯腾登特）；1965年，他和斯腾家族的一些成员一起，以950万美元的价钱收购这家公司，权益投资为50万美元，其余从银行和财务公司借得。科尔伯格对公司管理层采用很强的激励政策，几年之后，他以400万美元的价钱，卖掉贝尔斯登在该公司的股份。

此后不久，他让两个年轻同事加入杠杆收购业务，他们俩是表兄弟，名叫亨利·克拉维斯和乔治·罗伯茨。1976年，三人离开贝尔斯登，创立自己的公司科尔伯格–克拉维斯，公司资本12万美元。第二年，他们收购一家规模很小的卡车减震悬架制造商AJ工业公司，收购价2 560万美元。1985年，他们又卖掉这家公司，卖出价7 500万美元。1978年，科尔伯格–克拉维斯公司向一些州级养老基金和其他机构投资者卖出一部分有限责任合伙人份额，筹集到第一笔杠杆收购基金3 000万美元。1979年，科尔伯格–克拉维斯公司让整个华尔街为之一惊：宣布以3.35亿美元的价格，收购霍代尔工业公司，这是一家泵类、机床和汽车零部件制造商。这是至此为止规模最大的杠杆收购，而且规模远远大于先前的交易，让所有的人都开了眼界，认识到这种交易实际上也可以做到很大。到1984年，科尔伯格–克拉维斯公司已完成第四次杠杆收购基金的筹集，这次是10亿美元——这时公司已有好几家竞争对手，但它是第一家向重要机构投资者营销大规模杠杆收购基金的公司，也因此最先参与了高调收购大型公司的交易，其中1988年完成的雷诺兹–纳贝斯克收购案无疑是规模最大的，总收购价达到250亿美元。

1980年，市场总计完成了交易值约达20亿美元的杠杆收购。到1984年，交易量逐渐增加到76宗，交易总值为118亿美元；1986年，交易量是212宗，交易总值为376亿美元。1988年，完成了239宗交易，交易总值为812亿美元。科尔伯格不再是投资银行家，他已成为一个资金管理人，就像对冲基金一样，按所管理资产约2%的比率和20%的利润收取年费。

杠杆收购业务带来了滚滚财源，使他们三位最初的合伙人都成了身价10亿美元以上的富翁，同时也引来很多新的竞争对手，包括其他好几家从华尔街转行而来的人所创办的公司，尤其是黑石集团，它是彼得·彼得森和史蒂夫·施瓦兹曼被排挤出雷曼兄弟之后创立的。华尔街上也有些公司开始投资于杠杆收购，起初是用自有资金，后来是通过私募股权基金，与科尔伯格–克拉维斯公司相似。

1990年，杠杆收购热潮与垃圾债券市场一起渐渐冷了下来，20世纪90年代的关注点，多放在高科技、金融、制药和通信行业内的战略并购上。1996年，杠杆收购在所有并购交易中所占比例已降至不足1%，但在欧洲却开始兴盛起来，1999年，杠杆收购在欧洲所有并购交易中已占到15%的份额。

21世纪最初几年，大型杠杆收购在美国又贴上“私募股权投资”；私募股权投资这个术语，一般是指私下募集的各种类型流动性很小的股权投资，但主要构成部分是杠杆收购——美国杠杆收购与欧洲同类交易的猛增遥相呼应，2004~2007年构成了又一次收购浪潮（交易价值总计达1.9万亿美元），最后于2007年再次减弱。这一次，杠杆收购的融资安排有所不同。银行依然提供属于优级债务的贷款，属于次级债务的垃圾债券也有出售，但出现了一种新的属于次级债务的“杠杆收购贷款”，这种贷款占了杠杆收购交易融资的很大一部分，常常由安排交易的投资银行提供。这些投资银行拿出自有资金，为的是让客户能迅速而机密地行动，安排好收购交易，但它们并不坚持要求订立很严格的合同来约束借款人。投资银行会获得很诱人的贷款利差和安排贷款的服务费，但它们无意将贷款长期持有——一旦交易结束，贷款就会在市场上卖出，或者与其他贷款合并，证券化为债务担保证券，或者一旦可能，便用垃圾债券获得再融资。

到2007年中，在美国和欧洲经历一波持续半年、交易活动创纪录的杠杆收购热潮之后，商业银行和投资银行的账本上已持有了超过3 000亿美元的这类贷款。在这个时点上，因为害怕债务出现违约和抵押担保债务市场丧失流动性，信用市场开始闭合。抵押担保证券市场的流动性快速降低，问题又蔓延至债务担保证券、杠杆收购贷款和垃圾债券上。杠杆收购贷款无法在市场上出售，或者变成债务担保证券，也不能利用垃圾债券进行再融资。贷款利差急剧上涨，银行账簿上持有的贷款不得不按市价记值，需要核销大量贷款损失。总体而言，这类核销在风暴平息之前大约超过300亿美元，而且多数仅集中于少数几家大银行手中——也是它们在抵押贷款资产上进行了大量核销——导致这些银行股价出现崩盘走势，众多高层经理发生人事变动。在这样的信贷环境下，危机前已安排好的多宗杠杆收购交易尽管面临诉讼威胁，也只好取消了。新的交易无法吸引融资，杠杆收购业务（以及很大一部分非杠杆收购的并购业务）便突然停顿，几年内没有重新开张。

分析美国电话电报公司

美国电话电报公司于1887年创建，不久便成为垄断企业，整合了数十家本地或地区性电话公司，这些公司都使用亚历山大·格雷厄姆·贝尔于1877年发明的贝尔系统。起先，政府渴望看到贝尔系统扩大使用范围，但到1912年，却意识到需要对它已逐渐形成的“自然垄断”加以约束。政府要求该公司卖掉西部联合电报子公司，并约束自己：未经政府同意，不得再收购电话公司。过了一段时间，政府又增加了限制——美国电话电报公司不能从事除电话之外的任何业务，并且必须同意遵守联邦通信委员会的费率规定。然而，该公司通过大量投资于第二次世界大战期间及其后极为重要的技术，已成功地树立起一个良性垄断企业的形象，这些技术使它得以继续扩大装机容量的同时，还能降低成本。“贝尔妈”便是“电话公司”逐渐获得的一个绰号，除了政府律师之外，似乎谁也不反对这家公司的垄断，数百万美国人持有该公司的股票。

到1974年，尼克松政府司法部代表政府，兴师动众地要让美国电话电报公司解体，这时该公司已有100多万名雇员，年收入3 000亿美元，在美国本地和长途电话业务中完全居于支配地位。政府希望该公司分拆成不相关的几块，相互展开竞争，同时也允许别的竞争对手进入电话业务领域。诉讼进展缓慢，历时8年，最后到1982年1月才由里根政府解决（同一天，针对IBM公司一场旷日持久的反托拉斯诉讼案被驳回）。政府与美国电话电报公司达成的协议规定：该公司继续保留长途业务、西电设备制造子公司和研发单位贝尔实验室——这两者合并为朗讯科技公司——但必须在8个月内撤出所有其他业务中的投资，包括22个全资本地电话运营公司和2个持有部分股份的电话运营公司。作为交换条件，美国电话电报公司不再受到限制，可自由进入非监管类电讯业务，如计算机化信息业务和有线电视系统业务。

这个协议宣布之后，华尔街骤然活跃起来，券商们开始考虑这一分拆对金融市场、未来的投行业务和它们自己都有什么样的意义。对美国电话电报公司股票的需求立即飞涨——因为买单海量涌入，纽约证券交易所不得不暂停交易。复盘之后，交易量激增，股价当日上涨3.5%，而这天市场总体下跌1%以上。购买这只股票的需求，有些来自对诉讼结果很满意的机构——这些机构知道美国电话电报公司将自由进入技术领域，为此只需放弃增长率低的运营公司，虽然这些业务约占到总收入的70%。有些人又认为这对美国电话电报公司而言是一桩好买卖。但当天宣布分拆之后，市场巨量买单涌入，大部分则是来自套利交易者，他们预期分拆后各个不同部分的市场价值会高于现在尚在一起的整体价值，1911年标准石油公司分拆的情形正是如此。在标准石油公司宣布分拆之后立即买入股票的人，卖出该公司被分拆成30个左右独立公司的股票时，都赚到了很多钱。套利交易者心想，当美国规模最大的一家公司分成一批独立经营、更具竞争力的单元时，同样的事很可能会重演。因为“老”美国电话电报公司和新的“届时发行股票”的公司在估值上存在差异，从理论上看，投资者可以赚到无风险利润。

但这次并非没有风险：至少过18个月，分拆才会真正发生——法律或其他问题可能会延迟分拆的到来——在此期间，市场可能会发生重大变化，出现新事件影响这些公司的价值，金融头寸上的利率也有可能上涨。再者，并不容易确定何时应买入第一批股票，一批又该买入多少。可以采用很多投资策略，这些策略在等待期间又会不断变换，直到运营公司的股票最终发行出来。高盛在首席套利交易员鲍勃·鲁宾的指挥下，建立了很大仓位，一直捂到卖出股票获利了结。

与此同时，美国电话电报公司有一个巨大的任务，就是决定如何让这些公司作好迎接分拆的准备。22个运营公司将分拆成7个独立经营的地区性贝尔系统运营公司，或称为“小贝尔”。除此之外，还得选定管理团队，每家运营公司该分派多少美国电话电报公司的债务也需要确定，有关所有公司的满足证交会标准的信息也得准备好。投资银行渴望从这场造富运动中抢得一杯羹，能对各运营公司提供发行建议，最终能要么代表“小贝尔”，要么代表美国电话电报公司，它们预计这些公司将来都是资本市场的重要使用者。以前，所有这类投行业务只属于摩根士丹利，现在，人人都可以争取。而且，还有其他公司将来的业务战略可以考虑；美国电话电报公司也会想收购计算机、有线电视或信息公司，进入新允许的领域发展业务；“小贝尔”也可能会希望在政府允许的限度内收购其他运营公司。所有这一切还会对独立的电话公司产生影响——它们在与“小贝尔”竞争的过程中，可能会受到羁绊，也可能不会。无论如何，美国电话电报公司的分拆会为争夺优质投行业务提供一个最大机会，这是市场从未见过的，所有投行都在争取。

这次分拆的确让长途电信市场的竞争急剧升温了，也导致美国电话电报公司广泛涉足多样化的新技术和业务领域。斯普林特和世通之类的公司在市场竞争中获得了成功，很多新的长途电话公司繁荣发展（在互联网出现时，也参与了互联网业务）。然而，美国电话电报公司因分拆而换来的对计算机系统、有线电视和高科技设备的战略介入并未取得成功，它在分拆了制造业务（朗讯科技）和帮了倒忙的已收购公司（美国电话电报公司宽带公司）之后，只剩下核心业务单元美国电话电报公司长途公司或该长途公司的后身美国电话电报公司通信公司。在这个时点上，美国电话电报公司被自己分拆出去的一个“小贝尔”——西南贝尔通信公司——收购，这家公司最初叫“南方贝尔”，后来收购了另外三个“小贝尔”（1997年收购太平洋镭驰科技，1999年收购美瑞泰克，2006年收购西南贝尔）。其他“小贝尔”后来也都与其他公司合并了：大西洋贝尔于1996年收购NYNEX公司，2000年又收购非电信监管类企业GTE公司，然后更名为电信运营商威瑞森通信公司；美国西部2000年被Qwest公司收购。美国电话电报公司的分拆无论给促进竞争带来了什么益处——也确实有很大益处——毫无疑问，给华尔街创造了大量业务。

证券市场的速度

20世纪80年代出现了众多公司并购和重组，同时也给获得有关信息的人带来诱惑，他们设法利用那些信息从事证券交易。这属于违法行为，虽然涉及内幕交易的法律非常复杂，也仍在形成之中，各种诉讼案在联邦法院和证交会缓慢地通过。并购交易宣布之前一两天，目标公司的股价常常会有异常上涨。证交会对这种现象非常清楚，并在尽其所能地对违法者提起诉讼，但进展非常缓慢，对于遏制不当交易似乎成效不大。

内部人是指公司的经理、董事或重要股东，一般认为他们拥有市场所不了解的有关公司未来事件或业绩的信息。在这些信息向公众发布之前，内部人若利用这些信息进行证券交易，则属于违法行为。其他人利用直接来自内部人的信息进行交易，也是违法的，虽然有时这些信息通过第三方传递或被第三方发现并传递，使得信息的“内部性”已不清晰。1981年，赫顿证券精明的前副董事长约翰·夏德担任证交会主席，他公开表示决心制止内幕交易，据他说，内幕交易已成猖獗之势。那个时代，证交会和纽约证券交易所都缺乏它们今天所拥有的技术工具，来帮助它们发现可疑交易，并追根溯源。为了遏制内幕交易，它们付出了很多努力，很多新的交易被立案调查，但由于缺乏决定性证据，常常只是处以少量罚金便告结案，也没有多少宣传报道。然而，1985年，夏德先生接到一个花纸包装的礼品盒，这使他能够落实自己的决心了。礼品盒是一个形迹可疑的人送的，名叫丹尼斯·列文，32岁，是德崇证券的一个执行董事，关于内幕交易，他有很多话可以说。

列文出身于纽约皇后区，年少时就雄心勃勃，从伯纳德·巴鲁克学院毕业后，通过努力进入了投资银行业。换过两三个职位之后，在德崇证券成了一个中等水平的并购专家，每年大约能赚100万美元。他利用熟人和关系网四处打探并购业务，据说他擅长此道，只是有时让人觉得说话有些轻率。6年来，他一直在秘密地少量交易一些涉及并购题材的公司股票。这包括德崇证券熟悉的一些公司，但是此外，他还与其他投行共过事的年轻人形成一个团伙，他们会向他传递信息，告诉他即将出现的交易。他在巴哈马群岛Bank Leu银行开了一个账户，这是瑞士一家银行开设的分行，该银行通过加勒比海地区不同的经纪人为列文执行交易。列文从这些不法交易中共获利1 260万美元。

1985年3月，一封匿名信寄至美林证券设于委内瑞拉加拉加斯的营业机构，信中说这儿有两位雇员一直在根据内幕信息买卖股票。美林证券做了调查，发现这两位是仿照另一位经纪人为Bank Leu银行所做的交易而为自己买卖股票，便将此事通知了证交会。证交会要求Bank Leu银行说出客户身份，但该银行拒绝透露，还声称《瑞士银行法》禁止它提供此类信息。美国证交会之前就注意到，自己所发现的很多可疑交易也是经由瑞士银行进行，于是就此事与瑞士政府交涉，瑞士政府也抗辩说法律就是这样规定的。这一问题不断升级，一年以后，瑞士人决定合作，免得美国吊销瑞士银行在美国持有的银行执照，Bank Leu银行被逼无奈，只好放弃客户：丹尼斯 · 列文。美国证交会（因只能提起民事诉讼）将此案移交纽约州南部地区检察官鲁道夫 · 朱利安尼，由他提起刑事诉讼。朱利安尼很不客气地问列文，是否想与政府合作，以减少可能会相当长的刑期。列文决定合作。

他供出了几位在其他公司工作、向他提供信息的倒霉雅皮士，他们很快便被缉拿归案。但朱利安尼并不满足，还要发现更多的东西。于是，丹尼斯又供出了伊万 · 鲍埃斯基，鲍埃斯基是纽约最爱炫耀的风险套利交易者，列文曾向他秘密透露过内幕信息。鲍埃斯基在纽约金融界是一个非常富有的知名人物，喜欢不知羞耻地自我吹捧，受到他人的注意便得意洋洋，并利用他人的关注给自己的基金吸引投资者。他来自底特律，曾多次辍学，几乎一无所成，后来到了纽约，开始为一个又一个小型券商做风险套利交易。20世纪70年代，他干得很不错，有时会创造90%以上的收益率，随着20世纪80年代并购业务再度兴起，知名度越来越大。1986年，鲍埃斯基在加州大学伯克利分校做了次演讲，说出了现在已是名言的一句话："贪婪就是好。"人们认为他是名声不好的电影人物高登 · 盖科的原型，那是迈克尔 · 道格拉斯在1987年出品的电影《华尔街》中扮演的角色。鲍埃斯基在名声最为显赫的时候写了一本书，名叫《狂热的并购》，他在书中将自己所做的事情描述为一种特殊的艺术形式，而不是一类普通业务。他给自己施加很大的压力，要为投资者创造高收益，最终，揭露出来的事实却表明，他的投资方法与其说富有艺术性，倒不如说是骗人的歪门邪道。1986年11月，鲍埃斯基承认了自己的违法行为，同意与朱利安尼合作，换得3.5年的刑期（只服刑了两年）和1亿美元的罚金，这是迄今为止世界史上向一个犯有金融罪的人收取的最高罚款。

鲍埃斯基使马丁·西格尔卷了进来，西格尔是德崇证券并购部的头儿，不久前才离开基德-皮博迪证券加入过来，先前他既主持并购业务，也主持风险套利交易业务。他已经38岁，年少时早慧，毕业于伦斯勒理工学院和哈佛商学院，在基德—皮博迪证券成长为投资银行明星，后来被德崇证券挖走。他向鲍埃斯基提供自己正在做的大型并购交易的信息，作为交换，会收到塞满了公文包的现金，那些钱交付的方式都秘密得让人觉得荒唐可笑。谁也不知道西格尔为何要做这样的事，但有人追根溯源，发现了一个事实：在西格尔少年时代，他的父亲是个小商人，为生存多年里被迫与规模大的对手展开竞争，这使他对于金钱会不由自主地产生不安全感。

西格尔面对朱利安尼的威胁，很快也变得急于合作了。朱利安尼接二连三地挖出了几个人，现在西格尔说什么他便相信什么，并不很深入地进行核实，就立即据以采取行动，逮捕了西格尔在基德—皮博迪证券的两个同事理查德·威格顿和蒂姆泽·泰伯尔，还逮捕了高盛公司当时负责风险套利交易的合伙人罗伯特·弗里曼。抓捕行动故意安排在公开场合实施——受指控的几个人都被反剪双臂，由警察押出办公楼（有一位还戴着手铐），面前是摄影记者不停地拍照摄像。针对基德—皮博迪证券两位员工（其中之一曾是领罗氏奖学金的研究生）的指控后来放弃了，但对弗里曼却仅根据西格尔的证言继续追查，最终发现多数证言也属不实之词。弗里曼在保持了两年半的清白之身后，仍未受到起诉，得知政府威胁着要使用《防止利用合法组织犯罪法》来对付他。根据《防止利用合法组织犯罪法》，被告人必须拿出一笔巨额押金，资产可能会遭没收，如果被判有罪，会受到严厉得多的处罚，这使得被告人的辩护策略受到非常大的限制。由于存在政府利用《防止利用合法组织犯罪法》进行控告的威胁，西格尔同意认罪，只犯有一桩邮件欺诈罪。他被判罚款100万美元、有期徒刑4个月，当然，他也辞去了高盛公司合伙人的身份。

鲍埃斯基、西格尔和弗里曼都是非常有名的涉及内幕交易的人物，他们的出现也让朱利安尼在媒体上频频亮相，但抓住这三人的重要性，合在一起也比不上抓住极其富有的垃圾债券之王迈克尔·米尔肯。鲍埃斯基提供了起诉米尔肯和德崇证券所需要的关键信息，朱利安尼认为德崇证券实际上被控制在米尔肯的手中。米尔肯和德崇证券都不愿合作，并且都极力反对指控。

朱利安尼的反应是重施故技，威胁着要以《防止利用合法组织犯罪法》来提起控诉，这会使利害关系大大加深；德崇证券迫于无奈，接受刑事指控，支付6.5亿美元罚金，并与米尔肯断绝关系，在控告米尔肯一事上给予合作。尽管德崇证券背叛了米尔肯，米尔肯还是继续拼争了几个月，但最终却（在得到不让自己兄弟卷入诉讼的承诺之后）承认犯了涉及市场操纵的6项重罪，为此罚款6亿美元（由于后来出现民事诉讼，罚款数额提高至约10亿美元），判处有期徒刑10年，这个刑期让华尔街大为震惊，虽然他若与政府合作，可以得到减刑。米尔肯提供了一些合作，服刑不足3年后获假释出狱。虽然米尔肯付出了巨额罚款和损害赔偿金，但他获释时，仍然身价不菲，高达10亿美元以上。

这些内幕交易案从丹尼斯·列文开始，到迈克尔·米尔肯作“承认有罪”的答辩结束，前后历时将近5年。故事的来龙去脉在詹姆斯·斯图沃特的畅销书《贼巢》上有详细描述，他是一位曾获普利策奖的《华尔街日报》记者。这本书出版之前，斯图沃特作为《华尔街日报》记者报道过这些内幕交易，据报道，他收到过有关西格尔证词和其他事情的信息，这些信息是由朱利安尼办公室泄露给他，而他也并未提出质疑便接受了。

华尔街的非法交易自然会吸引媒体做出大量报道，也在很大程度上让公众相信，即便是最好的华尔街公司，道德水准也是极低。朱利安尼利用自己作为公众利益捍卫者的角色，使自己成为纽约市市长。在这些事发生期间，华尔街多数大公司只是专心做自己的事，等待风暴平息下来，但在公司内部，华尔街人对事件的看法至少分成两派。有些人感到烦恼，虽说那些指控看起来在广泛传播，也只有极小一部分专业人员牵连在内，但整个行业却背了黑锅，为此付出代价。另有一些人更偏于辩解，声称法律在很多方面不够清晰，朱利安尼也太欺负人了，为了得到法庭认定有罪的判决，狂热地推动案件的侦破，采用不公正的手段。的确，有一群支持米尔肯的人，通过大量公关活动强烈抗议对米尔肯的判决，坚决认为米尔肯并没有任何不法行为，他只是在联邦检察官滥用特权的情况下，为摆脱纠缠才被迫承认在技术上犯了一些违法行为。还有人声称，米尔肯是受到了迫害，因为他在既有体制外的运作获得了巨大成功，既有体制内的那些人想看到他被打翻在地。

关于米尔肯一事，弗雷德·约瑟夫可算是一个可靠的知情人，当时他是德崇证券总裁，是代表公司应对政府指控的最高领导。德崇证券曾反对与政府达成协议，谈判的事一直拖着未进行。政府曾在某个时点上说，虽然这不是自己惯常会做的事，但还是愿意让约瑟夫看看，有什么样的把柄可以说服德崇证券来谈判。据约瑟夫说：

他们向我出示会计表格，上面的计算显示向鲍埃斯基支付了一笔530万美元的款项；他们还给我看了上有签名的交易单据和其他显示有罪的文件。他们又让我听了录音带，从中可以听到有人在设法影响股票价格，根据定义，这属于市场操纵。我只能说，这都是惹麻烦的东西。这些信息是很有说服力的——他们给我看的信息越来越多，加上我自己从别处获知了一些信息，很显然，确实发生了一些不该发生的事情。你能想象得出，这让我对问题的认识有了很大的不同。

事实上，政府指控米尔肯犯了近100条罪名。有些罪名在被告及其支持者看来似乎微不足道，但无论是否如此，如果正式提起公诉，向陪审团出示指控的罪名，陪审团可能会判定有罪。无论一个人对自己的责任有什么样的认识，面对陪审团审判总是会冒很大的风险，这可能会致使一个人本来相信自己并没有做什么不法之事，却为了避免受到较重处罚，而在法庭上承认轻罪（也就是接受认罪求情协议）。这看上去不公平，但政府很可能会说："你瞧，我们的责任是当我们认为你所做的事情可能违法时，便提起公诉，你的责任则是不要做这些事情，免得招致怀疑和定罪的风险。"

毫无疑问，言外之意是不言自明的。公诉人可能看起来对被迫卷入指控的人不公平，但公众却不希望代表他们的检方是懦弱无用者。如果公诉人感到公众支持会提升自己的形象，我们可以想见他（她）可能会大力诋毁受指控的一方，并尽量运用公诉人所拥有的相当大的权力，达成自己想要的和解协议，或者在刑事案中，逼迫对方承认犯罪。公平可能与此毫无关系。实际上，多年之后，朱利安尼以评论的口吻说，不应该逮捕弗里曼、威格顿和泰伯尔，他应该向这几位被捕的人道歉，不过他始终没有做到这一点。这种无视公平的做法，近20年后艾略特·斯匹泽也有过，那时他作为纽约州总检察官，正在追查他认为犯了罪的华尔街公司。

这些事件应该会让任何考虑内幕交易或市场操纵的人意识到：你不可能独自完成这些事——总会存在别的什么人，你需要与他们交易或打交道，他们多少会知道你所做的事情；如果这些人处在公诉人的掌控之下，你可以肯定，他们为了自保，很快就会把你供出来。这种处境的后果太令人担忧，让人不敢去想，但不管罪责轻重如何，后果都可能是毁灭性的。

这些事件产生的另外一个结果是：投资银行在涉及并购和套利交易的人群之间，设立了高高的防火墙，以保护信息免遭泄露，制定了严格的内部合规标准，并大力执行。然而，尽管投资银行做到了最好，但自从西格尔事件以来，投资银行家以及其他人因内幕交易被拘捕和定罪的事例仍有发生，所以威慑并没有收到当初预想的效果。毋庸置疑，侦测内幕交易的技术已有很大进步，对于被判定或承认犯有内幕交易罪的人，处罚也已有加强，使得再从事内幕交易已很不合算，但显然内幕交易仍会发生。

德崇证券的覆灭

1988年12月，德崇证券为避免受到较重处罚，与公诉人达成认罪求情协议。该协议要求德崇证券割断与米尔肯的关系，并在政府指控米尔肯时与政府合作。德崇证券很难做到这一点，因为米尔肯备受尊敬——实际上很多与他密切共事的人都把他看做偶像。此后不久，米尔肯辞职，专心为自己辩护，德崇证券开始为生存而挣扎。它得面对三大挑战：保留来自银行和其他交易人的融资来源；保留创造利润的核心雇员；紧急削减成本费用，需要解雇近一半员工。德崇证券遭此变故，实力严重削弱，但弗雷德·约瑟夫相信公司能成功地处理这些事而活下来，公司也差不多做到了。1989年，德崇证券完成雷诺兹—纳贝斯克杠杆收购所需的巨额垃圾债券的承销，共计赚得2.5亿美元承销费，实际上，这一年公司整体还是赚钱的。

但是，随着一些较早发行垃圾债券的发行人苦于偿付债务，垃圾债券市场开始走弱。经济状况正在吃紧，公司破产和贷款违约在增加。到1989年年底，垃圾债券市场的信心遭受重创。米尔肯的很多客户宣告破产，1990年一季度，各处垃圾债券价格迅速下滑，后来更是呈现自由落体的暴跌之势。这种形势让德崇证券陷入困境——公司若要保持重要业务，即垃圾债券垄断业务的威信，就必须愿意买进客户想要卖出的所有债券，而公司财务状况和信贷来源由于法律难题已受到严重侵蚀和影响，如果市场不好转，公司几乎没有指望幸存了，可是市场并没有好转。

垃圾债券市场崩盘给德崇证券以最后一击，它无法再续展商业票据，也不能诱使他人来拯救自己，于是便在1990年2月认败服输，宣告破产。德崇证券倒闭时，有逾10亿美元的资金投在交易商证券存货上，不能动用，价格比先前的买入价已跌去很多。没有人过来施以援手，美联储和任何其他竞争对手都没来救助，那些对手公司也因市场形势严酷而备受煎熬，于是德崇证券被清盘了。然而，这时并不存在德崇证券“规模太大，便不能倒闭”的问题，因而也不存在需要政府支持的问题。与2008年左右的华尔街大型公司相比，德崇证券既算不上规模太大，与其他大型公司的相互牵连也不够紧密，它的破产还不足以威胁其他任何同类公司的偿债能力。所有这些只是20年后才会到来。

米尔肯成就了德崇证券，但也是他毁灭了德崇证券。不过，他手下的那帮人——像其他“新人”一样，聪明、好斗、热切追求自己的目标——20世纪90年代不但活了下来，还在对冲基金，或作为收购创业家，兴旺发展。米尔肯在宣判之后发现患有前列腺癌，但幸存了下来，他在监狱服刑结束后，致力于医学研究和慈善事业。垃圾债券业务在几年后开始复苏，重新发挥应有的作用，为收购交易和处于财务困境的公司提供融资，并间接延伸至21世纪初数年间繁荣一时的杠杆收购贷款市场。

PAPER FORTUNES

第九章

繁荣不再

导读

在无数本记录华尔街的书里，有些因为机构或者因为某个人让你难忘。长期资本管理公司和科尔伯格–克拉维斯是一个鲜明的对比。12万美元加上3个投资银行家的科尔伯格–克拉维斯在35年创造了价值发现与价值提升的新金融资本主义典范，而1994年以10亿美元为起点高举高打坐拥两个诺贝尔经济学家的对冲基金长期资本管理公司仅仅生存了4年时间，其管理的1 000亿美元几乎像一个定时炸弹，差点儿让华尔街粉身碎骨。

同样，华尔街也因无数的伟大投资银行家而精彩。西德尼 · 温伯格、高德曼、萨克斯、沃伦 · 巴菲特、桑迪 · 威尔、弗里德曼、约翰 · 保尔森、米尔肯、鲍勃 · 鲁宾、摩根父子等数不胜数。美国自由、民主的社会环境、欧洲18世纪文艺复兴时期开创的崇尚以人为本的人文主义精神，成为华尔街人才辈出的人文基础。以华人的智商、华人的勤奋也应当具备产生伟大金融家条件的，希望今天中国的金融环境和金融市场也能成为伟大金融家诞生的真正土壤。

我们不仅需要耐心的期待，更需要深切的思考。

20世纪80年代轰轰烈烈的杠杆收购热潮，大约经过连续8年的发展，终于曲尽人散，黯然收场，把疲弱不堪的垃圾债券市场砸在了困难重重的德崇证券颤抖不止的手上——德崇证券一直在招架联邦政府关于它参与市场操纵和内幕交易的指控。至此，垃圾债券市场已走过自己的自然发展历程，在1989年期间，市场价格先是开始走低，继而出现暴跌，因为越来越多的评级最低的债券发行人开始了债务违约，这些发行人本是在市场饥渴的时候乘机加以利用的。

由于市场价格暴跌，20世纪80年代末很多较为大胆的投资银行，到头来，手上都持有了大量无法出售的“搭桥贷款”；这种贷款是为了让收购者筹集收购目标公司所需资金而发放的，并购交易完结后，两家公司合并，搭桥贷款便会通过发行债券来进行再融资，这样的债券通常就是垃圾债券。充当并购顾问的投资银行常常使用自有资金放出搭桥贷款，目的是为了使并购交易更为顺利，也能保守交易秘密，还可以获得丰厚的并购服务费。然而，随着垃圾债券市场形势恶化，搭桥贷款的再融资便不能完成了。第一波士顿损失尤为惨重，它既有10亿美元的搭桥贷款，又参与了收购联合百货和俄亥俄公司之类时运不济的交易。希尔森-雷曼兄弟-赫顿和美林证券，也有大量搭桥贷款。最终，瑞士信贷银行也不得不把第一波士顿的头寸接收过来，放在自己的账上，这样才能确保第一波士顿的偿债能力。倘若没有“腰包很鼓的父母”，第一波士顿和希尔森-雷曼兄弟-赫顿，恐怕会步了德崇证券的后尘，破产倒闭了。

搭桥贷款融资背后的逻辑是：因提供这类贷款而获得的高额服务费和利息收入会

带来很多利润，即使以长期债券为搭桥贷款进行的再融资受到延迟，大量的利润也足以吸收再融资延迟带来的风险。搭桥贷款若适度使用于信用可靠的收购交易，事实证明还是非常明智的。但若使用过度，或者用于不牢靠的交易，又或者在市场环境实际上已拒绝给予所有再融资机会的时候使用，就是很不明智的。大凡是热潮，常常会走过了头——尤其是在热潮的后期阶段——而过头则会带来麻烦。正像过度行为本身会被低估一样，过度行为的后果也会受到人们的低估。

自营交易

建立搭桥贷款头寸也是“自营交易”的一种形式，在20世纪80年代，华尔街多数大型券商已开始采用了这种交易形式。在此之前，很多大型券商都反对做交易，认为风险太大，但随着债券市场和资产证券化的不断发展，加之以并购和杠杆收购市场非常活跃，多数比较传统的投资银行，如摩根士丹利、第一波士顿、美林证券和雷曼兄弟等，也像所罗门兄弟、贝尔斯登和高盛公司等多年来所做的那样，开始把做交易看做一条重要的业务线。

交易员可以通过做市来赚钱，所谓做市就是向客户或交易对家报出自己买入或卖出证券的价格；交易员也可以通过使用专有技能和信息来构想交易头寸，将公司的自有资金投资于构想出来的头寸，以便赚钱。做市可以包括大手交易，通常只涉及适量的资本和风险；而自营交易虽能提供创造大量利润的机会，却可能涉及大量资本和风险。譬如，可以在预期市场会变化的情况下为公司建立头寸来赚钱，比方说，根据信息分析，估计未来数天政府债券的价格会走高，便借入5亿或10亿美元投资于政府债券。若通过保证金借款，则只要使用5 000万美元的资本，便可以控制5亿美元的国债。如果价格上涨50个基点（即0.5%），你在一周内卖出债券，那么，包括融资成本在内，就能赚到250万美元。这样一来，即使扣除融资成本，你的年化投资收益率也会非常高。然而，如果出错的话，这样的头寸可能会让你付出高昂代价（试想，倘若价格不涨反而跌了0.5%呢），由此，也可以看出必须找到通过对冲头寸来管理风险的新方法。

所罗门兄弟敢于面对巨大的交易风险，在这方面走在其他华尔街公司的前头，它同时也开发了新的对冲技术，扩大了所交易的金融工具的种类。该公司在全世界各地为自己的客户在各种固定收益证券上做市。它也把自营交易发展到了全新的水平。20世纪80年代初，约翰·梅利韦瑟掌管所罗门兄弟固定收益套利交易业务，他想方设法从市场定价的无效现象中为公司赚取利润。他和手下交易员开发了“水平套利”这种技术，针对一只债券与另一只参考债券，如美国国债之间的收益率差额来做投资。如果与以往相比，差额很大（也就是说出现了明显的定价异常现象），则大可以假定随着时间的推移，这种差额会收紧，差额的变化幅度就是交易员的利润，若是信用交易，利润还会放大多倍。差额交易的思路可以应用于数百种不同的金融工具，但若要做到稳妥（或者说比在其他情况下更稳妥），对于两只要进行比较的债券，得拥有又好又及时的信息。提供又好又及时的信息，是彭博机一问世便有的功能；当时这种机器存在着很大需求，因为它可以让最早购买它的公司美林证券跟上所罗门兄弟的步伐，而所罗门兄弟似乎比别的每家公司都拥有更好的信息，或者行动起来毫无迟疑，表现得好像拥有这样的信息一样。

梅利韦瑟利用所罗门兄弟一些博士毕业的员工，让他们感兴趣的市场建立模型，并找到明显的市场异常现象。他会针对异常现象下注，有时会下重注，然后便静等异常现象消失（也就是说等待债券重新获得正确定价），最后清空头寸。从本质上说，这样做是合乎理性的，多数时候都收到了预期效果，虽然不时地也会出现不期而至的市场事件，把交易给毁了。总的来说，这种投资方式预期还是会带来比做市高得多的收益，会带来比所罗门兄弟所从事的其他任何业务，如证券承销等都要大得多的收益。这种投资方式让梅利韦瑟得心应手地操作，为所罗门兄弟创造了大量利润，使他1988年被任命为公司副董事长，取代了拉尼埃里。

水平套利在华尔街传开来，不久几乎人人都在这样做了，这意味着证券业整体上已走上了一条杠杆度高、资本密集的交易型道路，这会极大地改变券商的风险状况，需要让风险管理技能日益精致复杂起来。并非每家公司都学会了如何掌握这些需要的新技能，有些公司正是将机会变成了败绩。但是整体看来，跟随所罗门兄弟进入交易竞技场的做法，在各券商内部改变了权势轴心，结果是偏袒了交易员而损害了投资银行家，风险控制系统的重要性（和成本）也大大提高了。这还意味着，相较于过去，券商必须想办法获得数额大得多的资本，由此便导致所有的券商都变成了上市公司。

所罗门兄弟丑闻

1985年，所罗门兄弟作风强硬的董事长约翰·古特弗伦德登上职业生涯巅峰，被《时代》周刊封为“华尔街之王”。但1987年，他又受到严峻考验，菲利普斯兄弟公司的一位大股东要卖出一大批所罗门兄弟公司的股票。罗纳德·佩雷尔曼是20世纪80年代风头甚劲的亿万富翁收购专家，想购买这批股票，但古特弗伦德快速行动，予以制止。他劝服沃伦·巴菲特从伯克希尔·哈撒韦公司拿出7亿美元，投资于所罗门兄弟的可转换优先股，所罗门兄弟便用这笔钱买回这批股票。巴菲特对古特弗伦德信任有加，不过，他若读过迈克尔·刘易斯于1989年出版，描写所罗门兄弟现实内幕的畅销书《说谎者的扑克牌》[①]，可能会对古特弗伦德有不同的看法。古特弗伦德承诺会对所罗门兄弟公司进行更完善的管理，制定和实行更好的控制制度，虽然1990~1991年间的市场非常困难，他的一些计划必须要等到现金流好转后才能付诸实施。1990年，公司赢利大幅滑坡，高层经理，包括古特弗伦德在内都减了薪水。然而，有些交易员却照样拿到了很多钱，因为他们直接与古特弗伦德签订了不同于他人的薪酬协议，以此奖励个人的业绩表现。到1990年年底，所罗门兄弟已将交易收入提升到总收入的80%，1987年是总收入的57%。但并非所有的交易员都心满意足。

所罗门兄弟交易业务的核心在政府债券部，这个部门集中体现了所罗门兄弟的优点和缺点。年轻的专业人员才华横溢，冲劲十足，他们敬业投入，致力于维护所罗门兄弟首屈一指的地位和强有力的形象。但他们目中无人，残酷无情，一心想要打败对手挣到钱，无视其他的一切。《纽约时报》的弗洛伊德·诺里斯这样说道："在所罗门兄弟，交易业务始终是以一种战争形态存在着，敌手无权得到怜悯，规则被视为绊脚石，若有可能，他们会绕道而行。"

凡有政府债券发行拍卖，所罗门兄弟的交易员之前总会尽力估测胜出的利率水平将是多少，以那样的利率水平又将能卖出多少债券。他们首先会就客户订单做一个书面统计，然后再提出自己的报价。当时只有被美联储指定为"主要交易商"的券商才能提交报价，参与新国债的发行。大约有40家这样的交易商，它们可以在报价前与美国财政部进行商讨，交换有关市场形势的意见，这种商讨会使它们从中受益，提出更好的报价。交易商会把自己的债券报价和大型机构客户授权做出的报价集中起来，向美国财政部提交最大可能的订单。为了将头寸风险降至最低，交易商会以它们希望的比较稳妥的价格，把尚未发行的债券卖空给客户。然后，交易商便期望能在拍卖中配置到债券，好让自己向客户提供已卖出的债券，若有欠缺，它们就得从市场上买来予以补足。

激进的交易员常常会竞购数量多于订单的债券，价格也更高。最高价格的订单越多，它们配置到的债券也就越多；配置到的债券越多，它们的掌控权也越大。据所罗

① 本书中文版已由中信出版社出版。——编者注

门兄弟公司一位前交易员说："如果你们书面统计的订单达到3亿、5亿或8亿美元，那么形势真的就掌控在你们手中了。然后，运用你们的实力，你们的'战争基金'，以极富吸引力的报价迫使事情顺从你们的意愿。"

说白了，这个想法就是尽力控制市场，或者说逼空市场，使想要债券的人都到所罗门兄弟买债券。但是，在国债方面轧空市场是不允许的，虽然看起来一直到1990年7月都是允许的——这时美国财政部在所罗门兄弟公司于3月份竞购和买走了75%的两年期国债之后，制订了新规则，限制单次竞购的规模。数月之后，所罗门兄弟主管政府债券交易室的36岁执行董事保罗·莫兹尔却让财政部官员大吃一惊，他竟对一批新发行的30年期债券，提出了100%的竞购。美国财政部拒绝所罗门兄弟的竞购，又制定一个新规则，把单次国债发行的竞购数量限定在35%以内。

1991年8月，所罗门兄弟承认自己的交易业务已变得过于激进，并承认在1990年12月~1991年5月间，在国债发行拍卖中进行了数次违规竞购。美国财政部一位官员先前就怀疑这些拍卖中有舞弊行为，便着手对所罗门兄弟的竞购活动展开调查。莫兹尔听说财政部开始了调查，便向他的老板约翰·梅利韦瑟坦白交代，4月份承认篡改了2月份拍卖中所罗门兄弟提交的一个客户订单。这个订单和其他订单通过拍卖让更多的债券落在所罗门兄弟手中，超过了35%的上限。

梅利韦瑟是所罗门兄弟在交易业务上职位最高的老板，现在已成了传奇人物，据迈克尔·刘易斯在书中说，梅利韦瑟于1986年受古特弗伦德的挑衅，要玩一手扑克牌游戏，古特弗伦德说："一手，100万美元，不反悔"，梅利韦瑟却反而提高赌注说："不，要玩就玩让人心跳的。1 000万美元，不反悔。"古特弗伦德显然以为，就一张美钞上的流水号押注，100万美元已是高得不得了的数字，于是便退缩不敢玩了。所罗门兄弟内部常拿这件事来证明交易厅里人的"真正本领"，证明即使是位高权重的强势经理也无法与交易厅里的"酷汉卢克"相提并论。梅利韦瑟尽管很酷，但他知道国债竞购舞弊是一个大问题，便向约翰·古特弗伦德和所罗门兄弟总裁汤姆·施特劳斯报告。这三人和公司的首席法律顾问认定，必须终止莫兹尔的竞购做法，并向美国财政部报告。但事实上并没有一个人去报告。一个月以后，所罗门兄弟再次违规，实际上对那次拍卖获得了95%的份额控制，逼空了市场，致使市场价格陡然上涨（任何旁观者都能看明白这一点）。其他交易商投诉所罗门兄弟，美国财政部把已展开的调查转给美国司法部，6月，法庭发出了传票。所罗门兄弟承认虚假竞购成了重大新闻。

美国财政部和美联储义愤填膺，暂停所罗门兄弟参与国债发行的拍卖活动。所罗门兄弟董事会中最重要的外部董事是沃伦·巴菲特（伯克希尔·哈撒韦公司是所罗门兄弟最大股东），虽然巴菲特先前大力支持古特弗伦德，但董事会要求古特弗伦德、施特劳斯、梅利韦瑟、莫兹尔，以及其他一些较不重要的人物辞职，并恳求政府不要因为少数几个人犯有过失，便将整个公司置于关门歇业的境地。所罗门兄弟的很多客户宣布重新考虑与该公司的关系，所罗门兄弟的股价重挫30%。巴菲特亲自去华盛顿斡旋，希望使政府部门重新相信所罗门兄弟是诚实而恪守商业伦理的，他成功地说服司法部不要对该公司提起刑事诉讼（向政府撒谎也是一项罪名）；倘若受到如此指控，所罗门兄弟会被置于关门歇业的境地。

巴菲特返回纽约后，与可能替代古特弗伦德担任首席执行官的人选面谈。他选择了43岁的德里克·莫恩，莫恩直到这些突发事件发生之前一个月，还是所罗门兄弟运营极为成功的东京分公司的头儿。他不是交易员出身，与政府债券没有任何关系。他是英国人，在英国财政部工作过10年，曾在斯坦福大学获得工商管理硕士学位，后来决定加入高盛的伦敦办事处（我当时正是那里的头儿）。所罗门兄弟把他从高盛招过来，他随后得到快速提拔，派往东京做总经理。莫恩外表体面有礼，能说会道，他似乎不具有当时人们认为所罗门兄弟高层经理所具有的特点：擅长于交易厅的工作。

过了一段时间，这件丑闻渐渐平息下来，所罗门兄弟逃过一劫，活下来继续从事以前的业务，不过这些业务现在得到了更谨慎小心地控制。作为首席执行官，莫恩堪当此任，但这个位置也实在折磨人——他始终需要应付那些贡献大的公司员工对他一贯的不合作态度，他们本来是绝不会挑选他来领导公司的，因此他说什么，他们也不必听从。古特弗伦德以特有的形式，结束了自己38年的职业生涯和作为华尔街之王的统治。他直到最后也还是个态度强硬的家伙，据报道，在公司高层经理关起门来开会时，他说："我不会向任何人做任何道歉。道歉有什么用。该发生的，还是发生了。"

长期资本管理公司

在所罗门兄弟遭解雇的经理中，约翰·梅利韦瑟是绝无仅有的实现了再创辉煌的一个人。1994年，他创建一家对冲基金，名叫长期资本管理公司，该基金复制他在所罗门兄弟公司一直实行的自营交易策略。他从先前的同事中招募了一批人，又请来两位受人敬佩的诺贝尔经济学奖得主马克隆·斯科尔斯和罗伯特·莫顿，让他们和自己一道组建基金。早在1990年，斯科尔斯就决定更为直接地涉足金融市场，便去所罗门兄弟担任特别咨询师，然后成了执行董事和固定收益部衍生品组的联席主管①。长期资本管理公司开始运营时，拥有投资者提供的资本10亿美元，最初几年获得了极大成功，年化收益率达40%以上。然而，在1997年东南亚金融风暴和1998年俄罗斯政府外债违约发生之后，这家杠杆度很高的对冲基金便在不满4个月的时间里，亏损46亿美元而快速覆灭，成了投资业历史上自营交易产生巨大风险最为突出的一个案例。

长期资本管理公司的故事之所以非常著名，另外还有一个原因。随着该公司开始出现问题，纽约联储也跟着忧心忡忡，因为该基金手中的资产规模巨大，约达1 000亿美元，它若崩盘，会影响世界金融系统的稳定。它们担心，在清盘该基金的资产时，价格会受到很重的打压，从而引起市场恐慌，使当时已相当混乱的市场更加混乱。由于纽约联储受美联储指派，作为该基金的主要市场监督者，纽约联储无疑应该尽其所能，为长期资本管理公司不断恶化的状况找到对策。于是，在接到梅利韦瑟的警示之后，纽约联储主席威廉 · 麦克道便召集一些人来开会，他们都是被认为会受长期资本管理公司影响的银行的最高级别管理人员，他鼓励他们想方设法稳定该基金，或者对该基金实施接管。纽约联储自己绝对无意于此，否则会构成“用政府的钱进行救助”。银行家们开会商讨时，沃伦 · 巴菲特做出了一个提议（涉及华尔街的问题时，他总是很乐观），他想以让合伙人一无所剩的折扣价，收购长期资本管理公司的全部资产。但是，向来身为“酷汉卢克”的梅利韦瑟竭尽所能做着自己的打算，他确信能让巴菲特的提议得不到接受而过期作废，确信能和其他人达成某种协议，使自己和合伙人能在基金中保留一些权益，这比一无所剩更加可取。梅利韦瑟拒绝了巴菲特的提议，但聚集在一起的银行知道这一点之后，便决定自己共同出资，买下该基金的资产，待到市场状况好转时再出售。经过一番颇为艰难的讨价还价之后，贝尔斯登拒绝参与收购，其余的便达成了协议，这个协议实际上的确让长期资本管理公司的合伙人得到了少量权益。资产收购交易使市场恢复了一些平静，过了一段时间以后，合伙买下该基金的一群银行终于从中得利了。纽约联储和其他任何政府机构都没有拨出资金救助，但的确是纽约联储把那些银行召集起来，并由它给予鼓励而解决了问题。

然而，长期资本管理公司的事件也的确证实了一点：当市场面对意外事件而突发

① 斯科尔斯因确立了为期权定价的布莱克-斯科尔斯方程而获得诺贝尔经济学奖。他与费雪 · 布莱克一起从事这方面的研究工作，费雪于1984年加入高盛，后来成了公司合伙人，与斯科尔斯加入所罗门兄弟后的情形大致相同。费雪于1995年死于癌症，后来才有斯科尔斯获得诺贝尔奖一事。诺贝尔奖不能死后颁授。

"痉挛"，流动性变得干涸的时候，即使最优秀、最有才华的自营交易员也无能为力；在此例中，俄罗斯债务意外违约影响了长期资本管理公司有头寸在其中的很多债券市场，那些头寸的建立都是通过高达百倍的杠杆进行融资的。长期资本管理公司的故事表明，不能假定流动性在市场上总是存在的，这一教训10年以后还会再次让人领教。

其他问题交易案例

20世纪90年代，华尔街公司从同类公司的交易经历中，还学到了其他一些教训。

基德-皮博迪证券本是一家受人敬佩的美国投资银行，渊源可以追溯到1865年，它遇到一件难堪不已的事，不得不重新编报1993年的赢利，拿掉根本就未曾赚到的1.3亿美元交易利润。基德-皮博迪证券的政府债券首席交易员出身于哈佛商学院，名叫约瑟夫·杰特，在公司中是一位明星员工，1993年拿到了900万美元的奖金。但他却被公司炒了鱿鱼，因为他被控利用公司会计系统的漏洞，使会计系统错误核算了本已分离成只有利息部分和只有本金部分的国债，制造了交易利润假象。看上去，杰特相信这个假象，基德-皮博迪证券的其他所有人看上去也相信了。这样的错误很难解释，但更难理解的是，杰特把如此大的头寸放入账簿，居然未受到质询，而由此产生的经济结果也被视为确有其事。显而易见，基德-皮博迪证券的控制制度没有达到标准。该公司也未能察觉抵押贷款支持证券部的亏损在不断增加，最终真正导致大量损失。这些问题之所以产生，是因为在用于控制的基础设施尚未建立的时候，便要执行在某一特定交易市场获得份额的激进业务计划。这些问题最终致使基德-皮博迪证券寻找买家，它找到了通用电气公司。

1995年又发生了一个相似事件，巴林兄弟——英国历史最悠久、声望最卓著的一家投资银行突然出现了致命问题，它惊恐万分地发现自己在日本股票市场仓位太大，又没有相应的对冲安排。这家存世223年的券商对流氓交易员尼克·里森失去了控制，被迫以区区1美元的价钱卖给荷兰一家银行：荷兰国际银行。里森原是巴林兄弟规模极小的新加坡办事处的员工，为了省钱，公司允许这位年轻的后台雇员既做交易又管理结算过程。他在新加坡建了一个隐秘的"差错"账户，由自己管理。后来他开始在日本市场进行套利交易，公司可以看到这些交易产生的利润，但交易亏损则进了那个隐秘账户。对他来说，这一套做法在一段时间里都运行良好（利润归功于他），可是他却决定再放开一些胆量，重仓豪赌日经指数、日本债券和日元的涨跌方向。1995年1月17日，他的市场策略崩溃，因为这天日本发生阪神大地震，致使股票、债券和日元价格直线下跌。很快，监管部门开始质疑巴林兄弟的账簿记录，一切便真相大白了。荷兰国际银行接管巴林兄弟后，解雇了23名高层经理，理由是这些经理要么知道里森在做的事情，本应该对此有所行动，要么本来就应该知道，却毫不知情。里森被新加坡警方逮捕后，以欺诈罪受到审判，被判在樟宜监狱服刑6年半。1999年，里森获释出狱，这时已经被诊断患有结肠癌，虽然病情预期很严重，但还是活了下来。在监狱期间，他写了一本回忆录，书名叫《魔鬼交易员》，后台管理人员应该读一读这本书，可以从中看到自己会面临什么样的管理难题。

1995年，英国业务最齐全的投资银行华宝银行遭遇大量交易亏损，无奈之下，绝望地寻求新资本。寻求资本可能是必需的；绝望则大可不必，但当时该公司非交易出身的首席执行官罗德·卡恩斯（他于1989年成为卡恩斯六世勋爵之前，在整个伦敦金融城以西蒙子爵而闻名）可能是惊慌失措了，他突然辞职，将公司留在董事长戴维·史考利的手上。史考利是华宝银行前任首席执行官和英格兰银行理事会成员，他决定出售公司，在对摩根士丹利稍有考虑之后，便与瑞士银行公司达成协议，这家银行后来又与瑞士联合银行合并，成了瑞银集团。

一切都在改变

20世纪90年代初金融业陷入低谷，受此影响，整体经济也滑入一轮衰退之中；很多观察家说，这轮经济衰退导致了老布什在1992年总统大选中败北，当时得克萨斯州创业家罗斯·佩罗特也参与竞选，他们两位都输给了比尔·克林顿。到1993年新当选的总统宣誓就职时，经济衰退已经结束，经济开始复苏，此后经济增长从未中断，一直持续到20世纪结束，这是美国历史上持续时间最长的经济增长期。股票市场随着经济增长不断攀升，在美国总统克林顿执政的整个时期，道·琼斯工业平均指数上涨了3倍（仅有数次短暂的回调）。

市场高歌猛进有几个原因。冷战走到了历史的尽头，美国军事威势在1991年海湾战争中得到了令人畏惧的展示。日本深陷严重的经济衰退之中，从而在对美国最具威胁的经济对手的名单上，抹去了日本的名字。欧盟已实行《单一市场法》，由此拆除了贸易和投资障碍，使经济政策更加协调，也为货币联盟搭好了舞台，而货币联盟又会改善经济前景，提振金融市场的精神。美国成了全世界唯一的超级大国，对于中国也没有什么惧怕，虽然中国正踏上了一条半市场化的道路，通过国际贸易和外国投资来实现经济增长。外汇监管的自由化使得大量外国储蓄流入美国金融市场，因为美国保持低利率政策，支持股票价格上涨。美国经济同时也享有以下几个优越条件：通货膨胀率很低；就业率相对而言很高；生产率得到了提高，因为在之前的20世纪80年代出现了大规模的公司重组，台式计算机和其他技术革新也获得了广泛使用。

“王子”离去

在分享市场繁荣的人当中，有两位华尔街资深人士在克林顿一上台便加入了他的内阁，他们是罗杰·艾尔特曼和鲍勃·鲁宾；艾尔特曼来自雷曼兄弟，曾在卡特政府任过职，这次是担任美国财政部副部长，鲁宾来自高盛，被任命为新设立的美国国家经济委员会主任。

为了接受任命，鲁宾辞去高盛联席董事长的职务，他只在这个职位上待了两年；他的辞职让公司内很多人感到惊讶，但有些人并不吃惊，知道鲁宾长期以来对政治很有兴趣，有志于担任公职。他曾找到1969年加入公司的前财政部部长乔·福勒，让乔出主意，如何才能使他参与共和党政治。乔让他接触罗伯特·施特劳斯；施特劳斯是共和党中出镜率更高、更为重要的幕后推手，他介绍鲁宾参与募集政治基金的工作。鲁宾随后为所有共和党总统提名人在纽约大力筹集政治基金，尤其是成了沃特尔·蒙代尔和迈克尔·杜卡基斯的重要募集人，与此同时，他还帮助共和党其他各种公职谋求者从事宣传活动。到比尔·克林顿向鲁宾提供经济政策首席协调人的职位时，58岁的鲁宾已准备好接受了。1995年，鲁宾在劳埃德·本森退休之后，被总统选中担任财政部部长。这个职位本可能属于艾尔特曼，他是比尔·克林顿在乔治敦大学读书时的同班同学，但艾尔特曼向克林顿夫妇传递了有关重组信托公司调查白水事件的信息，已被迫辞去公职。鲁宾作为财政部长任职4年半，其间表现卓越，1999年7月退休，由副部长拉里·萨默斯接任，萨默斯后来成为哈佛大学校长和巴拉克·奥巴马总统的国家经济委员会主任。鲁宾退休时，里根和老布什总统时期的财政赤字已经消失，美国的财政账户自乔·福勒30年前放弃公职以来，第一次出现盈余。

鲁宾一直行驶在快车道上。从耶鲁法学院毕业之后，他在纽约一家著名律师事务所工作了一小段时间，然后在1966年成了高盛风险套利交易部的交易员，在古斯·列维和杰伊·特伦鲍姆的手下工作。1971年，他成为公司合伙人，1980年，又成为公司很有权势的管理委员会的一名委员。1984年，在约翰·怀特海德退休、约翰·温伯格独自一人担任首席执行官之后，鲁宾和史蒂夫·弗里德曼被任命为公司固定收益部的联席总经理。弗里德曼毕业于哥伦比亚大学法学院，做了很短的一段执业律师后，也在1966年加入高盛，他在被任命为固定收益部联席总经理之前主持并购部的工作。1987年，他们两位被选为公司副董事长和联席首席运营官，公司里普遍认为，他们作为运营官合作得很成功，鲁宾主外，而弗里德曼则是主内。1990年12月，约翰·温伯格在担任14年的董事长或联席董事长之后决定退休，公司管理委员会经过慎重考察和选择，任命鲁宾和弗里德曼为联席董事长。

鲁宾和弗里德曼都属于贡献最多的人，他们能深入思考问题，随时准备作出重大变革，以提升高盛的赢利能力、风险管理技术和市场地位。他们会热心地不断检视自己认为已被变动不居的市场所淘汰的政策和业务程序。他们乐于从约翰·怀特海德所习惯的那种更加温情的基于关系的业务模式，向更加严酷、步调更快的交易性业务模式转变。合伙人和雇员需要感受到必须作出贡献的压力，需要在内部相互争夺为了作出贡献而需要的资源，需要明白被认为表现不佳的人就得走人。两位新联席董事长这种新的要求更严的态度，让“两约翰”以前不断灌输的受到高度重视的团队工作和合作的公司文化受到压力，虽然公司里多数人认为，两位新领导施加更大压力，从市场的竞争环境来看，完全是合情合理的。

约翰·温伯格理解这一点，并给予了支持。然而，他也相信公司领导层对公司真正怀有奉献精神和忠诚是极其重要的，这几乎高于其他的一切，但在这方面，无论鲁宾，还是弗里德曼，都让他深感失望。他能理解为何鲁宾会受到华盛顿官场的吸引，但他仍然沮丧，鲁宾竟然只做了两年高盛董事长，便舍弃了这个职位。当然，鲁宾心里盘算过自己可能会有的机会，心想如果克林顿能在位8年，自己也能在内阁待上这么久，那么他可能会得到一个重要职位，然后他便到了66岁，可以放慢生活节奏，好好享受多年在高盛积累的财富，当时估计他约有1亿美元。温伯格觉得，鲁宾只为自己考虑，不为公司打算，而公司在温伯格的心目中更加重要。

史蒂夫·弗里德曼于1993年年初成了单一董事长，任期不足两年。弗里德曼专横霸道，极其好强，体格非常健壮，似乎有着无穷无尽的精力，他对公司里发生的每件事都感兴趣。第一年，公司利润创了纪录，但在第二年——这是华尔街自大萧条时代以来所遭遇的少数真正困难的年份之一——利润突然暴跌，原因主要是利率上升，固定收益证券交易出现亏损。其他券商也痛苦不堪，因为交易损失在整个华尔街疯狂蔓延。8月份出现金额相当大的亏损之后，弗里德曼突然宣布打算辞职，以此实现向妻子许下的减轻工作压力的诺言，他的妻子认为工作压力已在影响他的健康。这在高盛是爆炸性新闻——很多一般合伙人也宣布退休，以便在屋顶坍塌之前能够抽身离去，许多合伙人和雇员认为，弗里德曼的行动意味着公司会垮掉。

约翰·温伯格听到消息后大为惊恐，便介入进来，帮助抚平公司内的紧张情绪。管理委员会情急之下匆匆任命乔恩·科尔辛，让这位固定收益部联席总经理接替弗里德曼，并任命投资银行部联席总经理亨利·保尔森做科尔辛的副手。然而，管理委员会的决定不太合马克·温克尔曼的意，他是一位极富才华的固定收益交易员，和科尔辛是联席总经理，他也辞去了职务。科尔辛和保尔森在接受任命之后，先花了几个月的时间，努力平息合伙人和雇员的恐惧情绪，让他们不要离开公司，又让这年被选为合伙人的员工接受合伙人身份。

史蒂夫·弗里德曼的离去使公司深受震动，但公司也像市场一样恢复了元气。利润又回来了，高盛重新振作起来，仿佛什么也没有发生过，它参与了所有众多新的业务领域，抓住了20世纪90年代呈现出的机会。弗里德曼后来致力于开发私募股权业务，并成了哥伦比亚大学理事会主席。他辞职后与高盛没有多少联系，直到1999年，曾受他栽培的亨利·保尔森在公司上市之后，邀请他来公司董事会担任董事。出人意料的是，2002年，弗里德曼竟被小布什总统任命为国家经济委员会主任，这正是鲍勃·鲁宾10年前接受的职位，弗里德曼在这个位置上工作了两年，相对而言非常低调。

乔恩·科尔辛在伊利诺伊州一个农场长大，在厄巴纳读了州立大学，然后跑到芝加哥，1970年进了伊利诺伊大陆银行。他晚上学习芝加哥大学工商管理硕士课程，有一位金融学教授便是后来成了高盛合伙人的费雪·布莱克，他给科尔辛的成绩是C。1975年，科尔辛搬到纽约，进入高盛做了债券交易员。他逐渐变成一个极好竞争的交易员，面对让人心惊肉跳的风险，他也感到舒服自在，后来他掌管政府债券交易业务，为公司操作金额可观的众多自营交易账户。他被弗里德曼和鲁宾看中，与马克·温克尔曼一道共同担任所有固定收益和商品期货交易业务的头儿。科尔辛尽管十分严肃认真，但像梅利韦瑟一样，本质上是一个行事非常低调的交易员，通常人们会看到他在交易台附近转悠，身穿灰色的开襟毛线衣，衬着渐渐变秃的头顶和略带灰色的连鬓大胡子，看起来更像大学教授，而不像华尔街杀手。科尔辛受人喜爱，但也被认为对公司里的人事问题太有同情心，以致有些人觉得他“人太好了”，可能领导不了公司。科尔辛对投行业务也很不了解，这仍然是高盛业务中一个至关重要的部分，所以管理委员会在挑选他担任高级合伙人和首席执行官时，也选择亨利·保尔森做他的副手和首席运营官。

保尔森也来自伊利诺伊州，比科尔辛年长一岁。他在1974年加入高盛芝加哥办事处，担任客户关系专员，负责为投资银行部拉来新业务。他在投资银行部的一位很钦佩他的同事，提起他时说他“病态般地好强”。他对于自己所做的事，确是非常擅长，受到提拔，成了投资银行部联席总经理，随后被选为首席运营官。保尔森搬到纽约，渐渐成为科尔辛的心腹，鞍前马后地跟着科尔辛，仿佛他不是二号人物。很多科尔辛不愿做的工作，他都接手去做，比如到海外访问客户。

1996年，高盛是雅虎公司首次公开募股的主承销商，1998年，高盛又是日本大型移动电话运营商首次公开募股的全球协调人。1995~1997年间，高盛税前收入年复合增长率为48%。1998年6月，科尔辛任命保尔森为联席高级合伙人，他想对保尔森所作的贡献和辛勤付出表达感激之情，同时心里明白保尔森也有这样的期待。

科尔辛亲自承担推动公司股票发行上市的领导工作，他预见到要为公司不断增长的交易业务添加动力，便很需要筹集新的资本；尽管心里清楚住友银行和夏威夷卡米哈米赫活动协会投入的有限合伙人资本非常可观，使得公司推迟到此时还未上市，但他认为，这件事再也不能避免了。前几年，公司已数次讨论上市的问题，但总是拒绝接受这个做法。

上市是一个有争议的问题，一方面因为上市是预先假定公司将来会大力涉足有风险的交易活动，而这会大大改变多年来形成的令人舒心又有私密性的合伙人文化，另一方面因为公司账面价值上有相当大的溢价，上市后公司市场价值会是账面价值的3倍以上，那么如何分配溢价就存在着分歧。公司上市而释放出价值，就像大风吹落果实一样，会产生骤然暴富的效应，但这会格外有利于目前的一般合伙人，尤其是已有数年合伙身份的一般合伙人。众多有限合伙人长期为公司服务，现在已退休，仍然将资本放在公司里，处在有风险的状况之下，但他们只能获得固定收益，如何对待这些合伙人？所有年轻的业务副总裁和助手对公司的发展贡献很大，却将永远没有机会变成合伙人，又该如何对待他们呢？

在思考这些问题的过程中，科尔辛和保尔森也在解决其他一些棘手的问题，那些问题在他们两人以及管理委员会其他成员之间制造了更为紧张的关系。其中一个问题与1988年夏天长期资本管理公司的崩盘有关。科尔辛个人在试图挽回长期资本管理公司局势方面，曾发挥着重要作用，他提出与巴菲特一起竞购长期资本管理公司的资产，或者，竞购失败之后，在最终收购长期资本管理公司的一些公司必须承担的风险中，承担很大一部分。形势要求快速决策并果断行动——交易员出身的科尔辛遇到这种情况会感到舒心自在——但由于承诺参与行动的所需金额很大（3亿美元），科尔辛需要得到公司管理委员会的同意，但他没得到同意便作出了承诺。这让管理委员会其他成员非常懊恼，若是古斯 · 列维出现这样的情况，他们可能会给予支持，但他们认为科尔辛可不是古斯 · 列维那样的人。大约在这前后，科尔辛又因为另一件事受到合伙人的批评。他与一家还是几家华尔街重要公司的头儿会面，据说他们请求商谈并购事宜。会面并无任何结果，科尔辛把会面的事透漏给了合伙人，但在拥有众多并购专家的高盛公司里，像保尔森这样的资深并购交易人知道，随意的、事先未作好准备的会面会让事情更加复杂，导致对局面失去掌控，所以未经仔细考虑和认真准备，根本就不应该去面谈。科尔辛当然认为他做的都是首席执行官分内的事，再说那也并没有什么大不了，但他在6月份已任命保尔森担任联席首席执行官了，在这件事上，他的做法并不像做过此等任命似的。据我所知，科尔辛受到了管理委员会合伙人的强烈指责，他对此做了抗辩，这便引起一次不信任投票，结果科尔辛输了。大家一致同意在公司实现首次公开募股之后，科尔辛将辞去首席执行官的职务，并离开公司（首次公开募股原定于1998年秋季，不过，由于市场环境不佳，公司将此事推迟到了1999年5月)。

公司首次公开募股达成一致前，高盛决定将公司价值的10%留做将来薪酬和养老金奖励之用，另外10%让有限合伙人分享，还有10%分给特殊的有限合伙人（比如住友银行之类），大约留下57%给220位一般合伙人。骤然间，获得的财富的确非常多。这次股票发行了6 900万股（大约占公司总数的15%），发行价定为每股53美元，约相当于账面价值的3.5倍，整个公司的估值达到330亿美元，相比之下，当时摩根士丹利–添惠的市场价值是600亿美元，美林证券是300亿美元。股票在首个上市交易日上涨33%，而这天道 · 琼斯工业平均指数却下跌了128点。本次股票发行让高盛内部数以千计的人成了百万富翁。到1999年年底，高盛股票每股价值92美元，乔恩 · 科尔辛所持股票的市值约为3.4亿美元，这时他已离开公司，宣布自己获得了新泽西州参议员候选人资格，亨利 · 保尔森成了这家规模相当大的上市公司的单一董事长和首席执行官。2000年9月，高盛利用新股发行所得资金，以63亿美元的价格，收购斯比尔–利兹–凯洛格证券，这是纽约证券交易所规模最大的一家做市商。

雷曼兄弟逃脱美国运通之手

詹姆斯 · 罗宾逊三世来自亚特拉大，1977年，他取代霍华德 · 克拉克爵士，成了美国运通董事长和首席执行官，由此在纽约声名大噪，这年他才41岁。自此之后，作为一个品牌管理大师，他始终致力于实现金融超级市场的理念。1981年收购希尔森–洛布–罗兹证券便是他迈出去的第一步，随后又于1983年从日内瓦金融家埃德蒙 · 萨福拉手中，令人争议地买下贸易开发银行的非美国资产，然后在1984年收购遭遇困境的雷曼兄弟，1987年收购赫顿证券。他每次收购都执著于将美国运通的信用卡和旅游服务以及国际银行服务，连到为富有的投资者提供多层次金融服务的平台之上。

但这个理念从未达到预期效果，桑迪·韦尔在1985年（对于无法施展才能）深感挫折，辞职离开美国运通，罗宾逊将自己聚拢在一起大的各不相同、又无关联的金融业务，从未获得过控制。1987年，美国运通国际银行必须为第三世界贷款添加9.5亿美元的准备金。据美国运通史料记载，1990年，希尔森“因遭遇一系列失策和挫折，深受震动，最后形势变得非常严峻，美国运通被迫拿出10多亿美元，回购希尔森所有剩余的公开交易的股票（该公司几年前才再度上市），并注入急需的资本”。

消防员基金是美国运通在罗宾逊执掌公司大权之前就拥有的一家保险公司，也已开始出现亏损；旅游及其相关业务陷入衰退之中。数年来令人失望的业绩表现，让美国运通的股价削去了1/2，董事会认定，该让在华尔街以“三根换挡杆吉米”知名的约翰逊继续前行了。他被哈维·葛洛柏取代；葛洛柏是美国证交所资金管理业务公司前首席执行官，1993年年初接替罗宾逊掌管了美国运通。

数月之后，葛洛柏宣布希尔森-雷曼兄弟业务将出售或分配给美国运通股东。1993年3月，希尔森-赫顿证券经纪业务以10亿美元的价钱，加上未来的利润分成，卖给普瑞美利加，因此这些经纪业务又回到了桑迪·韦尔的手上。1994年1月，美国运通宣布将投资约10亿美元于雷曼兄弟（在剥离经纪业务之后，希尔森-雷曼兄弟-赫顿证券所剩的部分便叫雷曼兄弟，这是一个既老又新的名称），然后将在雷曼兄弟中所持股票分配给美国运通的股东。这同时还伴随一个赢利共享的协议，根据协议，美国运通除了得到某些付款之外，还将在8年的时间里挽回多达4亿美元的投资。但最重要的是，美国运通股东为未来着想，可以避免华尔街公司的赢利波动性，也可以避免由于不断依赖交易收入而造成不断增加的不确定性。这样的赢利压力已大大降低了美国运通的高市盈率，而作为高增长的用户品牌领袖，美国运通先前已习惯于自己的高市盈率，因此股东乐于看到将投资银行业务中的剩余权益剥离出去。

这样的剥离是很别扭的。葛洛柏觉得先前的投资是彻底的失败，他想竭尽所能从中挤榨出更多的现金，但这样做可能会威胁新独立公司的资产负债表和资本状况，而这个新公司要被迫与规模大得多的公司展开竞争。而且，雷曼兄弟的领导人不停地更换，最后到理查德·福尔德才稳定下来。福尔德在雷曼兄弟粗野的固定收益部头儿刘易斯·格拉斯曼手下开始自己的职业生涯，在这个部门顺利发展，不断晋升，虽然整个公司组织混乱，一直持续到1984年因身处困境卖给了希尔森-美国运通公司。福尔德作为非银行类母公司所拥有的一家投资银行的经理，在接下来的10年里，见识了关于金融超级市场和通过收购提高增长率所需要知道的一切——他对这两者都持有极端怀疑的态度。在他的领导下（他对雷曼兄弟的领导基于近25年里他亲眼所见的各种经验），雷曼兄弟的股价多年里都有良好表现，甚至相对于已获得解放的美国运通股价来说，也是如此——因此两家公司的股东，由于从旅游和信用卡服务业务中抽离出证券业务，而获得了不错的投资表现，这两大类业务本来就不兼容。福尔德造就了雷曼兄弟，到2000年，雷曼兄弟成了华尔街第四大独立的投资银行，它是体现“单干”意志的代表，它乐于和所有实力更强的对手比拼人才、商业伦理和创业家精神。

摩根士丹利和添惠证券

1984年，鲍勃作为摩根士丹利高级合伙人退休。在这之前的13年里，他取得了巨大成功，公司完成转型，由一个只为最佳公司和政府服务、古板沉闷又自以为无所不知的投资银行，转变为全面服务型公司，可以在公司并购或证券承销方面，或者销售和交易方面，与最难缠的对手展开激烈竞争。摩根士丹利逐渐发展成一家拥有员工4 100人的公司，资本达3亿美元。然而，鲍勃对于接班人的选择，感到非常苦恼。

罗伯特·格林希尔和理查德·费雪是最有希望的候选人——公司里的明星人物——中的两位，格林希尔掌管投资银行部和赢利丰厚的并购部，费雪开发并主持销售交易部，这是公司业务中日益重要的一部分。他们两位在哈佛商学院是同班同学，此后两人便成为竞争对手，都想比对方获得更多的成功。格林希尔身体健壮，好先发制人，对于所追求的目标坚定不移；费雪少年时代练习马球，落下了残疾，他安静、理性、合群、深受下属的爱戴。鲍勃深信，他们两位中一人被选中，另一人就会离开公司，这是他极想避免的事情。所以他谁也不选，转而挑上具有摩根士丹利血统、49岁的帕克·吉尔伯特，吉尔伯特的父亲曾是摩根士丹利最初的一位合伙人。吉尔伯特掌管公司5年之后，选择费雪接替自己，让他担任已是上市公司的摩根士丹利的董事长和首席执行官，格林希尔则选为总裁。

1985年9月，摩根士丹利庆祝成立50周年，在报纸上刊登整版庆贺广告，并宣布合伙人同意公司继续保持私营合伙人公司的身份，一如既往地致力于服务客户。报纸上的墨迹几乎未干，合伙人就不得不自食其言。在1985年秋季贝尔斯登成功发行股票之后，他们决定上市，此前美林证券和帝杰证券也已成功上市。第一波士顿已是上市公众公司；所罗门兄弟因被公开交易的菲利普斯兄弟公司收购，也算是上市了。摩根士丹利的合伙人看到，除了高盛之外，所有最令人畏惧的竞争对手都可以利用公开市场筹集资本，支持自己的交易头寸和总体发展。他们觉得，虽然有些不愿放弃摩根士丹利合伙制的神秘性，但是让摩根士丹利成为相互竞争的公司中唯一资本来源有限的公司，他们承担不起这样的责任。于是，1986年3月，摩根士丹利完成了首次公开募股，发行2 420万股（占公司总股本的19%），发行价为每股56.5美元，这样便募集了13.7亿美元资金，公司资本化价值达72亿美元。股票上市后第一个交易日，涨到每股70美元，使每位摩根士丹利合伙人做梦也没想到会变得如此富有。先前的合伙人只有到去世或退休，才能指望从公司里抽出资本，而到能抽出时，也只是按照账面价值，并且抽出节奏要慎重而缓慢；现在他们突然成了在市场交易的股票的所有者，股票市价是账面价值的数倍之多，发行之后的限售期一过，便可以卖出股票。当然，摩根士丹利也遇到挫折，尤其是在1987年10月19日股市崩盘之后；1990年后在杠杆收购和垃圾债券业务中，也遇到了困难。但到那时，摩根士丹利已在资产管理和交易方面做了大量投资，已发展成一家大型投资银行，在法兰克福、中国香港、卢森堡、墨尔本、米兰、悉尼和苏黎世都设有国际运营机构，在伦敦和东京设有重要的地区总部。

费雪一步一步地经历着这一切，但格林希尔，一个典型的并购交易人并没有这样。他和费雪经常发生冲突，意见不合，1993年，迫于费雪和公司管理委员会的压力离开了公司。格林希尔的总裁职位由约翰·麦克接任，麦克驱动力很强，主管固定收益部，父母是黎巴嫩移民；他曾靠橄榄球奖学金在杜克大学读书，1972年加入摩根士丹利，做债券交易员。费雪还聘来约瑟夫·佩雷拉，让他离开与沃瑟斯坦创办的并购顾问公司，主管摩根士丹利重要的并购业务。

这样一来，格林希尔便引起了桑迪·韦尔的注意。桑迪此时又打造出了一个经纪王国，先是收购美邦证券，继而从美国运通手上收购希尔森–赫顿，然后又收购旅行者保险公司。桑迪正在设法挤入投资银行业务的高端排名，他想：格林希尔是摩根士丹利享有盛名的人物，还有谁能比他更适合为自己完成这样的任务呢？于是，他开出了深受挫折的格林希尔无法拒绝的条件，格林希尔便迅速逃离摩根士丹利大营，在美邦–希尔森证券搭起军帐，做起了首席执行官。他对已在那里的人几乎没有什么尊重，将他们推到一边，一时间疯狂地招兵买马，提供高额签约奖金和给予保证的年度奖金，吸引大牌投资银行家加入他这尚无任何军功的地方。美邦–希尔森证券投资银行业务奖金池中所有的钱，都转而流向了新来者的腰包，老员工怨气冲天。公司士气日趋低落，业务发展缓慢，授权格林希尔掌管的一番事业归于失败，于是他在1996年黯然离职，创办了自己的公司。第二年，他又收购所罗门兄弟，填补了投资银行业务的市场空缺。

1995年，摩根士丹利在高科技领域大显身手，主承销网景公司首次公开发行的股票，这是第一家试图将互联网进行商业化运作的公司。此次发行触发了高科技股首次公开募股的盛大牛市。这是摩根士丹利专门做高科技股发行的投资银行家弗兰克·夸特龙上门兜售发行业务和不断推动的结果；不久，他离开摩根士丹利加入德意志银行，后来又到了瑞士信贷第一波士顿。夸特龙变成高调出镜的人物，据说在高科技泡沫期间，一年要赚1.5亿美元，因为他能够吸引来新的发行业务，比如思科公司和亚马逊网上书店的股票发行。

但费雪和麦克两人都是做销售和交易出身，似乎都在追求别的东西。投行和并购业务固然好，但总有人能做好这些事，摩根士丹利已发展了一大批这样的人。吸引费雪和麦克的是交易业务，这是历史上与摩根士丹利的贵族血统相抵触的东西，还有就是资产管理业务。交易业务做好了，可能会有巨大赢利，不过，毫无疑问也有风险。资产管理也可能会赢利丰厚，但不能管理养老基金的钱，养老基金讨价还价的能力很强，在费率谈判上很难缠，而且，如果它们对近两三个季度的业绩不满意，往往会把账户转走。从另一方面看，管理共同基金有时能赚不少钱，对公司来说，所涉风险也相当小。如果共同基金表现不好，投资者可能会撤走投资，但也可能不动。不管怎样，他们还能向新的投资者营销基金，取代那些已感到失望的投资者，并且每个投资者都收取全额费用。1996年，费雪和麦克决定进入“汇聚资产”的业务领域，办法是以570亿美元的价钱，收购规模排名第11位的美国共同基金管理公司范卡彭美国资本。人们认为这桩收购交易旨在为摩根士丹利分销投资产品而获得客户，但真正原因是为了破天荒地第一次涉猎零售（共同基金）领域。这个举动严重背离了老牌摩根士丹利的风格——它本是一家精英投资银行，只向成熟又成功的大型客户提供批发服务。摩根士丹利一些资格很老的人认为，零售业务需要人数众多的廉价销售队伍，那些销售员会为了一次几百美元的订单，冷不防地打电话，设法赢得蓝领投资者。这根本不对他们的胃口。

一年以后，费雪和麦克一头扎进批发零售并重的文化深渊，决定把公司并入添惠。添惠发现是1993年从西尔斯百货剥离之后上市的零售经纪券商和巨型信用卡公司，上市后一直由珀赛尔领导，他是一个隐士般的人物，出身于美国中西部，先前在麦肯锡做咨询。费雪和麦克是在添惠发现首次公开募股时认识珀赛尔的，当时摩根士丹利担任副主承销商，他们两位很喜欢珀赛尔。后来，两人提议公司合并，珀赛尔非常欢喜，有机会进入像摩根士丹利这样享有盛名的公司，实在是太好了。费雪说，这宗交易的意图，是在金融服务整合浪潮到来之前抢得先机，他和麦克都认为这种浪潮就要到来了："如果你相信整合是无可避免的。"他说，"那么先挑选伙伴就很有意义。"

这次合并震动了整个华尔街。在媒体上，这次交易被描述成强强联合的平等合并，但是人人皆知根本不存在平等合并的华尔街，这次交易却被看成是把摩根士丹利卖给了一个二流券商添惠证券，该券商以菲利普 · 珀赛尔为首席执行官，控制合并后的公司。费雪将在交易完成之后退休（华尔街认为，届时摩根士丹利其他很多经营原则也将丧失，事实也确是如此），但新公司的二号人物将是约翰 · 麦克，他致力于实现合并，也相信自己的朋友珀赛尔会善待自己。看上去，麦克相信，这意味着再过几年，首席执行官的位子就会传给他，不过这种想法从未有文件记录。合并后的公司将拥有240亿美元市值，成为美国最有价值的证券公司。有了9 000名零售经纪人，公司将拥有全美国第三大零售经纪人销售队伍，排名前两位的是美林证券和美邦–希尔森证券。公司还将成为美国第六大共同基金管理企业，管理1 200亿美元资产，同时也是最大的信用卡公司，拥有3 600万客户。以前的摩根士丹利现在附属于规模庞大的零售兼批发的金融集团企业，这会涉及全新的管理要求。

拥有4万名雇员的新公司曾在很短的一段时间内，叫做摩根士丹利添惠发现，1998年更名为摩根士丹利添惠。2001年年底，为了提升品牌认知度，利于营销，公司名称中的添惠字样被拿掉，公司又变成了摩根士丹利。然而，新公司并未付出多少努力，来让两部分融为一体；在很大程度上，它们还是各自独立，珀赛尔管理添惠的业务，麦克管理摩根士丹利的业务。新公司的股价表现很不错，从合并之日起至2000年中期，大约涨了两倍——涨幅比主要竞争对手美林证券和高盛大得多——随后股价便开始反映科技股崩盘和安然事件之后经济衰退的现实。

然而，约翰 · 麦克很急躁，希望早点接替珀赛尔担任公司首席执行官，2000年年底，他把这个想法告诉了珀赛尔。珀赛尔拒绝为麦克的继任设定任何时间表，于是经过几番激烈的讨论之后，麦克决定辞职，2001年1月离开了公司。2002年，他加入瑞士信贷第一波士顿，担任联席首席执行官（另一位是德国出生的奥斯瓦尔德 · 格鲁贝尔，他终身受雇于瑞士信贷），帮助这家公司扭转一些遭遇困境的美国运营机构的局面，然后提议与美洲银行或德意志银行合并（实际上就是将公司售出）。瑞士信贷第一波士顿贷董事会对这个合并提议深感震惊，很快便予以拒绝。2004年，麦克的雇用合同到期，董事会没有与他续签合同。

理查德 · 费雪身患前列腺癌，2004年12月病情加重去世，在2005年1月举行的葬礼上，很多资深的摩根士丹利人前来吊唁。他们多数人已离开公司，好几位后来在帕克 · 吉尔伯特的公寓聚会，对当时菲利普 · 珀赛尔管理摩根士丹利的方式发泄不满。参加聚会的几位被称为“八人帮”，他们决定发动公开的宣传活动，让珀赛尔失去信誉，要把他弄下台。他们声称对公司股价很不满意（股价已在回升之中，但此时上涨速度比不上高盛和美林证券），真正的缘由却是因为老摩根士丹利已经大为改观，它在新公司管理层中的代表又发生了重大变化，他们对珀赛尔深恶痛绝。

他们满腔愤慨，珀赛尔未能兑现他们所有人认为他与麦克达成的谅解，迫使麦克辞职了。他们也不满摩根士丹利丧失了它们以前所习惯的声誉和精英地位，不满于看到曾经优雅的公司令人不快地由共同基金销售员管理着。他们愿意掏出大笔的钱，获得法律和公关建议，以便发动攻势。

然而，珀赛尔从董事会中得到了很多支持——其中多数董事是中西部企业家或以前西尔斯百货的同事——而最初的合并协议也表明，若要更换首席执行官，必须有75%的董事投票赞成才能通过（对于麦克来说，这本应是一个显露珀赛尔内心真实想法的信号）。因此，珀赛尔似乎是无法撼动的，但“八人帮”倒珀赛尔的运动以所谓的“活动分子”机构投资者为先锋，它们对股价的相对表现非常失望。在历时数月的沸沸扬扬的争论和不利宣传之后，珀赛尔在董事会里的几位朋友告诉他，为了公司的最高利益，他必须得退休。2005年6月，珀赛尔宣布退休，同时声称接替他的人“绝不应该是麦克”（也不应该是“八人帮”中的任何一人）。珀赛尔试图让手下的一位联席总裁接替他，但麦克最终还是被召回，于2005年7月30日作为董事长和首席执行官执掌了公司大权。在华尔街赶走首席执行官的诸多政变中，这是最奇特的一次。珀赛尔地位非常稳固，有董事会的支持，又有75%投票赞成的规定给予保护。作为首席执行官，他的表现也并不像预想的那样糟糕——在高科技股崩盘、“9·11”恐怖袭击事件造成干扰、安然和世通分别于2001年和2002年破产之后，所有华尔街公司股票都严重下跌了。2000~2002年期，股市连续3年收益率为负数（这是20世纪30年代以来第一次出现这种情况），摩根士丹利在此期间的零售业务对公司赢利产生了负面影响。2003年，摩根士丹利股票开始回升，其他竞争对手也是如此，但摩根士丹利和美林证券两家公司的股票回升幅度严重滞后于高盛。这让“八人帮”实在有些气恼，因为他们把高盛看做真正的对手，而事实上，由于摩根士丹利零售业务规模庞大，美林证券才是真正的对手。珀赛尔因为没有把信用卡业务剥离出去，受到了批评，麦克后来做到了这一点，但那种业务数年来却一直是可爱的盛产现金的奶牛，为公司的发展提供了很多资金。“八人帮”要弄走珀赛尔的理由其实并不充足，但老摩根士丹利人与对冲基金和所谓“活动分子投资者”的联系非常密切，让倒珀赛尔的一方可以接近很多愿意听信他们抱怨的投资者，而“八人帮”也凭借自己典型的稳健而自信的老摩根士丹利风格，很会为换掉珀赛尔制造口实。

摩根士丹利董事会，也感受到了倒珀赛尔的活动在热烈地进行着，同时他们又不得不忙于应付很多细节问题，既要符合2002年通过的《萨班斯法案》所规定的涉及公司治理的新条款，又要谨慎行事，避免股东诉讼，还要努力提升自身很低的公司治理评级（非营利性公司治理监督机构会提供此类评级，给摩根士丹利董事会的评级为D）。受到几个月的围攻之后，董事会一定是认为，要摆脱这些争议的纠缠，最好还是鼓动珀赛尔在担任首席执行官24年之后体面地退休。在华尔街，极少有人担任公众公司首席执行官这么长时间，甚至连这一半也少之又少。具有讽刺意味的是，在掌握公司大权3年之后，约翰·麦克并未让摩根士丹利股票的表现，相对于美林证券或高盛，有多么大的改变（摩根士丹利稍领先于美林证券，但美林证券刚刚被迫更换了首席执行官，摩根士丹利大大落后于高盛）。

桑迪·韦尔与《格拉斯–斯蒂格尔法》的终结

从美国运通出来之后不久，桑迪·韦尔提议组织一群公司收购美洲银行，这家银行当时正因遭遇20世纪80年代初银行业危机而状况堪忧。韦尔的提议被拒绝了，但他在这方面并没有知难而退。他总是密切留意是否有什么好企业，由于暂时的财务困难或其他问题，可以便宜地买过来。有一次他接到了一家总部设在巴尔迪摩的中型财务公司首席执行官的电话。这家公司名叫商业信用，首席执行官邀请韦尔看一看公司，考虑一下是否从遭遇困境的母公司控制数据公司手中予以收购。韦尔培养和提携过很多人，杰米·迪蒙是其中之一，自1982年以来，一直在协助韦尔。这次也是在杰米的协助下，韦尔于1986年收购了商业信贷公司；韦尔同时还在这家被收购公司里结识了一位内部律师查尔斯·普林斯，查尔斯便成了又一个受到韦尔培养和提携的人。韦尔收购公司的思路是：保留住客户；让公司尽最大可能削减成本；考察管理层和专业人员，从中物色公司管理人；然后一切任其自然。到1986年，他已竭尽所能地完善了收购经纪公司的技巧，这个技巧的一大特点是要有一个非常擅长操作的后台系统。

第二年，他注意到，一家名叫普瑞美利加的公司，在1987年不久将崩盘的股市处于高点时，收购了大型零售经纪公司美邦–哈里斯–优方姆，还为此借了很多钱。普瑞美利加最早名叫美国罐头，直到被一度担任富达基金经理的蔡至勇收购才变更名称，蔡至勇卖掉罐头业务，用所得资金收购了一批经营零售商店的公司。收购美邦证券绝对是蔡至勇进入金融服务领域的关键一步，但股市崩盘让他的计划受到很大冲击。所以，韦尔于1988年才得以从蔡至勇手中买到普瑞美利加，随后便将它转变为自己的金融服务联合企业的控股公司。在接下来的数年里，韦尔精简普瑞美利加及其两家主要子公司商业信用和美邦–哈里斯–优方姆的组织机构，将普瑞美利加变成了成本低、发展快的公司，该公司也由此成了华尔街的宠儿。1992年，又有人给韦尔介绍了一个新的收购对象：旅行者保险公司。由于1990~1991年间市场衰退中遭遇了房地产理赔损失，又由于在佛罗里达遭强飓风袭击后出现了重大理赔，这家公司一直深受困扰。旅行者保险公司只是在寻找少数权益投资者，并无他求。

韦尔很快就认为他是旅行者最后的真正希望所在，与旅行者保险公司达成非常有利于自己的协议，收购该公司27%的股份，收购价为7.22亿美元（大约是账面价值的50%），还获得4个董事席位，他自己被赋予非常重要的管理职责。韦尔精力充沛，数月间把多数精力都花在旅行者保险公司的身上：强力推行削减成本的做法，大力推动业务发展，局面得到了扭转。到1993年8月，旅行者保险公司的股票已上涨80%，韦尔也爱上了该公司的红伞标识。他认定自己必须要掌握该公司的剩余股份。这样，在首次投资一年后，普瑞美利便以股票掉期的方式，收购了未拥有的73%的股份，并将其他所有业务都放进了这家公司。

桑迪·韦尔是一架收购机器。他的功能就是找到机会，以不错的价格收购更多更好的企业，然后设法使它们瘦身变得健康，同时在一旁盯着公司股价步步高升。通用电气想出售基德–皮博迪证券时，他考虑过收购，但是要价让他打了退堂鼓。他看过摩根银行，但也拒绝了，因为挂出来的卖价实在太高了。在奋力追求目标的过程中，有时也有不愉快的时刻，韦尔会想起他和新的旅行者公司文化与摩根银行之类上流社会的行事方式太无相似之处，若硬要并购，恐怕不会收到预期效果。在嗟叹1997年错过摩根银行这样机会的同时，他又接到另一个潜在卖主的电话。打来电话的是所罗门兄弟公司首席执行官德里克·莫恩，莫恩确信所罗门兄弟应该纳入一个更大组织，一个能使所罗门兄弟将来更具竞争力的组织。

所罗门兄弟自1991年国债拍卖丑闻之后，再也没有完全恢复元气。那次事件使所罗门兄弟付出了失去约翰·古特弗伦德、约翰·梅利韦瑟以及其他高层经理的代价，并将它的前途置于了理想破灭的沃伦·巴菲特的手中，他选择莫恩替代古特弗伦德——如果国债拍卖舞弊一事不发生，这是绝对不会出现的结局。莫恩尽了最大努力，管理所罗门兄弟里的一个个野兽，往好里说，这也是一个吃力不讨好的苦差事。1994年，就债券市场而言，是很痛苦的一年，所罗门兄弟赔了不少钱，即使如此，他也还是掌握了公司大局，但他担心所罗门兄弟的未来很不明朗，因为大型多平台金融服务联合企业的时代就要到来，金融企业将会追求大资产负债表战略。像摩根士丹利的理查德·费雪一样，莫恩认为现在正是时候，该让所罗门兄弟并入规模更大的公司，并在此过程中获得溢价。此外，所罗门兄弟的赢利状况数年来也一直未能达标，而12个月来的国际投资银行业务已显示亏损了约3亿美元。

对所罗门兄弟的收购，以收购价为90亿美元达成一致，用旅行者保险公司股票来支付。这个收购价只反映了少量溢价——在一轮牛市的中间阶段，所罗门兄弟的收购价还不及账面价值的两倍。所罗门兄弟被置于旅行者保险公司新的证券业务子公司之中，该公司称为所罗门-美邦证券，由莫恩和杰米·迪蒙共同掌管；迪蒙很失望，要与莫恩分享这个角色。所罗门兄弟也要受到桑迪·韦尔对所收购公司实行的标准待遇，也就是不得不削减成本，无情地解雇不被视为公司守门人的雇员。合并之后不久出现了相当大的交易亏损，致使韦尔大幅度削减所罗门兄弟的自营交易业务——他真正想从收购中获得的，是享有盛誉的投资银行业务。旅行者保险公司的股票继续快速上涨，1997年差不多涨了80%。

毋庸置疑，桑迪·韦尔所做过的最了不起的收购交易，或许也是华尔街所有交易中最雄心勃勃的交易，就是1998年4月让旅行者保险公司收购了花旗公司。这宗交易（像平常一样），也被说成是强强联合的平等合并，其中每一方将在董事会中拥有同等代表席位，桑迪·韦尔和花旗公司的首席执行官约翰·里德将成为联席首席执行官。收购要约价值700亿美元，两家公司的股票很快就出现了溢价，花旗公司股票上涨26%，旅行者上涨18%。这在以股票换股票的并购交易中，是几乎从未出现过的事情，因为在这样的交易中，买家常常被视为花费过多的代价收购公司。新公司称为花旗集团，将形成世界上规模最大的金融服务公司，总资产达7 000亿美元，1997年合并收入为480亿美元，营业利润达75亿美元，在100个国家里，有16.2万名雇员为10万个客户提供服务。此前，在金融服务产业，规模如此之大的公司，谁也没有想象过。

但关于这宗交易，存在很多无法立即得到答案的疑问。从严格的法律意义上看，这宗交易是违法的，因为《格拉斯-斯蒂格尔法》禁止这样的交易，这部法律虽然在实践中已受到很大侵蚀，但毕竟仍然是白纸黑字写在那儿。交易双方达成一致：倘若法律在3年内不作变更，使这场合并交易无法变成现实（实际上法律是变更了），则双方解除协议约束。这宗交易有待于——联邦、各州以及国外无数辖区内——银行、保险和证券监管机关的审批。这宗交易确定了一个由平等的联席首席执行官组成的管理结构，很少有人认为这个结构会成功，这宗交易将涉及各种各样为削减成本要付出的努力，涉及裁员和支付遣散费，涉及一次大型合并交易所特有的其他各种混乱局面，而这次合并规模是前所未有的。这宗交易将大大扰乱银行、证券和保险各行业的竞争环境，原有竞争环境中的公司本已热衷于业内战略性整合并购，但到这时还没有特别关注跨行业并购。不过，花旗集团是否会成为一个在这些行业占据统治地位的巨型银行，从而迫使其他公司也走这条路，还是事实将证明这不过是一场要把桑迪 · 韦尔的梦想变成臃肿的官僚机构式公司的交易？谁也不能确切地知道，但在1998年4月晚些时候，又有两宗银行间的巨型并购交易宣布了：美洲银行被美国国民银行所收购；美一银行和芝加哥第一国民银行合并。

暂且不论无法立即得到答案的这些疑问，也还有这样一个问题：两位联席首席执行官对于新合并的公司，心中都有什么样的构想。桑迪 · 韦尔的未来远景总会涉及更多的收购，更大的规模，更加激进地整顿公司，以便使之更有效率。他当然相信交叉销售，虽然他或许并不很了解如何在不使成本高于收入的情况下做到这一点。他尤其想把所罗门–美邦的投资银行业务能力，与花旗银行的企业信贷能力结合在一起，以此提高投资银行业务的市场份额和声望。

约翰 · 里德赞成公司合并的动机更难理解。里德是一个技术专家，沃尔特 · 瑞斯顿以前对他的支持要多于传统银行家，他和韦尔几乎毫无相似之处：他诉诸理性而不易冲动，他安静、表达能力强、爱整洁而不爱喧闹、粗鲁、乱糟糟。韦尔日日夜夜总有追随者和受提携者围绕四周，而里德喜欢独处。里德不会把收购当做公司赢利增长的一个来源（自1984年成为首席执行官以来，他从未做过一次重大收购），最近又告诉花旗银行多数批发业务客户，花旗银行正在放弃批发业务，以便专做与消费者有关的金融服务。里德痴迷于技术，想改进数据挖掘和信息科学的新技术，让银行与客户界面尽可能多地实现自动化。韦尔没兴趣把钱花在这类古怪的东西上。他咄咄逼人的个性声名在外，我在高盛的一位合伙人曾评价说“与韦尔共用过办公室的人，谁也没有机会活下来说起这事”。

在美国，银行存款实际上是由纳税人提供保险，对于银行参与风险较大的证券业务，长期以来一直争论不休；花旗集团并购案势必要解决这个争论。这种争论已持续了10多年，监管者、银行和经纪券商越来越认同：1933年付诸实施的分业经营的法律规定已没有必要；金融市场的竞争更加激烈，银行无疑会对竞争施加影响，这会让金融市场更为有效，降低资本成本。1999年，美国国会废除《格拉斯–斯蒂格尔法》，让银行自由参与投资银行业务，不过实际上也只有屈指可数的几家想参与这类业务，它们立志要为自己塑造重要角色。花旗集团并购案，按所做投行业务的市场份额来看，无疑让花旗集团成了最重要的投资银行之一，这宗交易也鼓励其他银行为保持不落后而采取类似行动，确有一些银行这样做了。

1999年10月，鲍勃·鲁宾作为首席执行官办公室中的一名成员和董事会执行委员会主席，加入花旗集团。他在1999年8月离开美国财政部后，一直在思考下一步该做什么，这时韦尔聘请了他。他坚持要求不承担直线管理责任，在公司里主要作为联席首席执行官和其他人的顾问发挥作用。毫无疑问，他是极其珍贵的可以为公司疏通重要关节的人，也是通过闲聊与客户进行沟通的理想人物，但他已在两个享有盛名的组织中升到过最高职位，不想涉足任何太有损于或威胁他的声望的事情。承担这样的角色，他会在未来近10年的时间里拿到远远高于1亿美元的报酬，这个数字或许比历史上任何其他不参与行政工作的董事所得的报酬都要高。

韦尔相信花旗集团能以15%以上的比率长期保持赢利增长，而增长将来自成本管理、交叉销售和收购新公司——接下来的数年里，他完成了好几次重要收购。即使已是65岁，他丝毫也未丧失要达到更高高度的动力和雄心，虽然里德似乎认为自己和韦尔两人最好在一两年内就退休，把公司领导权传给共同选择的接班人。韦尔已是身价10亿美元以上的富翁，也是广受尊敬的慈善家，但他没兴趣放松下来。鲁宾试图在他们两人之间进行斡旋，但是最终，董事会还是接受了一位首席执行官辞职，而保留了另一位。花旗集团并购案中的另一个牺牲品是杰米·迪蒙，他不得不离开公司；他是受韦尔提携并跟随韦尔时间最长的人，尽管如此，他与老板的冲突实在太多。杰米数年后成了花旗集团的宿敌摩根大通的首席执行官。

PAPER FORTUNES

第十章

新经济泡沫

导读

在这一章里，作者依然如故地介绍了华尔街在20世纪90年代到21世纪初发生的离我们并不遥远的故事，如全球性大并购创造了世界并购历史高峰；安然事件、世通事件丑闻让人们增加了对华尔街的抱怨。但这一阶段华尔街对全球最大的影响，莫过于以互联网出现为核心的新经济浪潮与转瞬即逝的互联网泡沫的破灭。

虽然至今很多人一直把科技泡沫与华尔街固有的贪婪联系在一起，给予无情的鞭笞，但不可抹杀的是这把双刃剑中，华尔街对互联网经济的巨大贡献。当初投资银行家以及从中细分出来的风险投资家对互联网的未来倾注了极尽无穷智慧的幻想和激情，当这些幻想和激情随着1999年纳斯达克指数从5 000点高位崩盘一起破灭时，他们用自己制造的陷阱又把自己掩埋所作出的牺牲，创造了10年后移动互联网时代的到来。

看着谷歌的成功、看着苹果成为世界最大市值公司，我们无不对1999年牺牲的一代互联网先烈们肃然起敬。

硅谷的人们兴奋地传说，网景公司是最新的新生事物，是真正的“杀手级软件”。它将会使互联网大众化、民主化，使任何人都可以立即进入与世界上所有信息源相连的网站。的确，互联网已存在了一些时日，但主要还是局限于大学和军队。现在，任何人都能通过个人计算机使用这种新的通信方式，这可以改变商业——所有商业，包括批发、零售和服务——的运作方式，因为一切取决于信息，而现在信息将以不同的方式发布和送达，在一个人人可用的体系中发布和送达。网景公司提供免费“浏览器”，让人通过电话线在互联网上“冲浪”，它正在建立一个用户数以百万计的网络，企业将通过付费进入这个网络。

1995年8月，网景公司通过首次公开募股向市场发行股票。股票发行所募集资金全都投资于网络业务。所发行股票并非由现有投资人提供，其中包括这样的投资人：硅谷制图公司创始人及硅谷前资金管理人吉姆 · 克拉克、著名风险投资公司凯鹏华盈。这次股票发行由摩根士丹利承销，该公司拥有一个由业内科技股明星投资银行家弗兰克 · 夸特龙领衔的业务团队。

然而，摩根士丹利也确实是冒了风险的。同意为这次发行做承销，违背了该公司传统上恪守的注重品质的所有标准。网景公司的历史不足两年。没有利润，短期内也没有利润预期。最近12个月的营收不到2 500万美元。它由籍籍无名的马克 · 安德里森管理，他年仅24岁，来自伊利诺伊州，计算机专业毕业。但夸特龙希望，这次承销能推动科技股市场，这个市场已经一年左右没有任何公司发行上市了。1994年，美国所有首次公开募股的价值只有460亿美元，而1993年是640亿美元，科技股3年来发行量跌至最低，共计85亿美元——在1994年所有首次公开募股中仅占18%。摩根士丹利刚有了一位新的科技股分析师，名叫玛丽·米克，她对网景公司很热心，但她也承认给这样的公司估值非常困难。“这是一只真正的‘概念股’。”她如是说。摩根士丹利宣称，预期将以每股约12美元的价格发行这只股票，这会使网景公司的股票发行成为纳斯达克史上规模第三大的股票发行。

泡沫形成

网景公司激起了各种不同投资者的兴趣，其中尤以最激进、最重视投资业绩的共同基金和对冲基金，以及科技股投资界最为引人注目。有些投资者计划从承销商手中购买股票，然后同一天晚些时候，若股票飙升便将股票卖出，不过，从总体上看，最近数年首次公开募股这样快速获利的平均收益率只有15%。有些公司，如微软之类，在一旁密切关注着一个新的玩家进入个人计算机软件领域。人们越传越厉害，认购股票的意向大量涌向摩根士丹利。由于担心这次发行超额认购太多，大型机构投资者都设法向摩根士丹利施加压力，提醒摩根士丹利自己是多么好的经纪客户。网景公司及其顾问也看到了这种热烈的情形，便极力劝说摩根士丹利，要求提高股票发行价。摩根士丹利认识到这家公司的股票存在着巨大的意外需求，便根据订单记录，同意将发行价翻了一番多，提高到每股28美元。但摩根士丹利知道市场已经过热，也知道如果按照传统的估值方法，这个发行价高得离谱。摩根士丹利还知道，很多专门投资首次公开募股的投资者，一看到价格出现相当大的溢价，便会立即抛售大量网景公司的股票，摩根士丹利可能不得不因此而将那些股票买回再出售，以便维持发行价，这样一来，为了防止股票在发行后的抛售压力下完全崩盘，基本上就不得不重新再卖一次所发行的股票。

事实证明，摩根士丹利的担忧纯属多余。这只股票以每股58美元开盘，然后便一路上涨。第一个交易日收盘时，这家规模很小又无赢利的公司，市场估值达到20亿美元，年轻的公司首席执行官身价达8 000余万美元。由摩根士丹利配置了股票的投资者，在仅仅历时一天的投资上每股就赚了30多美元，而这样的投资并不需要拿出自己的钱，因为买入和卖出都是在同一天完成的。据描写互联网的畅销书《将世界甩在身后》的作者迈克尔·刘易斯说，不仅仅是华尔街发生了变化，“网景是将互联网介绍给投资者的公司，它也吸引了硅谷工程师的注意。网景股票于1995年首次公开发行时，很多精明人都说：‘我们下面不管做什么，都要与互联网有关，因为市场已对互联网有了难以置信的胃口。’”

规模较大的券商，此前对于科技股发行业务是不屑理睬的；这种股票发行规模太小，风险又太大。但网景股票发行使这一点发生了改变。威廉 · 汉布里奇是专做科技公司投行业务的汉布里奇特 · 奎斯特公司的创始人，他评价说：

网景公司股票发行所做到的，就是吸引大量资本。这次发行使得很多公司有可能获得很高的估值，而高估值又吸引了规模很大的投资银行。我们在市场做这类业务已有很长一段时间了，一直没有大投行参与其中。只有罗伯森－斯蒂文森公司、蒙哥马利证券、埃里克斯－布朗证券和我们在做。但突然间，2 000万美元的承销变成了2亿美元，所有的大型投行都蜂拥而至。

突然间，金融界——投资银行家、证券分析师、证券经纪商、共同基金、对冲基金和风险资本家——急忙行动起来，抢着去发现其他互联网公司。如果说网景公司行得通，或许再来100家能引起投资者类似想象的公司也应该可行。互联网可以改变世界，就像以前其他重要新技术（无线电、电视、个人电脑等）诞生之初可以改变世界一样。除了软件供应商之外，互联网还会像涡轮增压一般，提高各种电脑和电信设备的需求，这些设备包括数字高速网络或者说“宽带”，可以传输数据、音频和视频信息，包括动画和有线电视娱乐。将数据、电信、技术、媒体和娱乐融合在一起会创造出新经济，不久市场就会有其他互联网股票可以考虑。搜索引擎公司接踵而至——1996年，民赞网和雅虎相继出现，然后便是似乎无穷无尽的“B2B”（企业对企业互联网公司）和“B2C”公司（企业对用户互联网公司）。实际上，所有这些互联网公司的首次公开募股都很热门，都受到了疯狂的超额认购。

大约在网景公司首次公开发行股票的同时，另一个新概念公司也在采取行动。长途电话折扣服务公司是在美国电话电报公司分拆后组成的，旨在通过提供很大的费率折扣，乘机利用刚被放松管制的长途电话市场。长途电话折扣服务公司收购了好几家具有相似创业精神的电话服务公司，由于其中的一次收购，1989年变成了一家公开交易的公司。该公司在此后4年里又收购了几家公司，这样便在美国形成了第四大长途电话网。1995年，在进一步多次收购电话网络和网络分支之后，长途电话折扣服务公司又收购声音和数据传输公司威廉姆斯电信，收购价为25亿美元，用现金支付。长途电话折扣服务公司总部设在密西西比州杰克逊市，自1985年以来一直由伯纳德 · 艾博斯管理。他曾任中学篮球队教练，在成立该公司前，曾拥有过一家又一家汽车旅馆。1995年晚些时候，长途电话折扣服务公司更名为世界通信公司。

在接下来的3年里，世界通信公司又进行了几次规模更大的收购，所收购资产涉及本地接入设施、数字光纤电缆和企业互联网接入服务，最后该公司在1998年达到收购高潮，以400亿美元收购美国世界通信公司。这些收购之所以能够完成，其原因是：一方面，世界通信公司股票价格不断上涨——从1995年年初每股8美元涨至收购美国世界通信公司之后的50美元——另一方面，世界通信公司可以从银行获得大量贷款。

艾博斯在形成和执行自己的战略过程中，得到了杰克·格鲁布曼的协助。格鲁布曼是普惠证券一位很热情的电信业证券分析师，曾在美国电话电报公司做过工程师，他了解向这个庞然大物挑战的基本套路，先热情洋溢地向投资者推荐长途电话折扣服务公司，后来便是推荐世界通信公司。1994年，格鲁布曼离开普惠证券这家零售经纪券商，跳槽到所罗门兄弟。不久之后，他便受到鼓励，既像先前一样仍做股票分析，另外又协助所罗门兄弟的投资银行家做并购和企业融资业务。此后，所罗门兄弟很快就成了世界通信公司的主要投资银行，向它建议各种并购，为所建议的并购交易安排融资，与此同时，还继续将世界通信公司股票推荐给投资者。

1997年，所罗门兄弟被旅行者集团收购，与美邦证券合二为一，美邦证券本是从事股票经纪业务的大型券商。旅行者集团由桑迪·韦尔控制，他次年又策划将旅行者和花旗公司合并，组成了花旗集团。两家大型公司的合并有一个重要目标，就是在银行业务和投行业务单元之间，交叉销售金融产品和服务。花旗集团不久便成立企业银行部，将花旗的信贷业务能力和所罗门—美邦的投资银行和证券零售经纪业务能力结合在一起。这次合并对杰克·格鲁布曼来说，实在是太美妙了，现在他可以提供大量金融资源给不知餍足的客户世界通信公司，以及电信业内他最喜爱的其他公司，包括环球电信公司和奎斯特公司。

正如20世纪90年代的一位观察者所言，那是"自诺亚方舟时代以来，流动性洪水最为泛滥的时候"，全世界各地的人们都贸然跳入滔滔洪水之中，搜寻"新经济"投资品——新经济当时也被称为第二次工业革命。在这场热潮中，科技股占据着主导地位。1991~1999年间，在充斥着科技股的纳斯达克市场，股票市值增长了近16倍，把一个不过是一轮牛市的股市（纽交所的所有上市股票的市值增长了3倍，正是体现了这一点）演变成了"一场泡沫"，人们对科技股板块的未来疯狂看多，把投机推向了异乎寻常的高度。

纳斯达克指数在1995年8月还只是稍过900点，而在1999年12月31日，在20世纪90年代结束之际，在世纪之交时，在跨越千禧年之际，纳斯达克指数达到了4 069点，并且还在奔向2000年3月历史最高点5 048点的狂欢途中。纳斯达克指数涨到4 069点的升幅，这主要出现在1999年，突然上涨了85%。1999年，科技股所占比例相对小得多的标准普尔500指数仅上涨19.5%。1995~2000年间，所谓的科技股首次公开募股增长了4倍，2000年，这类发行占所有首次公开募股总数的77%。

但是很多投资者认为，这些新景象并不只是由投机造成的，不应轻率地拒绝考虑。他们说，这是一个前所未有的去中介化、管制放松和全球化的时期，是一个对市场导向经济政策怀有前所未有的乐观情绪和信心的时期，在这样的时期，经济和历史的力量相结合，从而产生了新经济热潮。在此期间，金融市场，但不包括银行和保险公司，也在全世界开始受到依赖，提供大多数的融资，正以空前的速度吸引着资本。

金融市场快速发展

在20世纪最后的20年间，金融市场活动迅速发展，速度几乎是美国名义经济增长率的两倍，每年大约达到了15%。这种发展体现在美国和欧洲的股票市场价格之上，也体现在股票交易量、并购交易量、公司重组及相关交易量之上。

时至20世纪末，由银行和保险公司持有的所有美国金融资产的比例，已降到大约30%，1980年这个数字是45%，两者之间的差额流入了全球金融市场——这些市场已发展到了令人惊奇的前所未有的规模，股票和债券市值在2000年超过72万亿美元。这些市场蕴含着巨大力量，可以让资金在全世界快速、大量地流动，流入（或流出）突然发现的投资机会。这些力量因巨大的流转而极为活跃——2000年，全球股票交易金额合计逾47万亿美元，是所有股票市值的1.5倍。其中大约1/2的交易金额发生在美国之外，在欧洲、亚洲和拉丁美洲的股票市场。

2000年，逾4.4万亿美元新的公司债务和股权证券发行，包括约2.3万亿美元投资级债务证券、4 600亿美元资产支持证券、8 000亿美元中期票据和1 000亿美元高收益债务证券，相比之下，只有1.9万亿美元新的银团贷款和票据发行便利。还是2000年，外国投资者买卖美国证券（股票、公司债券和政府债券）的总额达7万亿美元，美国投资者买卖外国证券的总额超过3.6万亿美元。总体而言，外国投资者在2000年拥有约10%的美国所有股票，在共同基金和养老基金之后成为第三大投资者群体。金融市场国际相关度已非常大，由于存在套利机会以及如利率、货币掉期之类金融衍生工具而相互连接，其中，2000年12月发行在外衍生工具名义价值达66万亿美元；金融市场同时也因每日超过1.5万亿美元的外汇交易而相互连接，其中80%的交易额来自金融交易而非国际贸易。

金融市场的发展及其达到的规模，在二三十年之前是完全无法想象的。在这段时间的多数时候，美国之外完成的交易占全世界总量的30%~50%，这表明世界其他地方正在快速追赶美国金融市场的容量。海外市场提供了几乎不受管制的、充分竞争的替代交易场所，美国公司可以轻而易举地加以使用。这样的大规模全球性金融市场、它们的交易能量以及它们的多变需求和思想的存在，使它们对于所有力求发现低成本、新资本的公司来说，以及力求向这些公司提供使用路径的银行和其他机构来说，都成了一个挑战。

克林顿经济学

20世纪80年代末杠杆收购泡沫像吹胀的气球一样爆裂，随后债务市场一片混乱，1991年又爆发了海湾战争，油价不断上涨，这些问题迫使整体经济陷入一轮衰退之中，此时老布什正在寻求1992年美国总统连任。保守派的里根和老布什受到人们的批评，他们的政府过度借贷，使国家的财务状况极其糟糕，同时又将偿还国家债务的负担置于子孙后代的肩上。电子数据系统公司创始人亿万富翁罗斯·佩罗特，在这次总统大选中是独立候选人，他在选举期间反复强调平衡联邦预算的重要性。尽管没有成功，但佩罗特仍得到了近20%的民众选票。

在竞选宣传期间，人们开始对老布什重新控制经济的能力丧失信心，最后他被比尔·克林顿击败。克林顿承诺“让经济重新活动起来”——约翰·肯尼迪在1960年也是这样承诺的——承诺实施深受选民拥护的重大支出计划。克林顿轻易地度过了经济衰退的难关，还未宣誓就职，经济衰退便结束了。但他并没有令人信服地执行选民给予政府的政策授权，当选两年之后，他便失去了对众议院的控制，从而让共和党得以阻挠他的立法议程。不过，通过把重点放在利率而不是政府预算上，他对经济还是作出了重大贡献。

比尔·克林顿必须做的，首先是要远离自富兰克林·罗斯福时代以来便困扰民主党的诱惑。由于减少赤字已被看做一件势在必行又体现爱国精神的事情（这要感谢佩罗特)，克林顿要实施新的社会计划或改革，便没有遇到什么压力，即使共和党人控制的国会本来也会允许实行那些改革。克林顿勉强让为进一步减少赤字而制订的增税计划获得通过，再次任命保守的共和党人艾伦·格林斯潘为美联储主席，依靠他让利率保持低位运行。但他主要还是等待赤字随着经济开始增长而自行减少；由于利率水平较低，又存在其他正面因素，经济作出回应而开始增长。经济价值迅速回归经济体系之中，为一段经济增长期持续较长时间起了推动作用，这段经济增长期甚至长于20世纪60年代黄金岁月中连续增长的106个月。但与那次长期经济增长期不同，在克林顿执政时期，经济增长的同时，并没有伴随旷日持久的战争，或重新引发通货膨胀的大规模支出计划。在克林顿时期（1993~2000年），道·琼斯工业平均指数上涨两倍；股市之所以能如此，原因在于当时没有战争之类的全球不确定性，也没有重大支出计划出现。在很多人看来，克林顿的经济政策似乎是，能从一个稳健的主流派共和党人那儿期待的东西。股市觉得对于克林顿政府没有什么值得恐惧，便继续发展，一直延续到这位总统的执政尾声。

更多的并购

在20世纪90年代最初几年间，并购活动的步伐，由于市场状况的变化，急剧松懈下来。垃圾债券市场出现崩盘，银行对于发放高杠杆贷款又谨慎得多，于是并购交易融资便稀缺起来，一直使用借入资金收购公司的财务收购者“新人”离场而去。无论怎样，从20世纪80年代股市繁荣末期的股价来看，市场上再也没有多少定价低、易于重组的公司可供收购。然而，到1994年，并购市场又开始回暖，复苏的步伐甚至比以前还要快。这一次，“财务创业家”起的作用很小。进行大规模并购交易的，都是寻求战略伙伴，或为在不断变化的行业内重新定位自身未来的公司。1996~2000年的5年间，美国国内和跨国界并购交易总值达3.1万亿美元，涉及公司逾万家，使得这一时期成了有史以来——从5年并购交易总值占国内生产总值的百分比来看——并购活动最为密集的一段时间。1996~2000年间的并购活动，让备受称赞的1898~1902年间并购活动的强度黯然失色，后一个时期的并购活动强度，甚至与20世纪80年代并购最热烈的时期也无法相提并论。①1996~2000年的并购热于2000年达到最高潮，这一年，在美国完成了总值近1万亿美元的国内并购交易，这是至此为止创纪录的交易量。

---

① 确定并购活动强度的方法，是将5年间完成的美国国内和美国跨国并购交易总值除以中间年度美国名义国内生产总值。据拉尔夫·内尔森整理的数据，1898~1902年间，并购交易总值为63亿美元，除以1900年美国国内生产总值达187亿美元之后，得出并购强度为33.7%。据证券数据公司提供的数据，1994~1998年这5年间，在美国完成的并购交易总值是2.64万亿美元，这个数字除以1996年名义国内生产总值7.67万亿美元，得出并购强度为34.4%。

新技术

20世纪90年代牛市出现之时，正是科技发生重大变化之际，科技变革大大提升了经济中一些规模庞大部门的生产率，创造了全新的产业和技术应用。特别是出现了三个新的产业集群：计算机/电子及其相关领域（硬件、软件及其应用）、电信领域（包括固定电话、移动电话和无线系统；有线电视、卫星和互联网）、重新布局的医疗保健领域（制药、生物技术和医疗保健供应系统）。总体而言，在1998年年底，这些产业集群的股票大约构成了美国所有产业股票市值的1/4。

计算机产业特别广阔，从向市场推出新公司、新产品和新服务的角度看，尤其是如此。高盛公司在1998年6月所做的一份行业研究显示，该产业群中有56家公司拥有近1万亿美元的市值。其中，不足22%的部分属于1981年时已在行业领先，而1998年仍是独立企业的8家公司。这个群体其余部分的市值全都属于新兴公司，如思科、康柏、戴尔、微软、甲骨文和太阳微系统等公司。在1998年6月按市值统计的最大30家计算机/电子公司中，只有5家属于1981年时的《财富》500强公司。IBM公司在1981年时是计算机技术领先公司，1998年年底的市值为1 700亿美元。微软当时的市值是3 430亿美元。戴尔电脑当时的市值是930亿美元。科技股泡沫使得技术股的估值继续飙升——1999年12月接近巅峰时，微软的估值是5 500亿美元，戴尔电脑的估值是1 410亿美元。

同样，在电信产业（暂不包括传统的电话运营企业）的高科技板块内，31家公司在1989年的市值为3 400亿美元。这还不包括市值达1 330亿美元的美国世界通信公司在这31家公司中，3/4以上的市值属于1981年时还未出现或不很重要的公司，如美国在线、康卡斯特、网景和雅虎等。

有些业务相似的高科技通信公司之所以出售，是为了将市值转给规模更大、根基长久的公司。这类例子包括：1993年，麦克考移动通信公司以126亿美元的价钱，被美国电话电报公司收购；1995年，特纳广播公司以67亿美元的价钱，卖给时代华纳公司；1996年，大陆有线电视公司以53亿美元的价钱，被美国西部公司收购。1999年，大西洋贝尔公司与一家公司合并，交易总额为890亿美元；西海岸移动电话通信公司，以换股方式并入英国通信公司沃达丰，换股所涉及的股票价值为580亿美元。好利获得公司，这家已转型为电信公司的意大利制造商，以600亿美元的收购价，获得了规模比自身大得多的意大利电信的控股权。这年晚些时候，沃达丰公司出人意外地试图恶意收购德国移动电话公司曼内斯曼，曼内斯曼最终同意以1 800亿美元的价钱进行友好并购，这是迄今为止世界上交易金额最大的并购。2000年1月，美国在线与时代华纳友好合并，交易值为1 650亿美元。美国在线是美国最早的互联网门户公司之一，此前已收购网景和美联网，这两家都是互联网领域的明星公司。

毫无疑问，上述并购都是在交易金额很高的条件下发生的，按照通常标准，这些交易的估值都体现了很高的市盈率。因此，这些交易释放出了大量财富给相关公司的创始人、重要雇员和原始股东。这些交易也在公司合并后激起大量重组、管理层变更和资产出售。科技公司并购浪潮丝毫没有减弱，一直持续到进入2000年。

医疗保健产业在20世纪90年代也急剧增长。按粗略定义，该产业由制药公司和医疗保健服务提供商构成，1997年年底，该产业拥有9 000亿美元以上的市值。名列《财富》500强的11家制药公司，贡献了其中多数价值，但1997年，在《财富》500强中也有13家医院管理和健康维护组织式的医疗保健服务公司，它们的市值在600亿美元以上。1981年，这些公司均跻身于规模最大的美国500家公司之列。1999年和2000年，在一些领先的制药公司之间，出现了规模巨大的并购活动，譬如，辉瑞制药和沃纳-兰伯特公司合并，交易值达930亿美元；史克必成和葛兰素威康合并，交易值为750亿美元。

市场动力学发生变化

到20世纪90年代末，金融市场已变得规模巨大，富有创新精神，竞争极为激烈。机构投资者大约拥有60%的所有美国股票，在股市中大约占有90%的交易量。在机构持有的股票中，约有2/3属于养老基金和对冲基金，这些基金的管理人大约已融合为100家大型投资管理公司，相互间为争夺资产管理业务展开残酷竞争。这些投资管理公司为充分利用各种流行趋势而设计基金，并花费不菲的支出，让身兼经纪商和交易商的券商分销基金。

所有共同基金管理人必定都依赖短期投资业绩，来持续吸引可从中收取服务费的资产让自己管理。投资业绩由众多期刊发布，能获得投资管理人业绩信息的专业咨询公司也会发布。业绩是关键，但是，基金经理想打败市场是很难的，因为他们还要背负基金向客户收取的高昂管理费和运营成本的沉重包袱。有些基金经理会设法在市场趋势尚未形成前抓住趋势，或者通过别的途径，智胜市场，但只有极少数人成功地做到这一点。多数基金经理为提升业绩，尽其所能地奋力争夺首次公开募股配额（在股票上市首日获利后便立即出手了结，1998年这种单日获利幅度平均为53.3%，1999

年则达到不可思议的99.5%），也竭力追逐热门消息。然而，多数基金经理认识到，为了让业绩与标准普尔500指数持平（这差不多可以说是战胜了该指数，该指数在1995~2000年间，每年都达到了20%以上的升幅），他们必须积极交易，持有一定比例具有代表性的科技股（即使那些股票似乎已经过度高估），以此追踪指数。在这些年里，共同基金的组合换手率年均达100%以上（而20世纪50年代的换手率是17%），这意味着这类机构投资者很少会像长期投资者那样行事，而若是长期投资者，则会小心呵护客户的风险头寸，并很在意上市企业的公司治理。

机构投资者将注意力聚焦于跟上市场趋势，使自己时刻牵挂着上市公司的季度业绩，以致若有公司（包括《财富》100强公司）未能达到业绩预期——也就是未能发布华尔街期待的季度赢利结果——这些公司的股票便立马猛跌，跌幅可能多达25%。

在20世纪90年代，有些公司因受市场关注而得益，对于它们的首席执行官来说，这个时代是一个危机潜伏的乐园。市场估值高，利率水平低，对于可以利用市场的公司而言，两种因素凑在一起，便产生了极其低廉的资本成本；很多首席执行官个人身价达数亿美元，因为公司董事会给予他们的薪酬安排与股票表现绑在了一起。当然，这也很危险，因为市场可能会失望，股价便可能像自由落体一样跌落，由此可能会导致首席执行官黯然离职。无论首席执行官个人思考问题多么达观，目光多么远大，他们工作的市场环境就是如此。所有的公司都会制定强烈的激励措施，激发首席执行官通过取悦股市分析师、财经记者和20世纪90年代日益增多的财经节目主持人，来让公司的股票价格实现极大化，也激发首席执行官要确保公司与这些人的关系不能趋向恶化，而这种关系是以达到季度业绩预期为基础的。

20世纪90年代，在资本市场中运营的，也还有很多竭力取悦客户的服务提供者。如果服务不达标，任何公司或投资管理人都可以转而与他人合作；而要从客户处获得更多生意，就得有创造性，回应积极，态度乐观，愿意承担风险，愿意提供把客户与自己绑在一起的一揽子重要服务。这些服务提供者包括银行、身兼经纪商和交易商的券商，当然也包括承销商，另外还包括会计公司、律师事务所、咨询公司和其他各种专业服务提供者。会计师、律师和咨询师这些服务提供者，对这样一个最佳公司有望连年实现两位数增长的系统非常着迷，在他们看来，投资者和投资管理人都有可能获得巨大的回报。但是，要长期保持两位数增长，大大超过了多数公司的基本经济能力——只有那些拥有更佳想法、进行更多激进并购、与投资者关系特别好的公司，才可以期待能从这种挑战中挺过来，继续生存下去。

股市崩盘

20世纪美国股市出现了4次异常繁荣，回顾过去，现在这种繁荣已被称为泡沫。经济学家理查德·塞勒描述这几个时期时，说股市实际收益率的10年移动平均线分别在1905年、1928年、1958年和1998年达到最高点，然后迅速下滑，或者说出现崩溃。股市崩盘当然会带来经济损失和其他形式的附带损害，尽管很多经济损失是使用股市达到高点时的膨胀价格来计算的。

塞勒教授所确定的1998年股市泡沫，变成了2000~2002年的股市崩盘，这次股市下调比20世纪30年代以来任何市场修正的速度都要慢，延宕时间也更长。它始于市场走弱，然后是高科技板块急剧下跌，互联网公司受到的影响尤为严重，但不久又蔓延至更具实体性的公司——互联网板块公司依靠这些公司提供产品和设备。高科技板块的股价暴跌极其严重地影响了其他一些公司（如安然之类），这类公司对高科技板块做了大量投资，并因这些投资已对自己的融资失去了控制。

安然本是天然气传输公司，后来变成“事实上的”能源公司，该公司重视交易和对冲安排，轻视生产和分销，是体现新经济精神的富有魅力的公司。到2000年，企业界趋向恶化的业绩开始表现出来，连续3年公司破产记录不断刷新。

2001年9月11日纽约世贸大楼遭遇袭击，促使市场进一步走低，立即让代表1995~2000年间市场特征的自信乐观、极度兴奋的和平而繁荣的感觉一扫而空。在9月11日后的12月份，安然意外破产；过了几个月，规模更大的世界通信公司在帮助支撑股价的一项欺诈罪名被发现之后，宣告倒闭。

考虑到股价达到了极高水平，2000年的股市崩盘——无论如何计算——所涉及的经济损失，都大于以前的崩盘，甚至大于1929年。尽管从1929年最高点至1933年最低点，道·琼斯工业平均指数大约跌去了90%，但总体市值损失大约是700亿美元，或者说大约占1929年国内生产总值的59%。1987年10月19日，道·琼斯工业平均指数单日跌幅达到现已广为人知的22.6%，此后股票市值损失大约为5 850亿美元，或者说只占当年国内生产总值的12.4%，多数损失在随后数月内出现的股市回升中得以挽回。然而，尽管标准普尔500指数从2000年9月的最高点到2002年10月最低点跌去了48.9%（道·琼斯工业平均指数这段时间只下跌29.4%，其中技术成分股很少，该指数现在较以前使用得更少），所有美国股票的市值损失估计却超过8万亿美元，或者说占到了2000年国内生产总值的80%。这些数据还只是代表了股票价值的损失，而在这一时期，债券市场也损失了约1 000亿美元的价值，银行贷款损失估计在5 00亿美元以上[①]。

1929年和后来数次股市崩盘之间的损失差异，在很大程度上说明，作为美国金融机构和个人储蓄和投资的聚集场所，证券市场有了很大发展。1929年，机构投资者刚开始起步，在金融市场上还没有成为强有力的重要参与者。

泡沫爆裂的影响程度还有一些衡量指标，就是公众关注度和监管、立法回应的程度。市值损失、公司破产和丑闻，会引起人们义愤填膺地呼吁惩罚“犯罪者”，要求改进监管，以防将来再度发生类似问题。20世纪30年代，为了监管金融部门，付出了巨大努力，由此产生了《1933年银行法》、1933年和1934年《证券法》。20世纪60年代，政府对这10年泡沫未作出什么回应，只是通过了一部法律，放缓恶意收购的实施速度。1987年，政府仅仅成立一个委员会，调查10月19日单日跌幅为何巨大的原因，此后，纽约证券交易所和期货市场实施了一些技术变革。

然而，2002年，股市崩盘和随后不久出现的丑闻，在数月间成了头版头条新闻。公众极为关注股市崩盘、崩盘原因及其后果——公众股票持有量在1998年创下历史纪录，这一年，美联储宣布，所有美国家庭中有48%的家庭持有股票——直接持有，或者通过共同基金和养老基金间接持有。所有这些投资者都因股市意外地剧烈反转而受到影响，政治家和媒体便借题发挥，关注起他们的利益。各种改革的建议由此提出，并受到热烈讨论。所有这些努力所宣称的主要目标，是“恢复投资者对金融系统的信心”；很多观察家认为，这需要拘捕和惩罚负有责任的人，并对金融系统发挥功能的方式进行影响深远的改革。这些观察家都得到了他们所呼吁的东西，但情况一点也不令人满意。他们哪里知道，在不到10年的时间里，金融系统再次发生内爆。

安然事件之后的清理整顿

安然破产之后，美国国会的一些委员会立即开始调查，并考虑采取立法行动。这些立法行动随着世通的崩溃而提速了。

2002年3月，美国司法部决定控告安达信会计公司犯有妨碍司法罪，安达信既是安然的审计公司，又是世界通信的审计公司。这之前，安达信的一位合伙人已坦白公司会对文件做不恰当的处理，据说这是为销毁可能显示有罪的证据而实施的一项公司

① 2007~2009年房地产和住房抵押贷款泡沫崩溃所造成的经济损失，按股价从最高点跌至最低点计算，大约为10万亿美元，同时估计还有大约1.5万亿美元的贷款损失。这次股市损失大约也占2007年和2008年平均国内生产总值的80%，虽然随后发生的经济衰退和政府干预的程度要大得多。

政策的结果。另外，让美国司法部愤怒的是，安达信在安然一案中扮演了通融的角色，司法部相信，这违反了“同意判决”（这是与废物处理公司有关的欺诈罪审理中引出的一条法院判决）。2002年6月，安达信被判指控罪名成立，立即关门歇业了。然而，3年之后，对安达信的判决被美国最高法院否决，因为陪审团受到了法官的错误指示，不过，安达信公司不能死而复生了。

2002年7月初，布什总统指示司法部设立一个公司欺诈罪调查专案组，该专案组由各类检察官、调查员和技术专家组成。在这群人中，还专门任命了针对安然事件的工作小组。从此之后，国会、司法部、证交会和其他执法机构，开始郑重其事而执著地付出行动，围剿那些被视为犯罪者的公司。

2002年7月底，一部涉及会计系统和公司治理改革及完善的联邦法律获得通过，由总统签署生效，这便是《萨班斯法案》。该法是自20世纪30年代以来涉及面最广、最具综合性的《联邦证券法》，为了让该法付诸实行，需要证交会起草众多新规则。这些新规则——要求审计公司，除了其他方面以外，对审计单位的财务控制制度的适当性进行核证——实施起来费用高昂，适用于约1万个美国公司。

2004年12月，美国国会修订《联邦量刑指南》。这些量刑指南原是由国会于1991年制定，旨在对“白领”犯罪加重处罚（罪犯的监狱刑期会长得多，获得假释的可能性会更小），并对雇主公司施加重大责任，要求雇主为避免自身遭到起诉而与执法官进行合作。这次修订大大提高了雇主为避免在涉及雇员的刑事犯罪中受到起诉而必须遵循的一些标准。这些新标准包括：需要证明公司作出了预防性努力，“对商业伦理和组织文化给予了重视”；能够说明公司经理和董事理解并接受为确保公司遵循这些标准而承担的更大责任。然而，1995年，美国最高法院对这些判决准则是否合乎宪法提出了质疑，将它们由“强制性”降为“建议性”。

2002年，检方开始对一些公司管理人员提起公诉。到2005年，大约有35家大型上市公司的管理人员受到刑事指控。好几位媒体曝光率很高的公司高管受到审判定罪，处以很长的有期徒刑，包括：世界通信公司的伯纳德·艾博斯，被判处有期徒刑25年；安然公司的杰弗瑞·斯基林，被处以24年有期徒刑；有线电视运营商公司的约翰·里格斯，被判有期徒刑15年，减为12年；安然的首席财务官安德鲁·法斯窦，因为和检方合作，10年有期徒刑减为6年；泰科公司的丹尼斯·考兹罗斯基，由8年改为25年；世界通信首席财务官斯科特·沙利文被判处有期徒刑5年。这些公司高管还被迫将自己的多数现有金融资产交付给法庭。这些判决的严重程度，大大超过了以前对白领刑事犯罪所做的处罚。究其原因，主要是因为美国国会制定的《联邦量刑指南》变得更为严格，考虑到了犯罪造成的损害，而准则变得更严格又反映了公众对财务舞弊和欺诈，越来越不能容忍这一事实。

然而，令人啼笑皆非的是，在泡沫膨胀的数年里治理公司行为的监督与制衡系统，从其他方面看来都运行得相当好，却未能约束住公司最极端的行为。当然，在投资股市的人中（美国一半公众在股市有投资），对于公司首席执行官的大胆激进行为，存在着很强的支持，很多首席执行官，包括艾博斯、斯基林和肯·雷等，都是众所周知的企业界名人，很受人们的敬佩。无论他们极为丰厚的一揽子薪酬安排被传得多么沸沸扬扬，手持股票的公众对此似乎并无反对意见。而且，几乎听不到有声音抗议董事会过于驯服或严重近亲繁殖，设置董事会本来是意在约束首席执行官采取过度冒险行动，而董事会却极少做到这一点。1995~2000年期间，公司治理结构可以说具有这样的特征：为了提升股东价值而对激进行为的偏爱，远远重于出于受托责任的考虑而本应实行的合理约束。虽然有这样的偏爱和诱惑，但只有少数公司（在2 500家左右的上市公司中，只存在很小的百分比）未能作好适当治理，并由此陷入困境。然而，确有这样遭遇的公司，包括不端和欺诈行为极其严重的公司，都成了头条新闻，这种情景是先前不曾有过的。

在此期间，集体诉讼的原告律师尤其忙碌，他们起诉银行、投行和会计公司，到2005年中，已达成总值逾140亿美元的和解协议。在世通和安然两案中，主要原告（纽约州一家养老基金）坚持要求参与这两家公司董事会中某些独立董事的财务和解协议，和解协议涉及的赔偿由个人支出，没有保险公司承保。对于涉及独立董事的诉讼来说，这是前所未有的结果。

弗兰克的朋友

在互联网泡沫膨胀期间，出现了不少财务舞弊行为，为了确定这些不法行为的责任所在，华尔街及其一些主要人物也被牵连进来。2002年，美国证交会受到据说是一家对冲基金所提建议的引导，进行了调查，之后宣布与瑞士信贷第一波士顿达成一份涉及金额空前的1亿美元和解协议，因为瑞士信贷第一波士顿犯有一些与科技股首次公开募股有关的舞弊行为，具体而言是怎样的行为在宣布中并未指明。弗兰克·夸特龙当时担任瑞士信贷第一波士顿科技股投行小组的头儿，他是从其他券商聘到瑞士信贷第一波士顿的。证交会宣布的和解协议引起司法部公司欺诈罪调查专案组的注意；2003年，专案组起诉夸特龙，指控他因为转发公司法律小组鼓励日常交易完成后销毁文件的一份邮件，妨碍了政府调查瑞士信贷第一波士顿所从事的首次公开募股业务。政府一直在调查夸特龙的一份“弗兰克的朋友”名单；所谓弗兰克的朋友，就是能给瑞士信贷第一波士顿介绍投行业务的科技股公司管理人员和其他一些人，瑞士信贷第一波士顿会向他们配置大量首次公开募股股票。这一调查未获得任何成效，但调查员发现了那份邮件，并像在安达信公司案中一样，用它作为提起公诉的基础。夸特龙一案审理之后，结果是陪审团没有定论，又得重新审理。在第二次审理中，他被证实有罪，但判决又被推翻了，因为和安达信一案相同，法官对陪审团的指示存在错误。政府随后放弃了指控。在瑞士信贷第一波士顿，夸特龙挣钱最多的时候，据报道每年会挣到1.6亿美元，此后他创建了一家小型精品投资银行。

瑞士信贷第一波士顿一案，也引起了1998年当选纽约州总检察官的艾略特 · 斯匹泽的兴趣。斯匹泽是纽约一位房地产富商的儿子，曾就读于普林斯顿大学和哈佛法学院，一直成绩优秀，毕业后加入纽约一家知名的律师事务所，然后又去曼哈顿地区检察官办公室工作，在那里学会了如何成为一名公诉人。此后，他返回私营律师界，在另一家知名律师事务所担任执业律师，直到最后参与总检察官竞选，获得了胜利。尽管获准执业的投资银行和联邦证券市场属于证交会的监管范围，但斯匹泽认定，既然主要的证券公司都位于纽约，他也应该去调查它们。纽约州在自己的法令全书中，有一部极少使用的法律：《马丁法案》(1921年颁行)；该法案规定，可以在未证明犯罪企图的情况下，提起证券欺诈刑事诉讼。在一位专心致志的公诉人（斯匹泽当然是如此）手中，《马丁法案》就是一件令人胆寒的武器，比证交会所能使用的武器（该委员会只能提起民事诉讼）要厉害得多。

斯匹泽要求调阅所有主要承销商的文件和电子邮件，以便寻找如下证据：华尔街分析师受到利用，兜售被承销的股票（兜售方式就是在发布的研究报告中，提供发行股票的公司所没有的正面信息）；首次公开发行的股票如何配置，以致构成了商业贿赂。承销商们为了将来获得业务机会，在通过慷慨地配置自己所承销的首次公开募股股票，向弗兰克的朋友（或其他承销商的朋友）进行贿赂吗？斯匹泽抓住了数以千计的电子邮件，分派给助理律师和法学院学生，让他们细加研读，以期找到行为不端的证据。2002年，斯匹泽宣布已持有证据，可以证明一些分析师在研究中存在腐败行为、主要承销商利用首次公开发行的股票进行商业贿赂，以及主要股票承销商合谋实施欺诈，他说将根据《马丁法案》提起公诉。有些电子邮件被泄露了出去，其中显示花旗集团电信股明星分析师杰克 · 格鲁布曼和美林证券互联网分析师亨利 · 布罗杰特，对于自己跟踪研究并且列入公司推荐购买名单中的股票，都说了一些有失慎重和损害名誉的话。斯匹泽还公开指控很多富有的投资者，说他们为了得到首次公开募股股票配额，实施了商业贿赂；这些官司在承诺作出适当的慈善捐款之后，都在庭外和解了。

数月之间，被斯匹泽盯上的12家华尔街公司，为达成和解与他进行谈判。这些券商相信，尽管有一些不恰当的电子邮件，但斯匹泽的指控完全站不住脚。然而，它们害怕《马丁法案》，根据该法，公诉人为了赢得对被告的定罪，只需要在陪审团面前证实可以解释为欺诈的事情发生过就行了。而被判犯有刑事罪行，可能会产生安达信或德崇证券法庭判决所产生的同样致命的结果。从另一方面看，斯匹泽也并不真想上法庭去解决。几乎没有个人嫌犯可以由他指控犯有欺诈罪，如果说在个人层面都没有证据确凿的欺诈罪行，那么起诉整个公司有什么意义呢？即便有那样的证据，对单个公司或作为合谋者的一群公司不利的证据，又几乎完全是旁证。他可能会输掉官司，也可能在上诉法院被推翻，这都会使他面子上不好看。2003年4月，斯匹泽和那些券商达成折中协议，证交会也受邀参与了。

和解协议要求支付令人咋舌的15亿美元，由10家华尔街公司按不同比例分摊，后来又从10家变为12家。花旗集团由于受格鲁布曼和世界通信公司遗留问题的拖累，在需支付的款项中占了最大一份，达4亿美元，接下来支付金额最多的是美林证券和瑞士信贷第一波士顿，都是2亿美元。这些公司不承认犯有受到指控的罪责，实际发生过的事件记录也被封存了。这些公司还同意遵守一套复杂的规则，那些规则涉及证券研究（包括同意5年里向其证券研究成果的任何接受者，免费提供独立的第三方研究）和对证券分析师与投资银行家之间的交流设置内部限制。这些公司将不得不每年花费约10亿美元（共5年），确保自己遵守那些已同意的限制性规则。和解协议中确定的款项有些将用于偿还很难举证的违法行为的受害者，有些将用于“投资者教育”，虽然现在看来事实已证明这是不切实际的。华尔街的领袖人物尽管私下抱怨这个协议非常不公平，但还是得接受，这样才可能让事情不再每天都出现在媒体的报道之中，或者才可能避免最终被判犯有刑事罪行的风险，无论这种风险会有多么小。

严厉惩罚

没有人为参与和解的华尔街公司流泪。媒体和公众似乎都不表示同情。他们觉得，在互联网泡沫膨胀的时候，不论严格根据法律是否非法，市场上毕竟发生了那么多乱七八糟的事情，而且那些华尔街公司在泡沫期间挣了很多钱——它们还回其中一部分，承担得起。

但混乱局面并没有到此结束。2003年10月，桑迪·韦尔——美国最受敬佩、最为成功的金融公司之一花旗集团的首席执行官，一位强有力的亿万富翁，在斯匹泽的逼迫之下无奈辞职。斯匹泽威胁说，韦尔若不辞职，会对他和花旗集团提起公诉。原来，韦尔以不太体面的方式卷入了杰克·格鲁布曼一案中，据说格鲁布曼为了让韦尔帮助自己的两个孩子进入著名的希伯来青年会大街92号幼稚园，作为交换条件，他在做股票推荐时，对美国电话电报公司给予了好评。韦尔是美国电话电报公司董事，该公司董事长是花旗集团董事会成员，韦尔否认了任何交换条件的说法。他说曾请格鲁布曼再思考一下对美国电话电报公司的推荐评级（格鲁布曼从不喜欢该公司的前景），并没有施加压力，非要格鲁布曼给予好评。他还说，关于希伯来青年会大街92号，他为格鲁布曼所做的并没有什么特别之处，这就好比花旗集团其他任何资深雇员请他帮忙，他也会乐意去做。韦尔的辞职完全出人意料，多数了解他的人都认为这是他最不愿做的事情。

2004年，纽约证券交易所前首席执行官理查德·格拉索和纽交所薪酬委员会主席肯尼思·兰格恩（1968年，他让电子数据系统公司得以实现首次公开募股），受到了犯有欺诈行为的指控，这项指控与格拉索据说是过高的薪酬有关（他的薪酬安排得到了纽交所薪酬委员会和董事会的批准）。格拉索丰厚而复杂的薪酬安排被人透露给了媒体，引来愤怒的声讨之声。格拉索获得如此之高的报酬，仿佛他是一家热门的互联网公司的首席执行官，而不是一个被交易所会员拥有的非营利性公用事业机构的首席执行官。在公众批评的重压之下，格拉索被迫辞职，然后，斯匹泽根据一部规范非营利性组织的纽约州法律，对他和兰格恩提起诉讼，控告他们在格拉索的薪酬一事上，欺骗了其他董事会成员。两位断然否认指控，在法庭上展开激烈辩论。过了4年多，该案终于有了结果，纽约州上诉法院驳回了针对他们的指控。兰格恩宣称，他和格拉索为了辩护而支付的法律费用接近7 000万美元，虽然并未获得保险公司的保险。

2005年，斯匹泽获得了相似的在公众中提升形象的胜利，他将又一个广受尊敬的亿万富翁高管莫里斯·格林伯格拉下了马，格林伯格是保险业巨头美国保险集团的首席执行官，才华横溢，长期为公司服务。斯匹泽使用的手段是威胁该公司董事会，说要使用《马丁法案》对公司提起诉讼。斯匹泽说格林伯格的问题涉及会计欺诈，格林伯格予以强烈否认。斯匹泽告诉美国保险集团董事会，他无法与格林伯格谈判，所以如果他们想和他的总检察官办公室就这个问题进行谈判，使公司免遭指控，他们就得另外任命首席执行官。董事会屈服了，请格林伯格辞职。此后，没有出现进一步的指控，而格林伯格，现年已80多岁，始终没有停止过与美国保险集团董事会，以及他的继任者进行公开斗争。

第二年，艾略特·斯匹泽竞选纽约州长，他提醒选民他已经发现了哪些华尔街丑闻，并将相关人员缉拿归案，使他们受到了应有的惩罚。这包括发现共同基金业内的若干欺诈案，这些欺诈案涉及逾时交易和选时交易，这两种做法的意图在于用基金资产进行交易时，确保每笔交易都有很小的利润可赚，这些做法在对冲基金和其他交易公司中是可以允许的，但却违反了单个共同基金的规则（以及《证券法》）；他在保险业内也发现了一些类似行为。斯匹泽在竞选中获得了一边倒的胜利，于2007年1月宣誓就职，但15个月后，他承认多次接受纽约一个收费昂贵的应召女郎团伙的服务，辞去了州长一职。

斯匹泽就像20世纪80年代的朱利安尼一样，既被视为救星，又被视为仗势欺人者；他利用丑闻和争取到的和解协议所产生的宣传效应，推动自己攀上更高的位置。他的职业生涯以见不得人的方式终结，使得人们更难对他进行连贯的评价。他的确在证交会行动过慢或不愿行动的领域采取了行动，他的确唤起人们注意到了投资银行、共同基金管理人和其他处理受托关系的各方所做的大量欺骗性做法。华尔街公司在互联网泡沫时代争先恐后地挣钱时，从总体上看似乎一再将自己的利益置于客户、交易对家和一般投资大众之前，在行动过程中，只是避开明显的违法行为，并未将高标准和公平公正的基本原则作为自己的行动指南。斯匹泽或许是用大锤和斧头来解决他在证券研究、股票配售、市场操纵、共同基金管理、保险业会计和公司高管薪酬等方面看到的问题，但这些问题，几个全速运营的贪婪而过度自负的行业问题毫无疑问是存在的，也许正愈演愈烈，他不相信惯常的轻微处罚和对违规所做的罚款会让不法行为放缓下来，或能让什么人的行为有多大改变。

从多方面看，华尔街与艾略特·斯匹泽的遭遇表明，这位检察官能运用权力，不公正地或严厉地惩罚那些被看做滥用了公众对金融市场所持信心的人。这种权力巨大而不对称。即使最强有力的公司或首席执行官，也无法顶住这种权力的威压。一旦这种权力被启动，合法性或公平性的问题可能被丢弃一旁，使得已成鄙视对象的人极易遭受他们无法赢得的媒体审判，并受到媒体审判的伤害。的确，斯匹泽带来的真正教训是，华尔街公司必须以内部监督和执法，确保自己在市场中的行为，尤其是在被媒体知晓的情况下，能被视为公平而合理。华尔街公司虽不能总是知道这需要如何去做，但必须想出如何去做。

PAPER FORTUNES

第十一章

对冲基金和私募股权基金

导读

对冲基金离今天很近，近10年成为华尔街的主角；但离中国又很远，至今中国没有一只对冲基金。乔治·索罗斯和沃伦·巴菲特成为这个领域的英雄，也成为当今中国最令人追捧的偶像。对冲基金大行其道让人忘却了投资银行家、忘却了将并购玩于股掌之间的高手好像是江山代有人才出，各领风骚数百年。但事实上反映了金融业的一个客观规律：膨胀的人的欲望再不屑于企业与产业的价值发现与价值创造，只需要数学模型和强壮的身体三班倒，24小时交易着东京、香港、法兰克福、伦敦、纽约数千种金融产品就可以给基金出资人带来回报与满足。塔尖的急剧膨胀超过基座的承受力时，雪崩不来才怪。

2008年5月初，JWM合伙公司解雇近20%的雇员，并允许投资者退出自己的一只基金。该公司是一家对冲基金管理公司，掌管公司的是以前长期资本管理公司的头儿约翰·梅利韦瑟。自2008年年初以来，JWM合伙公司的很多投资策略深受打击。公司运营的一只资产10亿美元的相对价值机会基金，投资于货币、股票和债券，自1月以来资产已下跌了约24%；同时，一只资产达3亿美元的全球宏观基金本年度也已亏损了14%。这两只基金的收益率都大大低于公开发布的对冲基金平均收益率水平。一般说来，对冲基金管理人总会把投资者的钱锁定很长时间，才允许他们赎回基金份额，而现在梅利韦瑟却给投资者以早早抽身的机会，还希望很多投资者会利用这个机会。2007~2008年抵押债务危机造成的市场混乱期间，JWM合伙公司是数家业绩令人失望，而曝光率很高的对冲基金之一。《对冲基金研究》报道说：2008年上半年，对冲基金业平均亏损约10%，很多公司的表现比这差得多，包括一些极为知名的公司；350只对冲基金关门停业，将剩余的钱返还投资者。所有的对冲基金都作好了准备，让那些对亏损或业绩波动性不满或两者均不满的投资者赎回基金份额。

梅利韦瑟来自芝加哥，他在那儿上过天主教学校，在一家高尔夫球场当过球童。因为是一个言行很认真的青年，他赢得一份球童助学金，上了西北大学，然后又上芝加哥大学商学院（有一位同班同学是乔恩·科尔辛），1973年毕业。离开商学院之后，梅利韦瑟慢慢地有点成绩，才进了所罗门兄弟。他在所罗门兄弟里迅速晋升，多年里掌管着自营交易，获得了很大成功，当时所罗门兄弟在华尔街债券交易方面占据着统治地位。1991年，他和其他几位高层经理被迫离开公司，因为他手下的交易员保罗·莫兹尔在国债发行拍卖中，篡改了客户竞标的数量。司法部差不多要像对待安达信会计公司那样，对所罗门兄弟提起诉讼，控告它从事刑事欺诈、未能预防刑事欺诈，但最后还是被所罗门兄弟最大股东和代理董事长沃伦·巴菲特说服，放弃起诉了。

离开所罗门兄弟之后，梅利韦瑟聘来好几位先前做交易的同事，还有两位后来获得诺贝尔奖的经济学家，于1993年成立了长期资本管理公司，该公司使用的投资策略仍是他在所罗门兄弟时已完善过的自营交易策略。从根本上讲，这些策略就是把注押在市场异常定价上，相信这种异常随着时间的推移会消失，从而使价格回归正常状态。当价格出现异常时，便可以对此下注；假使手头有钱，能耐心地等待无可避免的市场修正到来，那么等价格修正最终出现时，就可以赚到钱。虽然梅利韦瑟是在那种情况下离开的所罗门兄弟，但他不费力气，便筹集了12.5亿美元启动资金，资金来自银行（主要是外国银行）、主权财富基金和各种经验丰富的投资者。就当时的对冲基金来说，这是募集资本数额最大的一次；梅利韦瑟坚持要求得到25%的利润分成（业内通常标准是20%）和2%的年度管理费。到1998年出事之前，长期资本管理公司创造了辉煌的连续赢利的记录，没有一年出现亏损，使投资者的钱增值了3倍。1997年，每1美元的投资都变成了1.82美元，但第二年，长期资本管理公司却在市场上经历了公司内一些人所说的“百年一遇的风暴”。原来，俄罗斯意外宣布对外国银行贷款暂停偿付，使得金融市场恐慌不已，也让长期资本管理公司陷入追缴保证金的恶性循环之中，这种致命的保证金持续追加使它无法自拔。梅利韦瑟和合伙人在1998年之前通过管理费和利润分成赚了很多钱，但这些钱多数都再投资于基金中，最终都输光了。

“对冲基金”这个术语是1949年由传奇投资者琼斯创造的，他主要投资于股票市场。对冲基金最初是一种投资策略，通过对某一头寸的下方风险押旁注，来保护投资者免遭市场意外反转而产生的不利影响，后来对冲基金又开始使用各种技巧、杠杆率和投资策略来赚钱，不论市场向哪个方向运行。不过，从主要方面看，对冲基金就是一些真正精明的投资者从大量其他人那里筹集资金进行投资的一种方式，是一些平凡但富有的人雇用明星投资家为自己管理钱财的一种途径。对冲基金能够避免被监管，因为投资资金仅限于来自数量有限的成熟投资者，这些投资者放弃了受国家证券法规保护的权利。到20世纪90年代，已涌现出了很多对冲基金管理人，其中有些人在私人投资界众所周知，如乔治·索罗斯、朱利安·罗伯逊、迈克尔·斯坦哈特、布鲁斯·柯夫纳和约翰·梅利韦瑟等，梅利韦瑟是所有这些明星人物中唯一出身于主要投资银行的人。1998年，长期资本管理公司垮台时，市场上共有1 300家对冲基金管理公司，提供约3 500种不同的投资工具，管理的资本约达4 000亿美元。长期资本管理公司崩盘时，在这些公司中算是规模最大的一家，以不到40亿美元的资本，通过充分利用杠杆，管理着约1 000亿美元的资产；它的严重受困引起了监管者的注意，他们担心会出现某种市场失灵或流动性封冻，影响各处的市场。这种情况最终并未发生，原因主要是一群华尔街公司接管了长期资本管理公司的头寸；很多观察家认为这差点儿就会发生，于是开始呼吁对该行业进行监管。

长期资本管理公司的失败，给梅利韦瑟带来了第二次打击，但他的声望仍然足以帮助他爬起来，再次创办一家基金公司。几乎是长期资本管理公司一崩溃，梅利韦瑟就在1999年成立了JWM合伙公司，公司里的工作人员都是原先长期资本管理公司的人。这一次，梅利韦瑟管理的基金会涉及较少的风险——比方说，杠杆程度就不会超过15倍，而相比之下，长期资本管理公司的杠杆程度则是30倍以上——但所用的基本投资策略还是相同的。2000~2007年间，该公司管理的规模更大的相对价值机会基金战胜了雷曼兄弟债券总体指数，但年度收益率仅有两年超过了10%。2008年之前，资本达到最高值，为13亿美元；而在2008年，也就是在上一次“百年一遇的风暴”过去不足10年之后，再次遭遇这种风暴，资本大幅缩水。2008年的风暴对整个行业来说都是残酷无情的。JWM合伙公司的相对价值机会基金跌去43%，资产净值降至5 550万美元。梅利韦瑟在给投资者的一封信中说，7位活跃的合伙人中将有4人离开公司，员工人数将由35人减至25人。这一年，很多其他主要对冲基金也有相似的经历。2009年7月，彭博资讯报道说这只相对价值基金将会关闭。

这样的风暴发生的频率实际上比百年一遇要大得多，所以一定有别的原因可以解释，为何据称风险很低的对冲基金管理人，却如此频繁地遭遇不测。纽约大学斯特恩商学院教授史蒂文·布朗是一位研究对冲基金的专家，他认为相较于市场冲击，这些失败与运营缺陷更加有关，但像2008年所遭遇的市场冲击也会造成很多损害。

不过，2008年的对冲基金市场与10年前的已大不相同。据一家对冲基金市场研究公司的统计数据，到2008年，有多达1万只对冲基金存在，管理的资本已增加了近4倍，达到1.9万亿美元。如此庞大的资金流向的改变，也吸引了华尔街公司设法参与其间。这些投资于对冲基金的钱，集中在不足百家左右的管理集团手中，而其中很多是大型银行，10年前，它们很少涉足对冲基金业。

摩根大通声称自己是世界上规模最大的对冲基金管理人，但也还有其他公司：高盛、花旗集团、美林证券、雷曼兄弟、瑞银集团、德意志银行。黑石集团由两位来自雷曼兄弟的“难民”于1985年创办，2007年管理着4 40亿美元的资产；整个对冲基金业充满了来自重要华尔街公司的前明星交易员和研究分析师，他们由于不得志，逃离原来的雇主，创建了属于自己的基金。高盛培养的对冲基金管理人很可能超过了任何其他金融机构，包括如下一些表现优异的基金管理人：里昂·库伯曼（欧米茄基金）、理查德·佩里（佩里合伙公司）、丹尼·奥奇（奥奇–泽夫公司）、汤姆·斯德耶尔、迪纳卡·辛和、埃里克·闵迪奇、戴维·特博（阿帕卢萨国际有限公司）。这些对冲基金，用现代组合理论的专门术语来表达，都提出既要提升“阿尔法”（相对于某一评价基准的异常收益），又要降低相对于市场的“贝塔”（收益率的变动性或风险）。这将会大大提高投资者风险调整后的收益。投资者怎会拒绝呢？

另辟蹊径的另类资产

2000年高科技股泡沫终结，在股市造成了连续3年收益率为负值的低迷行情，这是自20世纪30年代以来从未出现过的景象；此后又是市场缓慢复苏的3年，股指恢复了1999年12月31日的水平。换言之，在6年的时间里，投资股票的收益率非常糟糕。有些投资者灵活变通，富有洞见，可能2000年便抽身离开了股市，2003年又重新返回，对这些投资者来说，收益率会好得多，但对多数养老基金来说（在美国，养老基金是继共同基金之后的第二大投资者群体），这6年是很难熬的一段时光，它们没有那么灵活，它们会死守更加传统的资产配置模式不变。日子难熬，不仅是因为股市收益率是零，还因为利率已下降，从而提高了养老基金负债的价值，这说明养老基金作为一个整体，在6年的时间里，资产没有增长，负债却上升了，这是资本严重缩水的一个时期。

养老基金是有生命的有机机构，至少在它们的会计公司和发起人眼里是如此。雇主公司每年必须提供一部分养老基金增加额；如果养老基金的市场价值跌至养老基金负债的市场价值之下，雇主公司又必须将差额补全。如果出现相反的情况，也就是养老基金资产超过养老基金负债，雇主公司可以免除年度养老基金增加额，甚至获准抽出一些资金。在负债上升速度超过资产的时期，养老基金发起人会面临来自养老基金注入现金的要求。这些差额会在美国一些规模最大的公司，以及很多州级和市级养老基金里，增加运营困难和已有的预算赤字（尤其在汽车和航空产业的公司里是如此，它们已在亏损经营）。

多数对现代组合投资理论感兴趣的人都知道：对于负债期限长的养老基金来说，

资产也应该是做长期投资的；最佳长期收益来自股票，而不是来自债券，所以现在多数养老基金将多数资产投放在股票组合上。他们还知道，在不同的非相关性资产类别上进行资产配置，对组合收益率的影响，比挑选适当的股票或债券要大得多。为了将股市的风险多样化，可以考虑其他能够提供收益率与股票相似但风险没有股票那么大的资产类别。与股市收益率没有高度相关性的资产类型，称为“另类资产”。这包括对冲基金、私募股权基金和房地产等。1998年，高盛发布的一个研究报告显示，1993~1997年间，有4种类型的对冲基金，风险（按收益率的波动性来衡量）比作为整体的股市更小，而收益率却相同或更好。由此，该研究得出结论认为，对冲基金比作为整体的股市更加保守。研究报告最后说，高盛正敦促自己的养老基金和富有的客户，考虑增加对对冲基金的投资，同时也礼貌地提到高盛自己已有几只对冲基金可以提供。

养老基金可能受到了高盛报告的影响，但它们此时也已知道哈佛、耶鲁和普林斯顿这三个常春藤大学联盟，在管理大学捐赠基金方面，获得了优异的投资业绩。其中，耶鲁捐赠基金已在很长时间里都获得了很高的投资收益率，它长期坚守这样一个资产配置模式：投资于国内股票市场的资金极少超过15%，对固定收益证券的投资比例极少超过10%。2002~2006年间，耶鲁捐赠基金将25%以上的资产保持在对冲基金的投资上，20%以上投资于房地产，大约15%投放于私募股权投资和外国股票之中。耶鲁捐赠基金于2000年获得了41%的收益，2001年获得的收益是9.2%，2002年获得的收益是0.7%，而这3年国内股市收益率都是负数；2003~ 2007年间，耶鲁捐赠基金的收益率平均为20%。

一般养老基金发起人会说：“如果说对冲基金和私募股权基金够好，连耶鲁和高盛都愿意投资，那么，或许我们也该在这些资产类别上增加投资配置。”他们的确这样做了。在2007年之前的5年左右时间里，养老基金将大约1万亿美元的资金转入各种对冲基金的投资上，在私募股权基金上也转投了1万亿美元。这些改变投资方向的资金很多是来自对股票和固定收益证券的投资。多数养老基金在资产配置上，只是对对冲基金和私募股权基金做了不算大的增加，但累积的全球影响——海外养老基金也在思考同样的事情——却是很大的。这些新的资金流向对冲基金、私募股权基金和房地产。在上一个泡沫爆裂之后才几年，所有向另类资产类别聚集的这些新资金，也构成了自己的泡沫。

对于2008年的市场动荡，耶鲁捐赠基金并非未受影响；它的价值在2008年下半年下跌25%，这是20年的财报里第一次出现负收益率。20年来该基金都是由戴维 · 史文森管理，他在这里已有了25年的专业经历。史文森在专业资产管理人中广受敬佩，他撰写了《机构》一书，在该书第二版即将发行之际，他接受《华尔街日报》采访，再次重申了自己对另类资产的执著，又评价说："我想，像耶鲁这样投资期限可以很长的机构投资者，若要构建在金融危机期间也表现良好的投资组合，是没有什么意义的。那需要撤出股权导向的投资，而这类投资对于投资期限可以很长的机构，也已产生了很好的结果。"

对冲基金

流入对冲基金的投资资金会部署在多个方面。多数资金，有时会加上适当的杠杆，都流进了不同的股票投资之中，也就是建立"多空结合"头寸或进行"事件型投资"，把赌注压在某个特定交易（比如已宣布的并购、再资本化或破产重组）会实际发生这一点上。有些资金流进了各种专做固定收益证券、外汇交易和商品期货的基金里。对冲基金往往都会有10倍、15倍或更高倍数的杠杆。相较于市场的方向性变动，几乎所有的对冲基金都更愿意把注押在各种套利机会上，因此它们会承诺实现"市场中立"收益或"绝对"收益——这意味着它们不取决于市场如何变动，而是取决于市场内的价格调整。

现在有一些特别成功的对冲基金管理人，其中很多有着华尔街渊源。约翰·保尔森曾是贝尔斯登的执行董事，他在1995年创办了保尔森公司；该公司的资产2007年翻了一番多，达到280亿美元，这一年它通过打赌次级抵押市场下跌而在业内创造了最高收益率。2007年年底，保尔森个人资产净值达30亿美元，跻身于美国年龄35岁左右，资产达10亿美元以上的对冲基金经理。

看一下对冲基金的几个基本数据，就可以解释对冲基金管理人为何能赚这么多钱。假设一只基金根据一个已观察到的市场异常情况，做相对价值投资，目标是在100亿美元的投资上仅获得2%的收益率。然而，如果该笔投资用了10倍杠杆（最初的出资是10亿美元），2%的收益率便会产生20%的毛收益率，减去管理费和20%的利润分成，会给基金的有限合伙人（也就是并非基金管理人的投资者）带来大约14%的净收益率。然而，这样的投资结果，也会产生大约6 000万美元的费率收入，可以在基金的一般合伙人当中分配，两三个属于基金高层的一般合伙人会分掉其中的大部分。若能将这样的业绩保持数年，同时不断扩大所管理的资产规模和发行新基金，基金管理人最终便会拿到很多钱，比一直为高盛或其他大公司做交易拿的钱要多得多。

难怪在对对冲基金的需求创下纪录的那几年里，交易人才大批涌离华尔街大型公司。这种人才可以直接向美林或其他为新对冲基金筹资的公司走过去，出示最近的牛市业绩记录，然后便可以轻易赢得10亿美元左右的资产归自己管理，其中有些资产可能就是以前的雇主所提供的。毕竟，雇主也在做“大宗经纪业务”，它们会以研究支持、技术支持以及其他服务，一路细心照料、培育和帮助新生的对冲基金，以此从交投活跃的对冲基金中，换得很大一块佣金业务和保证金业务。

到2006年，就整个对冲基金业而言，大宗经纪业务收入已增长到每年达250亿美元以上的规模，连续5年以15%的比率稳定增长。大宗经纪业务由三家券商摩根士丹利、高盛和贝尔斯登垄断，它们总共约占有2/3的行业收入，对该行业具有全景式的了解，随时知道对冲基金的动态，因而也更加理解市场趋势。但不久之后，其他华尔街大型公司也开始硬插进来。大宗经纪业务竞争变得非常激烈，经纪商为了保住或创造市场份额，被迫向客户提供更好的佣金协议和更多的信贷。

好几个大型对冲基金管理人初次发起基金，便筹集了大量资本，它们被这种异乎寻常的筹资能力鼓舞，都坚持要求有权利将其中一部分资金，留做缺乏流动性的私募股权投资之用，有时拨出的资金高达30%。其中有些资金流向了杠杆收购和公司并购交易，2006和2007年，这两类交易急剧增加，达到了创纪录的水平。

艾迪·兰伯特在1984年以优等成绩毕业于耶鲁大学，他在大学里是骷髅党成员，也是优秀生联谊会会员。他毕业后加入高盛，在风险套利交易部做助理，直接和罗伯特·鲁宾共事，仅仅做了4年的交易，他便决定离开自己创业。鲁宾自然对他劝告了一番，提醒他这将是他职业生涯中一个很不明智的决策。

兰伯特离开高盛后，1988年4月成立了ESL投资公司（这个名称是他自己姓名的首字母连写），该公司位于康涅狄克州格林尼治。理查德·雷恩沃特也在高盛工作过，这时已成了身价10亿美元以上的资金管理人，他给兰伯特2 800万美元，作为种子资金，并把兰伯特介绍给自己的一些客户。这样一来，兰伯特便开始运营了。他的投资风格与沃伦·巴菲特相似，会在少数几只股票上集中建仓，然后持有数年，直到投资取得成功。然而，与多数其他对冲基金里的情形不同，兰伯特会利用自己的权威，预先采取行动投资于缺乏流动性的资产。他收购了凯马特百货，2005年让该公司与西尔斯百货合并——这是两家拥有大量房地产的陷入困境的零售连锁公司——组成上市公司西尔斯控股。一直到2007年结束，兰伯特的基金每年创造的收益率约为30%。2004年，他的个人收入估计为10亿美元，44岁的他成了华尔街有史以来一年收入达10亿美元以上的第一人。

银行和对冲基金

在一旁注视着兰伯特风生水起地运营，促使有些银行也开始留心自己设立的对冲基金，或收购成功的对冲基金。对冲基金获得的高收益非常诱人，尤其是从多数收入按资本利得税来看，更是如此，与对冲基金相关的大宗经纪业务和证券托管业务也很有吸引力，而这一切的获得，相对而言并不需要多少资本——对冲基金可依赖客户资本，或"其他人的钱"，无须依靠自己的资本。当然，对冲基金的收益波动性对银行来说也是一个问题，如果出了问题，还会有损于银行的声誉，但在兴奋之时，银行往往会忽视这些负面因素。很多银行没有能力在内部创办业绩突出的对冲基金，便退而求其次，通过收购进入这个行业，这也是进入这个行业的最快办法。收购对冲基金也有风险，或者买价过高的风险，还有一种风险是已签订的收购协议墨迹未干，管理基金的人却就离开了；但银行决心很大，无论怎样也要干下去。不久，现有的对冲基金便形成了一个交易市场，定价约在所管理资产规模的10%~30%间。

2004年，摩根大通收购高桥资本的多数合伙人份额。高桥资本是一家管理资产约为70亿美元的对冲基金，收购价为20亿美元，收购价与资产的比率接近30%。若转换成市盈率，收购价会很高，除非这家对冲基金能始终如一地产生30%左右的收益率，否则不合算，而对多数基金而言，这是很难办到的事。高桥资本运营数只对冲基金，另有两只统计套利型共同基金，这些基金都向摩根大通的富有客户做了强力营销，那些客户帮着吸引来120亿美元的新资金，不过，在基金有了两三年平淡无奇的表现之后，客户撤出了约80亿美元的资金。

2007年，花旗集团收购资产30亿美元的一家公司，收购价为8亿美元，大约也占资产总额的30%。这家对冲基金由维克拉姆·潘迪特和一些刚离开摩根士丹利的同事管理；若考虑到花旗集团得到了口碑很高的潘迪特作为未来的公司经理人选，如此之高的收购价大概也情有可原。潘迪特因为出售合伙人份额，由花旗集团支付他1.65亿美元，不过，他也需要在基金中投资1亿美元。到2007年年底，潘迪特的确在查克·普林斯出人意料地退休后，代替普林斯被任命为花旗集团的首席执行官，他还从公司带来几位同事，让他们管理花旗集团的其他业务。然而，人事调整触动了公司合伙人协议中的一个条款：若最初6位管理人中有多达3位离开基金，则允许投资者撤出资金。基金被收购后，收益平平，到2008年3月，所有投资者都决定撤资，花旗集团被迫在账面核销2.02亿美元，关闭了该基金。无论潘迪特管理花旗集团的能力如何，从花旗集团为得到他而付出的代价来看，事实证明雇用他确实花了很多钱。

下行风险

但是，对于从事对冲基金的人来说，面对的也不全是鲜花和美酒。也有教训等着他们记取。在数千只对冲基金中，为了实现赢利，存在着激烈竞争，而事实表明赢利是难得一见的。很多交易员的思路和想法大致相同，这会抹去市场的异常定价，使得利润潜力受到限制。基金经理必须看得更远、更宽，才可能发现自己需要的机会，但这又常常意味着，搜寻的目光会转向他们不很了解的领域和市场。他们会针对趋势做投资，譬如他们投身互联网潮流，或抵押贷款支持证券热潮，直到这些风靡一时的趋势不复存在。他们对自己的投资银行施加压力，希望得到大量首次公开发行的热门股票配额，他们又和共同基金制定“择时交易”的交易计划，以便利用所持证券每日价格变化的微小差异——这些微小差异尚未在基金份额的价格中反映出来。（这导致了艾略特 · 斯匹泽不留情面地对基金业进行调查，有些共同基金管理公司因此受到严厉处罚。）他们会受到诱惑，提高杠杆程度，提高流动性较差资产上的头寸，总体而言，为了弥补更加微薄的利润，他们会提高基金的风险。他们知道，如果自己创造的收益率不够好，投资者便可能抽出资金，从而损害他们的形象，引起更多的人退出基金。很多这样的投资者，尤其是保守的机构投资者，对于对冲基金的高波动性，忍耐程度到头来要比他们所认为的要低得多。

他们还知道，所有这些在日子好过时热心地兜售（大宗经纪）业务的重要投资银行，会在市场不利于他们时，一转眼便会恶劣地对待他们。Peloton合伙公司是一家资产10亿美元，位于伦敦的对冲基金，2005年由两位事业有成的高盛前员工拉恩 · 贝勒和杰夫 · 格兰特创办，是世界上业绩最好的对冲基金之一，后来在2008年2月，仅仅几天之内，因亏损170亿美元而关闭。Peloton合伙公司也有高盛的投资，杠杆比例相对较小，大约为10 ∶ 1，但是那些银行很紧张，抽回了自己的资金，使得该基金在市场条件极差的情况下，清空了所有头寸。贝勒和格兰特本相信，虽然市场暂时给他们的头寸定价有误，但那些头寸非常可靠——但银行无意让由不够好的担保物支持的贷款留在外面，便要求收回了。格兰特没有畏缩，数月后又成立一家基金，名叫格兰特资本，法国兴业银行提供了1亿美元的资金支持。

银行投资对冲基金也很危险。1998年，长期资本管理公司的崩盘，导致了瑞银集团首席执行官被解雇，瑞银集团在这家对冲基金中有大量投资。10年后，银行内部对冲基金的亏损，又促使瑞银集团另一位首席执行官引咎辞职，导致贝尔斯登公司破产倒闭。这样的亏损也让高盛非常难堪，高盛管理着资产达250亿美元的对冲基金公司

（另有250亿美元投资在专门投资对冲基金的基金上），其中有两只最知名的基金2007年报告损失30%的价值。2008年，花旗集团管理的一只固定收益对冲基金——猎鹰策略基金，这只基金损失75%的资本，使花旗集团非常难堪。花旗集团斥资250亿美元，让零售投资者退出在该基金中的投资，无须完全承担基金损失。该基金的三个最大投资者是三家银行，它们由于雇员人寿保险计划，总共在基金中投入了16亿美元，它们提起诉讼，希望通过达成和解协议全身而退。2008年，起诉被驳回。在涉及客户遭遇重大损失的任何争议中，银行自然而然会被看做财力充足的靶子。这些不同的经历致使一些银行纳闷，不知投资对冲基金，是否值得面对下行的风险。

贝尔斯登一定以为，设立两只对冲基金，将自己和客户的钱投资于证券化的抵押贷款，是在走着一条投资抵押贷款证券的安全之路。这两只基金一度持有200亿美元的总资产，绝大多数投放在次级抵押贷款资产上；基金由拉尔夫·西奥菲和马修·塔宁管理，他们两位都是经验丰富的基金经理，自己也有钱投在基金里。这两只基金还涉及其他人的资金，并且放在贝尔斯登的资产负债表之外，以便贝尔斯登与基金的交易风险绝缘。

然而，随着次级抵押市场的价格暴跌，这两只基金遭受严重损失。贝尔斯登力图通过大量注资，解救其中一只基金，但到2007年7月，贝尔斯登告诉投资者不太可能捞回资本了，此后不久，基金申请破产。两只基金的破产，使贝尔斯登开始为保持自身的独立身份而挣扎，因为贝尔斯登面临着投资者对它的管理和财务状况不断丧失信心的不利局面。与基金保持一定距离，让基金处在资产负债表之外，使基金免于对公司产生负面宣传效应，这些到头来都证明是贝尔斯登不可能办到的。2008年6月，西奥菲和塔宁遭到拘捕，双手戴铐，被带到法庭，他们被控犯有欺诈罪，根据是传唤到庭的电子邮件显示，两位经理甚至在向投资者保证他们对所持头寸很满意时，已对基金极度缺乏信心。截止2009年9月，他们的案子还没有最终结果。

当市场处在欣欣向荣的兴奋之中时，也有大量来自不成熟投资者的资金，流进对冲基金领域。自然，其中有些资金会被擅长欺骗的人利用，伯纳德·麦道夫便是这样的骗子。他的两个儿子和一些生意伙伴向管理部门告发了他，据说他多年来操纵着一个涉及资金达650亿美元的庞氏骗局，从世界各地吸引了数以千计的对冲基金投资者。麦道夫曾是纳斯达克主席，经营过“第三市场”，在很多犹太慈善圈内非常知名，他多年来经营着一家对冲基金公司，据他说，这家基金公司专门做低风险的可转换债务套利交易。该基金报告的收益率似乎每年都很稳定，虽然曾有专家怀疑投资可转换债务，并卖空相应的普通股，会产生这样的收益率。经过数年经营，麦道夫发展了一批忠诚的骨干投资者，他们在别人面前极力赞赏麦道夫。麦道夫渐渐从对冲基金投资者那里拿到投资资金，并和经纪人合作，让经纪人充当他的“支线基金”。这全是骗局。据法庭指定的破产财产受托人说，至少在最后13年里，该基金没有购买任何证券，所有新进来的钱都用来支付给先前的投资者，这是一个典型的庞氏骗局。自1995年12月以来，投资者遭受的损失估计达132亿美元，截止2009年6月1日，受托人仅追回其中的12亿美元。2009年7月，虽然诈骗案中其他人可能承担的角色仍在调查之中，但麦道夫被判入狱服刑150年。

对冲基金业绩

据估计，2002~2006年间，每年会诞生1 000多家新的对冲基金，最后两年则每年有2 000多家。然而，有关对冲基金的数据很不准确。很多对冲基金设立在美国之外，因此没有进入美国的报告系统。很多或许是1/3的基金，属于专门投资于对冲基金的基金，这样便有一部分资产按双倍做了计算。关于全世界对冲基金的实际数量，没有任何精确信息，所管理资产的价值也没有精确信息，按投资类型或风格分类的资产配置情况也是如此。存在一些有帮助的对冲基金数据库，但这些数据库也只是收集自愿递交的非标准化数据，而且还有幸存者偏差——也就是说，并不包括已关闭基金的收益率，仅在2005~2007年间，便有2 000多家基金关闭。

尽管如此，这些数据库还是收集了数千家基金的信息，并发布业绩指数。过去几年里发布的收益率显示，“可投资的”对冲基金平均收益率与标准普尔500指数相当接近，因而产生的收益率很可能大大低于投资者的预期。然而，业绩指数显示，在表现最佳的1/4和最差的1/4基金之间，收益率存在很大差距，在不同的投资风格之间，也是如此。有一些基金亏损很严重，如专门投资商品期货的对冲基金公司，2006年，在很短的时间内便损失60亿美元，或者说损失了65%的资本；有一些基金创造了很高的双位数收益率。但平均而言，对冲基金若说创造了赢利，那也是微乎其微。在这个基金收益率最优和最差者之间差距很大、基金经理个人收益率年与年间变动也很大的行业里，平均收益率可能没有多大意义，当然，试图预测未来收益率也没有多少价值。

虽然如此，业绩指数毕竟在那儿，投资者和推荐最佳基金供人选择的咨询师，肯定会看的。判断单个基金的优劣，要看与最适合参照的市场指数比较起来，单个基金有怎样的表现。2000~2003年间，标准普尔500指数下跌40%，单个基金若只下跌比方说2%，看起来就很不错。在市场不景气时，对冲基金的表现，相对于自身的业绩指数，可能会优于市场好的时候，但对冲基金也会在市道好时，努力做到最佳。多数单个基金的波动性比市场大，但在不同的基金中，或投资于基金的基金中，作多样化投资，会减少整个组合的波动性。在评价单个基金的业绩时，所有这一切都要加以考虑。

2008年年底，要评价对冲基金的业绩非常困难。这一年，约有2 000亿美元的资金从对冲基金中撤出。所有对冲基金的平均收益率下降21.7%，比当年标准普尔500指数的下跌幅度小得多，但仍然大大低于预期。实际上，很多基金发现很难对交易头寸做对冲安排，因为在2008年第4季度市场大崩溃的形势下，美国布什政府宣布了禁止对799只股票做空。约有80%的基金“处在水面以下”（也就是说它们的收益率是负值），因此也收不到任何业绩提成费，又由于存在“高水位线”，较长时间里都不太可能回归到可以支付业绩提成费的状态[①]。很多基金决定关闭；另有一些基金，包括诸多出镜率很高的基金，对份额赎回作出了限制。

业绩表现远低于预期的对冲基金，会遭遇投资者大量撤出资金的局面，投资者会寻找下一个机会，不会坐等它们时来运转。2007~2008年信贷危机发生之后，也就是使相对价值数量策略归于失败的市场混乱出现之后，投资者的失望情绪不断增强，养老基金投资者对于把钱交给对冲基金打理，更得小心。到2007年，大量对冲基金管理人开始在新发行的基金上减少业绩提成费，以此弥补投资者在所关闭基金上的损失。有些新发行的基金也对首次投资的投资者提供打折费率，诱使他们投资。

管理顾问公司麦肯锡估计，若考虑到使用了借入资金，整个对冲基金业管理的资产总计达到了6万亿美元。这些钱很多是由这样的一群人管理的：每群人同时运营2只以上资金规模各达数十亿美元以上的对冲基金。这些人通常都在其他对冲基金得到过训练，或者在投资银行自营交易室干过，他们的思维方式往往很相似。他们常常会下相同的注，入市时一样，退出时也一样。规模很大的基金，相对于规模较小、更为灵活的基金，运营上处于劣势。如此之多的基金都在争夺利益，果真有那么多的利润可供分配吗？如此多的基金管理人承诺很高的投资收益率，很多观察家便质疑，是否存在足够多的投资良机，来满足投资高回报的需求。倘若所有这些钱都去追寻相同的市场异常定价，那些异常定价不是很快就会消失吗？若是如此，岂不意味着付给对冲基金经理的高额费用，相对于平庸的收益率越来越难以证明合理了吗？如果你投资的对冲基金任何时候都有可能完全崩溃，那么贝塔值较低可能并不会带来多少安慰。面

① 对冲基金若要收取提成费，必须将上年度的亏损弥补，并且要达到一定的业绩水平。这里“高水位线”与“处在水面以下”一样，都是对冲基金业内行话。

对创造预期收益率的挑战，有些基金会通过提高风险、转变投资风格或降低质量标准来作出回应吗？倘若如此，那就表明会有更多的严重事故在那儿等着发生。

私募股权基金

2007年2月，纽约的俊男美女庆祝他们最新崇拜的偶像60岁生日，这个偶像人物就是私募股权基金界超级明星，黑石集团首席执行官史蒂夫·施瓦兹曼。他耗资300万美元，在公园大道军械库举办盛大生日派对，受邀参加的宾朋达数百人。这个空间巨大的地方变成了施瓦兹曼在曼哈顿的一套三层公寓房的复制品；那套公寓房价值3 700万美元，内有35个房间，曾经为小约翰·D·洛克菲勒所拥有，像装饰品一样，栽有兰花和棕榈树，陈列了这位"新人"的艺术收藏品复制件。喜剧表演家马丁·肖特是派对司仪，作曲家马文·哈默里什、灵歌歌星佩蒂·拉贝尔、正迈向苍老的摇滚歌星洛·史都华等人都在派对上做了表演。《财富》杂志把施瓦兹曼放在2007年3月期封面上，称他为"当下华尔街最红的红人"。施瓦兹曼终于慢慢地将同城对手公司的亨利·克拉维斯挤到一边，成了身价10亿美元以上，媒体报道最多的私募股权大亨，他的资本是克拉维斯自1988年收购雷诺兹-纳贝斯克之后无人撼动的。施瓦兹曼在世人心目中的形象是，在生活的很多方面都非常奢华。他在棕榈滩、长岛汉普顿、圣特罗佩兹和牙买加都有极尽奢侈的家，他也慷慨地从事慈善事业，已正式承诺捐献1亿美元给纽约公共图书馆，他还是肯尼迪中心表演艺术理事会主席。当然，这场豪华铺张的聚会引来了各种批评的声音，说这是新的镀金时代，罗伯·巴伦那样的大亨又回来了，他们聚敛了异常巨大的财富和权势。在批评者的眼里，施瓦兹曼是华尔街最新的流氓代表。

然而，施瓦兹曼的表演并不局限于这次生日聚会。主要表演还是在于让黑石集团完成首次公开募股，股票发行在2007年3月宣布，6月完成。这是一家投资多样化的投资管理公司，管理的资产达880亿美元，平常创造的收益率都非常高。这次股票发行（包括中国国家外汇投资公司一笔30亿美元没有投票权的投资），定价为每股31美元，上市开盘价为36.45美元；这只股票上市交易时，贝尔斯登的两只对冲基金已崩盘两天，宣告2007~2008年间次贷危机已经到来。这次发行使黑石集团的估值约达380亿美元，还披露施瓦兹曼将兑现6.77亿美元，同时仍保留24%的股份，估值为100亿美元。施瓦兹曼的共同创始人彼得·彼得森，现年80岁，将抽出19亿美元，继续持有4%的股份，估值为16亿美元；黑石集团总裁托尼·詹姆斯将抽出1.89亿美元，继续持有4.9%的股份。据施瓦兹曼的一位曾在投资银行工作的朋友说："你不知道这对华尔街会留下怎样的印象。像这样的人在华尔街有的是，他们同样勤奋工作，一生就为挣2 000万美元而努力。当然，2 000万美元也很多，可是施瓦兹曼一转身，似乎一夜之间，就有了100亿美元。"

彼得森自1973年起便做雷曼兄弟的头儿，后被脾气急躁的联席首席执行官刘易斯·格拉斯曼排挤出公司，此后不久，他和施瓦兹曼于1985年创立黑石集团。彼得森也曾担任工业公司博士伦的首席执行官和尼克松政府的商务部长；他被排挤出雷曼兄弟，才得以撤出合伙人资本，并通过谈判让雷曼兄弟答应投资他计划成立的一家新公司，雷曼兄弟的初始投资为40万美元。他邀请38岁的并购专家施瓦兹曼和他一起创办公司，于是两人一边留心能做什么，一边行动起来。

彼得森在自己认识的企业界众多首席执行官中很受欢迎，他为公司吸引小规模优质并购和其他顾问业务，而施瓦兹曼则善于将交易付诸实施。他们边做边看，过了一段时间之后，尤其是在看到公司的情形后，便决定将重心从企业顾问业务上，转向代表机构客户，将钱投资于杠杆收购和房地产交易。1987年，他们着手筹集基金，要求获得2%的管理费和20%的利润分成。他们的投资者包括一些大学捐赠基金和其他捐赠基金，还有几家养老基金。自成立至2007年年初的20年里，黑石基金获得了112家公司的控股权，股权投资价值合计达2 000亿美元，提供的投资收益率比标准普尔500指数高10%~20%。在施瓦兹曼举办生日聚会之时，黑石集团已完成了有史以来规模最大的私募股权收购案，以390亿美元的价格，收购封闭型不动产信托基金公司，打破了雷诺兹-纳贝斯克收购案的交易价值记录。时至2007年年底，黑石集团在房地产、公司私募股权和可交易的另类资产上，管理着1 000多亿美元的资产。2007年，营业收入为31亿美元，净利润（为了从私营合伙公司转换为公众有限责任合伙公司，净利润需要作出许多调整，在后一种情形下，会将多数净利润直接分配给投资者）为16亿美元，2006年净利润则是创了纪录的23亿美元。彼得森和施瓦兹曼以科尔伯格-克拉维斯公司为榜样，的确是看对了方向。

他们可能会这样说：我们筹集资金，为认识我们的机构，提供另类资产类别的投资机会。我们会像对冲基金一样收取管理费和利润提成费。我们使用这些筹集来的资金，加上来自银行和垃圾债券市场的大量杠杆贷款，收购我们可以改善经营并再次出售的公司。我们会雇用我们所需要的业内行家，利用我们的关系网为公司建立业务流，然后便坐在一旁，看着钱流进来，这些钱绝大部分都是按资本利得来缴税。我们通过每隔两三年便卖出新基金份额，让游戏不断地玩下去，如果顺利的话，卖出的基金规模都很大。我们会避开恶意收购、利益冲突和监管，我们可以坚持走大道，因为业务本身的性质使得走大道相对较容易。我们只需要很少的人员配备，而为他们，我们会提供友善的给予帮助和鼓励的工作环境，这样的环境反过来也会赢得雇员的忠诚和奉献。我们会把一些钱投资于我们自己做的并购交易中，除此之外，我们不需要保有很多资本，不需要借钱，也不需要使自己遭受交易性风险。这肯定比竞争激烈的投资银行业务好得多，竞争投行业务必须和有着无穷无尽的要求的客户打交道，而对手又是拥有巨大资产负债表的强有力的公司，竞争投行业务或许还会让自己遭遇很多市场风险或其他风险。

首次公开募股之后，黑石集团的股票价格给公司的定价，大约是账面价值的10倍，赢利的24倍，相比之下，对于最好的投资银行来说，股价平均大约是账面价值和赢利的1.5~2.5倍和8~9倍。首次公开发行股票，对于喜欢遮遮掩掩的私募股权业，是一个重大突破，这种行业本来非常看重避开监管和公众监督的能力。黑石集团证明，它能以主要投行市价净值比率5倍多的估值，把股票卖给公众。其他杠杆收购操作者，无疑也会追随黑石集团首开先河的榜样，纽约预期会有更多的明星金融家举办生日聚会。

事实上，已有其他一些基金管理公司在黑石集团首次公开发行股票前，成为上市公众公司了。科尔伯格–克拉维斯公司于2005年6月在伦敦，出售专业金融公司科尔伯格–克拉维斯金融控股的股票，1年后，作为后续行动，又在阿姆斯特丹市场，首次公开发行科尔伯格–克拉维斯私募股权投资公司的股票。这两个基金公司的设立目的，是让小额投资者也能像资金量大的投资者一样，可以投资于科尔伯格–克拉维斯公司所做的杠杆收购业务；之所以在欧洲出售股票，是因为不必向证交会注册，而且证交会也不赞成复杂的杠杆收购基金引诱不成熟投资者进行风险大的投资。不过，这两家公司在市场上都不很成功，科尔伯格–克拉维斯公司不得不向受抵押债务危机伤害的科尔伯格–克拉维斯金融控股注入资金。也有一些对冲基金管理人——奥奇–泽夫资本管理、堡垒投资管理、GLG合伙公司——在自己公司内部建立起了公共交易市场。2007年7月，就在黑石集团首次公开募股之后不久，科尔伯格–克拉维斯公司宣布，也将进行首次公开募股，出售价值12.5亿美元的股票，发行时间定在秋季，募集的所有资金都将留在公司内，创始人都不出售任何股票。这项计划意味着该公司的战略发生了重大转变，该公司正扩大经营范围，变成一家更全面的金融公司。

黑石集团首次公开募股之时，市场碰巧开始走向崩溃；市场的崩溃从2007年夏季开始，一直持续了1.5年。黑石集团在抵押支持证券上没有任何风险敞口，而房地产方面的敞口仅限于商业房地产，这类资产开始并未像住宅房地产那样受到严重打击。当然，它的主要风险敞口是私募股权投资，多数都是经过充分融资的。有些正在进行中的杠杆收购交易被取消，或者重新商谈确定，都没有给黑石集团带来伤害。问题在于，所有新的杠杆收购交易实质上都已经暂停了（银行做了大量资产核销，都是苦不堪言，不想再做任何新的杠杆贷款，而已有的杠杆收购贷款的价值都在急剧下跌），而且，2008年引入新的会计准则之后，公司需要对自己所持有的头寸按“公允会计”准则来处理。股票发行后不久，黑石集团股价开始下跌，在当年剩下的时间里，也一路下跌，2009年2月达到最低点每股3.35美元，与先前的最高点每股38美元相比，已跌去90%。黑石集团公布2008年净损失为11亿美元，而对比之下，2007年净利润是16亿美元。亏损主要是因为按公允价值对所持投资的价值重新编制了财报，所持投资的业绩提成费也相应减少。“我们长期持有资产，”托尼·詹姆斯说：“等我们走出周期时，资产价值就上涨了。”

杠杆收购周期

托尼·詹姆斯所说的周期，是指杠杆收购自20世纪80年代中期开始在资本市场活跃以来的第三个周期。第一个周期于1990年结束，当时垃圾债券市场归于沉寂。1993~2000年间出现的活跃但规模较小的杠杆收购热，之所以中断，是因为遭遇了科技股板块的崩盘以及随之出现的创纪录的公司破产风潮。2003年，第三个周期开始，在2007年年中达到巅峰，这时私募股权筹资额达到2000年创下的年度最高纪录2 500亿美元，然后略有超过。在这4.5年的周期中，私募股权投资筹集了逾1万亿美元的资金。2007年上半年，在美国发生的每四次收购交易中，将近有一次是以杠杆收购形式出现的，这包括以450亿美元收购得克萨斯公用事业公司的交易，由科尔伯格-克拉维斯公司和得克萨斯太平洋集团安排，也包括后来以打破纪录的交易价520亿美元收购加拿大电话巨头的交易，由一家私募基金公司牵头收购。

为私募股权投资而发起的基金，多数最终都是为杠杆收购交易中的股权部分提供了融资；杠杆收购交易所需的其他资金，由大量债务融资作补充，债务融资由银行或次级贷款人提供。此外，私募股权基金也提供风险资本、中级债务，为身处困境的公司重组或扭亏提供融资；为各种不同类型的私募股权投资组合提供资金，这些私募股权在二级市场上从原始投资者手中购得（那些投资者想在自己投资的基金终止前，卖出手中的投资）。私募股权基金，还为各种房地产投资提供资金。所有这些形式的私募股权投资现在是全球运营——在欧洲和亚洲，在新兴市场国家。

科尔伯格–克拉维斯公司是规模最大的进行杠杆收购的公司；截止2008年6月30日，它已完成166宗杠杆收购交易，企业价值总计达4 200多亿美元。科尔伯格–克拉维斯公司的股权投资，在已投资的250多亿美元的资本上，获得了680多亿美元的估值。科尔伯格–克拉维斯公司控制了46家公司，这些公司年营业收入达1 850亿美元，在全世界各地拥有82.5万雇员。

黑石集团、得克萨斯太平洋集团和高盛资本合伙，是仅次于科尔伯格–克拉维斯公司的三家私募股权公司。排名前10中的后6位，是阿波罗顾问公司、凯雷集团、CVC资本合伙和Permira公司（这两家是欧洲公司）、麦迪逊–迪尔伯恩合伙、华平投资公司。2007年，这10家公司向投资银行支付了44亿美元并购费和融资费，占该行业全球收入的18%。这些钱多数是在2007年上半年支付，这时杠杆收购市场尚未停止运行。高盛是仅有的一家私募股权业务规模很大，能够进入这个名单的投资银行，它将大量并购费和融资费支付给了自己，为自己从事这一领域的业务找到了又一个好理由；多数大型投资银行现在也涉猎其中，只是规模没有高盛这么大。

在最近一个周期中，杠杆收购活动因利率水平低，极易借款而得到提速。虽然从事杠杆收购的公司声称，它们的投资活动改善了所收购公司的经营和业绩，创造了就业和经济增长，从而对整体经济做出了有意义的贡献，而且学术研究也支持这种说法，但是批评者说，从事杠杆收购的公司之所以取得成功，完全是因为使用了杠杆，而由于行业规模现在已变得如此之大，这些公司让整体经济承受着严重的信贷和流动性风险。

2003年，对一些衰老的不易改善的大型公司（如汉堡王、赫兹汽车租赁公司、凯马特公司等）进行收购时，并不存在可以增加这些公司内在价值的前景，但由于能够借入大量便宜资金、借入更多的钱为后来支付特别股利，杠杆收购操作者便可以很快赚到不错的收益。2003年，被收购公司的杠杆率上升，信用品质标准恶化，以致贷款几乎不需要签订任何限制性合同——限制性的合同本该由借款人认可并签署，意在约束借款人要安分守己，因为这些贷款将会被打包，变成抵押贷款支持证券，作为资产支持证券来出售（这与抵押贷款支持证券的创造和出售方式完全相同）。提供这类公司贷款的银行，也急切地加入投资银行的行列，给私募股权公司提供收购交易顾问服务，所以它们也能分享并购服务费，排名表上也会反映出它们提供的信贷量。这些银行，尤其是花旗集团和摩根大通，因为可以提供贷款，变得很有竞争力，投资银行也被迫提供贷款，以此来与它们竞争。到2007年春季，市场热烈红火地向前发展，融资谈判的优势全在杠杆收购基金经理这一边。

这些基金经理可能会挑选三四家银行，对它们说自己正考虑收购某某公司，将需要约200亿美元的贷款，以支持35亿美元的股权投资。他们将需要80亿美元的优级债务，10亿美元左右的次级债务，以及几十亿美元的“实物支付”债务（这种债务的利息支付是通过增发新的同类债务来进行；有时这种债务会附带选择权，允许借款人在实物支付条款适用时进行“切换”）。他们会接着说：“我们希望所有这些融资的期限为5年，希望咱们银行现在就作出承诺，这样我们便知道融资已经有了。协议签完后，你可以卖掉所提供的这些融资，或者组织银团来分担。”

然而，与银行和投资银行达成的这类融资协议，也制造过紧张关系，譬如2007年夏天，科尔伯格-克拉维斯公司通过谈判，确定以280亿美元的价钱，杠杆收购第一数据公司，计划2007年9月完成交易，在这次交易中就出现了与融资有关的问题。向科尔伯格-克拉维斯公司提供融资时，贷款人以平价提供贷款，期待在允许出售贷款时，以此价格或稍好点儿的价格出售。但在9月份，债务市场已开始反映信贷危机的现实，降到大约只有平价的96%。在此价格上，银行会让出所有费率收入，但有些银行无论如何也要出售，它们害怕市场会不断恶化，同时也知道它们已有大量的这类债务存货。银行试图通过谈判改善贷款协议的条款，以便让贷款更容易出售，但科尔伯格-克拉维斯公司拒绝谈判。毕竟，科尔伯格-克拉维斯公司有谈条件的能力，它控制了很多目前和将来的投资银行服务费。秋季，有一部分不算大的债务出售了，但到2008年2月，市场已进一步下跌，大约跌至平价的88%，这说明投资银行在账上对这次贷款做了12%的减记。2007年年中等待处理的其他数十桩未出售的一揽子债务，也遇到了同样的情况，损失逐渐增加。到2008年年初，仍然有1 500多亿美元的这种债务悬在市场上。关于贷款协议条款，关于为了取消银行提供贷款的必要性，交易是否可以放弃，出现了大量争执和诉讼。债务市场的崩溃，将投资银行置于危险的境地，这情形与1989年第一次杠杆收购周期结束时，搭桥贷款给投资银行造成了危险非常相似。

然而，面对不利的市场形势，科尔伯格-克拉维斯公司没有畏缩，它继续实施上市计划。科尔伯格-克拉维斯公司认识到，在提交发行注册申报书，预计9月份发行股票之后，市场出现了极其混乱的形势，在此形势之下，要进行首次公开募股，几乎是不可能的，于是，又制定出新计划。2008年7月，也就是在黑石集团已发行股票一年，股票以发行价的较大折扣进行交易的时候，科尔伯格-克拉维斯公司宣布，将通过换股方式收购在阿姆斯特丹上市的子公司，这样便为科尔伯格-克拉维斯公司创造了一个公开市场，并宣布，新发行的科尔伯格–克拉维斯公司股票将在纽交所上市。根据科尔伯格–克拉维斯公司的解释，这宗收购交易旨在为投资者提供一个机会，能以科尔伯格–克拉维斯公司自认为的内在价值的很大折扣，获得在阿姆斯特丹交易的股票，尽管为投资者发行的股票，也以科尔伯格–克拉维斯公司先前所预测估值水平的折扣价进行交易。科尔伯格–克拉维斯公司希望，在纽约上市会给公司带来150亿~190亿美元的估值水平，但从当时在阿姆斯特丹上市子公司的实际市场价值来看，科尔伯格–克拉维斯公司的估值更可能是100亿美元。市场仍然很艰难，科尔伯格–克拉维斯公司现有的上市股票像黑石集团的股票一样也在下跌，科尔伯格–克拉维斯公司再次被迫无限期推迟公开发行股票。2009年6月，科尔伯格–克拉维斯公司又弄出一个计划：将自己所有的营运组织并入一家公司，也就是并入在阿姆斯特丹上市的子公司，然后，将上市地点转向纽约，这样一来，都已年届65岁的亨利·克拉维斯和乔治·罗伯茨，便有了一个地方，可以慢慢地卖出公司股份。

从事另类资产投资的银行

约翰·麦克推翻菲利普·珀赛尔在2003年让摩根士丹利退出私募股权投资的决策，2007年年初发起一只60亿美元的基金，打算在基金中投入20亿美元的公司自有资本。然而，摩根士丹利为了遏制在抵押贷款支持证券业务上的损失，做了巨量核销，使得公司资本不能动弹，最后还需要公司筹集更多的资本。但这只基金的投资重点在中间市场，2007年年底，还是开始了运作，以3.1亿美元收购了一家超市连锁店，2008年，基金试图从其他公司处招募私募股权业务专家。华尔街其他多数公司对于私募股权业务，也有类似停顿的情况，市场红火时就支持，不红火时便躲开。

相比之下，高盛在另类资产业务上就很激进，自20世纪90年代末以来，这已成了高盛核心业务战略的一部分。截止2007年11月30日，高盛管理着1 510亿美元的另类资产基金（涉及对冲基金、私募股权、房地产、货币买卖、大宗商品以及资产配置策略），其中有120亿美元的自有资本投资。高盛这块业务中也包括管理好几只大型二级市场基金，这些基金从现有私募股权组合持有人手中，买入（然后持有）这些组合，那些持有人都希望按与市场大致相同的价格，出清手中的投资。2008年8月，高盛另类资产基金以15亿美元的价格，收购一个涉及32家欧洲公司的已有私募股权投资组合，又以4.5亿美元，投资于被苏格兰皇家银行和其他公司瓜分的荷兰银行的一部分股权。除了这些总额达97亿美元的私募股权投资之外，高盛还在中国工商银行和三井住友金融集团，持有109亿美元规模特别大的战略投资。

高盛的商业银行部，通过已筹集500多亿美元的各种基金，管理着涉及杠杆收购、房地产和中级债务的私募股权投资，还管理着已筹集120多亿美元的房地产基金，以及其他一些涉及城市和基础设施发展的基金。商业银行部大约雇用250名员工，他们由高盛一些资深的执行董事领导。

与其他私募股权投资管理人不同，高盛实行的政策是，将大量自有资金投放于20个左右，向外部投资者筹资的私募股权基金之中，自有资金占所筹资金的比例达到20%~25%。高盛相信，这种较大程度地牵涉自身利益的做法，会给高盛提供非常好的投资机会，并设定一个对投资者有吸引力的期望收益下限，同时还有助于使投资者的利益和高盛保持一致。这种做法还使高盛有机会从每只基金中，拨出一部分基金份额供希望认购的员工认购。这些基金的收益率因投资类型不同而各不相同，但一般都达到了基金发起声明的目标。

高盛相信，涉足另类资产投资，会在多个方面对公司整体业务产生重要作用。它可以利用自己高度成熟的投行、交易和房地产操作技能，为机构客户和富有的家庭客户，创造各种投资机会。它可以利用自己在全球企业界和政府部门的关系，创造证券发行和公司并购的业务机会，在世界上所需要的地方结成特殊联盟，以便能够更有信心地投资。它可以给自己创造机会，大大发挥自有资本的作用，创造出规模、影响力和谈判能力更大的基金，而这些基金又能广泛地分散风险。自己在基金中获得的费率收入和投资收益，也可以为公司股东提供相对较高的收益率。

这个主要投资平台在全球运营——不仅覆盖发达国家，也覆盖发展中国家——并且可以用来协助公司其他部门，在世界上前景较好的地方，如巴西、俄罗斯、印度和中国等，发展生意关系，展开业务活动，在这些地方，基本的投资银行业务和投资活动尚未将潜力充分发挥出来。在这种时候，主要投资可以将公司和世界其他地方很好地联系起来，这样，在资本市场发展到足以让更正常的投行业务机会出现之前，也可以做一些能够赚钱的业务。

摩根大通对另类资产投资也采取了积极进取的做法，虽然所走的路有些曲折。截止2007年年底，摩根大通已管理着1 210亿美元的另类资产，其中760亿美元是私募股权投资，460亿美元是对冲基金。摩根大通来到这个位置，走了一条奇特的路。20世纪90年代，大通曼哈顿银行有一个很活跃的风险资本和私募股权投资团队，与摩根银行合并后，这个团队和摩根银行从事私募股权业务的摩根合伙公司合并。2000年市场开始下跌，在此形势下，摩根大通的一些私募股权头寸也开始遇到大量亏损，结果，摩根大通管理层决定将摩根合伙公司分拆出去。这部分业务的主要人员成立了资本顾问公司，主要是在一些专门领域从事杠杆收购，包括能源、工业生产、医疗保健和媒体等领域。后来，摩根大通与美一银行合并，美一银行拥有一个从事私募股权业务的公司。合并后的银行决定保留这个业务单元，2007年，该业务单元创造的收益约占银行私募股权业务收益的2/3，自创始以来，已提供了50%以上的投资收益率。

美林证券占黑石公司49.8%的合伙人投资份额，像摩根大通对高桥资本公司的投资一样，也属于一种让规模较小、专业更强的公司进行外包管理的投资，看来这比自家的经理能创造出更好的投资收益。不过，黑石公司管理着1.4万亿美元的资产，规模要大得多。黑石公司于1995年，由拉里·芬克和鲍勃·凯彼托创建，他们两位放弃了在第一波士顿大有前途的职业生涯——芬克29岁便成了第一波士顿有史以来最年轻的执行董事——他们先前专门从事资产支持证券交易，与所罗门兄弟的刘易斯·拉尼埃里竞争。

他们于1988年离开第一波士顿后，加入黑石公司，创建了资金管理部，这时黑石公司才开始起步。他们心里很不安，放弃了铁定成功的职业生涯，却尝试可能不会有好结果的事情——确实没有好结果。1995年，在意见严重分歧，结下仇怨之后，芬克和凯彼托离开黑石，自己创办了公司，在态度上，这家公司几乎是跟华尔街对着干。据《金融时报》报道："黑石公司的成立，只是为了替客户管理资金，并不管理自己的资金。它并不使用自己的资产负债表，通过拿自己的资本做交易，来和客户一道参与竞争。"

黑石公司的成功，源于芬克决定投资于持续约20年的债券牛市，源于及时转向对股票进行投资，还源于一些成功的收购操作，这些收购使得公司在股权、房地产、对冲基金和大宗商品的投资上，处于有利的位置。2006年，黑石公司收购美林证券资产管理公司的控股权，交易以换股方式进行，美林证券由此在黑石公司持有了略超过50%的合伙人份额。

2008年3月，美联储雇用黑石公司，让它管理从贝尔斯登转过来的290亿美元问题抵押证券，这之前，一家佛罗里达州立投资基金也有类似的行动，让黑石公司接管了价值140亿美元的投资组合。2008年5月，黑石公司以150亿美元从瑞银集团手中，收购200亿美元抵押贷款支持证券组合。芬克和合伙人持有黑石公司17%的份额，美林证券收购黑石公司时，它的估值约为250亿美元。芬克把公司的所有权做了广泛分配，自己仅持有1%，价值为2.5亿美元。

然而，随着银行投资另类资产的战略而来的，也有一些负面影响。1990年，高盛成立8亿美元的华尔街公司重振基金，该基金旨在利用公司正在发展的重组和扭亏技能，并愿意参与总会围绕问题公司的艰难谈判，来投资陷入困境或破产的公司。然而，这只基金立即与高盛的机构客户产生了利益冲突，这些客户投资了正在扭亏的一些公司的债务。这些客户对于高盛重振基金的谈判人员对待自己的方式大为不满。经过一番自我反省之后，高盛决定关闭基金，退出这类业务，此后再也没有涉足过。高盛管理这只基金的合伙人弗雷德·埃克特辞职，自己设立一家公司，后来变成了GSC集团，这家公司发起了数只基金，在公司重组和扭亏领域非常活跃。

同样的利益冲突问题，在高盛与大型私募股权公司合作的业务中也可能会发生，这些像科尔伯格–克拉维斯、黑石、得克萨斯太平洋集团之类的大型私募股权公司，近年给华尔街带来了最大数量的投资银行服务费。利益冲突是需要慎重处理的事情，这些私募股权公司认识到，所有它们想与之做生意的银行和投行都已不同程度地进入了私募股权投资领域。它们知道，在进行收购交易、在安排分拆公司进行首次公开募股，以及在为自己的收购交易提供融资时，它们必须利用所有这些银行和投行的服务，所以它们也不能逼迫过甚。但它们可以有所逼迫，对此并不害怕。从另一方面看，对这些大型收购操作者来说，高盛也证明是大有用处的融资和共同投资伙伴，高盛可以通过自有资本贷款或中级债务基金提供资金。客户在计划收购一家公司或出售自己的公司时，可能会想要自己的投资银行代表自己，如果这家投资银行也在考虑对该公司进行私募股权投资，则会出现利益冲突。这样的利益冲突常常发生，要解决冲突，投资银行心中必须思考自己的长期最佳利益，也就是当利益冲突发生时，经常需要优先考虑客户，虽然这可能要求自己的这个或那个部门必须放弃很重要的一笔业务。

信贷危机造成的债务市场及其他损失

2007~2008年间的市场混乱，使得多数私募股权投资活动到2007年6月时已陷入停顿，黑石集团首次公开募股正赶上了这时候。很多杠杆收购交易本来预期在2007年晚些时候结束，现在要么重新谈判，要么取消。杠杆收购操作者不同意改变融资条款，但与此同时，他们也设法让一些交易取消，这样他们便不必按照承诺将交易进行下去。有一个这样的争议涉及翰森特种化学公司，这是阿波罗集团持有的一家公司，该公司以合并后将无力偿债为由，试图逃避执行收购亨斯迈公司的协议。争议继续拖了下去，最后无法再拖时，阿波罗集团及其子公司以10亿美元与亨斯迈公司达成和解。亨斯迈公司对阿波罗集团及其银行大为恼怒，认为它们的做法不合商业道德，于是也将瑞士信贷和德意志银行告上法庭，指控它们未能按承诺交付支持收购的资金。法律纠纷持续了一年，两家银行与亨斯迈公司达成和解，向它支付6.32亿美元，并同意向它提供11亿美元优惠贷款。两家银行担心，得克萨斯州法院陪审团——长期以来惧怕公司被告人——可能会做出出人意料的，需让人付出高昂代价的裁定。

整个私募股权业都感受到了市场崩溃造成的痛苦。私募股权基金下跌了30%~50%。它们收不到业绩提成费，有些基金被迫返还先前时期挣来的业绩提成费，“高水位线”（要拿业绩提成费，首先必须超过的业绩水平）相对于当前的业绩水平，差距又是如此之大，很多基金担心永远也赶不上。此外，新的杠杆收购交易极少，挣不到什么并购费和融资费；也没有什么先前的收购交易准备在首次公开募股市场上重新发行股票，实际上2008年这个市场是不存在的。再者，很多被收购时杠杆程度很高的公司发现全球经济衰退对它们的冲击太大，被迫走向破产。私募股权业以前从未遭遇过如此困难的局面和市场环境。所有私募股权公司都损失惨重。哈佛大学和其他一些大型投资者，宣布削减将来向私募股权配置资产的计划。筹集新基金非常困难，虽然凯雷公司设法筹集到了一些资本。

利用不了债务市场，而杠杆收购业务又需要很高的杠杆水平，私募股权业便被迫将目光转向其他可能的投资机会。有些私募股权基金，如高盛和黑石公司等，接管他人持有的组合，尤其是遭遇困境的银行持有的组合，这些银行由于并购安排被迫进行自上而下的重组，或者为了对自己的资产负债表进行“设防和加固”，需要卖出手中的一些组合。另有一些私募股权基金打算利用自有资本，像对冲基金一样，根据抵押贷款支持证券和杠杆收购贷款一般认为较高的内在价值，针对它们的低价进行套利交易，或者打算对挣扎中的银行进行机会主义投资。得克萨斯太平洋集团对华盛顿互惠银行组织了70亿美元的投资，结果随着该银行数月后被迫为监管者所接管，所有投资都打了水漂。

然而，也并不是完全这么悲观。多数私募股权基金都有10年的存续期，在必须关闭前还有好几年的时间。随着市场回升，一些曾经核销了的价值还会重新回来。很多私募股权公司还指出，它们可以利用市场的下跌，按极低的价钱购买新的投资品，有些投资品价钱低到几乎无须使用杠杆便能完成。随着经济衰退进入第二年，欧洲、亚洲和美国积压了很多未完成的公司重组交易，悬垂在市场之上，正等着完成。从私募股权基金中撤出资本的投资者，也并没找到其他可能提供出色的股权收益的市场。很多投资者在重新考虑组合调整之后，得出结论认为最好还是待在原地不动。

经过一段较长的时间，私募股权投资与传统的投资银行业务相比，可能会证明是风险较小，值得拥有更高市价净值率和市盈率的业务，因为传统的投资银行业务收入来自费率收入和自营交易，完全依赖于市场条件。但这可能需要一些时间。与此同时，2007~2008年间市场造成的投资组合价值的剧烈减记，也会在记忆中久久停留。这段时期也提醒投资银行，它们的对冲基金和私募股权基金投资活动，虽然形式上放在资产负债表之外，但实际上可能并非如此。它们的名字留在基金的名称上，投资者期待它们偿付基金积累的负债，尽管这样的负债从法律上看可能并不是它们的责任。正如很多公司所做的那样，出资救助这样的基金，可能会代价高昂，如在贝尔斯登一例中，会突然迫使公司以不利的条件筹集新资本。从事对冲基金和私募股权业务的投资银行，也必须当心负面的公共关系影响，避免被人们与一些激进行为相联系，在经济困难时期，尤其要小心谨慎。这种负面影响在欧洲特别明显，在欧洲政府官员和媒体的口中，对冲基金和私募股权基金被称为“蝗灾”，而在日本，人们对恶意收购，尤其是外国公司进行的恶意收购，疑心重重。从事对冲基金和私募股权业务的投资银行还必须谨防过度铺张炫富造成的强烈不满，譬如，媒体报道施瓦兹曼生日聚会，便招来了强烈非议。纽约媒体上报道了这次聚会几天后，美国国会便有人提议举行听证会，要求撤销对冲基金和私募股权基金利润分成收入，按资本利得征税的税收处理。

PAPER FORTUNES

第十二章

抵押债务危机

导读

2007年下半年，当我发现可以用外国投资银行的钱对国内企业进行杠杆收购时，我曾经兴奋不已，到香港谈完一桩交易刚回到北京，对方就来电话说：不行了，一场恐怖的危机可能会来临。随后，逐渐传出一些大机构的支付压力，2008年因为次债危机终于引发全球性金融海啸。

资本市场听到的都是多少倍市盈率、年化的投资回报是多少多少或者多少倍息税折旧摊销前利润，而这一次轮到了每个机构损失几百亿美元。

所有金融家在设计金融产品时，都会在招募书中写着：投资者的钱都是闲置资金。也就是说，富人的钱才是金融游戏的筹码。所以，不必为金融海啸而担心，破的财都是富人的，危机之后，每元钱的实物含量有增无减，过日子的老百姓购买力增强了。可以说，金融危机是富人的悲剧，而是穷人的喜剧。没什么可担心的。

2006年3月，在一年一度的《致股东信》中，瑞银集团董事长马塞尔·奥斯佩尔和首席执行官彼得·伍夫利自豪地宣布，这家瑞士银行走过了最为成功的一年，实现净利润140亿瑞士法郎（折合85亿美元），较上年度增长75%。在瑞银集团的净利润中，约有3/4来自它的历史达140年的资产管理业务，这项业务管理着逾1万亿美元的资产，使得瑞银集团成为世界上最大的财富管理人。该银行也是欧洲三家主要全能银行之一，自有总资产达1.2万亿美元以上，（根据《巴塞尔协议》条款确定的）一级风险调整后资本资产比率超过12%，是业内资本充足率最高的银行之一。本年度亮点还包括48岁的彼得·伍夫利，被《机构投资者》杂志选为欧洲银行业最佳首席执行官。伍夫利自2003年以来便担任首席执行官，当时他接替了奥斯佩尔的职位，此前是担任集团首席财务官和资产管理公司首席执行官。

这一年里，瑞银集团宣布将位于欧洲和美国的两个资产管理公司合二为一，使用统一名称，还宣布创立新的另类资产投资管理公司，名叫德威资本管理公司，该公司由约翰·考斯塔斯领导——他是瑞银集团投资银行子公司前首席执行官，也是瑞银集团10人执行委员会的成员。考斯塔斯49岁，美国人，体格健壮，长相英俊，富有个人魅力，是该银行大受欢迎的明星人物，自1996年离开瑞士信贷跳槽到瑞银集团以来，一路飞黄腾达，晋升迅速。他初到瑞银集团时，担任美国固定收益及衍生产品部主管，然后于1998年接任全球固定收益部总经理，接着又在1999年担任投资银行子公司的首席运营官（正好赶上2000年收购普惠证券），最后于2005年成了集团首席执行官助理。他于2001年任投资银行子公司首席执行官，斥资6亿美元扩建交易大厅（在康涅狄格州史丹福市），重点从事固定收益和自营交易。考斯塔斯离开瑞银集团高层团队时，把这一切抛诸脑后，专心去管理数只对冲基金。瑞银集团设立这些对冲基金，目的在于充分利用自营交易最近获得的成功，尽量从中获利，这块业务过去几年交出了出色的业绩单。考斯塔斯让奥斯佩尔和伍夫利相信，新设立的对冲基金公司能给瑞银集团创下一个宝贵的品牌，为集团财富管理业务客户提供投资机会，要不然，竞争对手可能会给这类客户提供投资机会，此外，对冲基金还能让瑞银集团有机会通过杠杆放大利润，并通过带来外部资本而分散风险。他还把管理对冲基金当做可以为自己挣大钱的机会，同时也是留住交易业务方面主要管理人员的一个手段。瑞银集团把大约35亿美元的自有头寸，划转给对冲基金公司管理，并向对冲基金公司提供财富管理业务客户。新的基金公司将获得瑞银集团700亿美元的贷款，向瑞银集团和客户收取异常高的3%的年度管理费和35%的利润提成。

由于监管问题很复杂（或许还因为费率太高），吸收外部投资者比最初想象的要困难，但这些问题最后还是都克服了，对冲基金公司从外部投资者手里又筹集了13亿美元资金，于2006年11月正式启动。

6个月后，也就是2007年5月，瑞银集团宣布德威资本管理这家对冲基金公司在2007年第一季度亏损1.5亿美元，将关闭停业。经过内部审计，发现这家基金公司和瑞银集团都持有数量很大的债务担保证券，这些头寸需要做相当大的价值减记。瑞银集团需要将外部投资者分开，保护外部投资者免于分担遗留头寸的损失，因此该基金公司需要关闭。外部投资者离开时，实际上还获得了大约16%的投资收益率，但基金公司和瑞银集团自有头寸的损失非常可观。关闭基金公司大约需要3亿美元的遣散费和其他支出。考斯塔斯过渡期里仍在其位，然后便离开了。英雄由此变成了狗熊。

考斯塔斯离开瑞银集团，执掌那家对冲基金公司时，何宏丰接替他担任投资银行子公司的首席执行官。肯金斯是英国人，在固定收益方面没有背景，他委托咨询公司评估投资银行子公司的竞争地位，得知固定收益业务已稍稍落后于主要竞争对手，必须予以加强。最大的差距在于证券化产品和大宗商品业务。咨询公司建议重视如抵押贷款支持证券之类的证券化产品。这个建议被采纳，投资银行子公司迅速建立债务担保证券创设和承销“工厂”，因为可以获得很高的证券结构设计费，又能将证券卖给瑞银集团资产负债表内的“仓库”，便大刀阔斧地运营起来。债务担保证券工厂与担保物管理人签订协议，瑞银集团为担保物管理人购买住房抵押贷款支持证券。这些头寸会持有2008年1~4个月，直到能通过证券化，变成债务担保证券，然后被出售。据

2008年4月瑞银集团董事会关于公司资产减记的一份报告：

> 一般说来，这些头寸在仓库期间，会放在瑞银集团的账簿上，会受市场风险的影响。这些证券转给一个特殊目的的实体之后，被结构化为不同的风险组别。债务担保证券工厂以证券名义价值为基础，收取证券结构设计费，该工厂把重点放在夹层债务担保证券上，这个层级的证券会产生约125~150个基点的结构设计费（高层级的债务担保证券的结构设计费率是30~50个基点）。债务担保证券结构设计业务的增长关键，是2005年6月资产支持证券信用违约掉期业务的发展。

仓库中的证券绝大多数是AAA级的债务担保证券。

到2007年4月，瑞银集团的风险管理人员毫无疑问已看到了这个深渊，看见瑞银集团拥有巨量抵押贷款支持证券，如果当前的市场状况持续不变，这些证券足以迫使瑞银集团作出招致严重问题的资产减记。此后一年之内，瑞士这家规模最大、赢利性最强、最感到骄傲的银行，将会核销490亿美元的抵押贷款支持证券，被迫接受瑞士政府给予的600亿美元资金救助，进行涉及面很大又蒙受耻辱的管理层人事调整，瑞银集团由此开始步履蹒跚。

抵押贷款vs.结构化融资

2001年前不久，联邦基金利率为1%，美国房地产市场开始进入一段繁荣期，住宅销售价开始以10%~20%的年增长率上涨。抵押贷款很容易拿到，美联储为了抵御安然事件后的经济衰退，也已降低了利率。的确，抵押贷款利率比2000年下降了27%，到2003年，已降到1972年以来的最低水平。股票市场很不景气，直到2003年年底才有所好转，有些投资者一定心想，既然现在可以很便宜地借到贷款，为什么不买一座房子，一套公寓，或一栋公寓楼，过几年再卖出呢？至少房价仍然在涨。很多投资者已经这样做了。

抵押贷款可以由抵押贷款经纪商提供，然后可以卖给储蓄银行，再由储蓄银行卖给规模更大的银行，而大银行会力图将这些贷款重新包装，放入有担保的抵押贷款支持证券之中，最后再卖给全世界各地的投资者。这些证券会融入已在市场存在的规模巨大的资产支持证券池。2007年，这个证券池的估值约为12万亿美元（自2000年以来上涨了一倍多），所有银行抵押贷款的39%已卖入了这个证券池。约有5.5万亿美元的证券化贷款，由抵押贷款提供担保；6.4万亿美元的证券化贷款由抵押贷款之外的资产提供担保，这些资产包括信用卡应收款、汽车贷款、学生教育贷款、住房权益贷款等。这些证券卖给养老基金、共同基金、保险公司以及数量日益增多的对冲基金。所有这些证券化活动被认为是分散了银行系统的风险，降低了借款人的成本，使市场更加安全、更有活力。能有这么多的好处，夫复何求呢？

这种证券化业务与20世纪70年代刘易斯·拉尼埃里埃在所罗门兄弟设计的业务相同，只是形成了一些新特色。从根本上讲，这个市场分成两个部分，一是将房地产抵押贷款重新打包的债务担保证券，一是贷款担保证券，这类证券将公司贷款包括杠杆收购贷款打包，放入不同的风险组别。债务担保证券容纳优级贷款（由联邦贷款担保公司或专门的债券保险公司提供担保后，会获得AAA评级）、次级贷款（向信用品质较弱的人提供的贷款）和称为Alt–A级的贷款，Alt–A级贷款信用评级介于优级和次级之间。在美国，次级抵押贷款总额在2001年是1 900亿美元，2006年便激增至6 000亿美元，其中约有80%被证券化，而2001年证券化率为50%。

除了利率固定的抵押贷款之外，债务担保证券中还包括一些可调整利率抵押贷款，其中有些为了吸引借款者，又具有不同特色。这些可调整利率的抵押贷款，多数在设计时便想到要在两三年内进行再融资，或者出现违约。到2006年，一些特种债务担保证券——如“抵押债务契约”和“固定比例债务证券”等（前者并非由抵押贷款提供担保，而是由其他债务担保证券提供担保，后者是一种加了杠杆的债务投资衍生品）——被引入市场，以便提供更多的风险特征或其他特征，吸引对冲基金和其他机构投资者，这些投资者会要求定制专门为其设计的风险增强型债务担保证券。工作中与所有这些不同类型的资产、信用品质和利息支付方式打交道，同时又要考虑很多贷款提前偿付的可能性，需要特别强的计算机建模能力，也需要对销售和做市付出大量辛劳。总之，我们把这种特殊的“高科技”金融工程，称做“结构化融资”。

投资者可以通过抓住评级高的债务担保证券的收益率与融资成本之间的差额来赚钱，也可以随着利率下降以及（或）其他投资者涌入，推动证券价格上涨，然后卖出证券赚钱，与此同时还可以通过给投资加杠杆来赚钱。银行则通过收取打包、承销和分销债务担保证券的费用来赚钱，也可以通过为自己的账户或在自己管理的对冲基金中交易这些证券来赚钱。

银行必须在这种高度专业化的业务中做很大的投入才可以从事相关业务，多数银行的财力或资本都无法承担这样的投入。但对于投入其中的相对较少的大型银行而言，回报却极为诱人，在总利润中占到了多达20%~30%的比重。譬如，2006年，美林证券便从债务担保证券创设和承销，以及其他业务中挣得7亿美元。有些公司，如美林证券、摩根士丹利和雷曼兄弟等，收购或自己设立抵押贷款经纪公司，以便能更迅速地将抵押贷款打包挣更多的钱；有些公司，如瑞银集团和贝尔斯登等，设立对冲基金公司，通过保证金贷款或低成本商业票据提供资金，来交易或持有债务担保证券。一位贝尔斯登的交易员这样描述此类对冲基金的赚钱方式：

> 基金经理赌（债务担保证券的）收益率会很稳定。他们愿意尽可能多地快速买下收益率高于借款利率的债务担保证券……例如，一位基金经理可能会尽可能大量地迅速买下收益率为伦敦银行间同业拆借利率加100个基点的优级组别债务担保证券——也就是风险最低、评级为AAA的债务担保证券。基金经理用投资者的现金做担保去借款，大约只需支付相当于伦敦同业拆借利率的成本。基金经理每年可获得100个基点，如果用10~20倍杠杆，最后可以得到10%~12%的收益率，还不用承担多少财务风险。这是管理基金时最为理想的一件事情。你找到了波动性很低的10位数收益率，你破译了密码。

最后，还有“结构化投资实体”。有些银行设立这类实体，以便在资产负债表外存放大量债务担保证券，它们所使用的技巧与安然的做法并无太大不同。结构化投资实体使银行得以锁定债务担保证券利率与商业票据利率之间的大量差额，而为了获得极好的收益率，商业票据又加了多倍杠杆。花旗集团有7个离岸结构化投资实体，实质上都没有自有资本或准备金作为支持，这些实体在最高峰时投资总额逾1 000亿美元，直到2007年9月，还为花旗集团创造了不菲的利润。

债务担保证券市场的发展在2001年后不断加速，大家争先恐后地展开竞争，要提供更多的债务担保证券。抵押贷款证券池开始变得浑浊起来，有些抵押贷款经纪商明显降低了借款人的信用标准，有些抵押贷款打包公司愿意买入低劣的抵押贷款，并将它们传递下去，这都使抵押贷款证券池变得更糟了。证券本身也变得更加复杂、更难评级或分类，不再适合评级机构为评估此类证券而开发的评估模型。

不过，在数年时间里，生意兴隆火暴，有些公司仓促地开始涉猎其中，要赶上竞争对手，或争抢可观的利润，提升自身的业绩。谁也不想停下来，因为都在挣着大钱。到这时，泡沫便已形成，但谁也不能将泡沫与潮流区别开来。经济学家罗伯特·席勒描述泡沫转为危机的事件序列时说；

过度激进的抵押贷款公司、顺从配合的资信评估公司、沾沾自喜的借款人急剧增多，使得房地产市场的繁荣愈演愈烈。抵押贷款公司计划将抵押贷款卖给进行证券化的公司，不再担忧偿付风险。一般情况下，抵押贷款公司只是敷衍了事地评估一下借款人偿付贷款的能力——常常未向国内税务局核实借款人的收入，即使手中持有允许它们核实收入的签名授权书，也是如此。有时这些贷款公司会诱使天真幼稚、信用记录不良的人在气球般迅速膨胀的次级抵押贷款市场借款。这些抵押贷款以精致而神秘的方式，被打包、出售、再打包、再出售，卖给全世界的投资者，由此为真正具有全球规模的危机搭好了舞台。房地产市场泡沫，与隐含于证券化过程中的利润激励因素结合在一起，便放大了道德风险，使抵押贷款公司中一些最恶劣者的胆子更大了。

2006年年中，房屋价格开始下跌。到2006年年底，已有明显迹象看出债务担保证券市场正变得过热，价格与基础价值（即债务担保证券所含抵押贷款价值）不一致。11月，BBB–级证券的企业债信用违约掉期指数开始下跌，从100点降至94点。

这时，高盛首席执行官劳尔德·布莱克费恩、联席总裁乔恩·温克雷德和盖瑞·科恩，以及公司的几位交易主管，被公司首席财务官戴维·温尼尔召集在一起，敦促重新考虑公司在债务担保证券业务上的风险敞口。公司决定将所有敞口减为零，后来又将所持有的谨慎观点变为完全否定的观点，因此建立了大量债务担保证券的卖空仓位。

2007年2月中旬，BBB–级企业债信用违约掉期指数突然暴跌至大约60点。还是在本月，位于法兰克福的歌德大学教授、学术性智库金融研究中心理事杰恩·克拉南发表了一篇社论，指出：

这些贷款的品质低劣为人所知，已有很长一段时间。当美国利率开始上升时，在分析师和投资者看来，明显要出现损失了。既然损失出现时并不出人意料，那么信贷危机实际上就并非由次级抵押借款市场驱动。相反，罪魁祸首是转移风险的市场，分析师认为，这个市场只会分散风险，因而会提升经济面临冲击时的复原力。

有一个做法分析师没有预计到，就是信用风险向特殊实体转移了，这类特殊实体称为“导管”（也就是特殊投资实体），而导管并没有置身于金融系统之外。

这些实体持有发起银行提供的安慰函或类似的准担保。这种担保代替了股权支持，本来若要发行AAA级的商业票据，是需要股权支持的。这一切促使银行整体风险敞口变得模糊不清，引发商业票据市场几乎陷于停滞，银行间市场也有这样的遭遇。

很多银行以及其他拥有特殊投资实体的投资群体都痴迷于债务担保证券。总体而言，这些特殊投资实体约占有4 000亿美元发行在外的此类证券。但这些特殊投资实体，不过是因为母公司出具了“安慰函”，或非正式、无约束力地承认债务存在，承认债权人仅有权要求母公司尽最大努力确保债务偿还，而一直在进行着大量借贷；这些实体的主要融资来源是欧洲短期商业票据市场，一旦意识到这一点，便开始退缩了。由于商业票据投资者在到期时不愿续展票据，银行不得不为自己的特殊投资实体寻找新的融资来源，主要来源便是银行间市场，而这个市场也开始对只是根据“尽最大努力”的承诺而突然提出的借款需求，显出抵制情绪。如果银行为特殊投资实体的贷款提供担保，它们便不得不把特殊投资实体放回自己的资产负债表上，而它们并不想如此（最终还是被迫拿回了）。

一旦银行间市场也开始表现出感受到了压力，每个人的注意力便迅速转向自己的风险敞口。据《经济学人》杂志刊载，“在卸载杠杆期间，要掌握风险敞口的动态更是困难，因为这时候，把不同机构连接起来的链条会突然绷紧：一家银行向一只对冲基金催缴保证金，便能迫使该基金关闭，这只基金的关闭又会使它的大宗经纪商变得脆弱，因为大宗经纪商已针对抵押贷款支持证券签了信用违约掉期合约。”而这些抵押贷款支持证券又为大型银行的特殊投资实体所持有，可是你在这些实体内又有大量风险敞口。1998年长期资本管理公司引起恐慌之后，投资者开始以怀疑的目光看向对冲基金，需要确切地知道对冲基金里都有些什么。现在，投资者又开始怀疑银行，相互间也产生了怀疑。当这一切发生时，哪怕不太可能出现任何单个抵押贷款违约，也没有一个人再愿意买任何东西，市场由此陷入冷冻状态，流动性也就消失了。

BBB–级企业债信用违约掉期指数，2007年5月回升到75点，后来又在6月再次暴跌到不足40点。2007年7月，评级较高的AA级企业债信用违约掉期指数突然下跌至85点，本来该指数自年初以来，一直稳定在100点左右。

银行跟跄而行

随着资产价格的下跌，贝尔斯登管理的两只高级结构化信用基金（也就是高杠杆、重仓持有次级抵押证券的对冲基金）开始出现严重损失。尽管这两只基金投资的是信用品质较好部分的已证券化的次级抵押贷款，并为这些证券购买了信用违约掉期合约进行保护，但市场对次级抵押证券失去了信心，致使基金的贷款人要求提供更多担保物，以弥补价格暴跌造成的损失。以抵押贷款支持证券为担保物而向基金提供贷款的银行，对担保物进行大幅度价值减记，减记后的价值（真是无异于清盘价值）实质上成了实际交易价值仅有的证据。这两只基金当然需要筹集更多资本，否则会面临以产生重大亏损的价钱卖出所持头寸的局面。贝尔斯登向两只基金提供了16亿美元贷款，力图将它们从快速滑入的恶性循环的危险通道中解救出来。尽管有了这些贷款，但还得再卖出一些证券来满足保证金催缴要求，这进一步给市场造成了价格压力。仅在数周之内，两只基金就亏损约14亿美元资本，7月份宣告破产。贝尔斯登的股价也重挫40%。

贝尔斯登两只对冲基金破产的消息传出的同时，媒体报道美国的取消抵押品赎回权发生率急剧上升，这使债务担保证券的投资者非常担忧，这些投资者不知道在自己所持的多种抵押贷款证券中，有多少是属于次级抵押贷款担保证券，因而不知道其中有多少会受到取消抵押品赎回权的影响。此时，已经祸到临头了，价格在暴跌，固定收益市场把次级抵押贷款担保证券当做毒性废物，甚至还廉价抛售优质抵押贷款支持证券。特殊投资实体无法继续发行商业票据，都卡了壳。它们既不能买，也不能卖（除非以极大的折扣卖出手中的抵押贷款支持证券），也不能为组合进行融资。对于其他所有人来说，这些大量持有抵押贷款支持证券的庞然大物，在市场上高悬着巨量卖单，可能不久便要强行在市场上执行。

2007年夏，德威资本管理公司这家对冲基金关闭已有些日子，瑞银集团开始预警将有资产核销，因为所持巨量抵押贷款支持证券组合的账面定价需要反映市场的实际价格（虽然这是在市场恐慌之下出现的价格）——这种会计处理是证券业的规定动作，叫做“按市计价”。瑞银集团积累了大量债务担保证券风险敞口，在整个集团各地办事机构都有这种敞口，它本以为风险敞口虽然持有量很大，但是安全，因为所持债务担保证券的评级都是AAA，况且这类证券的市场流动性一直都很高。但是，随着债务担保证券市场的消失——因为投资者不知道，在每只债务担保证券中，究竟含有多少已受污染的次级抵押贷款——市场也开始担心为评级提供保险的单线保险公司可能会倒闭。投资者不再信任债务担保证券获得的评级——的确，所有的历史统计数据都被看做无关紧要了——市场形成自由落体般的暴跌之势。无论评级如何，债务担保证券都按“过火物品抛售价”进行减记。差不多一般认为有风险的其他任何种类的金融纸证也都受到如此待遇，包括：其他类型的资产支持证券、垃圾债券和杠杆收购贷款。随着价格的下跌，所有这些纸证都得按市计价，这样又造成了更多的资产核销和更大的混乱破坏。

为数众多的对冲基金涉足了抵押贷款这一风险领域，现在都面临着持续不断的保证金催缴要求。其中很多基金几乎或完全筹集不到资本。由于存在所有这些技术因素，债务担保证券的价格便进一步下跌。8月，巴黎银行中止投资者从它管理的三只共同基金中撤资，这几只基金投资了次级抵押贷款支持证券，巴黎银行说之所以中止赎回基金份额，是因为无法给基金中的资产赋予价值，这些资产的市场已经消失了。

至于对所持证券进行随市计价，这些新出现的情况让银行、评级机构和投资者陷入了尴尬的境地。它们多数都是出于风险管理目的，依赖各种不同的精致模型对债务担保证券进行估值，这些模型考虑了变动不居的利率、抵押贷款预期违约率和提前偿付的可能性，被认为是精确可靠的。但这些模型并未（也无法）考虑到可能暂时出现的流动性崩溃的情形。当市场被恐慌占据，变成只有卖家没有买家的时候，价格必然会降至废品价的水平，交易量微乎其微。

公允价值会计准则

2000~2002年期间，发生了很多公司丑闻，审计公司为此受到了严厉谴责，并需要接受《萨班斯法案》规范其行为，现在它们又面临着很大压力，需要给银行和对冲基金持有的债务担保证券进行正确的估值。它们近期按要求开始执行美国财务会计准则第157号（即公允价值会计准则，2007年11月后财务报表编制需要采用此准则），该准则要求建立明确的公允价值框架，并极力强调如果存在市场的话，要使用实际市场交易作为定价依据，而不是使用模型定价。从2007年夏开始，一些观察家相信，这种市场驱动的公允价值，以及多数金融公司对这个准则的提早采纳，在很大程度上夸大了与危机相关的资产核销数量。他们相信，这在市场上造成了不必要的混乱，迫使银行去筹集实际上并不需要的资本。联邦存款保险公司前董事长威廉·伊萨克便是持有这种看法的一位观察家，他批评美国证交会“至今还很顽固，拒绝抛弃一个具有很大破坏性的做法，逼迫银行对资产进行过多而无充分理由的减记。”他所说的这种破坏性做法，就是要求银行采用美国财务会计准则第157号。不过，银行采用该规则时，无须像投资银行一样，对一切资产都要实行按市计价。银行可以指定某些资产为持有到期资产，因此这些资产仍可按历史成本减预期损失准备的价格进行估值。必须按市计价的资产，只是在交易型账户中持有的资产，银行预期不会保留这些资产。

这些资产若存在交易市场，会按市计价——但如果没有交易市场，可以使用贴现现金流模型进行估值——到危机期间结束时，银行已能用贴现现金流模型对一些可交易的资产进行估值（产生的结果与历史成本减预期损失准备的计价方式很相似，这是比接受市场上所谓的“过火物品抛售价”估值法有利得多的一个估值方法）。从根本上讲，银行可以声称资产支持证券的市场已严重受损，完全不存在什么真正的市场。美国证交会和银行监管部门也允许银行在这个问题上拥有很大的灵活性，2009年4月，财务会计准则委员会（发布美国财务会计准则第157号的机构）迫于美国国会施加的很大压力，修订了该准则的一些条款，允许对其作出更有利的解读。所以说银行（并非华尔街公司）从未将一切都按市计价，它们得到了越来越多的回旋余地，可以将按市场价减记的资产数量降至最低。换言之，它们的资产减记本来可能会糟糕得多。

尽管如此，由于银行仍然在交易型账户上持有大量这类资产，到2007年9月，它们的确已开始报告遭受了大量来自抵押贷款支持证券的损失。好几家银行报告说，它们试图通过卖空一些信用品质较弱的抵押证券，买入品质较强的证券，来对冲自己的风险敞口，但对冲操作并未产生很好的预期效果——因为要卖出品质较弱的证券很不容易，而买进的品质较强的证券的价格也一路下滑。

政府干预

金融危机蔓延到所有市场，致使投资者争相奔求安全港湾——如美国短期国债之类的资产，金条价格也随之飙升。美联储竭尽所能，想在这一切混乱之中探出一条出路，又是削减利率，又是向市场注入巨量流动性。其中有些流动性用来支撑已有财务压力的银行和投行，但除此之外，增加的流动性并未流入惊恐不已的抵押贷款证券市场，也未进入房屋贷款市场。没有新的抵押贷款，美国各地的房价继续下跌，从众多经济评论家的口中也听到经济要出现衰退的预测，他们在财经媒体几乎没完没了的电视节目中作为嘉宾频频亮相。

2007年10月，美国财政部部长亨利·保尔森宣布，为了让市场流动状况恢复常态，计划设立一个新实体，购买大量悬在市场之上的抵押贷款证券。他强调说，这一行动并不是政府对债务担保证券业进行“财政救助”，而是私营部门在财政部全力支持下将进行的自由市场行动，几个月以来，财政部为促成这样一场交易，极其认真地作出努力。这个新实体将命名为总体流动性增强实体，由美国三家最大的批发银行花旗集团、摩根大通和美洲银行组织并提供顾问服务，它们在债务担保证券市场都有相当大的风险敞口。政府说，这个计划启动之后，政府将不再承担任何角色。

总体流动性增强实体不久便被冠以“超级导管”之名，也就是为特殊投资实体设立的特殊投资实体。总体流动性增强实体会以某种方式，为自身这个超级导管从市场组织融资，然后从旧有的导管中收购资产。银行将竭尽全力组成银团，提供数千亿美元的信用额度，给总体流动性增强实体提供足够的融资，虽然受邀进入银团的很多银行，可能并不愿意为拯救竞争对手而出力，不愿意在流动性危机正肆虐的时候，通过承担大量抵押贷款支持证券来拯救对手。关键问题是，购买债务担保证券时，价格怎样确定？是以催缴保证金而导致的清盘价来估值，还是按高得多的现金流模型确定的内在价值来估值？如果以清盘价来估值，银行持有的特殊投资实体为什么想卖呢？如果以现金流模型确定的价格来估值，提供融资的银行又为何要买入呢？这是一个永远无法解决的两难问题。到2007年10月，市场流动性已停滞6个月，在金融市场内广泛蔓延，又造成了数以千亿美元计的资产核销，总体流动性增强实体计划终于被放弃。

资产核销高峰

到2007年12月底，资产核销值已累积到极高水平，并将继续上升，持续数个季度。尽管2008年第二个季度还有一些资产核销，但彭博资讯公司报道说，到2008年4月底，美国和世界其他地方的银行，已在债务担保证券和贷款支持证券上，遭受了2 500亿美元的贷款损失，在前者也就是在与抵押有关的贷款上的损失，大约占全部损失的3/4。2007年位列报告贷款损失名单前几名的是：花旗集团，损失410亿美元；瑞银集团，损失380亿美元；美林证券，损失320亿美元；美洲银行，损失150亿美元；摩根士丹利，损失126亿美元。摩根大通在危机开始前，处理掉了一个特殊投资实体，报告损失仅为97亿美元。德意志银行和瑞士信贷分别损失74亿美元和63亿美元。大约30家其他外国银行总计有750亿美元以上的资产核销。在银行系统之外，另有1 000亿美元左右的损失，主要由保险公司、对冲基金和其他机构投资者承担。到2008年年中，估计金融业资产核销值已上升到5 000亿美元，第三季度还会继续上升。

英格兰银行在2008年5月金融稳定报告中指出，银行可能在审计公司施加的压力之下，过多地核销了资产。英格兰银行使用主流的相当悲观的抵押贷款违约率和贷款损失率假设数据，通过自己的模型发现，大约9 000亿美元（平价）的抵押贷款支持证券，当时具有占平价81%的基础价值，而由信用违约掉期指数确定的市场价格，给这些证券的估值却是平价的58%。因此，英格兰银行说，资产核销值超过这类证券真实价值的部分，可能达到了2 000亿美元，这会给一些勇敢坚定的投资者留下创造利润的空间，因为市场必然会对风险重新定价。

然而，也有其他有关信贷危机造成的损失总值估测数据，大于彭博资讯和英格兰银行的测算，例如，国际货币基金组织提供了特别悲观的数据，估计全球总损失在1万亿美元左右。为了反映抵押债务危机造成的所有经济影响，国际货币基金组织把能包括进数据测算中的所有因素都考虑到。按损失的美元价值来算，国际货币基金组织的估计使得2007年危机规模很大，既大于20世纪90年代日本银行业危机，也大于1986~1995年期间的美国储贷危机。国际货币基金组织还测算出危机影响约占美国国内生产总值的7%，这大约只有日本危机对经济影响的1/2，但稍大于储贷危机的影响。2007年危机的影响仅在1年的时间里产生，相比之下，日本危机和储贷危机产生影响的时间要长得多。然而，新经济泡沫（2000~2002年间）的破裂，在股市最高点与最低点之间，造成的市场价值总损失逾8万亿美元，损失和经济影响都要大得多。但2007年危机主要是影响了美国和欧洲的大型金融机构，这些机构最早感受到了冲击，遭受了损失。随着危机波及全球经济实体，影响便更加恶劣，促使政府进行大规模的前所未有的干预，这是前几次危机中所没有的。

银行深陷财务困境

抵押债务危机的后果对银行业的影响将是持久深远的，因为所有银行都要削减开支，缩减信贷业务。好几家大型银行被迫变动领导层，重新考虑基本的业务战略。多数银行还筹集新资本，填补被抵押业务消耗掉的资本，大大地稀释了原有股东的权益，另外还有些银行因深陷财务困境，与其他银行进行了合并。

瑞银集团

2007年7月，瑞银集团首席执行官彼得 · 伍夫利被迫辞职，由另一位瑞士人高管马索尔·罗纳接任，他原是集团首席风险官。10月，瑞银集团宣布：本季度财报总体上可能会出现亏损；休伍·肯金斯将会让位，由罗纳接管投资银行子公司；集团首席财务官克莱夫·斯坦迪西也将辞职。

12月，瑞银集团宣布再核销100亿美元资产，预计全年会报告亏损，并宣布已静静地从新加坡和中东地区的主权财富基金手中，筹集到了110亿美元的新资本。2008年1月，瑞银集团又宣布了一些亏损，至此，与美国住房抵押贷款市场有关的损失累计已达187亿美元。2月，杰克尔·约翰逊，这位摩根士丹利机构股权部前主管，被任命为瑞银集团投资银行子公司首席执行官，他是3年内担任此职的第4人。由其他信贷业务包括杠杆收购贷款造成的损失，使所有被核销的资产值达到令人震惊的380亿美元。在瑞银集团年度会议上，这时还是董事长、有着“特氟龙”之称的马塞尔·奥斯佩尔宣布，他不愿再连任，将由瑞士人外部董事、律师出身的彼得·科勒接替。奥斯佩尔58岁，自1997年以来一直是瑞银集团的关键人物，在这之前一年，瑞士联合银行和瑞士银行公司合并成了瑞银集团。奥斯佩尔和瑞银集团的其他股东无奈地看着瑞银集团股票从2007年6月历史最高点跌去了66%，而在股票达到那样的高位时，瑞银集团曾骄傲地俯视欧洲两大主要对手瑞士信贷和德意志银行。瑞银集团的瑞士籍核心股东认为这些事情根本就难以置信；强大而骄傲的瑞银集团，竟能给大量美国住宅抵押贷款弄得难以为继，实在是不可思议。“对我们而言，这就像是爆炸了一枚原子弹。”康拉德·哈姆勒这样说，他是瑞士私营银行威格林银行的执行合伙人，持有大量瑞银集团股票。2008年5月，瑞银集团又被迫筹集150亿美元股本，筹集方式是向股东增发股票，发行价按本已很低的股价的深幅折扣确定。

美林证券

2007年10月底，美林证券宣布核销大量抵押贷款支持证券之后，解雇55岁的董事长兼首席执行官斯坦利·奥尼尔。奥尼尔是第一位掌管华尔街重要公司的非裔美国人，他完全是靠个人奋斗成功的。作为阿拉巴马州一个小镇农场主的儿子和一个黑奴的孙辈，奥尼尔先在亚特兰大通用汽车一个装配线找到了工作，当时他家为了让父亲能在一家汽车工厂工作才搬到了此地。通用汽车发现他是一个聪明而勤奋的小伙子，便邀请他进入通用研究院学习，这是一所为优秀雇员开办的公司内部大学。他在学校里成绩优异，毕业后又被哈佛商学院录取。离开哈佛商学院后，他返回通用汽车，担任初级行政管理人员，后来又于1986年应一位通用前同事之邀，跳槽到美林证券。

在美林证券，奥尼尔晋升迅速，成了一些高管最喜爱的红人。1998年，他被任命为首席财务官，2002年又被任命为首席执行官，接替深孚众望的戴维·考曼斯基。考曼斯基虽然先前支持奥尼尔，但不久便对他大加挞伐，因为他“企图破坏美林证券的价值体系和公司文化”。这是一种有着慈母式情怀的公司文化，公司内部人称“美林妈妈”。考曼斯基说，要解释奥尼尔被迫退出公司的原因，可能惹怒了“美林妈妈”，比抵押贷款证券造成了重大损失更为重要。不过，抵押贷款证券亏损无疑也使他落入狼狈不堪的境地。

奥尼尔担任首席执行官期间，美林证券股价在业内算是表现很好的。股价虽落后于两大竞争对手之一的高盛，但领先于另一个对手摩根士丹利。在奥尼尔的领导下，美林证券的利润率有了很大提升，虽然他实现这一点，使用的手段据说并非美林的传统手段，而是依靠裁员、削减费用、替换高层经理等方式，据一位观察家说，他“替换了公司1/2以上的高层经理，而且替换时常常使用更年轻的来自亚洲或欧洲的管理人员，而不是来自纽约皇后区和长岛的人”。

美林证券是华尔街正宗的爱尔兰裔美国人机构，这里先前的高管看起来像是管辖贫困社区的社区警察，与所有的居民都很熟悉；在这样的美林证券，奥尼尔又遭到了同事们的其他批评。一旦掌了权，奥内尔便成了孤家寡人——在下属眼里，他是个冷漠、难以接近，偶尔还是令人不快的人。美林证券到处都是喜爱闲聊的人，在这里他却根本不属此类。他被看做没有灵魂、只重数字的人，被看做一个自信心不足的领导，对于自认为对他或他的职位构成威胁的人，或可能构成威胁的人，都会加以铲除。抵押债务危机当然让美林证券遭到了重创，但也影响了业内其他公司。美林证券的损失无疑很大，但还比不上花旗集团和瑞银集团。当然，这些损失说明了在奥尼尔执掌公司期间，交易上的风险敞口已增加了很多，但在敞口不断累积的过程中，董事会也得到了充分的专业咨询建议，对这些敞口不应该会有什么意外。

的确，董事会知道，就在奥内尔成为首席执行官之后不久，他授权扩大了抵押贷款证券部。他从瑞士信贷银行，招募了一位34岁的债务担保证券专家，两年之内，公司便从抵押贷款证券排行榜上的第15位，跃升至第一位。2006年，美林证券支付13亿美元，收购第一富兰克林公司，这是一家总部设在加州的抵押贷款经纪公司，2005年发放了290亿美元的房屋贷款，到2006年年底，将这个数字提高到了440亿美元。

这些数量庞大的新设抵押贷款，包括一部分日益增多的“非传统型贷款”，也就是实质上无须任何信用标准的贷款。巨量贷款通过“滑道”进入“香肠灌制工厂”，工厂将贷款转变成证券；数量如此庞大的贷款，有助于美林证券在赢利丰厚的债务担保证券创设过程中占据支配地位。问题是，美林证券创造的债务担保证券来不及销售，这些纸证便在美林证券的资产负债表上不断增多起来，而它的资产负债表已使用了20 ：1的杠杆率。处于这种境地非常危险，即使公司并未处在泡沫的高潮期中，也很危险；当然，到2006年年底，美林证券事实上已深深陷入抵押贷款证券的泡沫之中，不过，看上去美林的人似乎都没注意到这一点。2007年2月，英国大型银行汇丰银行宣布，将为抵押贷款计提100亿美元的损失准备。2007年4月，新世纪金融公司——一家大型抵押贷款公司——宣布前一季度出现严重亏损，申请破产。但是，尽管出现了这些以及其他警告性事件，美林证券仍然在让抵押贷款证券化工厂满负荷运转。到2007年6月，美林证券已将320亿美元未出售债务担保证券列入自己的资产负债表，而且这些东西还在不断累积。但到这时，一切都完了。市场在崩溃，没有任何出路让美林证券逃脱自己所处的混乱局面。2007年第三季度核销了84亿美元（其中79亿来自抵押贷款支持证券），使公司本季度亏损23亿美元。

当然，回想起来，那时显然没有人看着美林上万亿美元的资产规模，会担心这类证券风险敞口的不断增加。或许，观察者的注意力，被2006年奥尼尔咄咄逼人的股票回购计划给分散了，这项计划涉及进一步提高财务杠杆，借款90亿美元从市场购回部分股票，以便提升美林证券的收益投资比。

无论如何，在2007年第3季度灾难性的结果出来之后，奥尼尔知道美林证券必须筹集新的资本，而且要快速行动。于是，10月份，他找到美联银行首席执行官肯·汤普森，商谈与美林证券并购事宜，但他并未将此事告知董事会中任何人。董事会几天后听闻此事，很多董事大为不悦，不仅对三季度的严重亏损不满，因为这已让公司处于困难的境地，也气愤奥尼尔既不告知他们，也未得到他们的授权，便去和另一家公司商谈合并。这太过分了，好几位董事激烈地批评奥尼尔，要解雇他。到了这时候，即便“美林妈妈”也救不了奥尼尔，10月底，他被迫退休的消息公之于众。当然，这并不能解决问题。2007年第4季度，美林证券又核销110亿美元，包括核销为杠杆收购提供融资的杠杆贷款，即使这样，公司披露仍持有300亿美元的债务担保证券。

董事会成立了一个物色委员会，寻找奥尼尔的替代人选，该委员会很快便确定并付定金聘请52岁的约翰·赛因。他是纽约证券交易所首席执行官，曾任高盛总裁，2007年12月1日被任命为美林证券首席执行官，这是第一次来自公司外部的人受到如此任命。赛因是一位风险管理专家，在高盛担任过数年首席财务官，他迅速采取行动，要让公司止住失血。此后又有些资产被核销，但到2008年4月，赛因筹集了160亿美元新股本，包括从新加坡淡马锡控股公司、科威特投资局、韩国投资公司以及瑞穗银行筹集的66亿美元。赛因未能阻止仍留在美林资产簿上的债务担保证券出现进一步核销，公司股价继续下跌。2008年7月底，赛因认定，必须彻底清除美林证券的这些有毒资产，便以22%的深度折扣价，将300亿美元的债务担保证券卖给孤星基金，由此又得核销60亿美元（美林证券资产核销总额已达470亿美元）。赛因还宣布，美林证券将再筹集85亿美元新资本。美林清空债务担保证券之后，其他银行感受到压力，也要清空所持债务担保证券，哪怕是以极低的价格，也在所不惜（股票市场已对相关银行的股价做了贴现），好几家大型对冲基金公司筹集资金来收购这些头寸。

2007年第3季度业绩公布之后，斯坦利·奥尼尔并非华尔街唯一丢了头衔的人物。11月底，摩根士丹利宣布对管理层作出重大调整，两位联席总裁佐乌·克鲁兹和罗伯特·斯卡里，在公司宣布债务担保证券出现重大损失，到季度末总亏损约达90亿美元之后离职。克鲁兹在摩根士丹利做了25年的固定收益业务，是华尔街职位最高、收入最多的女性高管，是深受爱戴的约翰·麦克的朋友，并得到了麦克的栽培（2005年，菲利普·珀赛尔迫于一群摩根士丹利前合伙人的压力无奈辞职，麦克又返回公司担任首席执行官）。这些损失暴露出克鲁兹掌管的风险管理部门存在很多不足之处，麦克看样子也对她失去了信心。她宣布退休，但斯卡里同意换岗，调进新的“董事长办公室”，帮助维护客户。麦克任命了两位新的联席总裁沃利德·詹玛和詹姆斯·郭尔曼。沃利德是黎巴嫩人，主管摩根士丹利国际业务，在结构化金融领域有过经历，詹姆斯是澳大利亚人，主管全球财富管理集团。麦克曾长期从事固定收益业务，公司执行他全力支持的业务战略而遭受了重大亏损，他很幸运，保住了自己的工作。然而，董事会也只是勉强留下他，认为换掉他未必有更好的结果，于是也就接受了他对两位联席总裁的任命。

花旗集团

斯坦利·奥尼尔辞职一周之后，花旗集团董事长兼首席执行官查尔斯·普林斯（昵称“查克”）也出人意料地辞职。普林斯于2003年在桑迪·韦尔意外辞职后接替了他。普林斯宣布辞职是紧跟在公司2003年第3季度核销资产之后，公司所核销的资产后来增加到240亿美元。这些损失很多是来自以前的表外资产，那些资产由花旗集团各种特殊投资实体和资产支持商业票据导管所持有。花旗集团被业内看做抵押贷款支持证券风险敞口最大的银行，而且最为激进地使用“可变利率实体”，在表外停放那些风险敞口。这些实体都是花旗集团的控股子公司，符合某些会计常规做法，使得财务报表可不与母公司的财务报表合并。总之，这些表外资产由特殊投资实体和很多其他结构化金融实体组成，2007年9月30日，资产规模总计达到3 430亿美元，其中有380亿美元是2007年年初以来新添的。尽管这些资产规模庞大，此时也只占花旗集团总资产的15%，当然，相对于抵押贷款支持证券的交易市场规模，这也是非常大的数量。实际上，所有这些表外资产都是在市场上通过“安慰函”的帮助进行融资的，并未使用花旗集团的任何资本。

对于很多花旗集团的投资者来说，这些损失是压垮骆驼脊背的最后一根稻草。自普林斯接替桑迪·韦尔以来的4年里，公司遭遇了接连不断的麻烦，只有忧没有喜：花旗集团由于不择手段地抢夺公司贷款授权的做法，遇到了大量代价高昂的法律诉讼；公司在日本发生的一个丑闻，致使私营银行业务执照被吊销；在欧洲也遇到了一个成为头版新闻的糗事，公司债券交易员以130亿美元对政府债券市场进行卖空突袭，企图逼空市场，造成了市场动荡；公司受到美联储的严厉批评，美联储威胁说将反对花旗集团未来的任何收购案，除非花旗集团改弦易辙，行为合乎商业伦理；公司花费一年的时间，对分散于全球的35万名员工重新进行商业伦理的有关教育；公司高层不断出现人事调整；现在又涌现出大量抵押贷款支持证券损失。在普林斯管理公司期间，公司股价涨幅从未超过1%，现在，宣布了抵押贷款证券损失，股价本年度大约已下跌30%，下跌幅度远远大于所有主要全能银行和投资银行竞争对手。普林斯早先曾在新闻发布会上说，找借口的时机已经过去了，他必须负起责任，让花旗集团重新达到合并后数年里曾享有的增长和赢利水平。

查克·普林斯是公司律师出身，没有任何银行业务操作经验，选择他担任世界上最大、最复杂的银行组织的首席执行官，让人觉得别扭又不可思议。他曾加入巴尔迪摩的商业信贷公司，做公司内部律师，1986年桑迪·韦尔和旅行者集团收购这家公司时，结识了他们。事实证明，他是一个能出主意、忠诚尽责的参谋，他与桑迪·韦尔一见如故，10年后，韦尔把他提升至旅行者保险集团执行副总裁的位置，然后，因为感谢他在花旗集团合并案，以及各种法律诉讼和监管麻烦中，处理了很多难题，1998年又提拔他为首席行政官，2001年为首席运营官，2002年是投资银行子公司的首席执行官。一年后，他被选中，在韦尔离开时担任首席执行官，这个消息于2003年7月宣布，权力交接在10月1日。为了能插手公司事务，韦尔仍然担任董事长，直到2006年；他的确也插手了公司事务，但在公司突然出现所有其他问题，面临挫折时，作为董事长，他是很低调的。

事实上，韦尔是挑中当时最亲密的心腹朋友，请董事会同意了他的选择，虽然普林斯缺乏实际操作经验，肯定被人视为不太可能胜任这个职位的人选。当然，他是对韦尔很忠诚的朋友，也是韦尔的坚定支持者，但韦尔在职业生涯里遇到过很多这样的人，而那些人在重要职位受让以后，不久和他的关系便恶化了。董事会对韦尔以前栽培的杰米·迪蒙记忆犹新，韦尔曾让迪蒙担任花旗集团总裁，但后来两人吵翻了脸，致使迪蒙于1998年离开花旗集团。2000年，迪蒙成为美一银行首席执行官，同年，美一银行被摩根大通收购，迪蒙又成了摩根大通总裁，不久便接替比尔·哈里森，担任首席执行官。不管怎样，花旗集团董事会没有成立任何物色委员会，没有在本银行之外多方寻找合适的候选人（若在本银行以外寻找，迪蒙也可能属于候选之列）。董事会只是例行公事似的批准了韦尔的选择。

普林斯为了让公司赶上竞争对手，竭尽全力地增加营业收入，提升公司股价。他这样做非常艰难，不仅是因为有一些分心之事在发生，有火需要扑救，也因为集团高层人事一直更迭不断，而他要依靠他们去具体执行公司的计划。罗伯特·威伦斯塔德原是花旗集团消费者服务部的头儿，2002年，被任命为总裁和首席运营官，2005年，在不被考虑担任公司最高职位后离开，去保险公司美国国际集团做了董事长。萨丽·克罗切克在37岁时任小型优质研究公司桑福德-伯恩斯坦首席执行官，被韦尔聘来掌管美邦证券子公司，然后突然被选为花旗集团首席财务官，这个职位她以前从未担任过，几年后，她又将此职位交给了盖瑞·克里腾登，他是一位经验丰富的工业企业首席财务官，但在金融机构却没有任何类似经历。普林斯提拔为首席执行官后，任命罗伯特·德鲁斯金替代自己担任投资银行子公司的头儿，德鲁斯金是经验丰富的操作专家，长期替韦尔做削减成本的工作，但他从未作为投资银行家与客户打过交道，未处理过任何交易。数年以后，德鲁斯金被任命为首席运营官，同时也主管全球财富管理业务，他是5年里第3位担任此职的人。普林斯不得不依赖的一些关键管理人员，在工作方面常常缺乏经验，不能很好地执行银行的众多不同的战略计划，不能妥善地管理风险。这在高管与低几级的业务层面之间，造成了严重脱节。

普林斯自己对于花旗集团咄咄逼人的贷款姿态看上去很满意，2007年7月，他说，尽管信贷市场易受波动，又有人担心最近一连串的大型杠杆收购案之后，并购市场可能会失去动力，但花旗集团并没有退缩，没有对私募股权公司的交易减少杠杆贷款。他接受《金融时报》专访时，对当时的形势做了这样的总结："只要音乐仍在播放，你就得起身舞起来。我们还在舞着。"

华尔街的首席执行官可能会同情普林斯，同情他必须得继续随着企业界和金融界重要客户播放的音乐起舞，当然专门从事杠杆收购的客户也包括在内，但是，很难找到理由对抵押贷款证券业务也表示同情，在这个领域，几乎没有专门从事杠杆收购的客户参与，只是不确定的能赚更多利润的前景，让音乐继续播放着。

毫无疑问，在公司内部，公司高层施加了需要提高利润的压力，较低层级的雇员不会忘记这个主题。这些中层经理负责资产庞大的花旗集团各个部分的业务，对他们来说，这通常意味着“要么提高利润，要么就等着被替换掉”，而利润的提高在很多业务领域，也只能通过承担更多的、形式更复杂的风险来实现。像在美林证券一样，中层风险管理人员就很难争辩说，公司这架在运转的赚钱机器应当放慢速度，因为他们担心有风险。毕竟，花旗集团的高层在说，“我们还在舞着”。不过，在市场基本面正在恶化、公司的风险敞口规模太大的时候，一定也有高级管理人员明白，花旗集团已对结构化金融和债务担保证券做了后果严重的过多投入。一定有人不相信那些风险可以管理，也不相信那些风险正在被妥善地管理着。

在这样的情况下，很难看出普林斯有办法逃过一劫，虽然董事会一直到他辞职宣布之前还在表示支持他。在他辞职一事宣布之后，不到一个月，董事会又宣布，这次虽然成立了一个物色委员会，在本公司之外也看了看（据我所知，这是指约翰·赛因，美林证券和花旗集团有段时间都在考虑雇用他），但还是决定任命维克拉姆·潘迪特。潘迪特曾经主管摩根士丹利的一个子公司，只是几个月前才加入花旗集团，当时花旗集团收购了他领导的对冲基金公司，让他管理另类资产业务。潘迪特持有印度国籍，哥伦比亚大学金融学博士毕业，自1986年以后在摩根士丹利工作，主要是在股权业务领域。他在那儿升为机构证券部主管（该部门业务包括证券交易和销售，以及公司融资），结果在2005年被菲利普·珀赛尔排挤出局，珀赛尔当时正在奋力挽救自己的地位。潘迪特便立即和其他5人成立对冲基金公司，到引起花旗集团注意时，已为基金筹集了45亿美元资本。为了得到潘迪特，鲍勃·鲁宾尤其急切地想购得这家基金公司，鲁宾认为潘迪特拥有管理花旗集团的潜力。

实际上，鲍勃·鲁宾本人倒是接替韦尔或普林斯的适合人选，但鲁宾坚持不想在人生的这个时候（2007年，他当时69岁），再承担任何管理职责，他想自由自在地参与2008年美国总统大选的政治活动（他是希拉里·克林顿的顾问，也是她知名的重要支持者），还想不落下自己的其他爱好。普林斯辞职时，董事会认为最好是任命一个不参与行政管理的董事长，让董事长的工作与首席执行官的工作分开，直到新人已在一定程度上证明了自己的能力。鲁宾再次受到极力劝说，希望他担任董事长，但还是拒绝了。董事会只好请另一位董事担任这一职位，该董事接受了，此人是温弗里德·比肖夫，他曾任施罗德公司董事长兼首席执行官，2000年花旗集团收购了这家英国商业银行。

董事会还决定，从2007年秋季开始，筹集新资本支持资产负债表，也保护公司免得遭遇债务评级下调的局面。公司将普通股红利削减40%，私下发行优先股和普通股，到2008年4月底，大约筹得400亿美元新股本，包括向阿布扎比政府发行75亿美元的股票。这些新发行的股票，对于长期股东来说代价尤其高昂，因为这些股票的发行价定得异乎寻常的低；这也说明花旗集团的股价在此期间出现了进一步下跌，现在的股价已低于1998年花旗和旅行者合并的时候。潘迪特迅速行动，建立起自己的管理团队，对普林斯先前的一帮人作了重大调整，他还迅速核查集团所有各个不同的业务领域。他承诺使花旗集团的资产负债表更加强健，剔除大约4 000亿美元的非核心资产，这个规模听起来很大，但不到花旗集团总资产的20%。

因为贷款损失而使股价遭到重创，花旗集团并非绝无仅有的一家大型银行。美洲银行的股价也有很深的跌幅，到2008年第二季度末，已跌至市净率为0.79的水平（花旗集团市净率是0.77，摩根大通是1）。美洲银行资产核销较少，但2007年8月，它伺机而动，收购了全美金融公司价值20亿美元的股权。全美金融公司是在美国处于领先地位的抵押贷款经纪商，当时正深陷困境。2008年1月，美洲银行发行40亿美元股票，以便收购全美金融公司的剩余股份，美洲银行首席执行官肯 · 刘易斯当时把这称做“窃取”（收购价低到只有危机前全美金融公司市场价值的1/6），后来通过谈判价格又定为25亿美元。美洲银行换掉全美金融公司的所有高管，向该公司注入资本，帮助度过危机难关，但市场并不确信这样做是多好的举措，便拿美洲银行的股价发泄不满。与此同时，美洲银行的同城对手美联银行正在苦苦挣扎，不堪承受2006年以250亿美元收购金色西部金融公司的沉重负担；金色西部是一家发放抵押贷款的大型储蓄银行，这时也正在遭受着它那一份应有的痛苦。到2008年7月，美联银行的股价跌到账面价值的0.46%，董事会在经过一番物色，找到罗伯特 · 斯蒂尔之后，换掉了著名的首席执行官肯 · 汤普森。斯蒂尔是美国财政部副部长，曾在高盛公司担任高管。

拯救贝尔斯登

一旦发现自己的债务担保证券和贷款支持证券风险敞口存在重大问题，花旗集团和美林证券都迅速采取行动，筹集新股本。彭博资讯公司跟踪报道的另外14家银行和投行也采取了同样的行动，它们总共约筹集了2 500亿美元新资本，替代2007年全年和2008上半年在抵押贷款证券市场损失的数量大致相同的资本。新筹集的资本大大降低了涉及面广泛的金融崩溃对世界经济形成冲击的风险，使公司债权人得到了宽慰，相信这些公司将来仍是可以接受的交易对家，也使投资者放下心来，相信自己的资产都持有在安全的公司手中。筹集规模如此之大的新资本，将危机造成的损失主要限制在有关公司的股东身上，这也是发生此类事情时一般人希望出现的结果。可是，每一笔损失都是对资本的冲击，而亏损还在继续，对债务担保证券和杠杆收购贷款所做的按市计价的估值仍在下降。2008年7月之后，损失开始大大超过已筹集的新资本，银行的股价反映了这种形势，也反映了新筹集资本造成的股权稀释，继续猛烈下跌，使得进一步筹集资本更加困难，代价也更高。

然而，有一家公司却采取了不同的做法。美国第五大投资银行贝尔斯登持有大量抵押贷款风险敞口，在此期间并没有筹集资本来支撑自己，虽然有好几次机会可以做到这一点。尽管公司内部有强烈的反对意见，贝尔斯登管理层认定，当下投资者提供的资本价格太低，公司可以咬牙挺过去——贝尔斯登本是好走机会主义路线、能机敏地应付困难的交易型公司，几乎总会赚钱。但它没能挺过去。在华尔街那些规模日益增大、难于管理的公司中，多数华尔街资深人士恐怕会认为贝尔斯登不太可能成为这样一家公司：对自己的资产负债表失去控制，从而最终被迫接受只是比直接清盘稍好些的收购结局。但是，这却在2008年3月中旬降临到贝尔斯登的头上，此时，在纽约联储的敦促和大力协助之下，贝尔斯登接受提议，同意被摩根大通收购，每股股票收购价是让人讥笑的2美元，而一年前贝尔斯登的股价可是每股170美元。

贝尔斯登的问题于2007年6月开始爆发。当时，它管理的两只投资次级抵押贷款证券的对冲基金，在这类证券价格呈现恶性循环下跌的行情中，出现了巨额亏损。资产减值触发保证金催缴，而保证金催缴又促使资产出现更低的价值减记，如此往复，直到两只基金中的资本消耗殆尽。这两只基金于2008年3月31日申请破产。结果，贝尔斯登首席执行官，时年74岁的詹姆斯·凯因，解雇了受人喜爱和尊敬的公司联席总裁兼证券交易主管（也是凯因的桥牌对手）沃伦·斯贝克特。

尽管遭此挫折，凯因仍然认为，公司拥有足够资本，可以横渡势头有增无减的市场湍流，不能愚蠢地按照经过一个夏天已跌至每股100美元的股价筹集新资本。于是，公司便没有去筹集资本，后来也没有。随着市场形势不断恶化，凯因在媒体上受到批评，有人指责他在高尔夫和桥牌联赛上花费的时间太多（30多年来，他一直是冠军级选手），在料理公司事务上的时间太少。2007年第3季度，贝尔斯登有史以来第一次报告公司出现季度亏损，核销了公司自己持有的价值19亿美元的抵押贷款支持证券——不包括旗下对冲基金持有的同类证券。相对于该公司的总资本，这笔季度亏损数额当然算相当大，当时总资本只有120亿美元。12月，凯因在他人协助下，决定辞去首席执行官一职，让位给另一位联席总裁艾伦·施瓦茨，自己继续做董事长。2008年1月，贝尔斯登仔细研究了亚洲一家银行以当前市价——约为每股100美元——收购贝尔斯登30%股权的提议，但还是拒绝了，尽管公司一些级别较高的交易员紧急呼吁要接受这个提议，呼吁哪怕是以亏损价，也要摆脱仍在手中的抵押贷款支持证券。总的说来，贝尔斯登至少面对六次筹集新资本的机会，却都躲开了，其中包括一次出售部分股权给科尔伯格–克拉维斯公司。

就贝尔斯登而言，在2008年第1季度，它最强烈地感受到了风暴的肆虐。股价普遍地纷纷急跌，因为人们担忧持续半年之久的流动性危机——在任何人的记忆中都是延宕最久的流动性紧缩期——已蔓延到了其他固定收益市场，并且还以为，已经迫使经济进入了新一轮衰退。金融公司遭受的冲击最大，流言泛滥，说有些金融公司无法偿还交易头寸上的负债，或者面临投资者的大规模撤资。评级公司也皱着眉头看向投资银行，心想是否该把维持投行生存的评级拉下来。这时赶上资本不足，实在来得不是时候。

2007年3月14日，星期五，贝尔斯登度过了客户撤资、交易对家担忧、谣传信贷来源断绝的一周，因谣传公司评级将被下调，公司股价一天暴跌47%，跌至9年来的最低点，每股30美元（每股净值也是这个数字；评级下调的谣言，到当天交易结束时被证实）。信用评级下调可能会要求一家公司拿出更多的资本支持有些负债，使交易对家不愿与这家公司交易，使投资者不愿续展到期债务。在正常的市场条件下，这些情况可以通过支付更多利息或另外筹集资本来解决。而在市场惊惶不安的时候，每个人都会为了生路，同时想夺门而出。突然间，贝尔斯登平时的交易对家不再愿意与它交易，都竭力要除去大量国债回购、衍生产品和其他头寸余额。市场纷纷传言该公司为保持现金头寸周转，正在奋力挣扎，无人理会公司对谣言的否认。

美联储数月来一直在密切监控贝尔斯登持续恶化的财务状况，派遣了一个特别小组进驻贝尔斯登，仔细检查研究它的账簿。这个小组不无吃惊地发现，贝尔斯登与证券交易对家的联系之多，大大超乎他们的想象。贝尔斯登对于小型经纪商、对冲基金和资产管理公司，也是一家重要的清算公司；如果在贝尔斯登处理破产细节的过程中，这些公司不能动用自己的资金，那会给它们带来极大的不便。更糟糕的是，贝尔斯登在5 000余个信用违约掉期和其他掉期协议中，还是机构的交易对家，这些协议的“名义”价值（面值）达11万亿美元。

华尔街所有的重要公司作为衍生产品的做市商，都持有相似的掉期组合。这些组合包括他人欠了公司钱的头寸，也包括公司欠了这些钱的起抵消作用的头寸。这两组头寸是平衡的，按市场价记值，每天在交易对家之间进行清算。在正常条件下，这些衍生产品头寸本不会对公司构成重大的净风险，的确，另一家公司也可以不费多少代价或麻烦接管整个组合。但是，万一公司突然被迫进入破产程序，整个情况便会发生变化。公司申请破产后，资产和负债会在法院的监督之下分开对待，法院会试图理清公司欠其款项的债权人的各种索取权。这个过程会破坏组合的日常估值对称性，这意味着，随着公司对这些头寸失去控制，这些头寸（现在作为单个资产或负债，以过火物品变卖价进行估值）的净风险便会上升。这可能会在衍生产品市场造成混乱——从贝尔斯登组合的规模来看，尤其会如此——从而影响他人持有的衍生产品的价格和流动性，给已受困扰的市场带来更多恐慌。再者，有数十亿美元的信用衍生品掉期协议给贝尔斯登本身的信用提供了保险，这些掉期协议会在破产中到期，会迫使持有人（其他银行和金融机构）面临潜在的巨大损失。

最后，贝尔斯登还是证券回购市场的重要参与者，在证券回购市场上，国债持有人可以通过隔夜出售国债，同时承诺以后购回来筹集现金。这个市场每夜的成交量约为2.5万亿美元。贝尔斯登利用这个市场，从货币市场共同基金处大量借款。据美联储一位高级官员说：

> 如果贝尔斯登让所有这些货币市场共同基金失望，星期一早晨不能还回它们的钱，它们手中只会留下缺乏流动性的抵押物，包括债务担保证券，以及其他只有上帝才知道的东西。这会在整个市场引起挤兑风潮，又会使其他投资银行无法为自己融资。

纽约联储主席蒂莫西·盖特纳一直在监督对贝尔斯登财务状况进行的调查。2007年3月14日星期五凌晨2点，他向美联储一位同事报告说，怀疑贝尔斯登破产造成的附带影响能够得到控制，因为该公司的交易头寸数量如此众多，规模如此之大，与他人的联系又如此密切。到凌晨4点，盖特纳又向美联储的本·伯南克报告，伯南克先前以为不太可能通过美联储的干预来拯救贝尔斯登，现在两人达成一致，认为必须拯救贝尔斯登。他们打算向摩根大通提供为期28天的贷款，由摩根大通转借给贝尔斯登。为了向一家非银行机构提供贷款，美联储得依据1932年《联邦储备法》第三节第3条，该条允许他们“在出现异常的紧急情况时”，向直接监管的银行系统之外的机构提供贷款。

贝尔斯登自己得出结论认为，在前一周发生贷款遭追回、客户撤资和交易对家背叛这些事之后，除非得到政府的帮助，否则3月17日星期一上午无法开门营业。因此，它和雇请来协助自己的拉萨尔兄弟公司一直在市场上搜寻能收购贝尔斯登全部或部分资产的买家，艾伦·施瓦茨已打电话给摩根大通的杰米·迪蒙，提出将贝尔斯登出售给摩根大通。这个周末形势极度紧张，美国财政部长保尔森告诉施瓦茨，要他“必须在星期日晚上之前，敲定一宗收购交易”。

摩根大通是贝尔斯登的一个重要债权人，是贝尔斯登大量头寸的交易对家，也非常希望看到贝尔斯登免于破产的命运，但迪蒙说，如果政府不协助，摩根大通也无法提供帮助。动作太大，时间太仓促。摩根大通提出，若能得到美联储的大量支持，并能达成一个低到足以缓冲风险的收购价，摩根大通可以接管贝尔斯登的资产和负债。2007年3月15日星期六，摩根大通告诉拉萨尔兄弟，自己目前的想法是，愿以每股8~12美元的价格收购贝尔斯登，但需要先解决一些问题。贝尔斯登回复说，不能接受摩根大通收购提议上的一些条件。后来，摩根大通将预期收购价降至每股4美元。

在这个时点上，贝尔斯登和摩根大通都意识到，贝尔斯登的破产可能会成为现实。如果出现破产，由于贝尔斯登持有数十亿美元的风险敞口，这会给摩根大通带来很大伤害，也会给整个金融系统产生很大影响。贝尔斯登对于抛过来的极低收购价很不满意，可能会加以拒绝，宣布申请破产。这种选择，他们称为“核武器牌”，如果打出去，可能会得到更高的报价。詹姆斯·凯因强烈主张打这张牌，他说：“我那时知道，如果贝尔斯登沉下去，金融系统很有可能出现失灵。我知道，我手中有一张‘核武器牌’。当然，不能打出那张牌——但如果真有人打出了那张牌，那应该是我。”

杰米·迪蒙也知道这一点。如果他以收购贝尔斯登对摩根大通风险太大为由表示退缩，那么在最后的关键时刻，美联储可能会主动提供他一直想要，而现在尚未有丝毫可能的担保。

最终，因为害怕贝尔斯登破产的后果会很严重，美国财政部和美联储被迫妥协，但是坚持要求，收购价不能高得好像是在拿政府的钱援救股东，便进一步把收购价降为每股2美元。纽约联储承诺对贝尔斯登流动性较差的资产提供担保，提供多达300亿美元的贷款，摩根大通为贝尔斯登现有和未来一切负债提供担保。

每股2美元的收购价，加上政府担保所有不确定的资产，让迪蒙觉得，他达成了一桩很合算的交易，他完全有足够的缓冲，来应付意外的发现、困难和法律索赔。使他感兴趣的是，贝尔斯登表现优异的大宗经纪交易、它的规模大而通常赢利很好的清算业务、它的价值很高的新办公大楼，以及它的优秀投资银行家和交易员。即便其他资产一文不值，单是这些业务和专业人员就物超所值。贝尔斯登当然反对这个价格，这比清盘价高不了多少，但是，如果想得到美联储的帮助，就没有讨价还价的能力。倘若没有这样的帮助，到星期一，公司便死定了，所以迪蒙极不情愿地接受了这些条件，这使公司股东和雇员发出了群兽咆哮般的抗议之声，大西洋彼岸也能听到。

这般抗议之声也让住在巴哈马群岛的英国亿万富翁约瑟夫·刘易斯听到了。2007年9月10日，他用现金支付8.6亿美元，购买贝尔斯登7%的股权，到12月份，又将收购的股权提高至总计1 100万股，或者说占贝尔斯登总股本9%的比例，根据彭博资讯报道，他的平均买价为每股107美元。刘易斯在这次迫不得已的并购案中，损失了10多亿美元。贝尔斯登约有1/3的股票为雇员所持有，包括詹姆斯·凯因持有的560万股，艾伦·施瓦茨持有的100多万股。在股价最高时，凯因手中的股票价值10余亿美元。

星期一，贝尔斯登股票以每股5.29美元开盘，大大高于议定的每股2美元收购价。市场相信故事还未结束，“另一只靴子”不久便会落下来。在形势如此不确定之际，客户和交易对家的撤出，继续抽干贝尔斯登余下的流动性，这得由摩根大通予以弥补。公司股价摆在那儿，给别的竞购者留下了空间，可以挑战摩根大通报出的“地板价”。贝尔斯登的股东也有必要就这宗交易投票表决，虽然很多股东非常气愤，不愿意表决，但果真表决，则可能会威胁摩根大通的收购，让它只落得为贝尔斯登的很多债务提供担保的结局。如果别人提出支付更高的价钱来拯救贝尔斯登，美联储便难以拒绝。星期一，贝尔斯登股票以每股11.25美元收盘，非常乐观。迪蒙又介入进来，将摩根大通的收购价提高到每股10美元，终结了不确定的局面。摩根大通将立即购买相当于重新资本化后的贝尔斯登35%的新股票，迅速注入新资金，还将为贝尔斯登的交易性负债及其他负债提供担保，包括贝尔斯登从美联储获得的借款。纽约联储也将提供300亿美元的特别融资，以贝尔斯登的抵押贷款支持证券为担保物，贝尔斯登最初的10亿美元损失由摩根士丹利承担。美联储预付定金聘请黑石公司，向它咨询这些资产组合中抵押贷款支持证券的价值。

这也许是史上仅有的一次一周内估值提高至5倍的收购交易，但无论如何，对于贝尔斯登的雇员和其他股东而言，这算不上什么胜利，虽然每股10美元的收购价，无疑要优于2美元。从摩根大通和美联储的角度看，提高报价有点儿草率，也让他们尴尬，但当形势快速变化，利害攸关，决策信息又不断变化且很不清晰的时候，有时难免会手忙脚乱地完成交易。此后一段时间里，多数观察家，包括对政府的任何援救都持严厉批评态度的人，都感到满意，认为摩根大通和美联储做了一件对金融系统最为有利的事；的确，这件事当时似乎标志着抵押贷款证券市场长时间痛苦的流动性枯竭局面出现了转机。

贝尔斯登收购案结束后数周内，所谓的“秃鹫投资者”在市场现身，它们以极低的价格迅速大量买入抵押贷款证券，使市场恢复了一些流动性。5月，黑石公司宣布，大约按平价的75%购入150亿美元瑞银集团抵押证券组合，瑞银集团为此提供112.5亿美元的融资；其他一些人也聚拢私募股权基金，收购其他的问题抵押证券组合。对这些投资者来说，市场条件看上去出现了一些改善，但结果却证明这是一次虚假的复苏。

贝尔斯登收购案第二次协议达成两个月之后，80岁的艾伦·格林伯格坐在公司宽敞的办公室里，一边悄悄地为自己的账户做着交易，一边接受《纽约时报》记者的采访。格林伯格在凯因之前担任贝尔斯登的首席执行官，1993年，格林伯格被迫将权力交给了凯因；在并购案引起一片混乱之际，有人透露说在过去几年里，格林伯格卖光了自己持有的好几百万股贝尔斯登股票。自凯因掌管公司之后，格林伯格和凯因的关系一直充满了敌意；记者问到在抵押债务危机期间，凯因是否咨询过格林伯格的意见，格林伯格回答说：“凯因对我的观点不感兴趣。他在唱独角戏——谁的话也听不进去。所以，我们的关系才会这样糟糕。”记者告诉他凯因赔了很多钱，非常痛苦，他回答说：“啊，是吗？天哪，多可惜呀。”

在贝尔斯登级别较高的管理人员中，也是怨声不断，他们说美国财政部迫使贝尔斯登出售给摩根大通，实际上是对凯因“一报还一报”，因为1998年，凯因曾断然拒绝和其他银行一道收购长期资本管理公司的资产。也有人在贝尔斯登破产数月之后声称，贝尔斯登是卖空者恶意袭击的对象，那些卖空者怨恨证交会发布短期限制令，禁止对某些银行股进行卖空。然而，没有证据支持这两种说法。

收购贝尔斯登之后的两个月内，杰米·迪蒙被一家喜欢他的报纸誉为新加冕的华尔街之王，他却宣布说摩根大通可能低估了为应付法律、融资和收购成本而需要的缓冲余地，因此先前慷慨地将收购价提至每股10美元，付出的代价可能是过高了。对贝尔斯登的资产负债表有了更多的了解之后，迪蒙和同事在为执行收购而设立的60亿美元准备金中，又添上30亿美元，这意味着，摩根大通实际上按贝尔斯登的账面净值做了收购，而不是拿到了很大的折扣。时间会说明一切。对于整合收购后的公司，迪蒙技巧娴熟，众所周知，他惯于作出较低的承诺，而表现突出，不过，宣布增加准备金，却让市场改变了看法，不再以为摩根大通快速出手，图便宜收购贝尔斯登，从而得到很多好处。

透视抵押债务危机

所有金融危机都有自身的独特性，但也有很多共性。这次金融危机的独特之处在于，被核销的债务投资多半是低风险、有担保、评级为AAA的债务。这种类型的债务投资，本是人们在危机中要买进的，而不是想卖出的东西。一般认为，这些债务投资安全可靠——由抵押贷款提供担保，而抵押贷款背后又是有价值的房地产——因此，可以大量买入。于是，银行满怀信心地装载这些债务投资，希望将它们卖给流动性过剩期间追逐收益的投资者，或者自己持有，获取投资收益。最终，这些银行不得不认识到，任何东西太多了，哪怕是优级受担保的债务投资，也就过分了。

这次危机和其他金融危机的一个共同点，是银行自食其果，自己把事情弄糟了，它们像涡轮增压一般源源不断地向资产支持证券市场，提供杠杆程度越来越高的风险增强型产品，以及越来越复杂的低劣产品。在赢家通吃的市场，市场可能会动量十足，将每个人都拖进激动人心的热闹中去，这次也是如此。当房屋价格达到峰值，然后开始下行时（就近期的记忆所及，这是房屋价格第一次下行），抵押贷款违约案却不可避免地发生了。然后，违约率加速上升，取消抵押品赎回权案继而形成雪崩之势。到2008年第2季度末，每100例抵押贷款中，就有4例抵押品赎回权被取消，或者还款延迟期超过90天，这是抵押贷款银行协会29年的报告中出现的最高违约率。这只会让市场出现逆转，市场果然如此了。

一旦违约案数量开始增加，市场便会卡壳，开始运转失灵。虽然并非所有抵押贷款都被视为有问题，但谁也说不准哪些抵押担保证券里含有品质最弱的次级抵押贷款；追逐收益的投资者不知道最坏的情形会是怎样，或害怕出现最坏的情形，便贱卖所有的一切：抵押担保证券、整宗贷款以及其他任何与房地产有关的金融产品。最后留下来、持有卖不出的抵押贷款证券的，便是银行、储贷机构和对冲基金。从根本上讲，这些都是些运作不透明的机构，似乎无论要求它们要有怎样的透明度，也不能使它们发生改变。亨利·赫尔曼是瑞银集团和其他银行股票的投资者，是美国大型共同基金管理公司美国沃德尔和甲德公司的首席执行官，他指出：“这一切被披露出来之后，我们非常震惊。瑞银集团看起来比其他银行要好，但像其他银行一样，并未充分理解积累如此巨量的抵押证券，问题会多么严重。”赫尔曼还该补充一句，美国沃德尔和甲德公司拿着高薪的分析师也并未看到这一点。银行规模达万亿美元的资产负债表可以藏匿很多错误和大量猫腻，投资顾问并不总能看清应该看清的东西。

一旦银行出问题而为人所知，它们所持有的任何东西就差不多都值得怀疑了。如果抵押贷款突然出事，那些杠杆收购贷款和信用卡应收款难道不会出问题吗？如果说银行突然“出现问题”，难道它们不会在市场上抛售自己的头寸，从而驱动价格进一步走低吗？正是有了这样一些想法，投资者便突然发现了下方风险，金融市场的预期调整就变成了金融危机。

似乎每次危机形成后，都会暴露一次金融业风险管理系统的失灵。1987年，业内公司懂得了不能对依赖衍生品市场的资产组合对冲机制给予信任。1994年，它们又懂得了“风险价值”和长尾风险敞口的问题，领悟到重大灾难的概率虽很低，但若发生仍会造成灾难性影响。1998年，市场再次发现，当出现真正的混乱时，有关投资敞口的所有相关性与非相关性的预期都不起任何作用。这次金融危机的教训是，长期持有的流动性无忧的假设，在危机期间毫无用处，即便AAA的评级（数以万计的抵押担保证券获得了这个评级，而获此评级的工业公司仅有屈指可数的几家）也保护不了你。风险管理者往往有点儿像反复思考如何打好最后一仗的将军，因为下一仗总是不同。总会出现以前没有过的问题。常识告诉我们，风险需要控制在不能让整个公司被毁的规模内。约翰 · 赛因曾在高盛担任风险管理的工作，成为美林证券首席执行官之后，他发表意见说：“风险大小应该根据分支机构的收益和赢利状况来设置。如果分支机构持有的一种头寸能毁掉自身的赢利，这是不能接受的，更不用说持有能毁掉整个公司赢利的头寸了。”

银行的风险能积累到如此大的程度，唯一的原因是高管们愿意放弃作出限制（或制定其他规则）的权利，或者说对所看见的问题置之不理，因为他们想不断地、尽可能长久地从债务担保证券中收获利润。他们需要利润来支撑公司的股价，又并没有太多其他地方可以获取利润，于是，他们便坚持着，说服自己是身处一个长期趋势，而不是一场即将爆裂的泡沫当中。

政府的新角色

20世纪80年代，国际清算银行、英格兰银行和美联储组织了一个由多国中央银行组成的团体，向世界金融系统引入“系统风险”的概念，因为此前10年里，商业银行贷款业务出现了很多过激行为，后来发展到最高峰，先在美国，后是欧洲，最后在日本，引发了银行倒闭的风潮。1988年，由于担忧全球金融系统会有陷入瘫痪的风险，《巴塞尔协议》应运而生，其中主要规定了风险调整后的最低资本充足率；

1992年，所有主要工业国家的中央银行开始执行这个协议。自此以后，又出现了其他一些经济危机，这些国家的中央银行与其所在国财政部以及世界银行和国际货币基金组织一起努力，多方设法解决这些危机。每次危机都涉及了一些导致财政紧急援助的道德风险，为了防止形势恶化，这些财政援助都得到了容忍。美国政府也以其他多种方式进行干预，支持如田纳西河流管理局、联邦抵押贷款机构、宾州中央铁路、克莱斯勒公司、洛克希德公司之类的非银行机构。亚当·斯密在另一个世界想到这些也会不寒而栗：50年来，美国政府经常在经济出现困难时进行干预，干预的频率之高，足以在出现这类情形时，让老百姓预期政府又要予以干预了。

美联储史无前例地干预贝尔斯登的救助一事，正是又一个例子。美联储竟改变自己的规则，去帮助一家非银行机构。从严格的意义上说，美联储只能在特殊情况下才允许这样做，而它也已多年没有这样做了，并且它从来没有为了投资银行这样做过。尽管投资银行事实上已变成了巨型机构，所从事的业务有很多与银行相同，并且与银行也是交易对家，但美联储还是把投资银行视为工作范畴之外的对象。在艾伦·格林斯潘的领导下，美联储的行事倾向是，让市场解决自身的问题，除了在市场需要流动性时提供大量流动性之外，并不进行干预，虽然格林斯潘对于墨西哥和亚洲货币危机，以及1998年对于长期资本管理公司都给予了关注。

但美联储现在由新人本杰明·伯南克领导，他是普林斯顿大学教授，大萧条研究方面的专家，美联储面对潜在的严重危机，不得不更加大胆地行动。若采用标准的格林斯潘做法，则不足以达到效果。伯南克与有过华尔街长期工作经历的亨利·保尔森一样，认为贝尔斯登如果崩溃，可能会对金融系统造成灾难性影响。他们担心，像贝尔斯登这样的大型机构，与其他金融公司联系紧密，倘若破产，在金融方面的影响会相当于在华尔街引爆了一颗小型核弹。

所以他们决定采取行动，在贝尔斯登仍努力为自己寻找买家的同时，向贝尔斯登提供为期28天的信用额度，资金来自美联储的最后贷款人窗口。毫无疑问，是美联储把贝尔斯登推向了摩根大通的怀抱，让贝尔斯登以每股2美元的低价接受了收购，但美联储若不愿为贝尔斯登近300亿美元的资产提供担保，这次收购交易也不会发生。

这是一家投资银行可能会发生的崩溃，第一次被美联储视为极其重要，视为对金融系统的影响，足以相当于一家大型银行的倒闭。所以，市场将这一个救助行动解读为一个信号，预示着任何规模大于贝尔斯登的华尔街公司（如雷曼兄弟）如果陷入困境，也都会得到救助，债权人会因政府财政救助而免遭损失。因此，大型投资银行的债权人认为，自己被提供了免费乘车的机会——正如存款人得到联邦存款保险公司的担保一样，只是没有规模限制。在贝尔斯登被救助之后，既然没有相反的信息来自政府，市场一般就认为政府大概会为任何“规模太大，便不能倒闭”的投资银行的负债提供担保。而且，这种担保是免费使用的，因为政府从未要求支付保险成本，也未声明对投资银行进行更严厉的监管，虽然这种情况被认为是暂时的，政府一旦有时间顾及此事，也会进行调整。

贝尔斯登覆灭之后，随着夏天渐渐来临，市场便冷静下来。有不少评论认为政府反应过度，过早地为贝尔斯登提供了担保，但多半还是认为这个决策是必要的，也是恰当的。1998年7月，保尔森和伯南克与美国国会交涉，要求得到授权，能在必要时，为救助房利美和房地美进行干预，虽然并不认为这样的干预非常紧急或即将发生。这个行动也涉及道德风险——也就是对房利美和房地美的债权人进行财政救助——这看上去尤其惹恼了保尔森，他很想向市场表明自己的意图，要限制人们对政府未来财政救助的预期。

我们在第一章已看到，1998年9月第一周，保尔森对房利美和房地美进行了救助，但拒绝帮助雷曼兄弟，同时却又承诺对美国国际集团进行大规模干预。雷曼兄弟的破产，无论有什么样的道德风险寓意效果，毕竟在全球金融市场上触发了“惊世天劫”，使全球金融市场在接下来的4个月陷入极度痛苦和混乱之中，并使实体经济受到重大影响，经济增长下跌幅度创下近一个世纪之最，这反过来又驱动金融市场进一步下跌。华尔街在这一系列重压之下蹒跚而行，好几家公司未能幸免于难，而幸存者所在的行业也将发生深刻的变化。

PAPER FORTUNES

第十三章

金融业前途未卜

导读

作者在最后不无感慨地说，华尔街将把自己塑造成50年前的自己。这个时候才发现，回忆是美好的。

华尔街回得去吗？

我们可以为今天的华尔街找10 000条理由，战略错误也好、杠杆过度也好、监管松弛也好、薪酬与激励机制不合理也好，最终归结到道德与人文重建来反思华尔街的前世今生。即便回到50年前，也会走向今天；即便从今天开始回到50年前，50年后还会回到今天。自然科学的真理或许是永恒的真理，经济学、金融学、管理学好像没有真理可言。成王败寇，此时之王彼时之寇，反之亦然。

也许能够拯救的只剩下道德与人文重建了。它不仅于金融，也包括产业和整个经济；它不仅于华尔街，也包括整个美国，美洲、欧洲、亚洲以及全世界。没有一个全世界共识的普世人文、道德、价值观的重建与共建，自然与社会都会还原。

有些人可能以为，检视2008年年底的金融服务业，就像看到了1941年年底的珍珠港。满眼都是残骸——到处是曾经骄傲的舰船残存废弃的肢体，那些舰船一度被视为永不沉没。在很短的时间里，因破产、被迫并购、极力忍受和抵制市场对信贷资源和股价的挤兑，金融服务业被弄得分崩离析。在最顶尖的5家投资银行中，只有两家未遭灭顶之灾，仍能依靠自己的动力运作；其他3家或已沉没，或要依靠牵引才能运行。两家顶级抵押贷款融资提供商已被国有化，世界上一度最有价值、最受敬佩的那家保险公司也是如此。最大的零售经纪券商、最大的商业抵押贷款提供商、最大的储蓄银行之一、第四大商业银行以及第五大投资银行都受到重大损伤，只好与其他更强的公司合并。在此之外，这年还有23家美国银行或储贷机构被各自的监管部门接管。

全球金融系统崩溃产生的破坏性影响并不局限于美国。英国规模最大的银行，也就是前一年还以1 000亿美元恶意收购荷兰最大银行的银行也已崩溃，政府被迫干预，收购了拥有70%投票权的股份；英国政府还被迫收购国内最大抵押贷款公司的控股权。瑞士最大银行出售600亿美元不良资产给瑞士政府，德国第二大银行不得不接受政府的一揽子贷款救助，让政府拥有了25%的股份。在欧洲，为了让银行业不至于沉沦，还实施了其他各种政府救助。到2008年年底，这些救助总计需要好几万亿美元的政府资金，预计在所有损害得到控制之前，还将需要资金救助。

很清楚，2007年和2008年危机对金融服务业造成的损伤是灾难性的。2009年1月，彭博资讯估计自2007年年初以来，世界上最大的一些银行和证券经纪商已有了

1万余亿美元的资产核销，迫使它们从各种来源筹集了总计约9 500亿美元的新资本。在此期间，很多市场封冻，且抵制对其进行解冻的努力。资本市场实际上停止运转将近一年，任何活着的人从未见过流动性不足的时间如此之长。异乎寻常的市场失灵给银行和其他中介机构造成了巨大损伤，其中很多损伤需要数年方能修复。

受到高度监管的行业，在主要由成熟投资者持有股权的这一行业，是如何发生上述这一切的呢？当时发生了什么，让这样可怕的系统崩溃出现了呢？这些问题都有一些答案。很多不同的因素共同导致了系统崩溃，但总体而言，这次系统崩溃是一个行业经历数十年未加抑制的加速发展，从而最终导致自我崩溃的一个实例。

金融监管失败

毋庸置疑，在格林斯潘任美联储主席的多年里，金融服务的监管环境是非常温和惬意的，其间，格林斯潘拥有公认的无可置疑的权威。《格拉斯－斯蒂格尔法》废除后，银行可以从事快速发展但不甚了解的证券业；大型银行的并购，对系统风险会产生什么样的影响，也几乎没有什么疑虑，就很快获得允许。银行监管部门忽视了与抵押贷款扩张、此类贷款证券化和表外存放资产有关的各种不良做法，极少质疑内部控制和风险管理系统的适当性，尤其是对一些大银行缺乏质疑，认为它们有能力管好自己。

此外，政府提供担保的联邦注册抵押贷款融资实体房利美和房地美，多年来放任自流，可以在会计上采用欺骗手法，在资本不充足的情况下运营；衍生品市场也放任自流，可以逃脱监管，即便是将信用违约掉期柜台市场移向系统风险较小的交易所交易市场这样相对温和的监管也没有。美国证交会放任投资银行将运营杠杆提至危险的水平，放任伯尼·麦道夫之类的骗术大师逃过审查，放任评级机构为资产支持证券评出6万多个AAA级，也不想一想这怎么可能。10年来两次最重要的监管行动，一是纽约州总检察官艾略特·斯匹泽迫使华尔街一批承销商接受支付14亿美元的和解(据称那些承销商在科技股研究推荐和承销做法上有舞弊行为)，一是通过《萨班斯法案》，改进公司治理和公司会计，在这两次监管行动中，证交会只起了相对消极的随声附和的作用。尽管10年里市场两次形成泡沫，其中出现了一些重大丑闻，但监管部门似乎满足于控制了系统性金融失灵的危险。

毕竟，他们认为，系统风险已通过《巴塞尔协议》解决了，而且自20世纪90年代初以来，这个协议的执行效果也很不错。然而，尽管这种制度已到位15年，并且花费了好几年试图进行改善，但它最终完全归于失败——因为《巴塞尔协议》旨在预防的危机却发生了。

这个所有人都依赖的制度有三个主要缺陷。

首先，《巴塞尔协议》是中央银行间签署的协议，而央行只对银行进行监管，并不监管投资银行、身兼经纪商和交易商的机构、保险公司、对冲基金或其他所谓“影子银行体系”中的机构。这些非监管类实体拥有和交易金融资产，经营规模已发展到与大型银行不相上下，但它们却处在巴塞尔监管系统之外，不要求遵守《巴塞尔协议》的规定。

其次，确定风险调整后资本额的方法存在技术缺陷，使得银行可以钻制度的空子。譬如，有这样一个缺陷：有担保的债务（如抵押贷款或抵押贷款支持证券等）被视为风险很低，因为担保物总被认为价值充足，而流动性也绝不是问题。然而，无论对担保物还是对流动性，该制度都不进行估值、计量或监管。随着金融工具越来越高精尖化，越来越复杂，《巴塞尔协议》又做了变动，允许负责任的银行使用自己设计的“高科技”风险管理模型，这些模型常常根据评级机构给予的债券评级来确定资本需要量。2007~2008年期间，这类风险模型并未要求银行对所持有的头寸提供足够的资本支持，评级和市场价值之间的相关性完全走了样。而当模型真的确定需要资本时，有些银行又设法绕过规则，将资产放在表外特殊投资实体之中。通过要花招，将支持所持资产的必要资本量降至最低，银行最后便能得到异常高的资本权益比。此外，银行可以通过操纵这个比率，大大提高总杠杆量。例如，德意志银行逃过了这次抵押债务危机，它在危机中没有太大的风险敞口。但它在2008年最后一个季度，遭受了15亿美元的自营损失。这些损失记录在2008年6月30日杠杆率为38倍的资产负债表上，据一位分析师说，这个杠杆率比高盛或其他投行都要高得多。

再次，监管部门自身对《巴塞尔协议》确定的资本充足率太过依赖，对于受自己监管的银行所需资本不作独立判断。监管部门允许银行在规模庞大而复杂的多平台构架下运营，却没有适当的企业风险控制制度；允许银行以极快的速度增加资产，对于资产品质和多样性却未给予充分的注意；还允许好几家大型银行连续不断地进行收购，速度之快，使得各运营单元的整合和控制难以实现。然而，只要银行说自己很好地执行了《巴塞尔协议》的要求，其他一切都可以原谅。在一定程度上，这种监管的宽容态度，是美联储在格林斯潘长期主持下信守自由市场原则的结果，也是大型银行和投资银行为保护自己的自由和特权，而进行有效游说的结果。克林顿政府时期，监管部门曾作出努力，试图将影子银行体系像银行一样，纳入同一个伞形监管框架之下，但行动始终未走得很远。格林斯潘在2008年对美国国会作证词时，解释说他在担任联储主席期间犯了一个错误，就是信赖银行，认为它们为避免破产，会小心谨慎地进行自我治理——这符合银行的自身利益——因而“不会操劳过度，终至重病在身”。但他指出，事实证明这是错误的、一厢情愿的想法。有一件事驱使银行展开狂热竞争，从而放松了对所冒风险的关注，威胁到了自身的安全。

战略失误

2009年1月9日，据彭博资讯报道，花旗集团正在谈判，准备将证券零售经纪业务单元花旗美邦51%的股权卖给摩根士丹利。该报道被花旗集团否认为谣传，花旗集团认为谣传是美联储施压的结果，因为美联储此前要求花旗集团通过出售与银行基本业务无关的非核心资产，来简化组织机构，尽最大可能增加资本。的确，就在2008年11月21日，维克拉姆·潘迪特说：“我根本不想卖美邦，我喜欢那类业务。”大约在此时，花旗集团为证券分析师举行了一个“市政厅会议”，又一次公开声明花旗集团会坚守全能银行战略。美邦证券是桑迪·韦尔离开美国运通之后所收购业务中的核心，收购时间早于旅行者集团、所罗门兄弟和花旗公司。

尽管如此，几天后，花旗集团宣布与摩根士丹利设立一家合资企业，两家公司都将证券零售经纪业务放进新公司，该公司将拥有规模达2.2万人的销售队伍，摩根士丹利持有51%的股份。两家公司给这个新公司的估值为210美元，将比美林证券大得多。花旗集团因把控股权让给了摩根士丹利，将获得支付27亿美元，它将把这笔款项记为在约100亿美元合资交易上获得的资本收益。过了几天，花旗集团宣布又出现了令人失望的季度亏损，亏损额约为分析师预测的两倍。花旗集团股票再次下跌，潘迪特宣布花旗集团将分为两大部分：花旗公司（用的是既新又旧的银行名称）和花旗控股，后者将包含非银行类业务和受问题资产救助计划担保的问题资产。

出售花旗美邦，被人们看做打破多平台全能银行业务模式的重要一步，这本是桑迪·韦尔劲头十足地装配起来的构架。当时，这被认为是银行业必然会出现的业务模式，多数分析师相信，这种业务模式能让独立的投资银行消失。当然，卖掉花旗美邦势在必行，因为韦尔的业务模式没有收到预期效果。这种业务模式不是构想有问题，就是执行不力（或许两种原因都有），不过，历时多年才明显看出这个模式行不通。

花旗美邦出售一事被报道的同一天，鲍勃·鲁宾宣布将作为花旗集团高级顾问退休，并表示不愿再入选董事会。《金融时报》报道这个消息时，配了一张鲁宾的大幅照片：他表情严肃，看起来完全是70岁的样子，站在花旗银行演讲台后，双手摊开，掌心向上（仿佛是说“嘿，你能怎么办？”），身后背景上用大号字写着“领袖的遗赠”。《金融时报》报道这则消息的大字标题，是“几乎导致花旗集团覆灭这一灾难的替罪羊”。

鲁宾离开美国财政部数月之后，也就是花旗集团并购案发生约一年之后，韦尔邀请他加入花旗集团董事会，并担任执行委员会主席，这是一个不涉及行政管理的职位。很明显，鲁宾会对花旗集团董事会其他成员产生相当大的影响，他们当中很少有人是从事金融工作的。鲁宾不想被日复一日的管理工作束缚，也向韦尔表明了这个想法，但韦尔知道鲁宾能量巨大，能为公司提供不易得到的机会，还可以做一个宝贵的“顾问”（鲁宾喜欢这个措辞），于是作出安排，给鲁宾丰厚的薪酬，足以让他对这份工作保持兴趣和忠诚。这相当于在10年差一点的时间里，总计支付给他1.25亿美元，由现金和股票构成的年薪（不包括使用飞机和其他津贴）。到2009年离开花旗时，鲁宾已积累了530万股普通股和期权，这些资产已贬值为区区1 500万美元，一年来跌了90%。鲁宾总是声称，他在花旗集团只是挣到了若在对冲基金，或作为其他银行集团首席执行官，便能轻易赚到的钱。此言当然不虚，不过在其他地方，他可能得多承担一点职责，才能挣到这么多的钱。谁有鲁宾那样的声望和社会关系，无疑也能在别处找到可赚大钱的职位。

显而易见，当时鲁宾加入董事会，对花旗集团是很有价值的，但他的角色从一开始便不清晰。从得到的报酬来看，他似乎是全职高管，可他说起自己的角色时，又纯粹是非行政管理人员，由他担任主席的执行委员会的角色和目的也从来就不清晰。有一样很清楚，就是在关键时刻，他支持了桑迪·韦尔，保持了韦尔留下来的局面，比如，当约翰·里德提议和桑迪·韦尔一起辞职，由来自外部一位独立而不结盟的首席执行官替代时，鲁宾支持了韦尔；当韦尔过了正常退休年龄，而想继续担任首席执行官时，鲁宾又支持了韦尔；当查克·普林斯在没有设立临时委员会的情况下，由韦尔推荐，直接任命为首席执行官时，鲁宾还是支持了韦尔。据报道，鲁宾也热烈赞成为了能让维克拉姆·潘迪特为花旗集团服务，以8亿美元的价格收购潘迪特管理的对冲基金公司；潘迪特不久便被提拔为花旗集团首席执行官，他在别处可是从未有过担任类似职位的经历。回首往事，董事会所作出的所有这些决策似乎都有问题；韦尔离开公司之后，看来也由于鲁宾的催促，董事会才同意提高花旗集团的交易头寸，却没有相应地加强风险管理能力，这似乎同样有问题。有些花旗集团股东可能还认为，在公司比较困难的时刻，鲁宾似乎对公司并没有足够的付出，而他得到的报酬却那么丰厚——在韦尔离开后，他拒绝担任董事长，在普林斯走后，他拒绝担任董事长，迫使董事会无奈之下，只好选择了以伦敦为活动中心的温弗里德·比肖夫，尽管那时比肖夫似乎对花旗集团的关键运营问题不很了解，有时鲁宾似乎也不是很了解。

但并不是鲁宾弄沉了这只船，虽然他可能也并未作出什么努力来挽救它。董事会被桑迪·韦尔留下来的东西迷住了（花旗集团一位级别较高的经理，在韦尔离开首席执行官职位几年后，曾在我的学生面前把韦尔描述成"活着的偶像"），这样一直到了花旗集团第二次接受政府紧急财政援助。韦尔所建造的体量巨大、多平台、交叉销售、业绩为王的双位数增长机器，即使在他离开很久之后，即使这种业务模式已显然没有产生预想效果，也完全按照自己的惯性运行着。自2000年以来，花旗集团基本上持续不断地纠缠于贷款和交易损失、代价高昂的法律纠纷、严重的违规行为和严厉处罚，与此同时，花旗集团仍在从事有增无减的收购活动。花旗集团的风险管理和控制制度，远远够不上管理35万员工的需要，这些员工有着各种不同的公司文化，在数以百计的产品线上工作，在全球各地承受着持续不断的压力，必须作出业绩，否则就够受的。考虑到花旗集团财务状况不断恶化，而2008年9月美联银行已到了形势极其严峻的时刻，我们很难理解，收购美联银行在花旗集团董事会的眼里能有什么意义，但董事会否认该银行的不足之处，只将这次收购机会看做一个合理而必需的战略举措。他们心里清楚，花旗集团和美联银行2007和2008年的合并贷款损失和核销会达到1 800亿美元。尽管如此，花旗集团还是伤心欲绝，并且窘迫不已，因为富国银行横插一杠，提出了更高的收购报价。事实上，输给富国银行，可能让花旗集团躲过了一颗正瞄准其心脏的大而危险的子弹。

花旗集团的战略推进，因需要高额成本支持而未达到预期效果：交叉销售一般而言会涉及向客户提供补贴，这会减少收入，增加风险，其中有些风险（如花旗集团对安然和世通的多种敞口）是花旗集团常做的风险授权交换的结果。花旗集团的战略，旨在让日益庞大的公司长期以15%左右的增长率提高利润，但对利润增长的追求，却引导公司收购越来越多的文化和业务不同的公司，使得公司无法进行管理，同时又引导公司对交易员和银行家进行过度激励，使他们无力管理好自己制造的风险。除此之外，若再想到高级别管理人员经常发生人事调整，监管和品牌形象问题，以及股市已不相信公司高管持续不断地推介公司的漂亮说辞，你便能明白花旗集团多平台、高增长的战略已将公司带到了何处。2009年1月，花旗集团宣布2008年第4季度亏损83亿美元（主要是因为出现了121亿美元的贷款减值），全年亏损187亿美元。这是连续5

个季度出现亏损，亏损总计已达280亿美元。花旗集团还宣布，长期担任公司董事又曾任时代华纳董事长的理查德·帕尔森，将替代温弗里德爵士担任董事会主席。后来，花旗集团宣布，2008年亏损又增加90亿美元，总计达到277亿美元，这在美国公司史上属于亏损数额最大之列。

2009年2月，美国财政部宣布把对花旗集团的持股比例提至36%，潘迪特将留下来，但花旗集团要改组董事会，多数成员最终将是真正独立的董事（宣布这个决策时，联邦监管部门已开始了改组行动）。根据协议，美国财政部同意将投资于花旗集团多达250亿美元的优先股转换为普通股，让花旗集团卸下支付优先股股息的沉重负担。这样一来，纳税人将可能遇到更多风险，但若公司好转，也会有更多的获利潜力。

到这时，花旗集团已多少有点像一个行动迟缓、思维迟滞的人，无力让自己重回赢利状态，在自己不能或不愿出售的问题资产的重压之下步履蹒跚，同时肚里又塞满了政府提供的资本，这些资本应在数年之内通过利润或发行普通股所得资金来偿还，而这两者现在看来都不太可能。政府迫使花旗集团取消股利，聘用新的独立董事，还力劝花旗集团卖掉花旗美邦，并放弃长期抵制，使法院得以修改抵押贷款条款，以免抵押贷款出现违约，花旗集团在抵押贷款领域的主要竞争对手，都强烈反对花旗集团的这种抵制立场。政府最初是被说成扮演被动的角色，事实证明并非如此。

花旗集团的业务战略为其他大型全能银行树立了榜样，那些银行不得不在资产负债表的规模上跟上花旗集团，不得不大力扩展投资银行业务市场份额，不得不依赖自营交易创造利润。花旗集团对摩根大通的影响最大，摩根大通就是化学银行、汉华实业银行、大通曼哈顿银行、摩根银行和美一银行合并的产物，其间还收购过一些规模较小的投资银行，然后便是收购贝尔斯登和华盛顿互惠银行。花旗集团还影响了美洲银行的战略思维，欧洲一些全能银行如德意志银行、瑞银集团、汇丰银行和瑞士信贷等，也受到了同样的影响。

全能银行战略看上去一度产生了不错的效果，就其原因，是因为这一战略能博得机构投资者及其他金融专业人员的信任。投资者相信桑迪·韦尔是摇钱树，无论他做什么都照单全收，在很长一段时间里，买他的账都赚了钱。韦尔在全盛时期所做的，是自沃尔特·瑞斯顿以来，人们对银行业进行投资时遇到的最新鲜的事物，他在基金经理和证券分析师中吸引了一批支持者和崇拜者，公司股价由此被推升至25倍市盈率的高度。在收购花旗公司之后，股价最初是下跌，但后来便开始反身向上，收复了失地，还上涨到2000年中的每股50美元。此后科技股泡沫爆裂，其他问题也开始被披露出来，包括纽约州总检察官艾略特·斯匹泽力查华尔街，导致了韦尔被迫辞职。

这些问题使股价降为30美元，但后来又回升，2006年年底攀升至每股55美元，不过到这个时候，韦尔已离开花旗集团，公司股票市盈率因投资者越来越抱有怀疑态度而减少了一半，虽然2006~2007年间股票表现仍优于两大竞争对手摩根大通和美洲银行。然而，2007年以后，即便最忠诚的机构投资者也一定对这种业务模式产生了怀疑，因为在花旗集团参与抵押贷款和杠杆收购贷款市场的运作，已让人明显看出是有害的之后，这种模式似乎已完全崩溃。的确，花旗集团承受着很多压力，需要改变业务模式，2009年年初公司股价已跌至每股1美元，但潘迪特、鲁宾和董事会都视而不见。2009年11月底，花旗集团又从问题资产救助计划得到第二轮意外但合乎需要的融资，就在这之前，潘迪特还为公司的战略辩护："这是一种极好的商业模式。"他如是说。但所发生的一切证明并非如此，这种业务模式必须改变。的确，花旗集团已作出改变，宣布出售花旗美邦和成立花旗控股便是明证。花旗集团剩下的唯一问题是，政府支持的管理团队将其他业务处理掉之后，是否能复兴花旗公司的银行业务。如果不能，大概公司会进一步分拆资产，变卖后偿还纳税人。

过度使用杠杆

在2000年爆裂的投机性泡沫与7年后爆裂的这场泡沫之间，主要的不同之处在于，这场泡沫杠杆程度要高得多。一旦出了问题，杠杆便会伤害使用它的人。毫无疑问，当2007年抵押贷款市场发生内爆，抵押担保证券和债务担保证券价格突然深幅下跌时，使用杠杆程度最高者遭受的损失也最为严重，它们是对冲基金、金融公司的自营交易员、私募股权基金公司，以及提供杠杆的银行和大宗经纪商。

银行，甚至是遵守《巴塞尔协议》规则的银行，遭受了巨大损失。不受《巴塞尔协议》规范的投资银行和对冲基金，也同样损失惨重。尽管银行声称，相较于投资银行，自己受到了更多监管，杠杆程度更小，但它们的总杠杆率与投资银行不相上下，都在25~30倍之间。大型投资银行实际上会受证交会制定的《加强监管实体》规则的规范，这套规则要求投资银行报告《巴塞尔协议》规定的资本充足率。但投资银行只能使用有限的存款，不得不依赖市场提供资金，而市场自有其信用标准，当价格下跌时，便准备卖掉担保物。为了获得融资，投资银行不得不逐日对证券头寸按市计价，也不管那些头寸是否持有到期。这套市场价值规则，限制了投资银行利用杠杆对头寸进行融资的规模。

银行则拥有更多的自由，可以确定资产如何估值，而且随着公允会计规则严格程度的放宽，银行的酌情决定权也增加了。为了将杠杆率降至最低，以符合《巴塞尔协议》规定的要求，银行对于决定拥有什么类型的资产，又有更多的灵活性；在形势很严峻的时刻，银行还可以使用美联储的借贷窗口。有些银行设立了表外实体，可以藏匿资产，无须资本金的支持。银行还拥有大量的低成本活期和定期存款，虽然对于大型银行来说，这些存款极少会占到总资产40%以上的比例（这也说明它们与投资银行一样，在使用货币市场为交易头寸提供融资）。总的说来，很难讲贝尔斯登、雷曼兄弟或美林证券的杠杆程度，就一定高于花旗集团、瑞银集团和德意志银行，虽然很多银行公开发牢骚说是这样的。然而，我们不妨可以说，在市场崩盘最终到来时，两类银行的杠杆率都高于应有的水平。

薪酬制度和道德风险

资本市场行业在非常成熟但竞争激烈的环境中运行，这种环境会对强烈的业绩激励作出最佳回应，而对业绩进行强烈激励已然成了这种环境的基因。强烈的激励会在公司内部技能娴熟和积极性高的个人之间引起竞争。在这种环境中获得成功的人，都是那些依靠个人和所在团队的业绩得到报酬和晋升的人，他们愿意承担风险，哪怕因此而被更优秀的人取代，或因自身错误和市场下跌造成自己被解雇或公司破产的结局也在所不惜。度过行业起起伏伏而幸存的人都有很好的表现，事实上，他们的表现好得让华尔街看上去好像又处在一个“镀金时代”，他们成了贪婪和冒险行为的象征。

2009年1月，纽约州审计官托马斯·迪纳波里公布一个估计数字：2008年，“证券业”给纽约市雇员发了180亿美元的奖金，比前一年减少44%。这意味着，或许奖金池中多达1/2的数量与公司利润并不直接挂钩。有关美林证券的一则消息更是让人们加深了这种看法，美林证券在报告了150亿美元的损失之后，连忙在与美洲银行合并的前夕，发放了36亿美元的奖金。

在平常时候，奖金制度的正当性受到削弱，可能不会被华尔街之外的人注意到，但这次美林证券和美洲银行为了能活下去，正在使用政府的大量救助资金，所以这个话题便引起了公众的关注。若想到银行用纳税人的问题资产救助计划资金给雇员发放不应得的巨额奖金，加之一则泄密报道说一年前约翰·赛因花费100万美元重新装修自己的办公室，那么公众一时间对华尔街的所作所为义愤填膺也就可以理解了。这个问题引起了沸沸扬扬的议论，奥巴马总统也因此暂时放下手中的工作，谴责说发放这种奖金“真是无耻”、“太不负责任”，还宣布制定一套新规定，要求那些想从问题资产救助计划获得“特殊”援助的人，必须将现金薪酬限制在50万美元以内，并限制离职金、津贴和复杂而浪费的官方活动。“为了使我们的金融系统恢复常态。”奥巴马说：“我们必须恢复信任，而为了恢复信任，我们就得确保纳税人的钱没有在为华尔街过量薪酬提供补贴。”

当时很多美国人确信，对于华尔街公司高管，无论什么奖金都会构成“过量薪酬”。但实际上，谁也没有得到奖金：接受问题资产救助计划资金的华尔街公司的首席执行官，2008年都没有拿奖金，他们多数级别较高的同事也是如此。那些负有职责的人不仅没有拿到奖金，作为前一年的一部分奖金发放给他们的公司股票也下跌了70%多，总体上大致使他们的未兑现损失达到了数十亿美元。这就是“有业绩才有报酬”，不是吗？

华尔街的薪酬制度自20世纪70年代以来发生了演变。那时，多数公司属于私营合伙公司，由合伙人持有，合伙人将指定份额的公司利润发放给非合伙人雇员，其余的由他们自己分配。非合伙人每年都是干多少挣多少，合伙人在公司里的合伙份额也是每一两年便会重新确定一次。总体而言，每个人都会持续不断地得到业绩评估，由此而得到报酬或处罚。这个制度为创造利润提供了很大激励，但同时因为经营公司用的是合伙人自己的钱，也就为避免重大风险提供了激励。

慢慢地，合伙制时代的基本原则受到了严重侵蚀。高管的薪酬随其他类型的公众公司所开创的潮流而逐渐过量起来。对人才的争夺使得招人和留人更为困难，因而使雇用谈判的优势更进一步向明星人物倾斜。亨利·保尔森在担任高盛首席执行官期间曾说，华尔街公司与其他行业的企业一样，80%的利润由20%的人创造，但这20%的人每年都会有很大的变动，市场条件不同时，他们也会发生很大的变动。你不得不对每个人都支付不错的薪酬，因为你永远不知道下一年会有什么样的情况，又因为总有人在那儿想挖走你的训练有素的人，即使他们不是超级明星，你也不想失去他们。结果，一般情况下，奖金自然也就有了，并且与优异的业绩表现越来越不直接挂钩，奖金看起来更像是一种应有的权利；薪酬由此变成了行业最大成本，占净收入的50%。20世纪80年代末，沃伦·巴菲特也是所罗门兄弟的投资者，他说自己不明白为何人人都想投资于这样的行业：其中管理层先拿走1/2的公司收入，然后才可能有股东的份。但毫无疑问，他自己最近对高盛投资了50亿美元，看来他一定弄明白了这个问题。

随着公司成为大型综合金融机构的一部分，文化认同相似的同事之间的关系的密切感便丧失了，巨型多业务线控股公司的股票和期权的表现，渐渐地也极少与个人对自己业绩的认知相关了。尽管如此，这种薪酬制度总体上还是在多年里产生了相当好的效果，为成功提供了奖励，也对失败给予了惩罚，甚至在市场处于困难时期，也仍有不错的效果。

在多数公司，很多或多数奖金是以公司股票的形式支付的，为了奖励长期表现，股票会在数年里陆续归属个人。但人才市场竞争激烈，很多公司被迫提供保证奖金或最低限度奖金，以此招募自己想要的人，有些明星交易员还可以通过谈判，确定具体的利润分成比例，不管全公司范围内的赢利情况如何。的确，2008年华尔街发放的多数奖金，主要是给了雇用合同上规定了最低奖金额度的人、全年中为使公司状况好转而付出了努力的人，以及公司想在困难时期留住的中低层雇员。迪纳波里公布奖金估算数之后不久，彭博资讯报道说，瑞银集团通过提供“超大数额”奖金，在美国雇用了200多名经验丰富的经纪人，所以即使在市场艰难的时候，挖走有价值雇员的做法也仍有发生。

在华尔街，最顶层的管理人员往往是所在公司的重要股东，他们在这次金融危机中损失惨重。好几位在任和前任首席执行官，随着公司分崩离析，损失了数亿美元。一度实力强大的公司房利美、美国国际集团、雷曼兄弟、花旗集团和美洲银行，每股股价都跌到不够一杯咖啡的价钱。很多华尔街高管，包括美国的7位首席执行官和欧洲的好几位高管被炒了鱿鱼。并没有多少其他行业，会有如此残酷的非上即下的薪酬制度，会与业绩如此紧密相关。

尽管华尔街薪酬制度有些优点，但必须认识到，这种制度也包含一些严重缺陷。最重要的缺陷是，会带来很大的道德风险。管理人员因为冒险成功会得到很多奖励，但对冒险不成功的处罚，最终主要还是由股东或纳税人承担。有一个办法可以进行补救，就是要确保高级管理人员对其下属的交易结果也要负起密切相关的责任。另一个补救办法，是对交易员的每一笔损益都要充分考虑风险成本，这会减少风险较大交易的利润（这也是正确的），因而会减少为此而支付的奖金。

薪酬制度的短期导向，是另外一个缺陷。若要对此进行修正，需要提高能体现较长时期内业绩的奖金比例，比如整个市场周期内的业绩，需要规定头寸或交易以后出问题时，可以追回先前发放的奖金。很多公司已经在这样做了。

然而，关于将来的薪酬过量问题，有些仍然不信这个行业会实行自我改革的人，或许可以少一些担忧。托马斯·菲利彭（纽约大学斯特恩商学院）和阿里尔·雷谢夫（弗吉尼亚大学），最近对1906年以来的美国金融服务业薪酬问题作了研究，他们发现，直到1930年，金融工作相对而言都是技能密集型的复杂而收入高的工作，只是在1980年以后，又恢复了这个特点。与其他行业相比较，华尔街薪酬在1930年达到了最高峰，然后在1995~2006年之间又达到最高峰。两位研究者认为，高薪酬时期与企业金融服务的管制放松和需求高涨有关，也与信用风险的敞口增多有关系——总而言之，高薪酬是由高附加值创新、使用杠杆、股票牛市，以及广泛交易和承担风险引起的。假设这些起因现在不那么重要，并且该行业正进入一个谨慎的后泡沫恢复期，那么华尔街可能要等相当长一段时间，才能看到相对的薪酬条件重返1930年或2006年那种最好时期的水平。

华尔街往往被人们与过量薪酬和炫耀行为联系在一起，它需要经常得到提醒，知道自由市场资本主义系统若要在充满活力的由大众参与的民主制度下成功运行，只有让民众接受这个系统的有益之处，并且不被他们可能感受到的资本家贪婪、背信弃义和不留情面的行为所激怒。2010年，我们离上一次公众对华尔街大加声讨还不到10年，只要过量薪酬是一个问题，解决办法就是该行业需要缩减过量薪酬。否则，我们的自由市场金融系统可能会遭遇这样的风险：被恼怒的认为该系统不合情理的选民所解体。

重建资本市场行业

2009年1月1日，美洲银行对美林证券收购案，随着发行价值为194亿美元的普通股（不过，收购交易刚敲定时，这些股票估值为460亿美元）而宣告完成，美林证券的股东以及本 · 伯南克和亨利 · 保尔森，都大大地舒了一口气。然而，这是勉强才达成的结果。美林证券仍在发生巨大亏损——2008年第4季度业绩显示净亏损为153亿美元，远高于肯 · 刘易斯在2008年9月收购交易刚达成时所作的最差预测。当时，刘易斯说："我们认为美林的资本结构很不错，与我们所见的其他一些公司相比，普通股基础要大得多，所以看起来挺好。"

随后，市场形势大为恶化，进一步削减了美林证券所持有的遗留头寸的价值。2008年10月，问题资产救助计划对美洲银行投资150亿美元，对美林证券投资100亿美元。11月，市场又跌至本年最低点。尽管如此，美洲银行的股东还是在2008年12月5日投票赞成收购交易，为了在2008年年底之前结束这宗交易，又作了很大的推动。3天后，也就是12月8日，美林证券董事会在征得美洲银行同意之后，（根据合并协议的一份大致规定美林所能支付的最高奖金限额的非公开附件）批准为员工发放年终奖金，美林证券还应美洲银行的请求，将奖金中的现金支付比例由60%提高至70%，其余的则在合并交易完毕之后用美洲银行股票支付。虽然公司的业绩极差，但这一揽子奖金只比前一年少6%，其中部分原因是，以前已作了发放奖金的保证，也有其他与雇用合同有关的安排。美林证券发放一揽子奖金，必定会令美洲银行的雇员反感，他们在2008年的平均薪酬还不到美林员工平均数的1/3。

接下来一周，美林证券的会计部门开始初步计算第4季度的经营成果。据赛因说，报表一出来，就报告了美洲银行。报表显示，又出现了金额相当高的价值减记，尤其是美林证券至少持有了一年的遗留头寸又有了减记。美洲银行将在2008年1月1日后与美林的经营成果和财务状况合并，在此之前，完全有积极性对自己能减记的资产都做减记。并且，自从税收规定在富国银行收购美联银行时作了变更，美洲银行或许可以扣除这些减记中的一些损失，给它带来对减值作最大化处理的税收好处。美洲银行先前对收购问题企业颇有经验，2008年7月完成收购的全美金融公司便是一例，因而很熟悉合并结束前的会计和税收问题。

然而，刘易斯很担忧，他怕美林证券意外的巨额亏损（包括80亿美元的自营损失和73亿美元的其他损失，如23亿美元“商誉损失”和32亿美元信贷估值调整）会让他在股东和政府面前不好交代。12月17日，刘易斯与财政部交涉，说正考虑放弃收购美林，因为“美林的亏损实在太吓人”。伯南克和保尔森深感震惊，说：你不能这样。若是这样，美林证券会成为又一个雷曼兄弟，市场又要重新回到下跌的恶性循环之中。保尔森告诉刘易斯，不管他对股东要负什么样的责任，他也要对公众负责，必须把收购美林的交易进行到底。双方冲突升级，财政部变得更加强硬。事情最后还是解决了，美国财政部同意在收购美林一事结束之后，额外再提供问题资产救助资金和担保。刘易斯或许像布雷尔兔一样咧嘴笑了，一定以为自己达成了一项很满意的协议；美国财政部资金对这时的美洲银行来说是很便宜的资本，而要抵消美林证券的亏损，注入资本是势在必行的。数月之后，刘易斯被《美国银行家》誉为“年度优秀银行家”。

肯·刘易斯出生于密西西比州的莫里迪恩市，父亲是陆军中士军衔，12岁时父母离异。他靠勤工俭学，读完了中学和佐治亚州立大学，学的是商务专业，1969年，一毕业便进了北卡国民银行。他后来又在斯坦福大学拿到工商管理硕士学位，成了北卡国民银行传奇式首席执行官休伍·麦考尔的一个栽培对象。麦考尔进行过一系列高调收购，包括1998年收购最初的美洲银行，他通过收购，并采用美洲银行的名称，把北卡国民银行建成了全美国性的知名银行品牌。收购美洲银行之后不久，美洲银行前首席执行官戴维·库特尔，也是麦考尔指定的接班人，在银行发生一笔与出了事的对冲基金长期资本管理公司有关的损失之后，被迫离开银行。刘易斯受到提拔，主管多个子公司，于2001年接替了麦考尔。他一直延续着麦考尔的战略，一有适当机会便进行收购（有时收购价也会过高），将收购来的公司粗暴却有效地并入银行的主体业务当中。像自己的领路人一样，刘易斯多年里也心怀愤恨，似乎有意挑战这样的观念：你必须是一个八面玲珑的美国东部人，并且出身富贵家庭，拥有常春藤名校教育背景，才能在美国金融界出人头地。

在同事和生意伙伴的眼里，刘易斯意志坚定，作风强硬——如果你挡他的路，就会很危险。托马斯·布朗以前是跟踪研究银行业的证券分析师，现在管理一家对冲基金，开了一个财经博客，他说2004年，一大批高端人才外流之后，美洲银行董事会问银行的后备管理人员是否充裕，银行整理出一张表格，上面列了85位大有前途的管理人员。4年后，其中65人已离开银行。

2009年1月1日，规模已扩大的美洲银行大约拥有2.5万亿美元资产，成了美国最大的商业银行，世界上最大的财富管理公司，约有2万名金融顾问，2万亿美元的客户资产。

2009年1月16日，美国财政部宣布，将已承诺的200亿美元 问题资产救助融资交付美洲银行，并对高达118亿美元的问题资产提供担保，其中多数属于美林证券，同时，美洲银行为了这笔融资，将再向政府发行一些优先股。美洲银行还像花旗集团得到第二轮问题资产救助资金救助后一样，同意将普通股股利限定为每季度每股0.01美元，遵守“管理层薪酬强化限制规定”，“实施抵押贷款修订计划”。同一天，美洲银行报告2008年第4季度亏损18亿美元（未合并美林的财务数据），全年赢利由前一年的150亿美元降为40亿美元。

然而，收购美林证券一事让刘易斯的处境越来越困难。资产减记、政府的进一步投资、股利削减，以及其他限制都不受普通股股东的欢迎。美洲银行股票于2008年12月中旬从每股15美元的价位（9月份宣布收购美林证券时，股价为每股30美元）开始下跌，6周后刚好跌至每股4美元。美洲银行还宣布将裁撤3.5万个工作岗位，出售28亿美元的中国建设银行股份。很多股东认为，刘易斯在市场极为不利的时候，行动过于激进（美洲银行不仅收购了美林证券和全美金融公司，还于2007年10月，以210亿美元的价钱从荷兰银行手中收购了拉萨尔国民银行），简直昏了头。但刘易斯立场坚定，为收购美林一事辩解说：“我们只是认为，按最初确定的条款和日程继续推进收购工作，最符合公司的利益，也最符合股东的利益，同时还最符合国家的利益。若重新商谈收购条件，付出的代价会超过因此而节省的成本。”

2009年1月22日，《金融时报》报道了美林证券年终分配奖金一事，还说为了让美林证券能支付现金部分的奖金，如何把奖金发放的时间从1月初提前到了12月28日。美林证券被四处传播的形象是：它正在利用最后的时日，在美洲银行还无能为力时，向雇员发放不应得的过量奖金。这个报道出现之后，纽约州总检察官安德鲁·库莫便宣布对美林证券的奖金发放问题进行调查。

雪上加霜的是，美国广播公司财经频道新闻上又出现一则报道，详细描述一年前美林证券如何花费120万美元，为约翰·赛因重新装修有数个房间的办公室套房。这则报道使赛因显得既自私又贪婪，多数美国人开始认为所有华尔街银行家都是如此。两则报道看上去都像是有人在故意爆料。

还是在2009年1月22日，肯·刘易斯飞往纽约，与赛因进行15分钟的会面，媒体紧紧跟随其后，之后，赛因便被解雇了，看上去他像是最后一个知道此事的人。第二天，美洲银行在《金融时报》上发表声明，把12月份奖金发放引起轩然大波的责任全部推到赛因的身上。无论这是否合适，赛因成了因美林被收购而倒下的人，而且，他倒在自己所站立的位置，在豪华装修的纽约办公室套房里，背后插着一把刀。这极大地损害了他30年来作为超级能干、超级清白的华尔街童子军的光辉形象。2009年1月26日《金融时报》上的一篇社论，似乎对奖金事件以来，赛因很快就遭遇大量非议的事情做了一个总结：“银行家什么东西没有得到？有些银行家不能承认集体性失败，仍然表现出一种应得权力感，这种感觉与他们当前的身份毫不相符，他们现在可是受国家监护的人、受纳税人资助的人。来出一份力吧，约翰·赛因。”

然而，找到人承担责任并没有了结刘易斯的麻烦，现在他的麻烦包括集体诉讼，控告他在股东投票赞成收购交易之前，向股东隐瞒了重要信息。诉讼声称美林证券的亏损出现在11月间，当时固定收益市场直线暴跌，并非像刘易斯所说出现在股东会议之后那一周，当时市场非常平静。在诉讼的同时，股东还强烈要求刘易斯辞职，虽然美洲银行董事会据报道仍是非常支持他。很多在华尔街待了多年的人，对刘易斯的这种处境非常熟悉，认为他死定了。

2009年2月，美洲银行股票跌至最低点每股3.14美元，大大低于刘易斯8年前成为首席执行官时的价位，投资者疑问重重，不知道银行在目前管理团队的领导下，将如何或是否能收复大量失地。即使市场回升，银行季度赢利开始不断增长，投资者也仍有疑虑，担心银行如何能把美林证券和全美金融公司这两家业务极为不同的企业，整合进以夏洛特为总部的美洲银行保守的南方乡村式文化之中。2002年，刘易斯曾告诉一群沃顿商学院学生，即使在收购文化不同的大型公司之后，美洲银行的特色文化“也会保持下去”，“我们的文化不能变。它代表了我们的价值观。我们不会容忍我们的文化上有一点瑕疵，也不容忍亚文化存在。”

2009年3月，对美洲银行来说，形势开始出现好转，股价回升到每股10美元左右。2009年第一季度赢利42.5亿美元（2008年第一季度赢利12.1亿美元），远远超过证券分析师的预测。财务数据中包含出售中国建设银行股份所得的19亿美元资本利得，以及新增的203.4亿美元贷款损失准备和核销。据刘易斯说，美林证券和全美金融公司，在本季度是两大“明星”创利单位。尽管如此，在银行年度会议上，股东表决通过董事长和首席执行官的角色不能由同一人担当，现任董事之一又是莫尔豪斯学院院长的沃尔特·麦斯伊被任命为董事长，肯·刘易斯仍做总裁和首席执行官。

然而，美洲银行仍欠美国财政部450多亿美元的救助资金，因此2009年4月时，它的处境还是极为困难。那可是很大一笔钱，加上优先股股息，都得在将来用利润和增发普通股所得来偿还美国财政部。接着是5月，政府宣布等待已久的前几个月对国内多家最大银行所做的“压力测试”结果，指出在所有这些银行所需要的650亿美元新添资本中，美洲银行必须新筹集340亿美元。（富国银行需要150亿美元，花旗集团需要50亿美元。）这无疑又给刘易斯添加了麻烦，但他和自己的团队并未浪费时间，即刻着手解决这个问题。美洲银行说，需要立即开始出售某些不太重要的业务，考虑设立合资企业，向优先股股东提出将手中股票转成普通股的方案，并向公众发售新的普通股。到5月底，通过这些努力，筹集了260亿美元普通股，估计通过出售资产能再筹集100亿美元，这样便可在数月之内满足新添340亿美元资本金的要求，无须再向政府要求得到问题资产救助资金。倘若出现第三轮问题资产救助融资，几乎可以肯定，这会迫使政府采取比至此为止更为严厉的行动，政府会强迫银行董事会和管理层作出进一步变动（就像在美国国际集团所做的一样），甚至会将银行完全接管，从过去数年被收购的不同业务单元中，尽可能多地抢救出东西来。刘易斯仍然乐观，心想可以扭转局面，在适当的时候偿还政府的问题资产救助资金，但在他做到这一点之前，美洲银行事实上成了市场和经济的人质。

在此期间，花旗集团从交易利润和会计调整中勉强挤出了16亿美元的利润，并设法出售日本的业务部门以及其他资产。花旗集团也对董事会作了一些调整，但股价却在每股2~3美元之间徘徊，第一季度结束时，市值只有148亿美元。

与这两个老对手相比，摩根大通的处境要好得多。第一季度，它的赢利超过分析师预测，在核销50亿美元的贷款和计提新增损失准备金之后，赢利达到了21亿美元。

摩根大通很出色地通过了压力测试（不需要新添资本金），一旦政府允许偿还问题资产救助资金，马上就有能力做到。投资银行业务表现很好，市场份额正在扩大。贝尔斯登的大宗经纪和清算业务已让它从中获益，自雷曼兄弟破产之后，又吸收了大量转出来的资产，贝尔斯登幸存下来的交易业务也已被“驯服”，降低或隔离了市场风险。杰米·迪蒙在2008年经济危机期间受到了广泛尊敬，现在他声称银行开展的信贷业务非常活跃（虽然净增贷款仍然很少），银行为了让抵押贷款持有人免于违约的风险，正在努力地实施抵押贷款修正和协助计划。尽管摩根大通仍然需要对华盛顿互惠银行进行整合，同时也感受到了自身信用卡和其他消费者金融业务的沉重负担，这些业务要经历严酷的衰退期考验，才能声称已再次处于安全的境地，但显而易见，摩根大通现在看起来，在大型银行控股公司中俨然是市场领袖。它没有需要改变业务模式的压力，也没有为生存下去而让自己有巨大的压力。收购华盛顿互惠银行，以及2004年收购美一银行，是两个非常清晰的信号，表明摩根大通要把自己的将来主要与零售和消费者业务紧密相连，而不是拴在批发或投资银行业务上，尽管它也伺机收购了贝尔斯登。

与此同时，现在身为美国第4大银行控股公司的富国银行，正忙于把2008年12月31日关闭的美联银行整合到自己的平台上来。这涉及美联银行第4季度又出现的112亿美元亏损（也包括大量合并前的减记）、在美联银行已隔离开的贷款组合中的939亿美元高风险贷款上做372亿美元的信贷减记，还涉及各种“去风险”的措施。富国银行也承认从合并交易中获得了109亿美元的税收好处，合并使得富国银行即使在吸收美联银行抵押贷款和其他贷款损失减记之后，仍然留有1.3万亿美元的资产，而那些减记数额可是比世界上其他任何银行都要大。尽管美联银行拥有规模可观的证券经纪和资产管理业务，但它在投资银行领域并不是一个重要参与者——富国银行也不是，这是富国银行自愿如此的，但2009年春，首席执行官约翰·斯坦普夫开始谈论加强美联银行的证券业务，要在投资银行领域争夺市场份额。

到2009年中，按市值排名，世界上最大的10家投资银行是：摩根大通（1 300亿美元）、富国银行（1 100亿美元）、美洲银行（1 010亿美元）、高盛（730亿美元）、巴黎银行（680亿美元）、瑞士信贷（520亿美元）、德意志银行（370亿美元）、摩根士丹利（360亿美元）、瑞银集团（350亿美元）和花旗集团（150亿美元）。所有这些银行的股价已从年初的水平有了很大回升，因为赢利已报告为正数，市场对系统性崩溃和政府实施的国有化担忧减少了。

就新生的银行控股公司高盛和摩根士丹利来说，2009年1月初，它们的未来不确定性尤其大。它们因2008年第4季度遭遇残酷的交易形势而痛苦不堪，以收费为基础的主要收入来源几近干涸，同时它们又由于行业可能出现重新规范的前景而受到困扰，因为若是这样，会使它们历时已久的业务战略变得过时。很多分析师预测，它们将被迫在杠杆程度小得多的条件下运营，即使它们的收入来源又恢复正常，也会使它们的增长率和收益率大大减少。它们的投资者和监管者现在会期望它们通过收购零售存款分支机构，使业务和融资来源多样化吗？它们能保留同样素质的人才和同样的动力，在风险较小、利润流较不丰沛的情况下，使自己与其他银行相比显得与众不同吗？

2008年对于摩根士丹利和高盛都是赢利年，虽然利润远远低于一年前。两者都筹集了100亿美元的新资本，外加100亿美元的问题资产救助资金。到2008年11月30日（两家公司会计年度结束时），它们在压力之下都已显示了相当大的灵活性，迅速削减了资产和风险敞口。摩根士丹利年终资产总值为6 580亿美元，2007年的年终资产总值是1.07万亿美元；高盛年终资产总值为8 840亿美元，上一年的年终资产总值是1.12万亿美元。摩根士丹利宣布一级资本充足率为17.9%，高盛的一级资本充足率是15.6%，两家公司都大大高于大型批发银行的平均水平，2008年第4季度期间，该平均值升至约10%（因为问题资产救助资金注入的缘故），前一年则是8.5%。

这两家公司40年来一直是激烈竞争的对手，都将对方视为自己的主要竞争者。两者都致力于服务所有的机构客户和资本提供者，无论机构客户和资本提供者在世界的何处。然而，经过多年的变化，它们的业务已有所不同，因为最初的摩根士丹利曾卖给添惠证券，与一家大型零售经纪业务名牌公司合二为一，而高盛也开发了自营交易和另类资产管理业务，并且这两类业务都成了高盛的主要收入来源。

约翰·麦克于2005年重返摩根士丹利之后，开始奋力将摩根士丹利引向一条自营风险敞口更大的道路，不过从后来发生金融危机的角度看，这证明是不合时宜的举措。摩根士丹利本已拥有坚实的零售基础，作为银行控股公司获得新生之后，它表示可能会收购一家拥有厚实基础的吸收存款的银行，然后沿着零售业务线拓展业务，当然，同时也无意减少在批发银行业务领域保持领先地位的兴趣。

2009年1月，摩根士丹利宣布将零售证券经纪业务划归与花旗美邦成立的合资公司，这个决策似乎表明了摩根士丹利的战略方向。建立合资公司的交易提前在2009年6月完毕，对于摩根士丹利来说，这似乎是大有前途和时机适宜的行动；之所以能达成这样的交易，摩根士丹利从政府那里得益不少，也因为花旗集团董事会敦促管理层要降低公司的规模。摩根士丹利付出27亿美元现金给花旗集团，实际上购买到了合资公司的控股权，而合资公司中的美邦证券部分被认为更有价值。随着该合资公司的成立，世界上诞生了规模最大的证券经纪业务机构，销售队伍比美林证券还要大1/3。

与此同时，美林证券正进入一个痛苦的过程，被纳入身处困境而出手小气的美洲银行之中，或许它与美洲银行广大的零售分支网络会产生协同效应，会遵循和接受美洲银行的文化、领导风格和薪酬规定。这种将零售金融服务业务融合在一起的做法已有很长一段历史——罗斯·佩罗特与杜邦-格罗尔-福刚公司、美国运通与雷曼兄弟、西尔斯百货与添惠证券、保诚保险与巴赫公司、公平人寿保险与帝杰证券等公司之间都付出这种努力——但却没有获得多少成功。一个明显的问题是，其他公司未能成功地实现整合，美洲银行（已忙于对全美金融公司进行复杂的整合）能做到这一点吗？到2009年年中，约翰·赛因和其他好几位美林证券级别较高的管理人员已离开公司，包括来到美洲银行的约300位重要的资深投资银行家中的18人也已离开，这给人留下了这样一个印象：无论是事业有成的华尔街投资银行家，还是传统守旧的"美林妈妈"那群人，在一个处境困难、心怀愤懑的南方零售银行机构的文化中，都感到不自在或不受赏识。从另一方面看，很多美林证券老员工因为没有更好的工作机会，只好听天由命，在这个不久将会大变样的公司里找到一席容身之地。然而，人们估计美洲银行将没有能力对竞争更强而有风险的投资银行业务进行扩展，因而会将注意力集中在吸收更安全、更稳健的零售分支机构上。

如果美洲银行自身的命运不能得到进一步改善，它可能会无奈地得出结论认为，美林证券如果重新出售或分拆出去的话，在不同的人手里，在市场更好的时候，对于美洲银行股东和政府来说，也许会价值更大。现在如果认为美林作为独立投行已永远消失，是一件确定无疑的事情，还为时尚早，但是眼下，它是被锁定在美洲银行的业务构架之中了，在这个环境里，美林证券无疑会挣扎一年以上，直到最后被驯服，或是被放走。无论从长期看美林证券会有什么样的遭遇，它现在都将要进入一个管理层心神不定的时期，在此期间，内部纷争会不亚于，甚至超过公司外部竞争，对手公司会利用这种机会，一点点地削减美林证券的市场份额，而它的份额在2009年一开始便下降了。

摩根士丹利收购花旗美邦零售经纪业务，对于美林证券和美洲银行来说也是一个相当大的威胁；对瑞银集团而言同样如此，而它这时仍然惊魂未定，因为在抵押债务危机中有了痛苦的经历，因为美国客户逃税而受到牵连，与美国司法部达成了7.8亿美元的和解协议，又因为4月份奥斯瓦尔德·格鲁贝尔出人意料地被任命为首席执行官，瑞士前财政部长卡斯博·威利杰被任命为董事长。格鲁贝尔作风务实，直截了当，曾任瑞士信贷首席执行官，他立即开始裁撤7 500个工作岗位，并对银行所有“高风险”业务进行核查。后来，格鲁贝尔宣称，曾考虑出售瑞银集团在美国的普惠证券，但又决定改组管理层，或许等更好的时机出现时再出售普惠证券。瑞银集团将世界上最大私人业务银行的位置，让给了合并后的美洲银行和美林证券，客户资产不断外流，总体而言，瑞银集团正在为生存而苦苦挣扎。在可以预见的将来，瑞银集团在任何投资银行领域都不会是很强劲的竞争者。

尽管有了与花旗美邦建立零售经纪合资公司的举措，摩根士丹利在基本的投资银行业务领域，即证券承销和公司融资服务领域——这是摩根银行遗留下来的业务，摩根银行自1933年创始以来，便在此领域保持着领袖地位——对于竞争对手，仍是一个强有力的威胁。2008年对于投行业务来说是痛苦不堪的一年，即使在这一年，摩根士丹利的多数市场都干涸了，作为主承销商，它也负责了9 380亿美元的交易，在全球行业中排名第5位，紧随花旗集团之后（花旗从第一位滑了下来）。尽管摩根士丹利报告2009年第一季度亏损很少，并通过裁减雇员以适应收入的不足，但摩根士丹利裁员的比例也只占10%左右。之所以裁员比例不高，是为了当市场复苏，企业和其他机构能完成因市场条件不好而已耽搁近两年的交易时，公司随时可以有交易执行力。花旗集团和瑞银集团出现问题，美林证券又心神不定，雷曼兄弟和贝尔斯登已经消失，摩根士丹利期待在投资银行业务上获得更多的市场份额。

高盛也是如此。2008年结束时，高盛在股权、资产管理和证券服务业务上取得了创纪录的净收入（尽管市场下跌，削减了所管理资产的价值）。投资银行收入全年下降30%，但交易收入下跌70%，这本是公司的一个主要利润引擎。交易业绩包含主要投资减值造成的36亿美元损失。然而，2009年第一季度，高盛报告赢利18亿美元，比分析师的预测高一倍，不久之后，又通过出售股票，筹集了50亿美元新资本。高盛大约有200亿美元的银行存款，正考虑通过销售存单和其他产品的网上银行业务增加银行存款，但高盛拒绝建议，认为不必收购一家零售银行企业，来减少对货币市场为业务提供融资的依赖。2009年年初，高盛首席财务官戴维·维尼尔说，公司对于收购问题“非常谨慎”，因为金融业长期以来很少有并购成功的案例：“我不会每天早晨拿起《华尔街日报》，寻找高盛的重大收购新闻，因为我想你会大失所望的。我们并不真的喜欢零售业务，对此也不了解，我想这不会有太大的变化。”

虽然对未来战略有一些疑问，但2009年年初，在投资银行业务领域，从任何方面看，高盛几乎都是市场公认的领袖。它安然度过金融危机，状况相当良好，有了两个新股东，沃伦·巴菲特和以问题资产救助计划为代表的政府，2009年6月初，与摩根大通和摩根士丹利，以及其他一些银行一道，获准从问题资产救助计划赎回优先股股票。

劳尔德·布莱克费恩原是高盛总裁，2006年5月亨利·保尔森去华盛顿之后，便接替保尔森成了首席执行官。劳尔德是一个邮政职员的儿子，住纽约市公共廉租房长大，他上过托马斯·杰斐逊中学，代表1971级学生在毕业典礼上致告别辞。他靠一份奖学金上了哈佛，1978年从哈佛法学院毕业。劳尔德最初在纽约一家著名公司担任公司税务律师，但由于和法律比起来更偏爱商务，他便加入高盛的大宗商品交易子公司，做一个金条和金币销售员。不久，他又找到了非常合适自己的工作，当一名交易员。他管理其他交易员和交易风险的能力让他升到了公司高层。他现在50多岁，身材矮小，已开始秃顶，对人热情友善。他给高盛公司内守旧派留下的印象是：深邃的思想家，灵活的战略家，能带来成效而不知疲倦的领导人。他也有很好的平衡感。2008年9月，在忙碌地参加一系列会议——一周紧连一周——之后，他和一位同事又奔向在纽约联储召开的另一个会议，同事抱怨说经过一整周的高度紧张，已经精疲力竭了。劳尔德却回答说，他应该正确判断事情的重要性："嘿，你坐着奔驰车马上就要到美联储了——又不是在奥马哈海滩，从一艘游艇里出来。"

2008年12月，在公司先前的合伙人年度聚会上，劳尔德向与会者保证说，虽然不知道前方道路如何，但他深信公司有了充足的资本和优秀员工，总会找到办法适应必须适应的形势，并仍将是市场领袖。"我们会通盘考虑，然后去做该做的。"我们在座的有些人，先前已不只一次从劳尔德的前任那里听到过同样的感想和看法，那都是公司在过去三四十年里也必须通过调整适应才能生存的时候：20世纪60年代末后台管理系统危机发生的时候、1970年宾州中央铁路破产之后、石油冲击到来之后、固定佣金率于1975年废除的时候、20世纪80年代初市场实现国际化的时候、1987年股市出现大崩盘的时候、1994年和1998年股市又出现崩溃的时候、《格拉斯-斯蒂格尔法》被废除的时候、科技股泡沫爆裂之后、斯匹泽提起诉讼的时候、《萨班斯法案》出台之后。适应和改变是这个行业中寻常而必须做到的事情，获得成功的公司都得常常重新塑造自己。这样的公司也就是既没有破产倒闭也没有被并购的公司。高盛都很好地完成了历次调整和重塑，2009年，它是唯一的一家20世纪60年代已存在而至此仍在自己的名义下运营的重要公司，从未将控制权交付他人。

2008年之后，高盛不得不面对银行业的更多挑战。在写给《金融时报》的一篇特约文章中，劳尔德认为"自律也有不足之处"，危机之后，银行业的问题在于，与一直受到的监管相比，银行业需要更有效、更全球化、更加协调的监管；他又说所有金融机构——规模大到足以“在一次危机中对系统产生负担”的银行或其他金融机构（也就是投资银行、保险公司和对冲基金）——都应该受到一定程度的监管。他提出了好几个具体的公司最佳管理办法，涉及风险管理、会计系统和管理人员薪酬，都是高盛已在采用的。他的用意可能是想影响即将到来的有关监管的大辩论，他预计这场辩论将在未来数月出现。他在文章结尾处，呼吁政府不要把监管提高到这样的程度：“把风险完全从系统中排除出去，最终使经济增长付出代价。”

银行救助计划

2008年，随着银行处于极度困难的境地，为了保持清偿能力，它们做了很多努力。有些银行自行筹集了新资本，但也有数以百计的银行转而向问题资产救助计划寻求资金，一直到最初的3 500亿美元融资多数已作出承诺为止。然而，随着金融危机进入第三年，问题是，据国际货币基金组织估计，由危机引发的经济衰退，正威胁着要求银行再核销多达1万亿美元的资产，也有其他机构估计，甚至会出现更大的损失。好几位经济学家说，美国银行系统已无偿债能力，因为银行资产的市场价格纷纷下跌，抹去了银行剩余的资本。

20世纪80年代美国银行也受到了同样的问题困扰，当时，向拉丁美洲和其他地方放出的贷款市场价值下跌，减去银行负债后，银行已没有剩余资本。银行监管部门（当时由美联储主席保罗·沃尔克领导，现在他又作为顾问为奥巴马政府服务）接管了美国资产规模排名第7位的伊利诺伊大陆银行，因为该银行无法续展到期的定期存单和其他负债。但也有很多规模更大或较小的其他银行，实际上是靠监管部门维持着生命，一直到它们能消化必须核销的资产为止。监管部门提供的维系生命的帮助，使银行得以在大约10年的时间里逐步核销不良贷款，在此期间，监管部门也一直让银行坐在“受罚席”上，少有增长的可能，银行被迫出售资产或采取其他行动，以便尽可能多地重新获得资本。尽管20世纪80年代初有一轮严重的经济衰退，10年后又是如此，但在20世纪80年代，国家经济之所以能增长，是因为资本市场起而应变，通过开发如证券化、垃圾债券和衍生工具之类的新产品，向需要资本的经济系统注入了资本，这样的财务资源为20世纪80年代的经济增长提供了动力。

2009年年初，银行系统的一些重要部分似乎又命悬一线了，它们盼望经济复苏，盼望由此而扭转资产支持证券和其他贷款的跌势，给它们的资本状况带来一些急需的纾解。但很多经济学家认为，经济无法出现好转，除非银行系统在资本市场新融资量如此低于前几年的时候，至少还有能力起到帮助作用。银行系统既需要短期修理，又需要长期修理，这个任务落在了新近开始执政的奥巴马内阁的肩上。

这个任务想必非常棘手。这需要在公私利益之间、在效率与权宜处置之间、在看来公平与实际不公平的做法之间、在按道理讲有效但未经检验的立场与试验性的或只是抱有乐观态度的立场之间，进行平衡和协调。

如果银行没有偿债能力，有些人说，银行就应该进行国有化，被区分为好银行和差银行，并尽快地带入重新正常运行的状态。

又有些人说，若要实行国有化，那会涉及相当多的银行，其中有些银行规模非常大。这样的计划需要使用纳税人的钱，对银行做巨量财政救助式的冒险投资，这是一个糟糕而不公平的计划，可能会耗资数万亿美元。

让银行破产可以免去财政救助问题，但这会让市场又陷入巨大的混乱之中，比雷曼兄弟倒闭之后所经历的还要可怕得多，会对大众储蓄、投资和经济预期造成更多损害。

用“宽容的监管”来养护银行，那只会把银行当做还魂尸一样保护着，而问题的解决会被推延到以后。

任何为修缮银行而做的事情，都必须在有关各方都能看清楚的情况下进行，必须遵守现代会计准则，并向股东充分报告。但无论做什么，都会受到这方或那方的严厉批评。一般大众已表示对任何类型的财政救助都不太支持，任何有利于银行管理人员的事情（如为他们支付奖金等），似乎必定会触发更多的愤慨和怒火。

据报道，第4季度国内生产总值惊人地减少6.3%之后（这是26年来跌幅最深的一次），多数人（既包括保守者也包括开明人士）的确认同了一点：经济看来已呈直线下滑之势，政府必须介入进来，想办法扭转局面。这意味着要在最紧要的关头进行干预，20世纪30年代政府正是这样做的，不过自此之后，再没有类似的行动。人们似乎也同意奥巴马政府的观点，即政府必须制定——立即制定——巨大的经济刺激和复苏计划、抵押贷款协助计划、银行系统救助计划，以及产业政策（处理正濒临破产的美国汽车工业，这是布什政府留下的又一个难题），并对全球金融服务监管系统做出重大改革。所有这一切都是复杂而费用高昂的事情，一路上会对美国经济产生巨大影响，很多影响是无法预知的。

奥巴马内阁宣誓就职不久，涉及8 000亿美元的一揽子经济刺激计划便开始正式讨论起来。美国民主党在众议院拥有绝大多数席位，经济刺激议案便从这儿开始交付议决，按规定也应该从这儿开始。几天后，众议院通过了一个版本的议案，没有得到任何共和党人的支持。共和党不满于在减税与政府支出计划之间进行平衡，赞成更多地削减税收，很多共和党人也不喜欢众议院民主党领导人加进来的为所有人服务的政府支出条款。参议院通过了一个经济刺激规模更小的议案，政府支出较少。在解决两党之间的意见分歧之后，2009年2月13日美国国会终于通过了一个涉及7 890亿美元的折中议案，并很快经总统签署成为法律，不过共和党人的赞成票还是屈指可数。该议案是在参议院银行业委员会主席参议员克里斯托弗 · 托德深夜加入一个条款之后，才获得通过的，该条款对任何从政府手里接收资本的银行内薪酬最高20人的薪酬，作了极大限制（包括以限售股形式出现的薪酬）。

银行救助计划也获得通过了。2009年2月9日，美国财政部部长蒂莫西 · 盖特纳在财政部举行的记者招待会上，宣布了经过修改的使用问题资产救助资金中剩余3 500亿美元（先前已获国会批准，但尚未得到融资）的银行救助计划。这件事先前受到了媒体的大力宣传，新的银行救助计划的具体要素被泄露了出去，但计划本身仍秘而不宣。记者招待会延迟了一两天，以便盖特纳和总统经济顾问团队其他成员把经济刺激计划落实下来，然后好让所有人都专注于银行。

金融复苏计划

盖特纳的金融复苏计划必须从保尔森计划停下来的地方继续下去，保尔森已将问题资产救助资金中的3 500亿美元分配给了银行。除了让银行稳定下来之外，保尔森计划本想使银行得以增加信贷，以抵消经济衰退的影响，但这一点从未发生。一般而言，当银行卸下杠杆（在过渡使用杠杆之后，这时银行实际上都在卸下杠杆），并且处在经济衰退当中的时候（这时信用好的借款人不需要借款，而信用弱的借款人虽需要借款，银行又很谨慎），银行的净贷款会下降。优先股投资在证明银行的偿债能力方面可能产生了很重要的象征意义，但多数银行利用了美联储对存款和其他负债的多种明确担保，或者直接使用贴现窗口来续展到期债务，所以通过优先股注入资金（也有几个例外），对于确保银行业整体的稳定，可能并没有什么重要意义。

然而，好几家接收问题资产救助资金的银行，却看到自己的股票急剧下跌了，部分原因在于它们仍在报告资产核销产生的损失，但也因为政府的投资被看做一个信号，预示着下一步可能是更为严厉的国有化（就像政府在美国国际集团和房利美所做的那样），这会抹杀普通股股东剩余的价值。但是，即便没有这一层担忧，普通股股东也要疑惑，在亏损仍然继续，股票市场已对银行关闭的情况下，银行打算如何逐渐偿还数量如此多的优先股，或者为这些优先股进行再融资。花旗集团和美洲银行各自都有约500亿美元问题资产救助资金投资的优先股，需要支付平均约7%的优先股股息，3年内这个比例将上升为9%——但没有普通股股利——对于普通股股东来说，前景是非常令人沮丧的。

第一轮问题资产救助资金存在一个问题：如果财政部按市场说应该定的价格给优先股定价，那么哪家银行也不会要这些钱——资本成本太高，不会有多少益处，尤其是在可使用美联储有吸引力的债务补贴计划的情况下，更是没有银行愿意要这样的资金。保尔森最初想得到一批赞成问题资产救助资金的大型银行和投资银行的保驾护航——以便向其他银行证实问题资产救助计划已生效，并表明拿这样的钱没有什么见不得人——所以，该计划不得不以很便宜的价钱提供资本。保尔森放开了对规模较小银行的限制，这些银行把优先股看做很便宜的资本，竭尽所能地想得到这种资本。结果，问题资产救助资金便在众多并不真正需要的银行中得以分配，从而使需要资本的银行难以得到，也使得支持资产支持证券市场所需的资金更少，而这个市场的恐慌性局面仍在继续，迫使银行进行更多的核销。最初一轮的问题资产救助资金分配时，也没有附带任何政府可以对银行实施控制的条件。不过，美国国会议员把所谓的保尔森计划看做财政救助，从来就没有真正喜欢过，不久便开始在涉及银行治理的多个方面坚持己见，尤其是在接收问题资产救助资金的银行的薪酬和业务费用方面不肯让步，这些涉及银行治理的意见成了对银行活动有追溯效力的约束，银行毫无疑问不喜欢，认为这是干涉过多，是不恰当的。然后，随着巴拉克·奥巴马宣誓就任总统，政府内阁发生变化，他任命纽约联储主席蒂莫西·盖特纳接替保尔森的职位。

盖特纳，48岁，原美国财政部一个晋升迅速的职业公务员，2003年被任命为纽约联储总裁。从达特茅斯大学毕业后，他曾在亨利·基辛格手下干过数年，在财政部涉及国际事务的多个岗位工作过，包括派驻国际货币基金组织的岗位。尽管他得到过鲍勃·鲁宾和拉里·萨默斯（被任命为奥巴马的首席经济顾问）的提携，但得到财政部长的任命，可能还是因为自金融危机开始以来，他一直与保尔森和伯南克一起应对危机，他们两位对他也很信任。他知道之前都发生了什么，为什么采取了那些做法，哪些起了作用，哪些没有成效，以及要在国会通过议案会遇到什么样的障碍。尽管他有一些很难解释清楚的个人税收问题，但他的任命还是获得了批准，因为在处理这样的混乱局面上，他被视为一个必要而有用的人选。他从保尔森手中接管财政部时，已有太多的问题资产救助资金投在定价不当的银行优先股上，也没有带来多少益处，剩下的资金既不足以支持真正需要的银行，也不足以在不良资产市场发挥作用，而设立问题资产救助资金的初衷却是后者。

2009年2月10日，盖特纳作为财政部长在记者招待会上首次亮相，他在财政部典雅的19世纪"现金厅"里，出现在记者面前，身后是五六面美国国旗。他在这儿宣布新政府制定的由4个部分组成的金融稳定计划。第一部分是在对规模最大、携带系统风险的银行实施"压力测试"，确认是否有充足资本承受经济恶化的形势之后，加强其中一些银行的资本实力。政府将确定这类银行是否资本充足，若非如此，又需要多少新资本。如果有必要，这类银行可以从问题资产救助资金里筹集新资本，但它们必须接受比先前更为严苛的条件：新发行的优先股必须按市场价购买，同时对股利支付、收购行动、游说活动、"奢侈消费"，以及管理人员薪酬进行严格限制。这些条件无疑也会让银行运营受到监管部门的更大控制，包括可能要求银行出售或分拆不良资产或不属于"好银行"核心业务的资产。这个计划的用意是迫使银行承认资产价值已严重削弱，需要相应地尽快调整资本（即使这意味着让政府购买某些银行的控股股份）。只有在这一点做到之后，银行才能回到正常的状态，也就是好银行的状态。

金融稳定计划的第二部分，是设立一家"金融稳定信托"，让它和私营部门一起，以折扣价直接从银行手中或市场上收购不良资产。财政部将为该信托公司投资500亿美元种子资金，并劝请私营资本再投资1万亿美元。盖特纳说，希望这样一家信托公司，会对资产支持证券和其他资产的价格起到支撑作用，而这些资产此时并没有一个现成可用的或流动性良好的市场。

金融稳定计划的第三部分，是将定期资产支持贷款设施的可用资金，由2 000亿美元增至1万亿美元。该设施由美联储于11月份组织，意在收购商业抵押贷款支持证券，以及由信用卡贷款、汽车贷款或学生贷款担保的其他贷款支持证券。

最后一部分是综合住房方案，财政部将投资500亿美元，通过修改现有抵押贷款条款，来遏制抵押品赎回权取消案，同时要求其他接收问题资产救助资金的银行参与这个计划。

市场对金融稳定计划非常失望。消息一出，道 · 琼斯工业平均指数重挫380点。《华尔街日报》说这是计划中有计划，《经济学人》说这纯粹是浪费机会。很少有财经评论员不同意这些意见。有些人说，这个计划缺乏细节，行不通。如果认为私募股权基金的钱能被吸引来参与共同投资，实在是天真幼稚，除非那些资产以市场价格的深幅折扣定价，而在这样的价位上，银行又不愿出手。

然而，如果仔细阅读，对这个计划做更为积极的解读也是有可能的。资产达1 000亿美元以上的19家银行将被强制实施压力测试。测试将“具有前瞻性、精确性和现实性”，“在所有相关金融监管部门的协调下进行”。这个说法里并没有声称压力测试需要对所有资产进行按市计价，但暗示了监管部门对于资产价格将会认真对待，并且在不同的银行间（包括高盛和摩根士丹利，它们在成为银行控股公司之后，继续虔诚地实行按市计价）保持资产价格的一致性。压力测试将会向监管部门揭示银行的资本状况（市场也将完全了解测试结果）；被认为资本不足的银行，无论以什么样适合具体银行的办法——分拆、出售业务部门或其他业务线——都必须获得新资金以补足所需资本。

如果这些办法还不足以达到目的，银行可以从第二轮问题资产救助（现在称为资本协助计划）资金中获得新资本，但这一次，资本的价格要反映现实的市场价值。新发行的优先股将可以完全转换成普通股（不附带只能购买相当于优先股15%价值的普通股的认股权证），而转换价格也以“2009年2月9日该机构股票价格平均水平的适度折扣”来确定。例如，如果花旗集团又需要200亿美元资本，它必须发行新的可转换优先股，这批优先股可按比方说每股3.75美元的价格（2009年2月9日的收盘价是3.95美元），转换成53亿股普通股，或49.5%的所有发行在外股票；当与先前所发行的优先股有关的认股权证被执行，那些优先股也转换成普通股之后，政府所持普通股将超过所有发行在外股票的80%。这将意味着该银行事实上已收为国有，即使只是注入了将近200亿美元的新资本。可以想象，会有好几家银行在压力测试之后，需要实行这样的国有化。同样也可以想象，如果银行以这样的方式实行国有化，它们的董事会和管理层也将发生变动，使它们的利益与公众的利益更加一致。与此同时，大型银行将被监管部门严格地控制在手中。它们因监管部门为它们的到期负债提供了担保才能维持生存，监管部门无论叫它们做什么，它们都得去做。为了缓和紧张局势，财政部将小心地（也慢慢地）实施压力测试，同时考虑还可以采取别的什么行动，让问题银行自行筹集资本。

为了协助银行“清洗”资产负债表上的“遗留”资产，金融稳定计划设想了一个富有想象力的做法，就是吸引私募股权投资者，通过“公私投资基金”与政府一道“共同投资”；该基金将由问题资产救助提供种子资金，“利用公共资金为私人资本提供杠杆，初始筹资规模达到5 000亿美元，筹资潜力有望增至1万亿美元”。此外，该计划还“允许私营部门买家通过拍卖竞价，确定当前问题资产的价格”。

这是否好得令人难以置信呢？私人投资者确定价格，政府为它们提供杠杆？对投资者来说，可是太好了（那也会保护财政部免遭指责，说它为所购证券确定了过于慷慨的价格），但批评者又问道，身处困境的银行，为何会愿意按低得足以让私募股权投资者高兴的价格出售资产呢？岂不是会带来更多的损失吗？

从该计划看，有两件事使得局面不同于以前。首先，政府已强行要求为进行压力测试而实行按市计价（或者做效果接近的事情，以便测试准确而真实），并强行要求根据这样的价格重新确定所需要的资本量；在此情形下，银行应该不会关心是否以资产当时记录在账簿上的价格出售资产。其次，如果银行已经拿了问题资产救助资金，政府可能既有意愿，也有能力强迫银行为了清理资产负债表而出售问题资产。

例如，政府可以宣布说，花旗集团打算通过拍卖出售遗留资产，想通过使用杠杆的公私投资基金购买这些资产的投资者，应该提交竞价。这样一来，不仅可以把不良资产从花旗集团的资产负债表上（这些资产已属于花旗控股）移走，而拍卖所确定的价格，也可以转化为普通的二级市场上的价格。有了多达上万亿美元的资金在购买问题资产，市场会围绕新确定的价格得到巩固，形成一个支撑，因此可以吸引其他投资者进场，这些投资者正力图以极低的价格买入此类资产，希望此类资产持有到期，会涨至违约调整后的预期价格。到那时，市场便会替政府行事，按政府的意愿运行，价格上涨会减去极低的资产估值上的压力。然而，对于市场是否这会如此运行还是有相当大的疑虑；投资者也担心（如果自己使用财政部融资来购买这类资产）政府会对自己实行薪酬和其他方面的限制；对于财政部发送给投资者让投资者接受的购买合同条款，也存在着争论。到7月初（也就是计划宣布6个月之后），实际上并没有多大动静，这个计划看上去已无人问津了，虽然财政部还在聚拢一批主要的投资者，并承诺一旦这些主要的投资者都聚齐了，市场就会很活跃。

盖特纳计划将定期资产支持贷款设施增至1万亿美元，这似乎也是迈向正确方向的一步，但也由于相同的原因，进行得非常缓慢。从两个涉及万亿美元资金的计划来看，财政部可能会给资产支持证券市场增加很大的支持，而自2007年贝尔斯登两只投资次级债的对冲基金崩盘以来，这个市场已完全不能正常运行。到2009年年初，除此之外的资本市场已开始回归正常状态，非金融类公司新发行的债券、商业票据和其他工具在发行量和利率上，都在恢复2008年年中的水平。如果财政部为问题资产制定的计划开始起作用，那么，随着资本市场的证券化功能得到恢复，资本市场便能回归常态，从而为整体经济注入所需要的资金，帮助结束经济衰退。从另一方面看，银行显然要历时更久，才能回到正常的信贷活跃状态。

但是，金融稳定计划被笨拙地引入，又需要从字里行间进行破解，并且推行起来速度缓慢，这都意味着市场不会相信该计划在短期内能有多大价值。很多人心里纳闷，如果说形势如此紧急，为何拖延许久才有计划出来？多数人认为这是因为计划细节尚未制定出来，而等到制定出来，谁也不能把它当回事。

这一切要明朗起来需要费些时间，盖特纳也已懂得在宣布计划的时候，不该一厢情愿地以为市场会相信他。的确，市场先前已从经验教训中领悟到，美国财政部的计划到头来常常是并非表面说的那样。大约一个月以后，盖特纳宣布了已作扩充的计划，加进了很多细节，明确规定私人投资公司如何从政府处借入低成本资金来购买问题资产，结果，道 · 琼斯工业平均指数骤升489点。这一次，真有些人开始认为，该计划或许会产生作用了。

与此同时，压力测试必须在接下来的数月里实施完毕。金融稳定计划的这一部分收到了良好效果。没有一家银行在第四季度经历那种造成混乱局面的挤兑，多数银行都回归到赢利状态（部分原因是使用政府对它们的债务所做的担保，获得了成本非常低的融资），由于银行股价上涨，好几家银行又能在市场筹集新资本了。2008年5月初，压力测试结果公布于众，多数银行被认为无须新添资本（或者只需新添少量资本），只有美洲银行、富国银行、通用汽车金融服务公司和花旗集团总共需要筹集650亿美元新资本。第二个月，有10家接受问题资产救助资金救助的银行，获准从问题资产救助计划中赎回约600亿美元的优先股。

系统监管者

2008年3月底，金融监管系统的缺陷已显而易见，美国财政部长保尔森“越俎代庖”，提出了一个全新的监管构架。他认为，旧有系统已不能正常运行，必须予以调整，使之适应新的需要。他提出用一个新系统（他称为“一个蓝图”）代替目前的系统，因为在现有系统中，有好几个不同的协调不好的监管者，每个监管者只解决金融市场不同部分的问题，谁也不能对市场所有部分实施监督或拥有权威。保尔森的新计划会设置三个新的监管者：“市场稳定监管者”，将扩大使用美联储的部分权力，以检查和指导任何可能会对金融市场的稳定制造风险的机构（银行或非银行机构）；“审慎金融监管者”，将监管所有类型的吸收存款的机构，确保这些机构安全、稳健、审慎经营；“商业行为监管者”，将在各种不同的金融产品上，提供消费者保护，由此扩大证交会的角色，或许让证交会与其他政府机构合并。

保尔森在提出这些建议的同时，还呼吁国会避免设置新的或冗余的监管层级，要把重点放在更有效地重新分配已有监管之上。他还想在将来的救助行动中，把纳税人的责任义务降至最低。在后来的一次讲话中，他又建议，需要为任何被接管资产的有序处置设立一个新机制。不管怎样，他有点沮丧地补充说，国会不太可能在布什总统最后一年的任期中着手解决这个问题，所以他只是抛出这个问题来以供长期思考。因此，这个建议在提出之后不久，就像布什总统自己一样，也离开了人们的视线。

一年以后，美国财政部部长盖特纳宣布了他的有关系统风险监管的计划。这个计划涉及4个密切相关的问题：（1）监管必须施于任何能带来系统风险的金融企业（包括非银行企业，如作为一家工业企业金融子公司的通用电气资本公司）；（2）认明这类金融企业，不仅要包括处于市场中心地位的规模大、组织复杂的机构，也必须包括被视为因与重要市场参与者“相互关联”，而传递风险的公司；（3）这些涉及系统风险的机构与不携带系统风险的机构相比，必须受到更严格的监管约束和控制；（4）新的监管系统必须在全球确立起来，并非只限于某些国家之内。

像盖特纳所宣布的其他计划一样，这一次涵盖面也很大，但在某些细节上却很模糊。大概他是有意留下一些选择余地，以便与美国国会以及金融服务界的代表和游说者进一步商讨他的想法。但他的确坚持要求设立单一而独立的监管者（他心目中想的是美联储），让该监管者负责监管“有系统重要性的公司和关键的支付、结算系统”，并负责为这些公司制定更高的资本和风险管理标准。他还呼吁对中等规模的对冲基金实行注册管理，对柜台衍生品市场进行综合监管，对货币市场共同基金改进监管。

2009年3月提出的这些建议得到了一种平静的认可——很多人点头表示同意，因为这些意料之中的不言而喻的问题已有人探讨过了——但多数观察家知道魔鬼藏在细节之中，他们想看看细节会是怎样。2009年6月，盖特纳对自己提出的监管计划又进一步发布了细节，从中也可以看出其他政府部门和利益相关方自该计划首次宣布以来已做了大量投入。这些细节包括：设立一个新的监管者委员会，对金融监管系统保持监督（这会稀释集中到美联储手中的权力）：对携带系统风险的机构（此时称为“一级金融控股公司”）进行健全的、负责任的监管；对所有金融公司设立更高标准（涉及资本充足率、管理、薪酬制度和会计系统）；提高透明度和消费者保护；对于谁具体监管什么，进行结构性调整（7个机构或其他实体将替代现有的6个组织，其中两个组织并入其他组织之中）。该计划包含很多内容，有不少内容预计会引发热烈辩论和妥协退让。美国总统奥巴马说，他希望到2009年年底时，该计划可以准备好交付国会辩论。

2008年秋，我和两位研究银行业的同事，为纽约大学斯特恩商学院针对新政府所做的一部政策建议书写了一篇论文，该建议书的书名叫《恢复金融稳定》。我们写的论文题目是《加强对大型综合性金融机构的监管》，文中探讨了系统风险问题，这些问题后来在盖特纳的建议中提出来了。我们当时这样写道：新系统应该挑出系统风险携带者（即大型综合性金融机构），由一个独立的专门监管者对它们加强监管，该监管者应具有充分权力，可以控制强有力的在政治上非常活跃的金融机构，该监管者还应获得授权，扩展现有《巴塞尔协议》的全球框架，以便吸收这些新的监管要素。该系统风险监管者利用这样的身份收集信息，将更能对必然会巩固系统风险携带者基础的政府担保进行准确定价。这便可能设定公平的与单个大型机构资产规模和特有风险相联系的基线保险成本（与银行现在所付的存款保险费相似）。

然而，最为重要的是，这个新监管者要有法定权力和责任，去确保携带系统风险的金融机构，在经营中持之以恒地优先注意自身的安全性和稳健性，使它们即便付出增长率和赢利能力下降的代价才能实现安全性和稳健性，也在所不惜。换言之，必须让携带系统风险的大型银行重新变回并保持负责任的公共事业机构的身份（这正是沃尔特·瑞斯顿曾奋力去除的身份），否则，这些大型银行又会巧妙地绕过或跨过限制，绕过或跨过监管者，让系统风险状况重新回到抵押泡沫之前的水平。这个新的监管者必须像美联储在沃尔克任主席时那样的态度强硬，而且要保持强硬，否则不会比现有的监管系统改善多少。

银行如何扭转局面

自从西德尼·温伯格接受我，让我在高盛工作之后，华尔街在过去的44年里毫无疑问经历了很多风雨。在这个旅途刚开始的时候，很难预测沿途会发生什么。华尔街不由自主地受到了证券投资机构化、技术创新、管制放松和全球化的驱动，现在的华尔街与之前150年的华尔街几乎没有相似之处，那时的华尔街是一个规模小而分散的生态群落，身兼经纪商和交易商的券商丛生于曼哈顿中心区。如今，华尔街已演变成规模巨大，让人感受很大压力的全球性金融市场，在这里占据统治地位的，是屈指可数的富有竞争力的大型综合性金融机构，其中只有高盛和摩根士丹利，是经历了老华尔街的变迁而幸存下来的独立金融机构。

在此期间，很多纸上财富被人赚入手中，又从手中丧失。许多公司来了，又消失了。有些公司通过并购与他人合为一体，又通过分拆或解体而独立出来；从业人员从一家公司跳到另一家公司，使得技术和知识在公司间发生“交叉传花授粉”。有些规模非常大的公司已逐渐拥有规模高达万亿美元的资产负债表，而与此同时，业内有些最优秀、最聪明的个人，或者转向规模较小的“精品”机构，在这样的小型机构里可以提供“老式的客户服务”，或者去管理对冲基金和私募股权基金。全球资本市场从非常简单的起点开始演变，如今已达到前所未有的流畅，也空前地富于变化——即使是现在，全世界也有逾125万亿美元的证券市值。

在这44年里得到的一个教益是，为了存在下去，华尔街必须持续不断地进行变化。现在又将发生变化了。

规模最大、综合性最强的金融机构现在受到两个方向的威胁。监管者为了不让它们再度损害世界上脆弱的经济和金融系统，想减少它们的冒险行动，提议对它们实行更严格的限制，这可能会削弱它们的赢利能力和竞争能力。政府可能会，也可能不会完全成功地在立法领域得到自己想要的结果，但即使不能如愿，政府依然拥有很大的监管权力，可以迫使银行和银行控股公司限制自己所冒的风险。至少只要还记得当前的危机，监管者就仍将会进行控制，这个行业也将必须作出调整，以适应监管者对其行动所做的更多限制。

这些金融机构还必须重新树立形象，获得长期投资者的信任，所有大型资深公司都需要“有耐心的长期资本”扎根在本公司，在自己的股东群体中具有很好的代表性。2008年秋季，大型银行股票出现了令人难以置信的价格波动和成交量，此后到2009年年初，很大一部分支持大型银行的机构资本弃银行而去，将头寸转而投向了对冲基金和其他投机性交易机构，那些机构的投资周期都非常短。在这种局面得到扭转之前，我们很难弄明白大型银行将如何使自己的股价重返两三倍于净值的水平，数年前有些银行还享有这样的估值。要维持如此水平的股价，必须减少突发大量交易损失或类似意外事件的可能性。通过减少业务风险以及可能会在业内带来极端竞争的风险，银行可以回到以前的状态中去，再度享有很大的市场份额、相当好的利润和不错的效率，无须让投资者暴露在风险之中，无须让投资者可能由于市场突然反转或公司出现什么突发的小问题，而遭受毁灭性打击。稍微有点沉闷乏味，稍微有点可预见性，也是很有价值和益处的。

经历了10年之后，很多投资者现在已明白，大型多平台、既有交易业务也有银行业务的经济实体，如花旗集团之类，是行不通的，这种实体太容易让管理层失去控制，太容易犯下不顾后果的错误。监管者想驯服这些野兽，使它们重新变回过去的那种银行，那种更稳定、更坚实、更谨慎的银行，毋庸置疑监管者也冒着风险，可能会使它们变得过于麻木、缺乏想象力、规避风险、成本高昂。无论如何，就当下而言，监管者似乎愿意冒此风险，而2009年多数银行股价回升也说明投资者的意见与监管者是一致的。

既然如此，银行应该承认变化，顺应潮流：简化业务，像20世纪90年代一样，回到基本业务上去。有些银行尤其要这样去做，它们接收了大量问题资产救助资金，数年之内很难轻易地予以清偿。这些银行需要让自己摆脱问题资产救助债务，当然，这意味着需要将其他一些业务和资产剥离，以便能尽快筹集资本，恢复“好银行”的身份。但即便在摆脱了问题资产救助债务之后，那些仍是系统风险携带者的大型银行，也必须面对这样一个事实：与没有系统重要性的市场竞争对手相比，它们的监管负担会更重，它们的行动将受到更多的约束。即使在清偿问题资产救助资金之后，它们仍能保留自营交易、对冲基金或私募股权基金，它们也可能并不想保留。在对系统风险进行严厉的监管之下，那些业务可能不会兴旺发达，因此银行若将那些业务出售或分拆出去给股东，可能会状况更好。

的确，资本市场行业可能会被迫进入一个缩减规模的时代，这是有史以来第一次。一般而言，缩减规模被视为寻求增长和成功的切实可行的办法，但或许也完全有理由认为这是战略重新定位。

多数大型综合性金融机构会从一段时期的去集团化运营中获得益处，它们的股东也是如此。只有当投资者欣赏集团企业的力量时，它们的股票才会以高于分拆价的溢价进行交易，通常也只是在集团企业早期才有一段相对较短的时间是如此。多数时候，集团企业都是以折扣价交易，有时折扣会大得足以吸引董事会或公司之外的人策划对公司进行分拆。很多规模最大的美国和欧洲银行数年来都是按分拆价值的一定折扣进行交易。

商业银行从未觉得从事投行业务很容易成功，所以在压力之下，对现实作一番清醒的审视之后，其中有些银行可能会决定出售或分拆自己的投资银行业务单元。这可能意味着，完整独立的投资银行企业可能会重返市场，变成新形式的所罗门兄弟、美林证券、普惠证券或保成证券（或许甚至还有以三度化身出现的雷曼兄弟）。这些重生的投资银行为了不被归类为系统风险携带者，从而逃避更严厉的监管约束，会很积极地让自己保持足够小的规模。商业银行会致力于范围广大的美国市场，提供消费者金融服务，为缺乏进入资本市场路径的中等企业提供融资服务。富国银行在最近之前从未受到投资银行业务的诱惑，它形成了知名的零售银行品牌，使自己获得的每一美元收入都比花旗集团、摩根大通或美洲银行获得的更有价值。这些银行的股东不愿自己手中的股票以12~15倍赢利的价格交易（这是一些成功的区域性银行的典型市盈率），却要持有的股票在投资银行领域追求领先地位，但即使成功，也仅以8~10倍赢利的价格交易吗？

对于高盛和摩根士丹利来说，要做的变化或许没有这么显而易见，但作为有系统重要性的银行控股公司，它们可能都需要将一些业务移到受监管的范围之外。高盛规模很大的自营交易业务，若放在已加强监管的体系之外或许会更加成功；对冲基金和私募股权业务可能也是如此，这两部分业务加起来规模相当于黑石集团。在最成功的时候，黑石集团股票以10倍净值交易，而相比之下，高盛在最好的年份，股价也只是三四倍于账面价值。这些业务以及部分风险较大的自营业务，如果从投资银行中分离出来，分开持有，那么高盛股东的财务境遇会更好。剩余部分，即高盛优质的批发和机构业务，可以作为行为更可预见、风险更小、在市场占据支配地位的全球性投资银行，重新发行股票给投资者，就像19世纪的摩根银行一样，拥有巨大的支配力和影响力。这样的企业应该有资格得到高于8倍或9倍的市盈率，尤其是同时还拥有一份健康的股利，更应如此。

摩根士丹利已承诺要成为一个再造的大型美林证券。但摩根士丹利也像高盛一样，拥有很强的批发和机构业务，这些业务若与巨型零售经纪业务分离开来，对于摩根士丹利可能会更有利，尤其是在分离之后，两部分都能不归入大型综合性金融机构之列，从而彻底逃避更严厉的监管时，更是如此。

当然，这一切要自行解决，还需要时间。但是，如果将来的华尔街演变成这样的景象：在一小群强有力但受到约束的货币中心银行的周围，是大量规模较小、追求风险的专业金融公司，其中挤满了“新人”，他们始终在兜售产品和服务、进行创新和相互挑战，以此追逐市场份额和利润，岂不是具有讽刺意味吗？

果真如此，华尔街将把自己重新塑造成50年前的自己。

到2009年夏末，雷曼兄弟的破产已过去将近一年。这个事件是现代历史上最猛烈的金融风暴之一，它给华尔街带来了很多创伤。为此，有些人互相指责，有些人不但要让所有的银行家感到难堪，也要让处理这场巨大混乱的政府官员感到难堪。蒂莫西·盖特纳、本·伯南克，甚至一度很受尊崇的艾伦·格林斯潘，都被迫接受美国国会议员粗暴无礼的对待。亨利·保尔森已离开财政部，到约翰·霍普金斯高级国际研究院工作，2009年6月中旬，他被叫到众议院监管和政府改革委员会作证，但他坚决捍卫自己发起的政府深度干预的行动，给出的理由是：倘若他和政府其他人当时没有采取那样的行动，形势便会糟糕得多。

与此同时，因金融危机而突然陷入严重衰退的整体经济，已开始回暖，金融市场虽然在某些方面仍很困难，但大体上也已回到了正常状态。大型银行由于政府进行了大量市场干预，提供了很多担保，也振作起来，第二季度报告赢利大幅增长，好几家银行赎回了问题资产救助资金投资的优先股，虽然联邦存款保险公司自第一个季度以来，不得不接管了80余家银行，接管银行的数量远远高于前一年。尽管与抵押贷款有关的抵押品赎回权取消案仍有发生，失业率接近10%，银行信贷仍然很紧，但已有些迹象表明最难熬的日子已经过去，经济正在走向复苏。随着资产支持证券市场自行演化，这类市场开始闭合已打开一年的估值缺口，优质抵押担保证券的价格已从最低点大约上涨了50%（不过，品质较差的抵押担保证券大约只上涨了10%）。政府——在经过相当长时间的延迟和削减资金规模之后制定的——支持资产支持证券的公私合作投资计划和定期资产支持证券贷款工具投资计划仍未开始实施，所以市场仍在自行演化。股票价格从3月份的最低点上涨了约50%，Vix波动性指数又回到了25点附近。多数重要银行的股价涨幅在1倍以上，有些甚至上涨了2~3倍。

高盛、摩根大通和摩根士丹利的股票又以高于净值的价格在交易（高盛在报告了二季度赢利创纪录之后，股票8月初以1.5倍于净值的价格交易，高于其他银行），但美洲银行和花旗集团尚未归还问题资产救助计划的救助资金，仍要接受监管者广泛的微观管理，股价远低于账面价值。花旗集团已完成先前公布的优先股转换普通股的举措，提高了普通股的有形净值，但也由此让政府将持有的部分优先股转换成了34%的普通股。花旗集团和美洲银行应政府的要求，都对董事会和管理层作了较大的变动。2009年8月初，美洲银行同意以支付3 300万美元的代价与证交会达成和解，因为据称美洲银行未能适当披露它对美林证券发放奖金的安排。美洲银行还宣布了一项继任计划，选择一位新的领导人在未来数年里代替现已62岁的肯 · 刘易斯，并任命花旗集团前资产管理公司领导萨利 · 克罗切克主管花旗集团全球财富管理公司。

这两家银行以及其他一些华尔街公司，由于过去一年所经历的种种事件，实力已遭到极大削弱，这种情况不久便在业内引发了全球大战，一些公司争相抢夺这些公司的市场份额。有些争抢行动来自市场领袖公司，但加入这场混战的也有规模较小的投资银行、小型精品投行公司、私募股权基金和度过了上一年而活下来的对冲基金。这些公司大力招募最好的专业人员，竭尽所能地挖走客户。华尔街相信，长时间搁置的债务、股权和并购交易再次启动时，新一轮业务热潮不久就会出现在眼前。猎头公司遇到了大做业务的机会。奖金开出了，自我定位的风险上升了，业内竞争再度加剧了。到2009年6月底，企业融资交易的总体市场份额（银团贷款、全球债务和股权发行、并购顾问业务的总额）发生了一些变动：份额显著上升的是摩根士丹利、巴克莱银行和汇丰银行；份额显著下降的是美洲银行和瑞银集团；摩根大通（2008年上升至第1位）、花旗集团（2008年由第1位降至第4位）、高盛、德意志银行、瑞士信贷的份额排名大体不变。不过，就2009年来说，排名前5位公司的总体市场份额从50%上升到了56%，排名前10位公司升到了87%，因为金融危机使业务转向了更可能存活下去的公司手中。

可以预计，市场份额会发生更多的变动，如果有些市场领袖公司由于政府持有相当大的所有权而受到妨碍，无法在市场上以充分的竞争力重新参与市场竞争，市场份额尤其会发生变化。附属于美洲银行的美林证券，可能会受到大型并购整合通常所具有问题的羁绊，同时也会因政府规避风险而受到掣肘。瑞银集团也在更加谨慎地运营，虽然政府已在2009年8月份出售了9%的瑞银集团股份；公司管理层不想投资银行业务出现任何令人不快的意外，将重点放在了支持公司境况不佳的资产管理业务上。的确，对于排名前10位之外的公司来说，能有机会在排行榜上替代已经覆灭或身处困境的公司，向上挪动，是非常诱人的。巴克莱银行在收购雷曼兄弟北美业务之后，宣布对资本市场业务进一步大力投入。日本的野村证券收购雷曼兄弟欧洲和亚洲业务之后，也宣布同样的决定。富国银行收购了美联银行的经纪商和交易商业务，告诉媒体说在投资银行领域看到了很大机会。所有这些争抢市场份额的举动带来的结果是，不但对进攻方，而且对防守方，都施加了压力，迫使它们为员工支付足够的报酬才可能留住员工，在寻求业务授权方面，也需要足够激进，至少要敢于为客户承担一些风险。当然，这意味着即使在经济衰退尚未结束，与银行有关的问题还未得到解决的时候，资本市场行业已开始为下一轮竞争作准备了。多数公司认为，在这个问题上，它们没有什么选择，若在这样的时刻落后下来，可是担当不起的。

但是，在用纳税人的钱进行拯救金融系统的干预之后，政府（现在包括在银行里持有股份的任何政府机构）和媒体（很多很多博客写手和评论员）都期望银行被征服、悔罪醒悟、表示歉意。他们很吃惊，也很恼怒，竟发现银行并没有如此，相反却变得凶恶了。他们心烦意乱，因为看到银行似乎在抵制政府提高银行信贷的努力（向经济衰退中还贷能力较差的借款人提供贷款），看到银行对于修改房屋所有人的抵押贷款，也行动迟缓，并且继续冒着很大的交易风险，向交易员支付大额奖金，虽然银行前一年的业绩非常糟糕。银行（以及像美国国际集团和联邦国民抵押协会之类的其他公司）声称，它们只是在努力避免在贷款损失方面出现进一步减记，努力保存交易存货的价值和业务品牌的价值，而为了做到这些，就得去冒市场风险，支付市场要求的报酬。此外，它们还指出，它们对投资者负有受托责任，不能特意为了支持某个其他什么人有关公共利益的想法而去亏钱。

银行的问题，没有因为纽约州总检察官安德鲁·库莫于2008年7月份发布的一个报告而有所改善。该报告显示，2008年接收问题资产救助资金救助的最大9家银行，虽然总计全年亏损810亿美元，但竟向4 800名雇员发放了多达320余亿美元的奖金。报告上说，摩根大通向1 100多人支付了100多万美元奖金；花旗集团亏损最严重，现在已倒在政府的怀抱中，2008年奖金池总计也有53亿美元，有738名雇员拿到了百万美元以上的奖金。

不清楚库莫先生为何要调查这些奖金发放情况（他以为这是违法的吗），但他的报告引起了相当大的轰动。一两天后，美国众议院通过一个由众议院金融服务委员会主席巴尼·弗兰克提出的议案，要求所有资产逾10亿美元的金融公司（不仅仅包括接收了问题资产救助资金的或被视为规模太大便不能倒闭的公司）的监管部门制定规则，严禁为“冒不明智的风险”而提供“变态激励”的薪酬制度。美国众议院在此前一年曾通过一个议案，对接收政府救助的公司的员工薪酬进行严格限制，但参议院并未接着通过这个议案。2008年6月，财政部暂停对使用问题资产救助资金的银行的薪酬限制，转而支持一个新的做法，即授权曾为“9 · 11”遇难者制定补偿条款的肯尼斯 · 费恩伯格，也让他承担类似角色，确保接收问题资产救助资金的银行的雇员薪酬计划公平而恰当。但这对弗兰克主席来说还不够，他提及7月份通过的议案时说，“这是向全面金融改革迈出的第一步”。弗兰克是一位精明而谨言慎行的政治家，他毫不同情银行的态度，对于国会为实现他所说的全面改革，将采取哪些其他步骤，他将是一个关键人物。

薪酬激励促成了银行在抵押债务危机期间承担过度风险，对此几乎没有什么争议——的确，保罗 · 沃尔克和“30国集团”此前就这样说过——但很少有人认为薪酬激励是银行甘冒风险的主要原因。奖金数额如此之大，在多数美国人看来似乎极不恰当，尤其是考虑到纳税人必须救助银行以防整个全球经济系统垮掉，而银行的管理人员却拿到了百万美元的奖金时，看来更是不妥。巴尼 · 弗兰克说：“他们犯了错误，让我们陷入了困境——他们却给自己发这种钱，简直毫无廉耻。”拉里 · 萨默斯告诉《纽约时报》说：“金融系统中的这些人，必须认真思考自己对其他同胞公民的责任和义务，”银行就像其他资本家一样，从来没有思考这个问题的习惯。2008年8月，法国总统尼格拉斯 · 萨科奇提议，自己的政府不再与一些银行做生意，因为它们没有赞同政府制定的薪酬准则，他还力劝欧盟其他国家也照样办，德国和英国的领导人说会制定同样的准则。奖金引发的盛怒仍在继续，可能会影响为监管改革所作的其他努力，这些努力正在缓慢地通过立法程序。

盖特纳提出的一揽子改革计划，似乎已当做改革议案的可行模板被接受下来，这个议案会牵涉很多不同群体的利害关系。该计划的关键部分是要付出努力去控制系统风险；虽然其他部分也被视为非常重要，但还是没有这一部分重要。本 · 伯南克于2008年7月份破天荒地第一次参加一个作为电视节目播出的镇民大会，他在会上宣布“规模太大，便不能倒闭”的观念应该破除。可以通过三个方面来做到：搞清楚哪些大型银行或非银行机构，是或可能是系统风险的携带者；想办法密切监督这种风险，并防止这种风险超过限度；为防止非银行类系统风险携带者（如雷曼兄弟或美国国际集团等）将风险扩散至整个系统，若有必要，可授权监管者自主决定予以强行接管（银行监管者已有这样行动的权力）。2008年8月底，就在20国集团会议召开前夕，蒂姆 · 盖特纳为《金融时报》写了一篇特约文章，他在文中说，他和同事们正在考虑为所有银行设定更高的资本充足率，其中一级银行最高，同时制定新标准，限制杠杆率，保持流动性，希望其他国家也会有同样的行动。

总体而言，有太多的人认为这些做法或其他做法都是正确的。但对于如何实施，却存在很多分歧。分歧首先在于谁来做这一切：政府想让美联储做主要的系统风险监管者。这是因为与其他监管者比较起来，美联储对这些问题已有更好的理解，它有合适的人员和专门知识用以执行这个计划，而且不管怎样，为确保它能恰当地行动，还可以让它接受由高级别政府官员组成的委员会的监督约束。在盖特纳的心目中，为改革所做的努力是否能成功，取决于一点：必须由美联储来负责，而不是由某个拼凑而成的新团体，或其他任何种类的委员会负责。有些人反对美联储拥有这样的权力，包括由两位前证交会主席阿瑟 · 列维特和比尔 · 唐纳森主持的投资者工作组也表示反对，这一派人的理由是，美联储未能采取行动防止抵押泡沫形成，甚至在其他人早已看清泡沫了，美联储还是没有什么行动，此外，美联储在管理货币政策和管理银行业风险之间，有着内在固有的利益冲突，刺激了前者往往会刺激后者。也有其他一些人，尤其是极不信任美联储的中部各州的国会议员，认为美联储偏爱货币中心银行，他们害怕将如此多的权力赋予一个独立于国会和政府之外的机构。他们担心美联储是一个精英式、不关心政治（因而对公众意见不会积极回应）的机构，想对美联储施加控制。因此，可以想见，关于谁该是系统风险监管者，会发生激烈论战。如果不是美联储，那么该是谁？这个监管者能胜任吗？这个监管者对多数政府代理机构中存在的深刻的政治干预能不受影响吗（像联邦国民抵押贷款融资实体这样的政府代理机构，在踉踉跄跄地走到毁灭边缘的过程中，它们的监管者就难有大的作为）？

归根到底，就是新的系统风险监管者能否证明可以胜任实际操作的监管工作，能否监管银行的风险、风险管理能力，以及法律规定的公司治理标准。在一轮经济繁荣的高潮期，由于认为像花旗集团这样的大型银行的风险管理做法粗糙、过时或因首席执行官发出“只要音乐还在播放，就得舞下去”的命令而被置之不理，这个监管者便有勇气，有能力威胁说要关闭这样的大型银行吗（它们可是有很多政界朋友和院外活动家的）？无论系统风险监管者是谁，大型银行的这些风险管理问题都可能发生——持有这种看法是错误的吗？或许是。2002年《萨班斯法案》的颁行，被视为自20世纪30年代以来最重要的对公司行为进行监管的事件；该法旨在终结使安然和其他丑闻得以存在的会计系统和董事会的疏忽大意。然而，不出5年，似乎《萨班斯法案》对于阻止下一轮公司极端行为，并没有起到任何作用。当花旗集团、美林证券、贝尔斯登或雷曼兄弟的风险管理和控制系统逐渐瓦解时，它们的董事会在哪里？当过量薪酬计划获得批准时，董事会在哪里？当有些银行借助像安然所用的表外特殊投资实体进行监管套利时，会计监督委员会在哪里？当公允会计准则受到抵制，在银行及其同盟者强力施压下，采用之后又被修改时，会计监督委员会又在哪里呢？

如今政策制定者面临的两难境地，与20世纪30年代完全相同：他们必须在经济增长与经济稳定之间进行至关重要的协调，必须在使资本成本保持低位与使太多的风险可能进入系统之间进行平衡。这是一个很难取得的平衡——或许，要让这种平衡得到保持，也超出了受到政治影响的监管者的能力。20世纪30年代，解决这个问题的方法，就是将银行业务和投资银行业务分离开来；尽管有些人已提议重新启用《格拉斯-斯蒂格尔法》，认为这是解决当前系统风险问题的虽粗野但有效的补救办法，但是全球金融业自20世纪30年代以来已发生了太多变化，使得该法无法成为切实可行的替代选择。

30年来，美国始终支持那些接受开放市场、放松管制和全球化的经济政策。人们普遍认为，这些经济政策对于促进竞争、创新和冒险非常有效，而竞争、创新和冒险被视为美国促进国家经济增长的独特方法。这些政策——作为政策——已获得成功，鼓励了世界上其他多数地方以这样或那样的形式采纳实行，从而导致现在的世界在经济联系方面比历史上任何时期都更加密切。这些政策促进了世界其他地方的经济增长；使金融资源得以自由流动，回报那些能创造预期效果的经济组织和管理系统；也有助于在全球日益形成关于私有产权及其规范的共识。总而言之，这些都代表了全球经济中出现的巨大进步，为民主制度的出现以及前所未有的政治合作的出现铺平了道路。所有这一切都非常美妙，但这些政策也促成了对巨大的、以市场为基础的一体化全球金融环境（这个环境取代了1971年随着《布雷顿森林协议》崩溃而终结的保护国内金融的金本位系统）失去了控制。市场每隔一段时间便会出现过度反应，并由此带来问题；随着全球金融资源池的规模和易变性不断上升，这个池子可能已演变成了一个每隔一段时间便会对世界经济带来真正危险的系统。毕竟，它在最近10年里，已造成和引发了两次令世界震撼的泡沫，现在国际社会普遍认为，为了防止这样的巨大危险继续威胁我们，有必要作出一些改变。全球各地在两代人的时间里实行了自由经济政策，这在羊群中造就了一只恶狼，这只狼必须加以驯服。

但是，重新启用《格拉斯-斯蒂格尔法》并不是驯服恶狼的办法。今天的银行恐怕会发现很难将信贷和承销业务分离开来，市场已将这两种功能融合在了一起，两种功能本身也未必会制造多少系统风险。美国银行如果被迫回到《格拉斯-斯蒂格尔法》规定的限制之内，而欧洲和亚洲银行并非如此，美国银行恐怕会发现自己在全球市场中处于劣势；若果真如此，美国银行很可能会丧失目前在金融业所享有的有价值的领袖角色。

或许将银行业务与自营交易和投资业务（花旗集团、美林证券、瑞银集团和雷曼兄弟使用杠杆造成的多数风险，正是来自这些业务领域）分离开来，会是一个更好的解决办法。银行可以继续做受到监管的大型寡头式服务提供者、贷款者以及他人资产的管理者，但不能继续做大型自营风险承担者。自营业务可以分拆出去，放入在变得“规模太大，便不能倒闭”时，会受到严重制约的业务单元之中。毫无疑问，这样一来，我们贫穷而薪水过低、资金不足而劳累过度的监管者，比起试图监管银行所能做的一切细微事情，能更容易地控制银行不能做的事情。

但是，有一件事我们可以肯定，就是无论有什么样的监管变化出现，全球资本市场行业——也就是我们现在所知道的华尔街——都会作出调整适应，继续存在下去。全球资本市场行业最终或许不会以我们现在所知道的形式存在，但对该行业的功能和服务的需求毫无疑问会继续存在；我们也可以肯定，华尔街的聪明人会琢磨出办法，将自己的能力和冒险的天赋应用到这个行业之中。